Japanisch leicht gemacht!

*Die Komplette Serie Ausgabe
(4 Bücher in 1)*

Lernen Sie Japanisch lesen, schreiben und sprechen - mit Hiragana, Katakana, Kanji, Grammatik, Vokabeln, und mehr!

Ein Lehrbuch und integriertes Arbeitsbuch für Anfänger

Daniel Akiyama

HIRAGANA KATAKANA + KANJI

JAPANISCH
FÜR ANFÄNGER

LEICHT GEMACHT®

日本語

LEHRBUCH + INTEGRIERTES ARBEITSBUCH

JLPT N5 KANJI

ひらがな カタカナ 漢字

LESEN, SCHREIBEN UND SPRECHEN LERNEN

- Lesen und Schreiben üben, Lernhilfen und Quizze
- Grammatik, Verb- und Partikel-Leitfäden
- Anrede, Höflichkeit und Förmlichkeit
- Erstellen von Karteikarten und DIY Flashcards

//////////////// DANIEL AKIYAMA

Japanisch leicht gemacht!
Die Komplette Serie Ausgabe (4 Bücher in 1)
Lernen Sie Japanisch lesen, schreiben und sprechen
(Hiragana, Katakana und Kanji

Ein Lehrbuch und integriertes Arbeitsbuch für Anfänger
von Daniel Akiyama

ISBN: Print 978-1-7392387-1-1 (Taschenbuch)
Erste Ausgabe

**Copyright © 2022 von Daniel Akiyama.
Alle Rechte vorbehalten.**

Kein Teil des Inhalts dieser Publikation darf ohne vorherige schriftliche Genehmigung des Herausgebers und des Autors in irgendeiner Form oder mit irgendwelchen Mitteln - elektronisch, mechanisch, durch Fotokopieren, Aufzeichnen, Scannen oder auf andere Weise - reproduziert, vervielfältigt, in einem Datenabfragesystem gespeichert oder übertragen werden, es sei denn, es gelten die Bestimmungen des Urheberrechtsgesetzes der Vereinigten Staaten von Amerika und des Fair Use. Es ist Ihnen nicht gestattet, diese Publikation ohne die Zustimmung des Autors und des Verlags zu verändern, zu vertreiben, zu verkaufen, zu verwenden, zu paraphrasieren oder zu zitieren.

Haftungsbeschränkung/Gewährleistungsausschluß: Der Autor und der Verlag geben keine Zusicherungen oder Garantien in Bezug auf die Richtigkeit oder Vollständigkeit des Inhalts dieses Werkes und lehnen ausdrücklich alle Garantien ab, einschließlich, aber nicht beschränkt auf Garantien der Eignung für einen bestimmten Zweck. Es darf keine Garantie durch Verkaufs- oder Werbematerialien geschaffen oder erweitert werden.

Die hierin enthaltenen Ratschläge und Strategien sind möglicherweise nicht für jede Situation geeignet. Dieses Werk wird unter der Voraussetzung veröffentlicht und verkauft, dass der Herausgeber keine medizinischen, rechtlichen oder sonstigen professionellen Ratschläge oder Dienstleistungen anbietet. Wenn professionelle Hilfe benötigt wird, sollten die Dienste eines kompetenten Fachmanns in Anspruch genommen werden. Weder der Herausgeber noch der Autor haften für Schäden, die sich aus den in dieser Publikation enthaltenen Informationen ergeben.

Die Tatsache, dass eine Person, eine Organisation oder eine Website in diesem Werk entweder als Zitat und/oder als potenzielle Quelle für weitere Informationen genannt wird, bedeutet nicht, dass der Autor oder der Herausgeber die von der Person, der Organisation oder der Website bereitgestellten Informationen oder die von ihr/ihm abgegebenen Empfehlungen befürwortet.

Darüber hinaus sollten sich die Leser darüber im Klaren sein, dass sich die in diesem Werk aufgeführten Websites zwischen dem Zeitpunkt, an dem diese Publikation geschrieben wurde, und dem Zeitpunkt, an dem sie gelesen wird, geändert haben oder verschwunden sein können.

Inhalt

1 Einleitung — 007
- Japanisch lernen — 009
- Japanische 'Alphabete' — 011
- Shreiben auf Japanisch — 013
- Über Mnemonik — 016
- Silben und 'Mora' — 017

2 Hiragana — 019
- Hiragana-Tabelle — 021
- Hiragana lernen — 022

3 Katakana — 095
- Katakana-Tabelle — 097
- Katakana lernen — 098

4 Zusätzliche Klänge — 161

5 Japanisches Kanji — 169
- Die Ursprünge der Kanji — 170
- Warum Kanji lernen? — 172
- Kanji & Radikale — 174
- Wo soll man anfangen? — 176
- Kanji identifizieren — 180
- Reihenfolge der Striche — 182
- Kanji-Grundlagen — 184
- Über Lesungen — 186
- Japanische Satzzeichen — 191

6 JLPT und N5 Kanji — 196
- Über das JLPT — 197
- N5-Kanji — 201
- Schnellreferenztabellen — 207
- Kanji-Zahlen — 208
- Uhrzeit und Datum — 226
- Menschen und Dinge — 246
- Wegbeschreibung & Orte — 280
- Gebräuchliche Verben — 297
- Adjektive und Farben — 314

7 Japanisch verwenden — 329
- Sprache des Respekts — 330
- Respektvolle Sprache — 332
- Grundlagen der Grammatik — 334
- Masu und Desu (Höflichkeit) — 336
- Über Uchi und Soto — 338
- Verb-Kategorisierung — 339
- Gebräuchliche Konjugationen — 340
- Nützliche Grammatik-Muster — 345
- Über Partikel — 348
- Mehr Partikel — 356

8 Lernmittel — 357
- Schreibvorlagen — 358
- Lernkarten-Vorlagen — 379
- Antwortschlüssel — 420

Dankesschreiben — 423

////////////////////////////////// **TEIL 1**

Einführung

Willkommen zu dieser *4-in-1-Edition* des Arbeitsbuchs *"Japanisch leicht gemacht"*. Wenn Sie verstehen, wie das Schriftsystem funktioniert, können Sie lernen, Japanisch logisch und systematisch zu lesen, zu schreiben und auszusprechen. Dieses Buch richtet sich an Anfänger und behandelt zunächst die grundlegenden Kana-*"Alphabete"*, bevor es zu den Kanji übergeht und erklärt, wie alle Teile mit der Grammatik zusammenpassen.

Dies ist eine faszinierende Sprache, deren Erlernen Spaß macht und befriedigend ist, die aber im Vergleich zu anderen Fremdsprachen auch recht anspruchsvoll ist. Wie bei allen meinen Arbeitsbüchern beginnen wir mit den Grundlagen und führen nur dann zusätzliche Details ein, wenn sie nützlich oder praktisch sind. Das angeleitete Selbststudium in diesem Arbeitsbuch wird Ihnen helfen, Ihre Ziele schnell und effizient zu erreichen.

Am Ende wirst du beide Kana-Schriften auswendig gelernt haben und wissen, wie man alle Laute des Japanischen ausspricht. Außerdem lernst du viele nützliche, alltägliche Kanji und Vokabeln - das Wissen, das normalerweise für die erste *Japanese Language Proficiency Test* (JLPT)-Prüfung auf der Stufe N5 erforderlich ist.

Sie werden lernen, wie man Hunderte von Schriftzeichen liest, schreibt und ausspricht, und Sie werden wichtige Themen wie die Rolle der Förmlichkeit, gängige Grammatikmuster, die Funktion von Partikeln, Hunderte von Vokabeln und vieles mehr verstehen lernen. Mit anderen Worten: Sie werden gut gerüstet sein, um Ihr Japanisch auf die nächste Stufe zu heben!

Über dieses Buch

Dieses Buch legt den Schwerpunkt auf Schreibübungen zum Erlernen und Einprägen von Schriftzeichen. Die meisten würden wahrscheinlich zugeben, dass die Handschrift in keiner Sprache mehr benötigt wird, da sich die meiste Kommunikation in digitale und Online-Räume verlagert hat. Beim Erlernen anderer Fremdsprachen wie Französisch oder Spanisch haben Schreibkenntnisse keine hohe Priorität, aber beim Erlernen einer Sprache mit einem völlig neuen Satz von Zeichen oder Buchstaben spielen sie eine andere Rolle.

Das Schreiben und die Wiederholung in bestimmten Abständen sind nach wie vor eines der effektivsten Mittel zum Einprägen, daher bietet dieses Arbeitsbuch Raum zum Üben der Schreibschrift. Diese Technik trägt dazu bei, das Muskelgedächtnis zu trainieren und Informationen einzuprägen, damit Sie die Formen der Schriftzeichen später besser erkennen und abrufen können. Eine saubere japanische Schrift ist eine wichtige Fähigkeit, die Sie auf natürliche Weise erlangen werden.

Es ist hilfreich, jedes Zeichen laut auszusprechen, während Sie lernen, es in der richtigen Strichfolge zu schreiben. Das wiederholte Aufschreiben der Zeichen und die Aussprache der Begriffe helfen dabei, den Formen Klänge zuzuordnen. Mnemotechniken sind ein wertvolles Hilfsmittel beim Erlernen von Kanji, also nutzen Sie den Platz auf den Kana-Seiten zum Üben - jede Verbindung, die Sie mit einem Klang, einer Form oder einer Bedeutung herstellen können, erleichtert das Einprägen der Zeichen.

Es ist immer gut, so früh wie möglich in die Sprache einzutauchen. Suchen Sie nach Möglichkeiten, japanisches Material zu lesen, zu sehen oder zu hören, auch wenn Sie es vielleicht nicht verstehen. Wenn Sie die Geräusche hören, ist es nicht mehr so schwierig, Japanisch laut auszusprechen, und die Aussprache wird natürlicher klingen.

Wie schwierig ist es?

Wenn man richtig lernt, ist Japanisch gar nicht so schwer. Viele der häufigen Probleme und Frustrationen, mit denen Lernende konfrontiert sind, werden dadurch verursacht, dass sie einfach mit der falschen Strategie beginnen. Sie entscheiden sich oft für einen schwierigen Lernweg, ohne zu wissen, dass es andere, bessere Wege gibt. Mit dem Kauf dieses Buches haben Sie bereits einen Schritt in die richtige Richtung getan.

Jeder, der mit einem Weg beginnt, der darin besteht, am Anfang zufällige Wörter oder gesprochene Sätze zu lernen, wird früher oder später verwirrt sein. Ohne zu verstehen, wie alle Teile zusammengehören, wird er wahrscheinlich viel Zeit verschwenden oder entmutigt sein, wenn der Schwierigkeitsgrad ansteigt - und das wird er.

Jeder Aspekt der Sprache funktioniert relativ logisch, daher ist es sinnvoll, auch beim Lernen systematisch vorzugehen. Dieses Buch hilft Ihnen zu verstehen, wie die gesamte Sprache funktioniert, was Ihr Studium effizienter macht und Ihnen in jeder Phase viel Zeit und Mühe erspart.

Japanisch lernen

Japanisch zu lernen scheint im Moment unglaublich schwierig zu sein. Deshalb wird dieses Arbeitsbuch mit den Grundlagen beginnen und nur dann weitere Informationen einführen, wenn sie hilfreich sind. Dieses Kapitel beginnt mit einer kurzen Einschätzung dessen, was vor uns liegt.

Um Japanisch zu lernen, gibt es drei Stufen. Jede weitere Stufe ist anspruchsvoller als die vorhergehende und baut auf den Kenntnissen auf, die Sie auf dem Weg dorthin erworben haben - es gibt keine praktische Möglichkeit, die nächste Stufe zu überspringen. Es gibt jedoch mehr oder weniger effektive Methoden, um bestimmte Themen zu lernen.

1. Kana lernen

Was: Die Kana-"Alphabete" ermöglichen es Ihnen, das gesamte Japanische zu lesen und auszusprechen, da sie alles auf eine leicht verständliche Weise buchstabieren.

Wie: Einprägen der Formen und Aussprachen durch Wiederholung. Es gibt zwei Sätze mit 46 Grundsymbolen und ein paar Extras, die man später lernen kann. Das kann nur ein oder zwei Tage dauern, sollte aber nicht überstürzt werden. Üben Sie sie häufig, denn sie sind die Grundlage, auf der Sie alles andere aufbauen werden.

2. Erlernen von Kanji

Was: Die komplexeren Symbole, die ganze Wörter darstellen und einen großen Teil des Japanischen ausmachen, werden oft auf mehrere Arten ausgesprochen und haben mehrere Bedeutungen. Die Beherrschung der Kana-Schrift ist eine Voraussetzung für das Studium der Kanji.

Wie: Aufgrund der schieren Anzahl einzigartiger Zeichen dauert es zwangsläufig länger als das Erlernen von Kana. Es gibt eine Vielzahl von Wegen und Methoden, und mit der richtigen Strategie müssen sie nicht so schwierig sein, wie sie scheinen.

3. Hinzufügen von Grammatik

Was: Ausgestattet mit Kanji-Kenntnissen (oder einem Wörterbuch) können Sie viel Japanisch verstehen, wenn Sie den Satzbau kennen, andere Wortformen bilden, Partikel erkennen und respektvolle Sprache schätzen.

Wie: Wir werden uns verschiedene Wortarten und ihre Verwendung ansehen, etwas über die Konjugation von Verben lernen und einige nützliche grammatikalische Muster erkunden, die Sie in der Alltagssprache verwenden können.

Das Buch ist in Abschnitte unterteilt, um das Lernen effektiv zu strukturieren:

1. Ein kurzer Überblick über das japanische Schriftsystem, in dem die verschiedenen Alphabete oder Skripte erklärt werden und wie Text geschrieben und gelesen wird. Es ist die Art von Sprache, die einfacher wird, sobald man anfängt - dieses erste Kapitel ist kurz, damit Sie schneller anfangen können.

2. Sie lernen die beiden japanischen phonetischen "Alphabete", Hiragana und Katakana,
3. kennen und erfahren, wie Laute verändert werden können, um neue Laute zu erzeugen.
4. In Gruppen von ähnlich klingenden "Buchstaben" unterteilt, lernen Sie Schritt für Schritt, wie man die Kana schreibt und ausspricht. Jede Gruppe endet mit Übungen, die Ihnen helfen, sich die Formen und die Aussprache einzuprägen.

5. Nach einer Einführung in die Schriftzeichen, die den größten Teil der japanischen Sprache ausmachen, erfahren Sie, wie das Kanji-Schreibsystem entstanden ist, wie es funktioniert, was ein Kanji ausmacht und wie man ein bestimmtes Symbol erkennt. In diesem Abschnitt werden auch die verschiedenen Arten des Lesens erläutert, warum es unterschiedliche Lesarten gibt, und später wird untersucht, wie Sie beim Lernen von Kanji Zeit und Mühe sparen können.

6. Nach einem Blick auf die Kanji-Zeichen, die Sie in diesem Buch lernen werden, beginnt die Arbeit. *Über 100 Kanji* auf der Stufe N5 wurden nach Themen oder Wortarten geordnet, jedes mit einem eigenen Lernblatt, das die Reihenfolge der Striche, die Lesarten, den Wortschatz und mehr behandelt. Zwischen jeder Gruppe gibt es einige Bonus-Vokabelabschnitte und -Lektionen mit Wiederholungsfragen, um Ihr Wissen zu testen und zu prüfen, wo Sie mehr Zeit investieren sollten.

7. Der folgende Abschnitt geht noch einen Schritt weiter und erklärt, wie Sie Ihr gesamtes Kanji-Wissen zu echtem Japanisch zusammenfügen können. Sie werden lernen, wie Sie die Zeichen zu Sätzen zusammensetzen, verschiedene Wortarten erkennen und Verben konjugieren, damit sie alternative Bedeutungen haben. Unabhängig davon, ob Sie zu diesem Zeitpunkt bereits über Kanji-Kenntnisse verfügen oder nicht, kann ein breiteres Verständnis für die Funktionsweise der Sprache nur hilfreich sein.

8. Der letzte Teil des Buches enthält zusätzliche Lernhilfen, darunter doppelseitige Seiten, mit denen Sie Hunderte von Karteikarten (Flashcards) erstellen können. Diese können ausgeschnitten und in einen Stapel hilfreicher Gedächtnisstützen verwandelt werden. Sie können Kopien anfertigen, wenn Sie die Seiten nicht herausnehmen möchten. Sie sind vielleicht nicht so groß oder haltbar wie echte Karten, aber sie sind praktisch und sparen weitere Kosten.

Sie finden auch einen kleinen Abschnitt mit zusätzlichen leeren Schreibrastern. Ich empfehle, für das Üben von Japanisch einen separaten Notizblock zu verwenden, aber diese Blätter können nützlich sein, um Zeichen zu wiederholen, die Ihnen besonders schwer gefallen sind. Meine Begleitblöcke sind dafür ideal, und sie lassen sich gut mit Lernkarten kombinieren, um zu überprüfen, ob Sie sich die Strichfolgen merken können, oder um einfach nur wichtige Vokabeln aufzuschreiben.

Die 'Alphabete'

Beim Erlernen der Sprache werden Sie vier verschiedene Arten von Schriftzeichen verwenden, wobei eines davon nicht streng japanisch ist. Der Einfachheit halber werden wir jeden Satz als *"Alphabet"* bezeichnen, da dies ein vertrauteres Konzept ist, das Ihre anfänglichen Studien vereinfachen wird. Die wichtigsten Alphabete sind Hiragana, Katakana und Kanji, und sie werden häufig zusammen verwendet:

Romaji

Romaji ist die aus lateinischen Schriftzeichen bestehende Schrift, die in erster Linie dazu dient, japanische Symbole in ein für Ausländer lesbares und verständliches Format zu übersetzen. Sie veranschaulicht, wie die Sprache ausgesprochen wird, ist aber nicht vollständig mit den japanischen Lauten kompatibel und oft ungenau. Außerdem können die Romaji-Transkriptionen je nach Quelle variieren, da es mehrere Möglichkeiten gibt, Japanisch mit Romaji zu schreiben.

Da es außer zum Lernen der japanischen Aussprache kaum einen praktischen Nutzen hat, sollten Sie versuchen, Ihre Abhängigkeit von Romaji zu verringern und es aus Ihren Studien zu streichen, sobald Sie die Kana-Schrift auswendig gelernt haben. *Schließlich wollen Sie ja Japanisch lernen!*

Hiragana und Katakana

Die nächsten beiden Schriften sind eigentlich *"Silbenalphabete"*, die zusammen als Kana-Schriften bezeichnet werden und im Vergleich zu unseren lateinischen Buchstaben eindeutig japanisch aussehen. Sie bestehen jeweils aus **46 Grundzeichen** und werden in der japanischen Sprache häufig verwendet.

Die Kana-Schrift unterscheidet sich stark von anderen Alphabeten. Technisch gesehen handelt es sich bei Hiragana und Katakana um *"phonetische Silbenschriften"*, d.h. jedes Symbol steht für einen Laut und nicht für einen Buchstaben. Das bedeutet auch, dass jedes Zeichen beim Sprechen des Japanischen als separate, deutliche *"Silbe"* ausgesprochen wird. Sie sind für das Studium der Kanji *(dem 4. "Alphabet")* unerlässlich.

Japanische Texte enthalten in der Regel Zeichen aus jedem der *"Alphabete"*, aber Hiragana und Katakana werden innerhalb eines Wortes nie miteinander vermischt. Sie werden bald in der Lage sein zu erkennen, welches welches ist, aber sie sind leicht zu unterscheiden, wenn Sie sich die allgemeinen Formen ansehen.

Hiragana haben eher runde Formen und werden mit geschwungenen Linien gezeichnet oder geschrieben, ein bisschen wie Kursivschrift. **Katakana** hingegen hat eher eckige oder spitze Formen:

Für jedes Hiragana gibt es ein entsprechendes Katakana, das auf die gleiche Weise ausgesprochen wird, da beide Kana-Schriften dieselbe Menge an Silbenlauten darstellen. Die beiden Kana-Schriften haben jedoch unterschiedliche Verwendungszwecke in der Sprache:

Hiragana kann zeigen, wie man Kanji ausspricht, *indem es "Schreibweisen", aber mit Lauten*, offenbart, und wird auch verwendet, um grammatikalische Informationen zu liefern. Katakana wird hauptsächlich für die Schreibweise von Wörtern verwendet, die nicht aus Japan stammen, *d. h. Fremdwörter*, für die es keine Kanji gibt. Diese *"fremden"* Wörter können Namen, Alltagsgegenstände oder Markennamen usw. sein. Im weiteren Verlauf des Buches werden Sie mehr über die verschiedenen Arten der Verwendung der einzelnen Schriften erfahren.

Kanji

Die japanischen Kanji-Zeichen sind im Vergleich zu den Kana extrem zahlreich, es gibt Zehntausende von ihnen, und im Laufe der Zeit sind weitere hinzugekommen. Um in Japan als des Lesens und Schreibens mächtig zu gelten, muss man über zweitausend auswendig lernen, aber man kann schon mit ein paar hundert anfangen, viel Japanisch zu lesen.

Das Kanji-Schreibsystem unterscheidet sich stark von den Kana-Schriften, da die Zeichen große Bedeutungsblöcke und Vokabeln darstellen - größtenteils Verben und Substantive. Im Wesentlichen handelt es sich dabei um die Arten von Wörtern, die den größten Teil jeder Sprache ausmachen. Einige der Zeichen sehen einfach aus und ähneln in manchen Fällen sogar den Kana, aber viele Kanji sehen viel komplexer aus. Kanji werden auch kombiniert, um zusätzliche Wörter mit neuen, oft verwandten Bedeutungen zu bilden.

Die japanischen Kanji, die ursprünglich aus dem Chinesischen übernommen wurden, haben oft mehr als eine Bedeutung und werden in der Regel in mehreren Varianten ausgesprochen. Es ist leicht zu verstehen, warum Japanisch als eine der schwierigsten zu erlernenden Sprachen gilt. Das Schriftsystem ist relativ logisch aufgebaut, so dass es leichter zu lernen ist, als Sie vielleicht denken.

漢字 'Kanji' auf Japanisch

Ausgesprochen: かん-じ *"kan-ji"*
(Chinesische Schriftzeichen)

Aus: 漢 *(China)* + 字 *(letters)*

Schreiben auf Japanisch

Das sorgfältige Schreiben von Schriftzeichen oder Texten hilft nicht nur beim Einprägen, sondern ist auch ein Teil des Japanischlernens. Sowohl die Art als auch die Reihenfolge, in der wir Linien ziehen, können die Form und die Lesbarkeit Ihrer Schrift beeinflussen. Bevor Sie mit dem Lernen von Hiragana beginnen, finden Sie auf den folgenden Seiten einige praktische Informationen über japanische Texte und Schrift.

Textrichtung

Als Japan zum ersten Mal das Kanji-Schreibsystem aus China importierte, übernahm es die vertikale Schreibweise, wie rechts dargestellt *(A)*. Vertikaler Text wird in Spalten geschrieben und gelesen, beginnend oben rechts, von oben nach unten und von rechts nach links. Der Rücken aller Bücher, Zeitschriften und Zeitungen mit vertikalem Text befindet sich auf der rechten Seite. Im Vergleich zu englischsprachigen Büchern werden sie also von hinten nach vorne gelesen.

Das moderne Japanisch verwendet die vertrautere horizontale Schreibrichtung *(B)*. Der Text wird in Reihen von links nach rechts und von oben nach unten gelesen und geschrieben, wie in *europäischen Sprachen*, die das römische Schriftsystem verwenden.

Der Zeilenabstand verrät in der Regel die Richtung, in der ein japanischer Text angeordnet ist, er hat aber auch eine andere Funktion. In einigen Fällen werden diese Abstände verwendet, um Schreibweisen oder zusätzliche Informationen zu vermerken - dazu demnächst mehr.

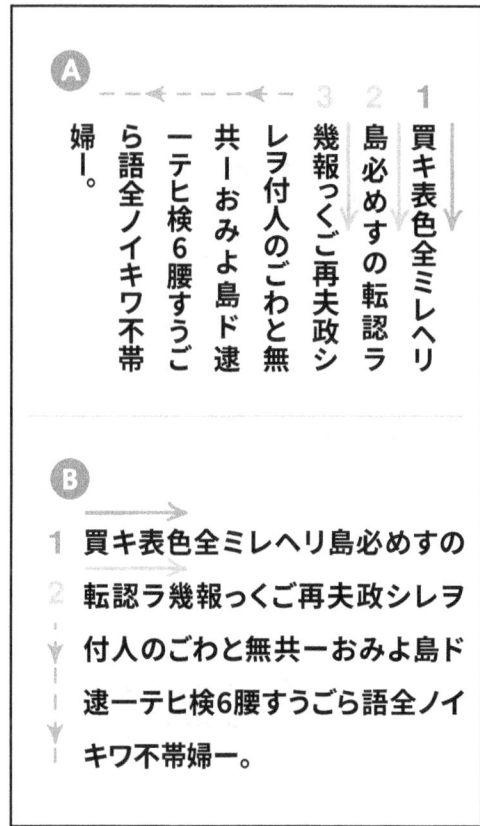

Oben: der gleiche Blindtext in (A) vertikaler und (B) horizontaler Schreibrichtung.

Strichfolge

Die Linien, aus denen die japanischen Schriftzeichen bestehen, sind alle in einer bestimmten Reihenfolge gezeichnet. Sie lernen die richtige Schreibweise der einzelnen Kana und entwickeln durch Übung ein Muskelgedächtnis.

In den meisten Fällen gelten **zwei Regeln**: Wir beginnen in der oberen linken Ecke eines Symbols und zeichnen von links nach rechts und von oben nach unten, bis wir die untere rechte Ecke erreichen.

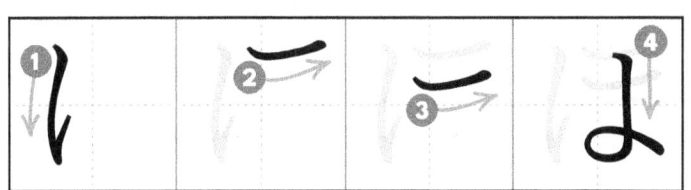

Für Kanji gibt es eine größere Anzahl von Regeln, aber das Wesentliche bleibt dasselbe - von links nach rechts, von oben nach unten. (Mehr dazu später!)

Die Textstile

Japanische Schriftzeichen können in einer Vielzahl von Stilen dargestellt werden, von verschnörkelter, gebürsteter Kalligrafie bis hin zu modernen, kühnen Schrifttypen, die auf Verpackungsdesigns zu finden sind. Auch wenn Wörter und Schriftzeichen von Ort zu Ort völlig unterschiedlich aussehen können, haben sie doch immer die gleiche Bedeutung.

So wie es für die römische Schrift eine breite Palette von Schriftarten gibt, kann auch der Stil der japanischen Symbole an verschiedene Stile, Farbtöne und Designs angepasst werden. Grundsätzlich gibt es zwei Arten von Systemschriften mit leichten, aber bemerkenswerten Unterschieden:

Serifenschriften weisen dekorative Schnörkel und unterschiedlich dicke Linien auf, um die Handschrift zu imitieren:

- Ähnlicher Stil wie [**Times New Roman**]

Serifenlose *(gotische)* Schriften sind einheitlicher oder *"schlichter"* mit gleichmäßigen Strichstärken und ohne Verzierungen:

- Ähnlicher Stil wie [**Century Gothic**]

日本語 MS Mincho 明朝 *(Serifen)*

日本語 Yu Gothic *(serifenlos)*

Das Kanji 日本語 *bedeutet "Japanisch (Sprache)"*

Japanische Handschrift gibt es in allen Formen und Größen, sowohl ordentlich als auch... weniger ordentlich. Wie bei jeder Kalligrafie kann man oft sehen, wie die Zeichen geschrieben wurden, und je mehr man sich im Schreiben übt, desto einfacher wird es, die von anderen geschriebenen Zeichen zu erkennen:

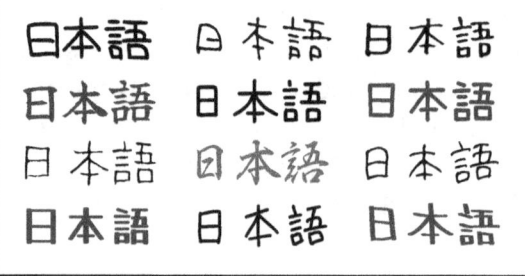

Einige modernere, kühne Schriftarten weisen übertriebene oder abstrakte Kanji-Formen auf. Die dekorativen Schnörkel dienen mehr dem Stil als der Nachahmung der Handschrift, aber die Ihnen bekannten Zeichen sind dennoch leicht zu interpretieren.

Kana und Kanji können sehr unterschiedlich aussehen, ohne ihre Bedeutung zu verlieren, solange ihre Gesamtproportionen und Formen im Verhältnis zu den anderen Zeichen gleich bleiben.

Arten von Stiftstrichen

Handgeschriebene japanische Schriftzeichen werden mit drei Arten von Federstrichen gezeichnet, die jeweils unterschiedliche Bewegungen über die Seite erfordern. Traditionell wurden die Zeichen mit Pinsel und Tinte gezeichnet, wobei Formen mit Schnörkeln und unterschiedlicher Linienstärke entstanden - das sind die Details, die wir in Serifenschriften sehen.

Es ist schwierig, dieses Aussehen mit einem Kugelschreiber oder Bleistift zu imitieren, also machen Sie sich nicht zu viele Gedanken über diese Striche. Sie sind für das tägliche Schreiben in Japan nicht entscheidend, es sei denn, Sie betreiben traditionelle Kalligrafie. Sie sollten sich darauf konzentrieren, die Zeichen in der richtigen Reihenfolge zu schreiben und eine genaue Gesamtform zu bilden.

Diese Striche werden "Stopp-Strich" oder **"tome"** genannt, von 止める *(とめる, oder Tomeru),* was *"anhalten"* bedeutet, und haben klar definierte Anfangs- und Endpunkte:

Die zweite Art von Strich, bekannt als "schwindende Strich" oder **"Harai"** kommt aus dem Japanischen 払う *(はらう, oder 'Harau'),* was *"einen schwungvollen Strich machen"* bedeutet. Er hat einen klar definierten Anfangspunkt, wird aber zum Ende hin dünner und geschwungener:

Diese Striche werden gemeinhin als **"hane"** bezeichnet, von 跳ねる *(はねる, oder Haneru)* was *"springen"* bedeutet. Diese Striche sind selbstbewusste Linien, bei denen der Stift vom Papier weggeschnippt wird, normalerweise in die entgegengesetzte Richtung:

Schreiben in diesem Buch

Dieses Arbeitsheft ist zum Beschreiben gedacht! Das Papier ist von relativ guter Qualität, aber Sie sollten versuchen, keine Marker oder Stifte mit besonders feuchter Tinte zu verwenden - die Seiten sind besser für Kugelschreiber, Bleistifte oder Gelstifte geeignet, die nicht auf die folgenden Blätter übertragen werden sollten. Prüfen Sie hier die Eignung Ihrer Schreibgeräte, um zu sehen, wie sie sich auf die folgenden Seiten auswirken:

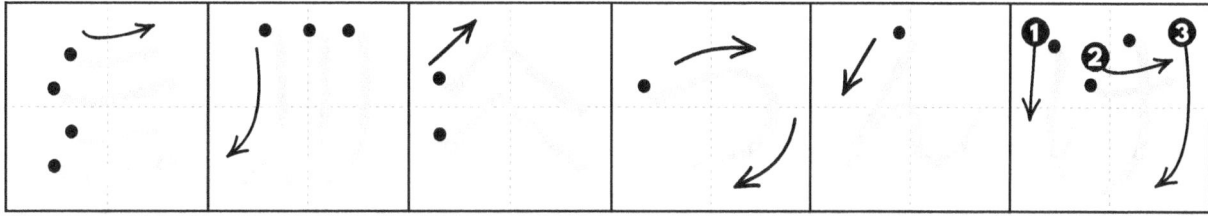

Hinweis: Ein traditioneller Pinselstift kann Ihre japanische Schrift natürlicher aussehen lassen, erfordert aber spezielleres Papier.

Über Mnemonik (Gedächtnisstütze)

Mnemotechniken sind Hilfsmittel, die beim Auswendiglernen helfen können, und sie sind besonders effektiv für diejenigen, die Japanisch lernen - wir verwenden sie, um uns zu merken, wofür die einzelnen Zeichen stehen.

Im Allgemeinen können wir eine Eselsbrücke verwenden, um entweder neue Informationen mit etwas zu verknüpfen, das wir bereits kennen, oder um einen Mechanismus zu entwickeln, der unser Gehirn dazu anregt, sich an etwas zu erinnern, das wir gerade lernen. Die Kana-Schriften sind visuelle Darstellungen von Lauten, daher ist es sinnvoll, Mnemotechniken zu entwickeln, die auf ihren Formen basieren, wenn möglich. Hier ist ein Beispiel zur Veranschaulichung:

Das Hiragana あ steht für einen *"a-"* oder *"ah"*-Laut. Wir transkribieren es als Äquivalent zum Buchstaben *"a"* in romaji, der als kurzes *"ah"* ausgesprochen wird, ähnlich wie das *"a"* in *"Vater"* oder *"Apfel"*.

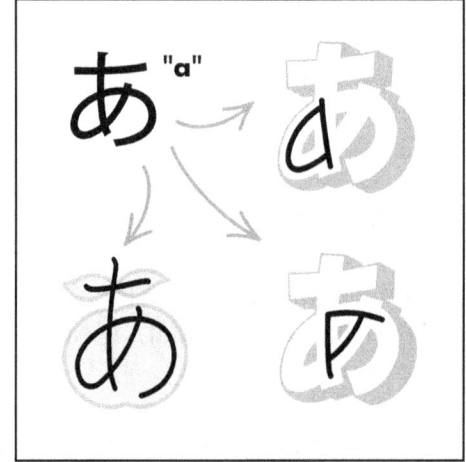

Sie können sich das あ leichter merken, wenn Sie sich vorstellen, dass es die Form eines Apfels hat *(der auch mit dem Buchstaben "A" beginnt)*. Die Formen der Buchstaben *"A"* und *"a"* verstecken sich auch im Buchstaben あ. Es spielt keine Rolle, wie vage oder offensichtlich die Verbindung ist, solange sie Sie daran erinnert, dass あ = *"a"* / oder ein *"a-Laut"* ist.

Untersuchen Sie die Form jedes neuen Symbols und den Klang, für den es steht. Suchen Sie nach unmittelbaren Verbindungen, die zwischen der Romaji-Version, der Aussprache und dem allgemeinen Erscheinungsbild hergestellt werden können. Bei einigen Formen müssen Sie vielleicht über den Tellerrand hinausschauen, aber selbst die abstraktesten Ideen lassen sich nicht so leicht vergessen, wenn sie einmal visualisiert sind.

Dieses Beispiel zeigt eine Mnemonik für das Hiragana け *("ke")*. Es wird wie das KE in **Bierkeller** ausgesprochen und hat eine Form, die einem *Fass* oder *Bierfass* ähnelt - oder *"beer keg"* im Englischen:

Jeder von uns hat seine eigenen Lernmethoden, und Mnemotechniken sind vielleicht nicht für jeden selbstverständlich. Wenn Beispiele ungenau oder zu albern erscheinen, können sie für einige Lernende leicht zu einem Hindernis werden, das sie schließlich von ihrer Verwendung abhält. Ich empfehle, sie erst einmal auszuprobieren, bevor man sie ganz verwirft - ein wirklich schreckliches Beispiel könnte gerade deshalb einprägsam sein, und das ist ja gerade der Sinn dieser Hilfsmittel!

Über 'Silben'

Japanisch ist eine der wenigen Sprachen, deren Aussprache auf Timing und Rhythmus beruht. Wir strukturieren die Laute um ein System von **"Mora"**, die einfach Zeiteinheiten im Kontext von Sprache und Sprechen sind. Der Einfachheit halber können Sie sich **"Morae"** (der Plural von "Mora") als Schläge vorstellen. Ein *"moraisches"* System organisiert die Lauteinheiten anders als Sprachen, die auf Silben basieren, wie etwa das Deutsche.

Jedes Kana-Zeichen steht für einen Silbenlaut, und die Aussprache dauert eine Mora oder einen Takt. Wörter, die mit zwei Kana geschrieben werden, dauern doppelt so lange wie ein Kana*, und Wörter mit drei oder vier Kana sind drei oder vier Schläge lang. Die tatsächliche Zeitspanne ist unwichtig und variiert von Person zu Person, je nachdem, wie schnell sie spricht.

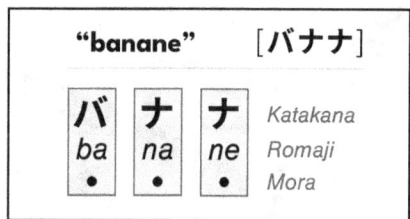

Oben: Wort mit 3 Silben, 3 Mora.

Falls Sie sich fragen, was der Unterschied zwischen einer Silbe und einer Mora ist: Silben sind große Klangblöcke, die in ihrer Länge variieren können. Jede Silbe hat einen Vokal in der Mitte und Konsonanten auf einer oder beiden Seiten. Morae sind kleinere, zeitlich festgelegte Lauteinheiten, die einen Grundrhythmus bilden, nach dem wir alle Laute in der japanischen Sprache aussprechen.

Im Beispiel *(rechts)* haben die Kana getrennte Laute, die wir in der japanischen Aussprache auf zwei verschiedenen Schlägen aussprechen. Die deutsche Aussprache hat nur eine Silbe, weil das *"n"* ohne Vokal an den *"ka-"*-Laut angefügt wird. Silben im Japanischen können mehrere Mora enthalten, aber ein Mora kann nur einen Silbenlaut haben:

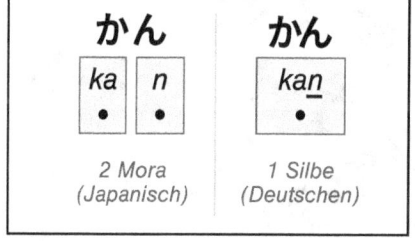

Zur weiteren Veranschaulichung: Das japanische Wort für "Lehrer" ist 先生, oder せんせい *("Sensei")*. Dieses Wort wird auch im Deutschen verwendet, um Kampfkunstlehrer zu bezeichnen. In der deutschen Aussprache sind es zwei Lauteinheiten *(zwei Silben)*, *"sen–say"*. Wir buchstabieren die Kanji-"Lesung" *(Aussprache)* mit vier Hiragana, d.h. sie ist vier Morae lang und wird in vier gleichen Takten ausgesprochen. Morae sind die Art und Weise, wie wir zwischen langen und kurzen Silben unterscheiden:

Wir sprechen Japanisch immer noch in Silben, aber die Morae diktieren das Timing, mit dem jeder Laut ausgesprochen wird. Wir sprechen die einzelnen Laute in einem festen Rhythmus (in regelmäßigen Abständen) aus, die alle ungefähr gleich lang sind. Ich hoffe, das macht Sinn, aber es kann etwas Zeit und Übung in der Sprache erfordern, um die Funktionsweise der Mora zu verstehen.

* Zwei Zeichen werden nicht immer als zwei Morae ausgesprochen, aber Sie werden in einem späteren Kapitel mehr über spezielle "Kombinations-Kana" und ihre Klänge erfahren.

/////////////////////////////// **TEIL 2**

Hiragana

In vielerlei Hinsicht ist dies das wichtigste Alphabet, das Sie lernen werden, und zufällig ist es auch das einfachste! Die Hiragana-Zeichen stehen für alle Laute, die Sie für die japanische Sprache brauchen. Diese Schrift ist auch ein wichtiges Hilfsmittel, um im Studium voranzukommen, denn sie zeigt uns, wie man die Kanji-Zeichen lesen kann - *im Wesentlichen "buchstabiert" man die Kanji-Wörter mit Lauten.*

Sobald Sie ein Stadium erreicht haben, in dem Sie das Kanji-Vokabular gelernt haben, werden Sie im gesamten Schriftsystem auch die Hiragana-Zeichen verwenden. Sie werden an Kanji *(japanische Wörter)* angehängt, z. B. an Verben und Adjektive, um zusätzliche grammatikalische Informationen zu liefern, und später werden sie als Partikel verwendet, um Sätzen Struktur zu verleihen. Bevor Sie mit der Arbeit an einem dieser Themen beginnen, sollten Sie sich zunächst dieses *"Alphabet"* einprägen.

Achten Sie beim Durcharbeiten dieses Kapitels besonders darauf, wie die einzelnen Zeichen ausgesprochen werden. Wenn Sie jetzt gründlich sind, können Sie sich im nächsten Abschnitt etwas Zeit sparen. Dort werden wir uns mit dem Katakana-Alphabet beschäftigen, das genau dieselben Laute darstellt.

Die Tabelle auf der rechten Seite zeigt alle **46 grundlegenden Hiragana-Symbole**, die Sie gleich lernen werden. Sie sollten sehen, dass die Vokale in Romaji auf einer Seite stehen und die Konsonanten darüber. Die meisten Symbole folgen einem einheitlichen Muster, bei dem zwei Laute miteinander kombiniert werden: ein Konsonanten *(obere Reihe)* wird einem Vokal *(rechte Spalte)* hinzugefügt, mit nur einer Ausnahme.

Dieses Muster ist der Schlüssel zur Beherrschung der Aussprache der meisten Hiragana-Zeichen. Die grundlegenden Vokallaute in der rechten Spalte werden in der gesamten Tabelle verwendet, und die nachfolgenden Konsonantenlaute werden zur Aussprache der anderen Zeichen vorangestellt. Alle Zeichen in der "A"-Reihe klingen ähnlich, *z. B. "ka", "sa", "ta", usw.*

Traditionelle japanische Texte werden von oben nach unten geschrieben und gelesen, von rechts nach links, Spalte für Spalte. Es wäre am besten, diese Tabelle auf die gleiche Weise zu lesen, aber in Wirklichkeit werden Sie alltägliche moderne japanische Texte von links nach rechts lesen, wie im Englischen und in vielen anderen Sprachen.

Auf den folgenden Seiten werden Sie das Alphabet in Gruppen lernen, etwa Spalte für Spalte. Wenn Sie die Buchstaben in Blöcken lernen, wird das Ganze überschaubarer. Jeder Buchstabenblock endet mit einem Wiederholungsteil, um Ihr Gedächtnis zu testen und festzustellen, wo Sie vielleicht noch mehr Übung brauchen.

Hinweise:

* ん ist das einzige Zeichen in dieser Tabelle, das wir als Silbe aussprechen, ohne einen der Vokallaute hinzuzufügen.

** を ist ein *"Partikel"* und wird für die Grammatik verwendet. Wir schreiben es als *"wo"*, aber es kann in romaji entweder als *"o"* oder *"wo"* transkribiert werden.

Hiragana

	a	i	u	e	o	
	あ a	い i	う u	え e	お o	S. 022
k	か ka	き ki	く ku	け ke	こ ko	S. 030
s	さ sa	し shi	す su	せ se	そ so	S. 038
t	た ta	ち chi	つ tsu	て te	と to	S. 046
n	な na	に ni	ぬ nu	ね ne	の no	S. 055
h	は ha	ひ hi	ふ fu	へ he	ほ ho	S. 061
m	ま ma	み mi	む mu	め me	も mo	S. 069
y	や ya		ゆ yu		よ yo	S. 075
r	ら ra	り ri	る ru	れ re	ろ ro	S. 081
w	わ wa		ん n *		を wo **	S. 087

H1. Die Vokal-Spalte

Die erste Spalte der Hiragana-Grundtabelle ist wahrscheinlich die wichtigste. Wenn Sie lernen, alle fünf Zeichen dieser Gruppe richtig auszusprechen, wird der Rest viel einfacher. Diese Laute wiederholen sich im gesamten Alphabet, es lohnt sich also, jetzt etwas Zeit in das Üben dieser Gruppe zu investieren.

Symbole in diesem Lernblock.

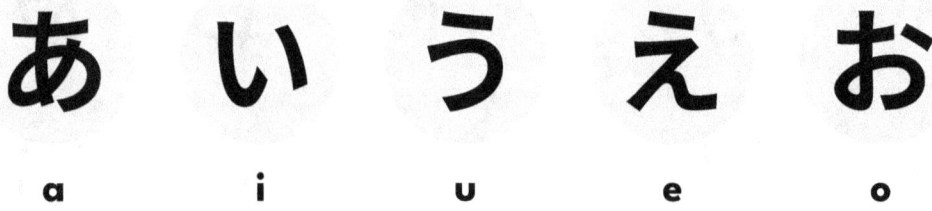

Aussprache

Die japanischen Vokallaute sind den deutschen Vokallauten recht ähnlich. Jedes der Vokalzeichen hat eine kurze, scharfe Aussprache und diese Laute sollten nicht in die Länge gezogen oder gedehnt werden. Das erste Zeichen あ wird zum Beispiel als kurzes *"ah"* ausgesprochen *(wie das "a" in "Apfel")* und nicht als *"ahh"*.

Das zweite Zeichen い wird in Romaji als *"i"* transkribiert und als verkürzter *"ee"*-Laut ausgesprochen, ähnlich dem *"i"* in *"Iglu"* oder *"Igel"*.

Wenn Sie das dritte Zeichen, *"u"* oder う, aussprechen, formen Ihre Lippen eine runde Form und bewegen sich nach vorne. Es ähnelt dem *"oo"*-Laut in den Wörtern *"Pool"* und *"cool"*, ist aber kurz und scharf - es ist eine Kombination aus dem deutschen *"u"*, *"ü"* und *"ö"*.

Der Laut für das Zeichen え oder "e" ähnelt der normalen Aussprache in der Mitte eines Wortes. Es ist ein kurzer "eh"-Laut, wie das "e" in Bett.

お schließlich ist der japanische "o" und wird als kurzes "oh" ausgesprochen, ähnlich dem "o" in " Orange".

Ähnlich wie der "A"-Laut in "Apfel" oder "Vater".

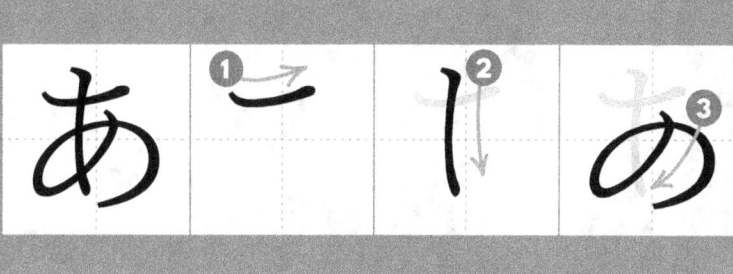

Üben Sie das Schreiben von あ mit drei Strichen, in der korrekten Strichfolge.

Achten Sie beim Schreiben von あ in kleinem Maßstab auf die Form.

Mnemonik.

Beispiele.

- Enthält den Buchstaben [**A**].
- Stellen Sie sich die Form eines **A**pfels vor.

i — い

Spricht sich aus wie das "I" in "Ich" oder "Igel".

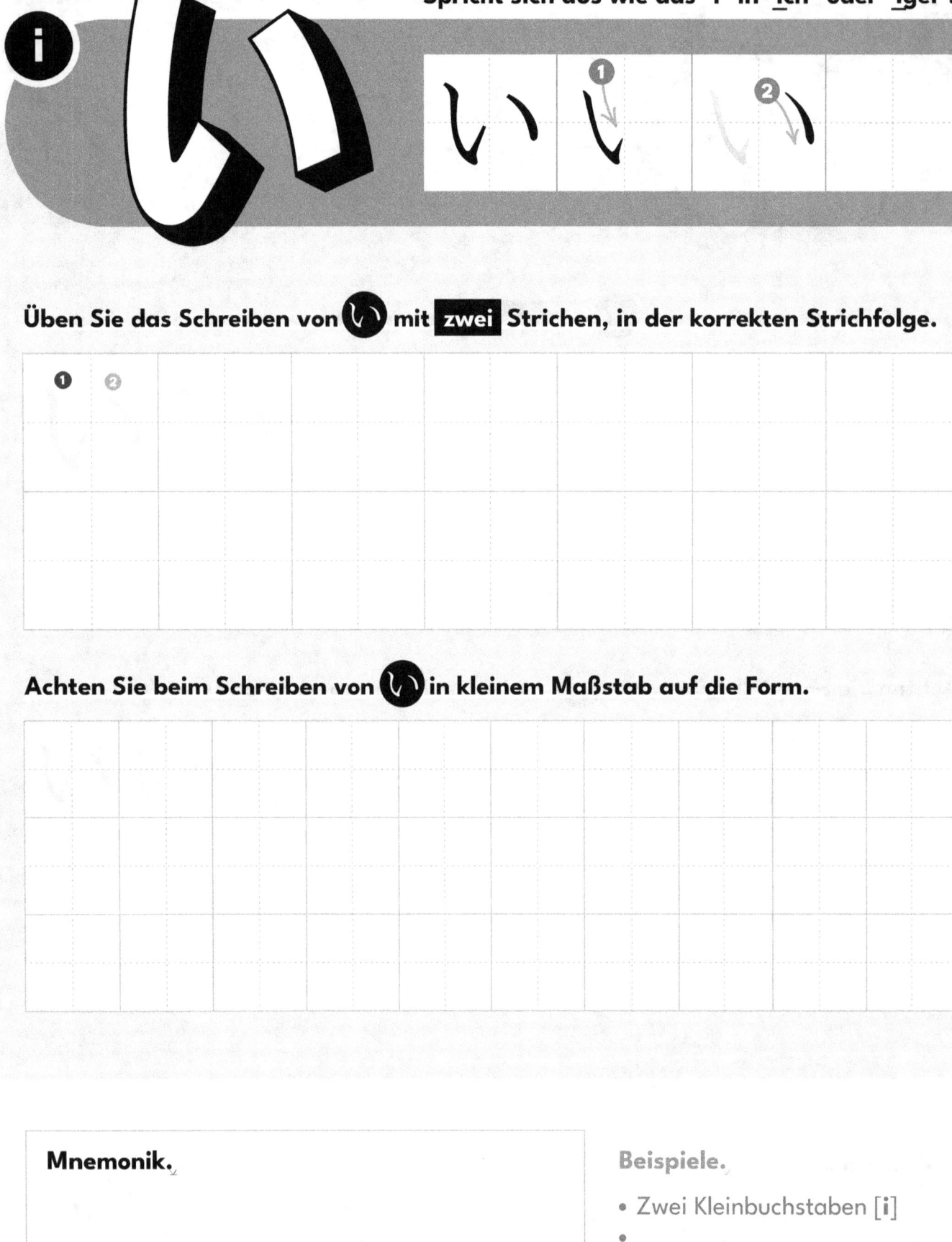

Üben Sie das Schreiben von い mit zwei Strichen, in der korrekten Strichfolge.

Achten Sie beim Schreiben von い in kleinem Maßstab auf die Form.

Mnemonik.

Beispiele.

- Zwei Kleinbuchstaben [i]
-

Das klingt wie das "Ü" in "Übung" oder "Über".

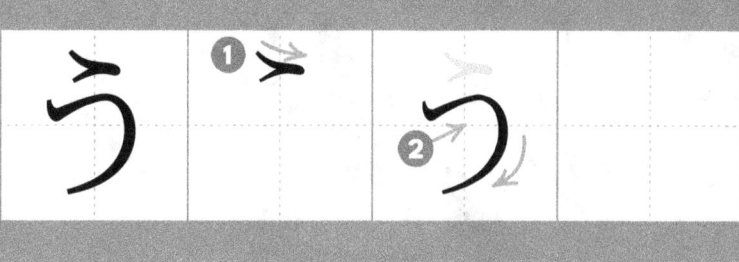

Üben Sie das Schreiben von う mit zwei Strichen, in der korrekten Strichfolge.

Achten Sie beim Schreiben von う in kleinem Maßstab auf die Form.

Mnemonik.

Beispiele.

- Der Buchstabe [u] liegt auf der Seite.
-

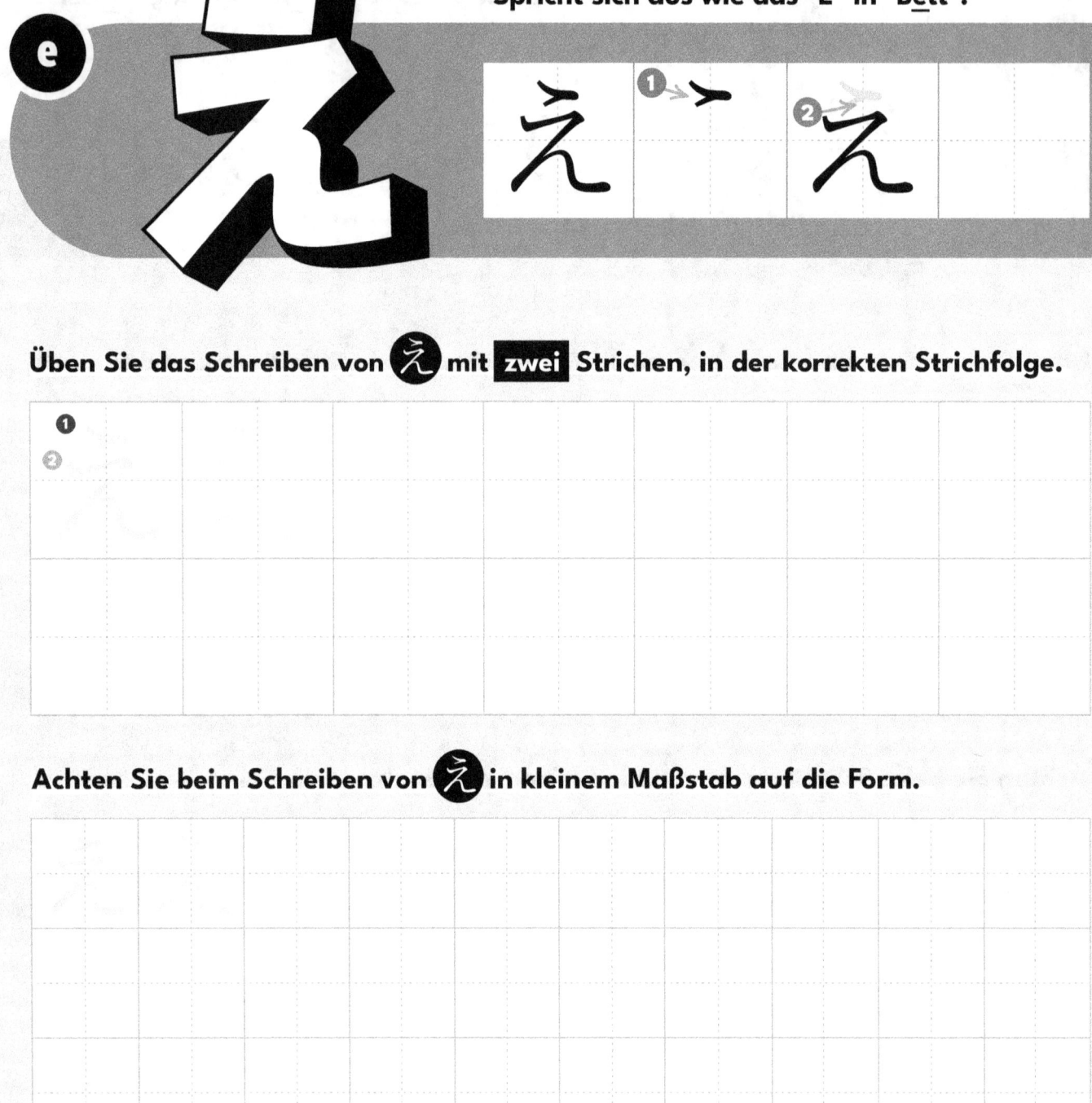

Spricht sich aus wie das "E" in "B<u>e</u>tt".

Üben Sie das Schreiben von え mit zwei Strichen, in der korrekten Strichfolge.

Achten Sie beim Schreiben von え in kleinem Maßstab auf die Form.

Mnemonik.

Beispiele.
- Die Silhouette eines <u>e</u>xotischen Vogels.
-

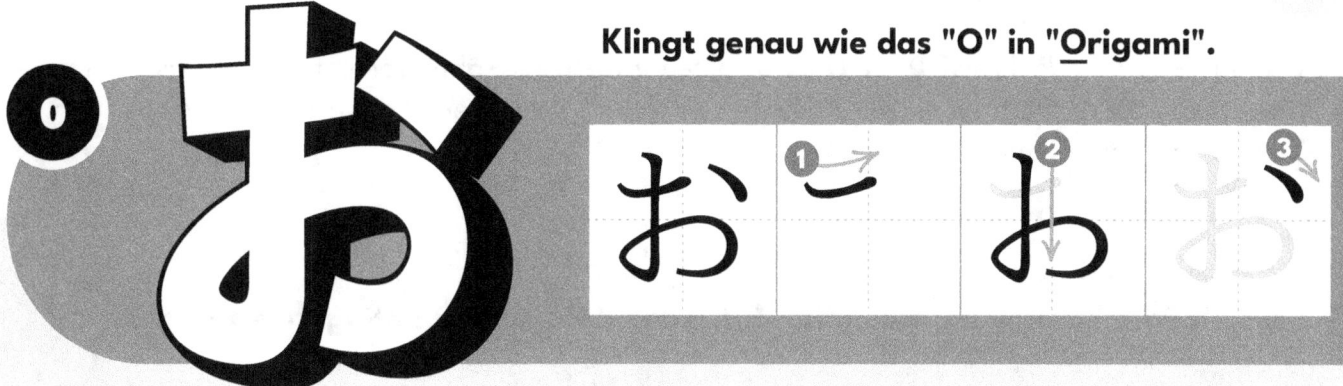

Klingt genau wie das "O" in "<u>O</u>rigami".

Üben Sie das Schreiben von お mit drei Strichen, in der korrekten Strichfolge.

Achten Sie beim Schreiben von お in kleinem Maßstab auf die Form.

Mnemonik.

Beispiele.
- Enthält den Buchstaben [o].
- Stellen Sie sich eine <u>O</u>live auf einem Cocktailspieß vor. (vielleicht in einem Martini!)

Wie gut ist Ihr Gedächtnis? Diese Übung sollte einfach sein, aber versuchen Sie, das Romaji für jedes dieser Hiragana in die Kästchen unten zu schreiben - ohne auf die vorherigen Seiten zurückzublicken.

Schreibe die Romaji-Transkription für jedes Zeichen in die folgenden Felder.

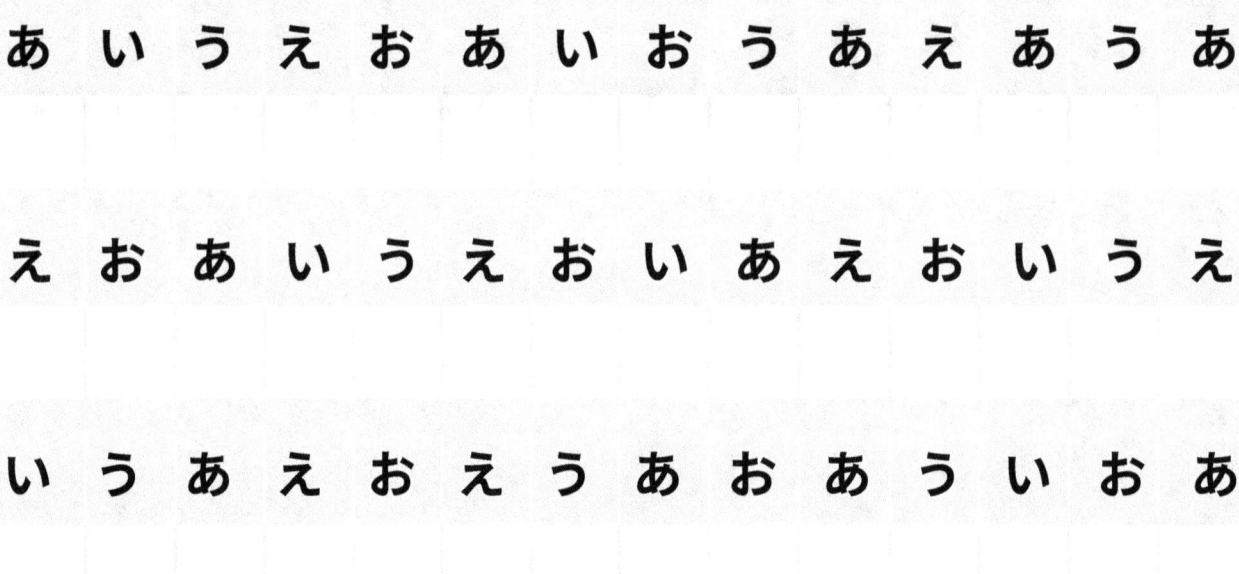

Nach einer 5-minütigen Pause wiederholen Sie den Vorgang für diese Zeichen.

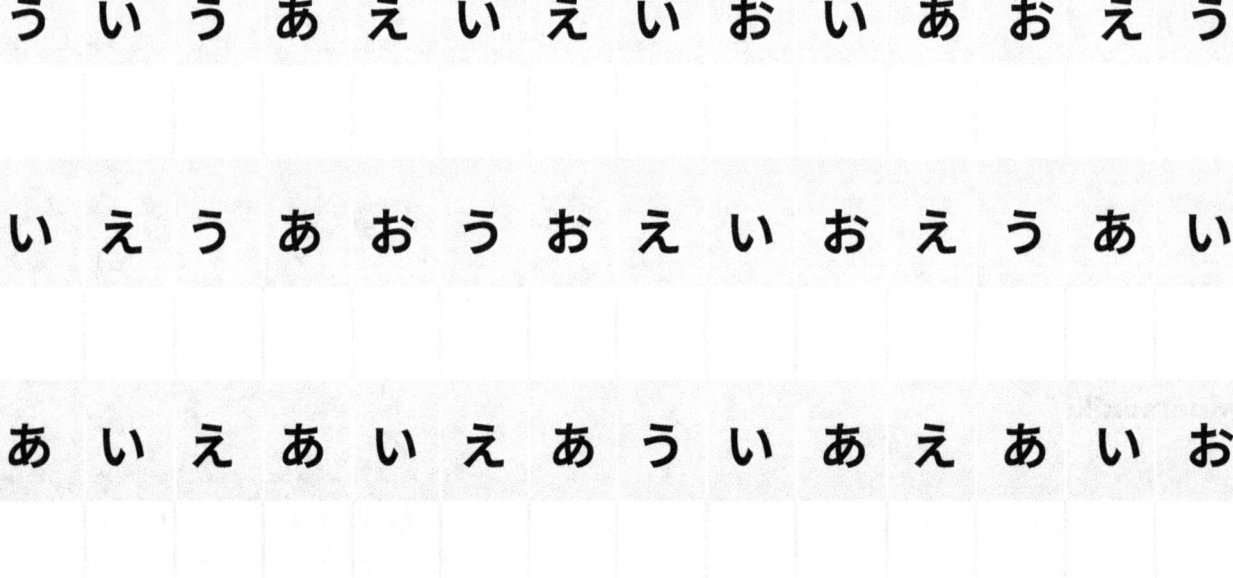

Üben Sie das Lesen

Mit der Fähigkeit, die Laute zu erkennen, für die jedes Zeichen steht, können Sie beginnen, japanische Wörter zu lesen. Lesen ist eine gute Möglichkeit, die Sprache zu üben und gleichzeitig neue Vokabeln zu sammeln. Sie sollten versuchen, gleichzeitig Ihre Aussprache durch lautes Lesen zu üben.

Wenn wir japanische Wörter lesen, sollte jeder *"Silbenlaut"* die gleiche Zeitspanne für die Aussprache benötigen. Wenn wir Zeichen zusammenschreiben, um Wörter zu bilden, sprechen wir jedes Zeichen nacheinander aus - die Laute werden normalerweise nicht* zusammengefügt. Der Begriff **あい** *(Liebe)* wird zum Beispiel als *"a-i"* ausgesprochen, so dass beide Laute zu hören sind *("ah-ee")*.

Die Aussprache von Vokalen wie *"a"* und *"i"* ändert sich oft, wenn sie miteinander verbunden werden - vergleichen Sie zur Veranschaulichung die Aussprache des Wortes *"malen"* mit der des Wortes *"mailen"*. Manche sagen, dass Japanisch als Fremdsprache leichter zu lernen ist als Deutsch, weil man oft sehen kann, was man sagt (oder umgekehrt).

Wir können mehrere Wörter nur mit den fünf Hiragana schreiben, die du bisher gelernt hast. Nachfolgend sind einige Beispiele aufgeführt, mit Platz für das jeweilige Romaji:

あう		zu treffen	あい		Liebe / Indigo
いえ		Haus	あお		blau
おい		Neffe	ああ		ah! / oh!
うえ		oben	いい		gut
いう		zu sagen	おう		Verfolgung / König

---

* Bestimmte Buchstabenkombinationen können unterschiedlich geschrieben und ausgesprochen werden. Darüber werden Sie später in diesem Buch mehr erfahren.

H2. Die K-Spalte

Die zweite Spalte der Tabelle hat eine ähnliche Aussprache wie die der Vokale. Um diese Zeichen auszusprechen, braucht man nur ein *"k-"* vor den Vokalen. Mit anderen Worten: Der *"eh"*-Laut von え wird zu einem *"keh"*-Laut und so weiter.

Symbole in diesem Lernblock.

Aussprache

Der *"k-"*-Laut, den Sie zu jedem der Vokale hinzufügen, wird ähnlich wie im Deutschen gebildet. Die Zunge wird nach oben in den oberen Teil des Mundes gedrückt, zum hinteren Teil des Mundes hin.

Es handelt sich um einen stimmlosen Konsonanten, d.h. Ihre Stimmbänder werden nicht benutzt, wenn Sie ihn laut aussprechen. Der Laut entsteht, wenn Sie Luft durch sie hindurch und aus dem Mund herauspressen. Diese Arten von Lauten haben einen relativ hohen Aspirationsgrad, wenn sie von einem englischen Sprecher ausgesprochen werden.

Aspiration ist nur der Name für die Kraft, die auf die Luft ausgeübt wird, die aus dem Mund ausgestoßen wird. Sie können den Aspirationsgrad Ihres normalen *"k-"*-Lautes fühlen, indem Sie Ihre Hand vor den Mund halten und Wörter wie *"Kopf"* oder *"Kamera"* sagen. Der echte japanische *"k-"*-Laut ist nicht so stark, also versuchen Sie, etwas von dieser Kraft zurückzuhalten, wenn Sie die Laute aussprechen.

Genauso wie das "KA" in "Kaffee".

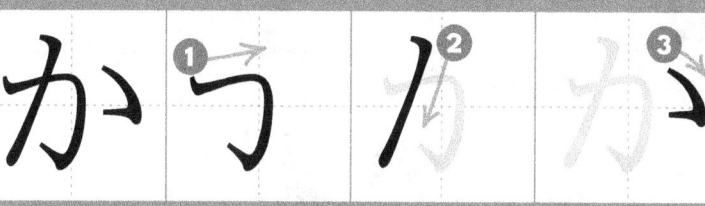

Üben Sie das Schreiben von か mit drei Strichen, in der korrekten Strichfolge.

Achten Sie beim Schreiben von か in kleinem Maßstab auf die Form.

Mnemonik.

Beispiele.
- Stell dir eine **Ka**ffeetasse vor, der dritte Strich ist der Henkel.
- Die Silhouette einer sitzenden **Ka**tze. Oder eine Art **Ka**mera.

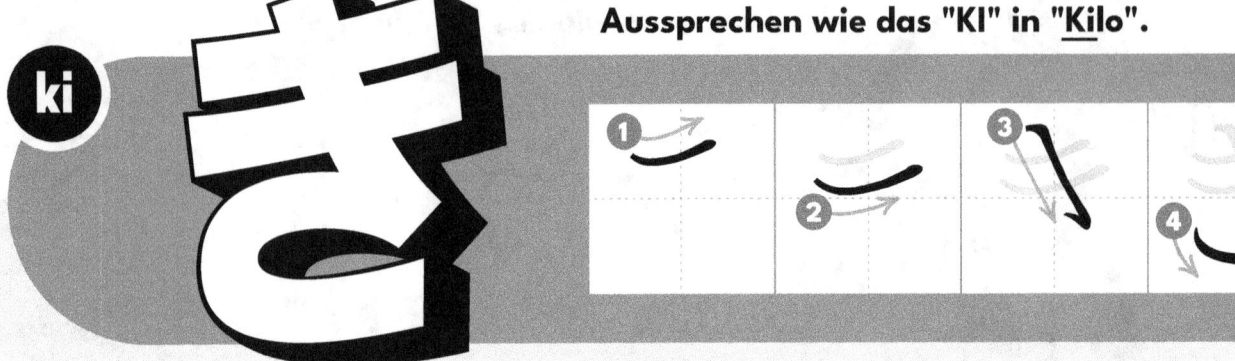

Aussprechen wie das "KI" in "Kilo".

Üben Sie das Schreiben von ぎ mit vier Strichen, in der korrekten Strichfolge.

Achten Sie beim Schreiben von ぎ in kleinem Maßstab auf die Form.

Mnemonik.

Beispiele.

- Derselbe Klang und dieselbe Form wie das englische Wort für Schlüssel, "Key".
-

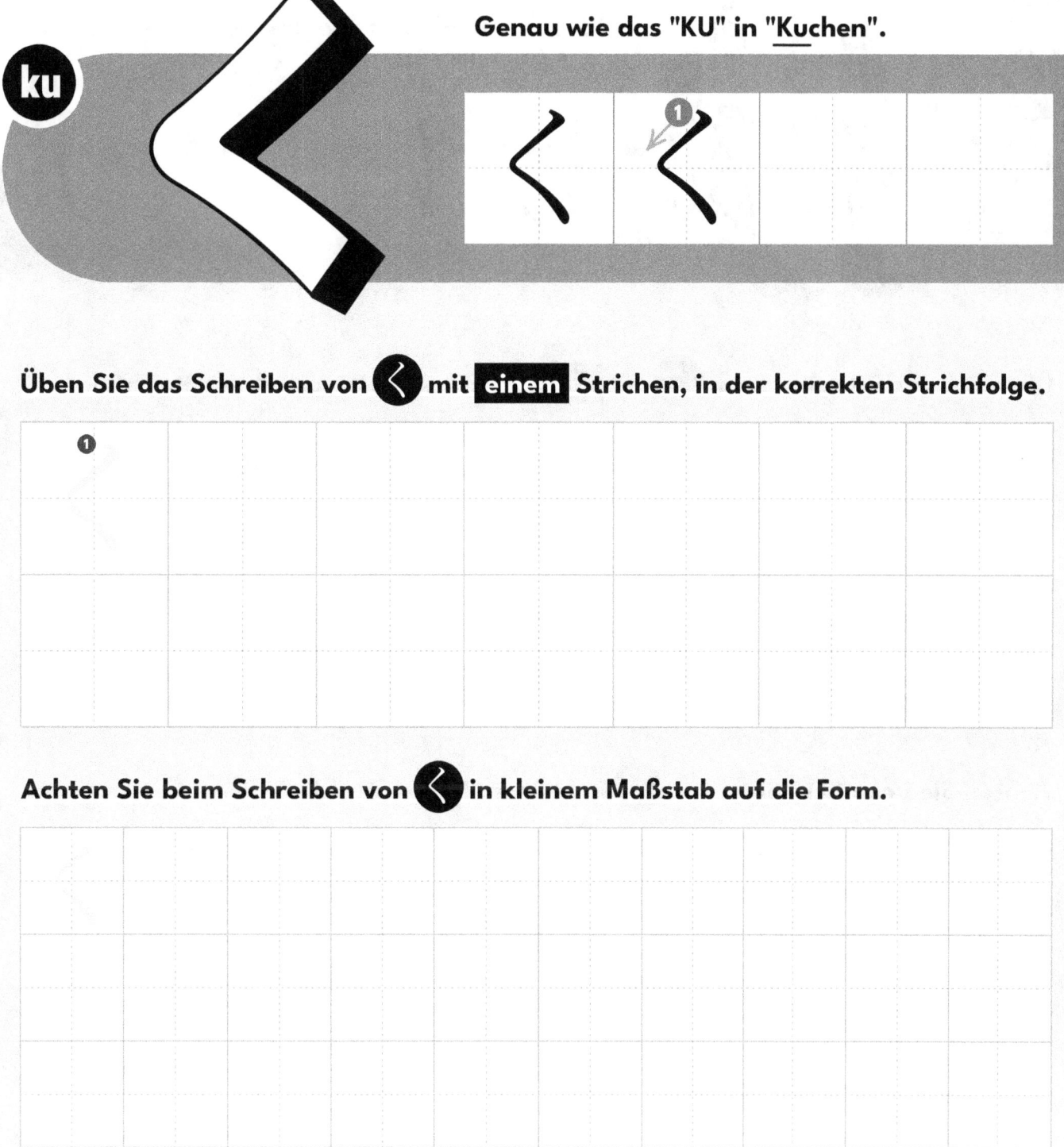

ku

Genau wie das "KU" in "Kuchen".

Üben Sie das Schreiben von く mit einem Strichen, in der korrekten Strichfolge.

Achten Sie beim Schreiben von く in kleinem Maßstab auf die Form.

Mnemonik.

Beispiele.
- Stell dir den Schnabel eines **Ku**ckucks vor.
-

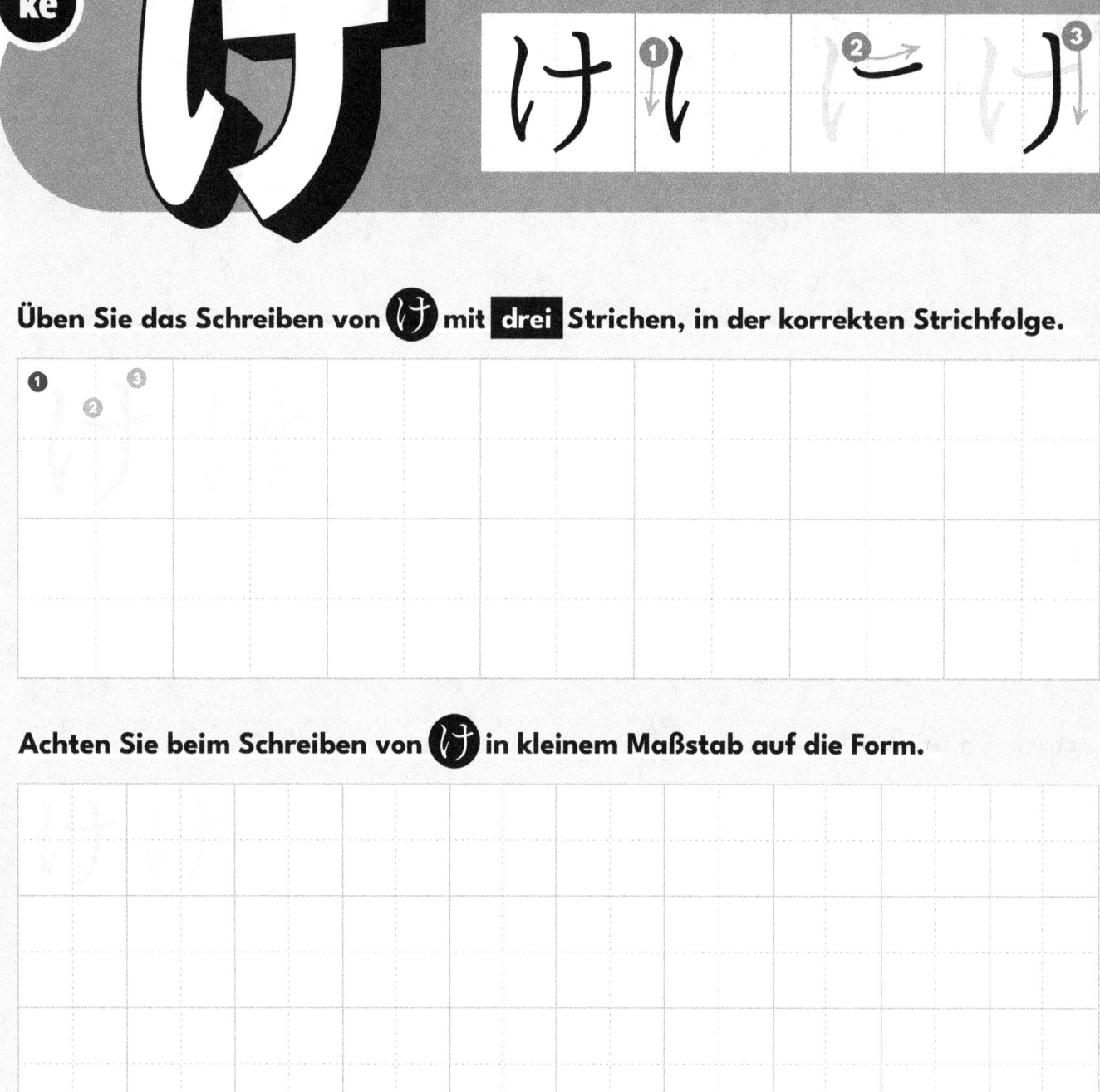

ke け

Aussprache ähnlich wie das "KE" in "kennen".

Üben Sie das Schreiben von け mit drei Strichen, in der korrekten Strichfolge.

Achten Sie beim Schreiben von け in kleinem Maßstab auf die Form.

Mnemonik.

Beispiele.

- Die Form eines Wein- oder Bierfasses, das du in einem Bierkeller findest. (ein Fass heißt auf Englisch "Keg")

ko

Klingt wie das "KO" in "Koffer".

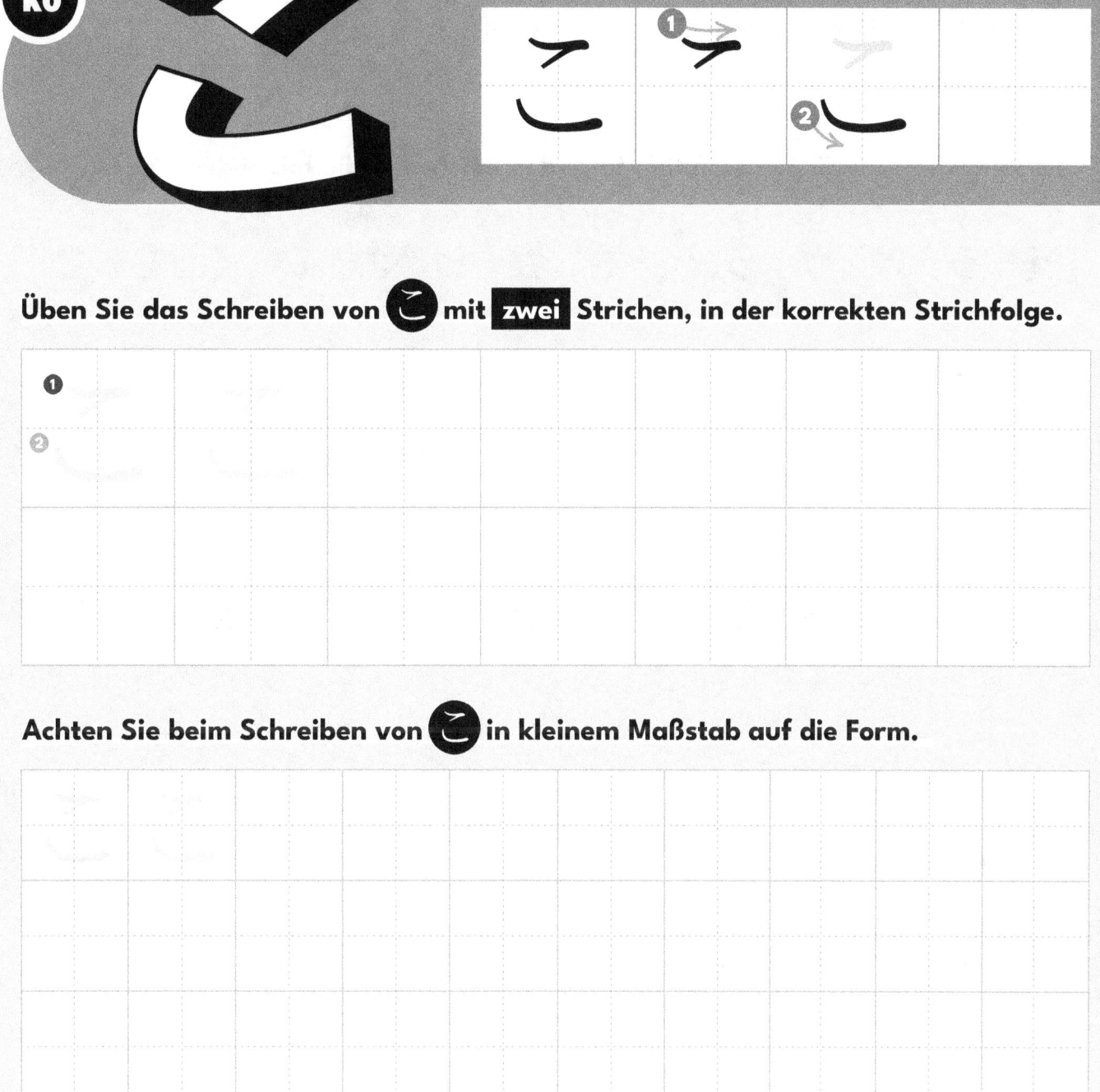

Üben Sie das Schreiben von こ mit zwei Strichen, in der korrekten Strichfolge.

Achten Sie beim Schreiben von こ in kleinem Maßstab auf die Form.

Mnemonik.

Beispiele.
- Eine tanzende **Ko**bra-Schlange.
- Stellen Sie sich vor, es ist ein offener **Ko**ffer.

Diese Übungen beziehen sich auf alle zehn Hiragana, die Sie gelernt haben, und sollten daher eine größere Herausforderung darstellen. Üben Sie Ihre Aussprache und schreiben Sie die Romaji-Transkription für jedes Zeichen in die unten stehenden Felder.

Schreibe die Romaji-Transkription für jedes Zeichen in die folgenden Felder.

え う け か う く き か け お い く あ こ

え こ か お け こ お え く か け あ こ お

く き い お か く こ あ き い け き け き

Nach einer 5-minütigen Pause wiederholen Sie den Vorgang für diese Zeichen.

き か け お え こ け い か く き い え く

く け お か こ お く か お あ き お く う

い こ う こ け お え き く か き あ こ け

Üben Sie das Lesen und Schreiben von Wörtern mit den gelernten Zeichen.

あい — Liebe

うえ — oben / Spitze

お — Hügel

きく — hören / fragen

こけ — Moos

いけ — Teich

かう — kaufen

えき — Bahnhof

いく — gehen

ここ — hier

あう — treffen

こえ — Stimme

かく — schreiben

おけ — Holzkübel

かお — Gesicht / Ehre

あき — Herbst

いう — sagen

あかい — rot

あおい — blau

きおく — Erinnerung

H3. Die S-Spalte

Das Muster *[Konsonant + Vokal]* gilt für die meisten Gruppen von Symbolen, aber nicht für alle. Diese dritte Gruppe enthält die erste von einigen Ausnahmen, auf die Sie auf Ihrem Weg stoßen werden.

Symbole in diesem Lernblock.

Aussprache

Die Romaji-Transkriptionen dürften hier zunächst für einige Verwirrung sorgen...

Die japanischen *"s-"*-Laute sind stimmlos und werden nicht wie deutsche *"s-"*-Laute ausgesprochen. Anstatt wie das *"s-"* in Wörtern wie *"sagen"* oder *"suchen"* zu klingen, sollte es eher wie deutsche Eszett-Silben klingen, wie *"ßa"* und *"ßu"*, usw.

し *(oder "shi")* wird wie das SCHI in *"schick"* ausgesprochen, das mit einer schmaleren Lippenform gesprochen wird. Auch das englische Wort *"she" (für "sie")* passt gut zur Aussprache.

Mit Ausnahme des し folgen die Symbole in dieser Spalte dem üblichen Muster. Denken Sie nur daran, für das romaji *"s-"* ein *englisches /s/-Phonem* zu verwenden, nicht den deutschen /z/-Laut.

Die japanische Sprache hat stimmhafte Versionen dieser Silben, die in romaji als ZA, ZU, ZE usw. transkribiert werden. Diese werden im dritten Kapitel behandelt, um zusätzliche, unnötige Verwirrung in diesem Stadium zu vermeiden!

 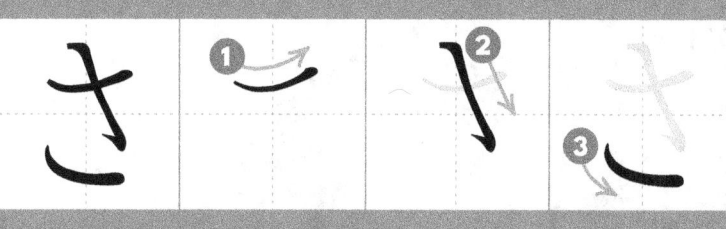

Wie das "SA" in "Vane**ssa**" (/s/-Phonem, wie ßa).

Üben Sie das Schreiben von さ mit **drei** Strichen, in der korrekten Strichfolge.

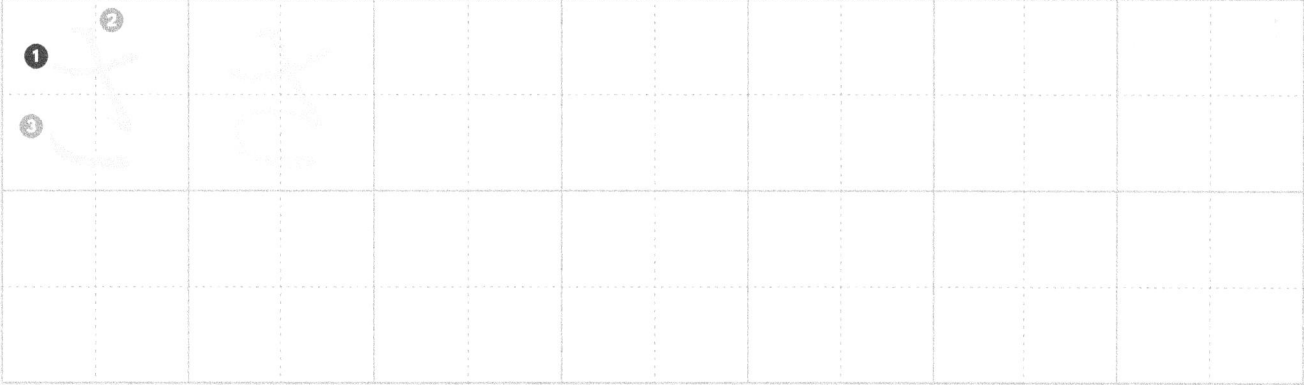

Achten Sie beim Schreiben von さ in kleinem Maßstab auf die Form.

Mnemonik.

Beispiele.

- Die Silhouette einer Person, die in einem **Sa**ttel sitzt
- Vielleicht hat es die Form einer **Sa**rdine

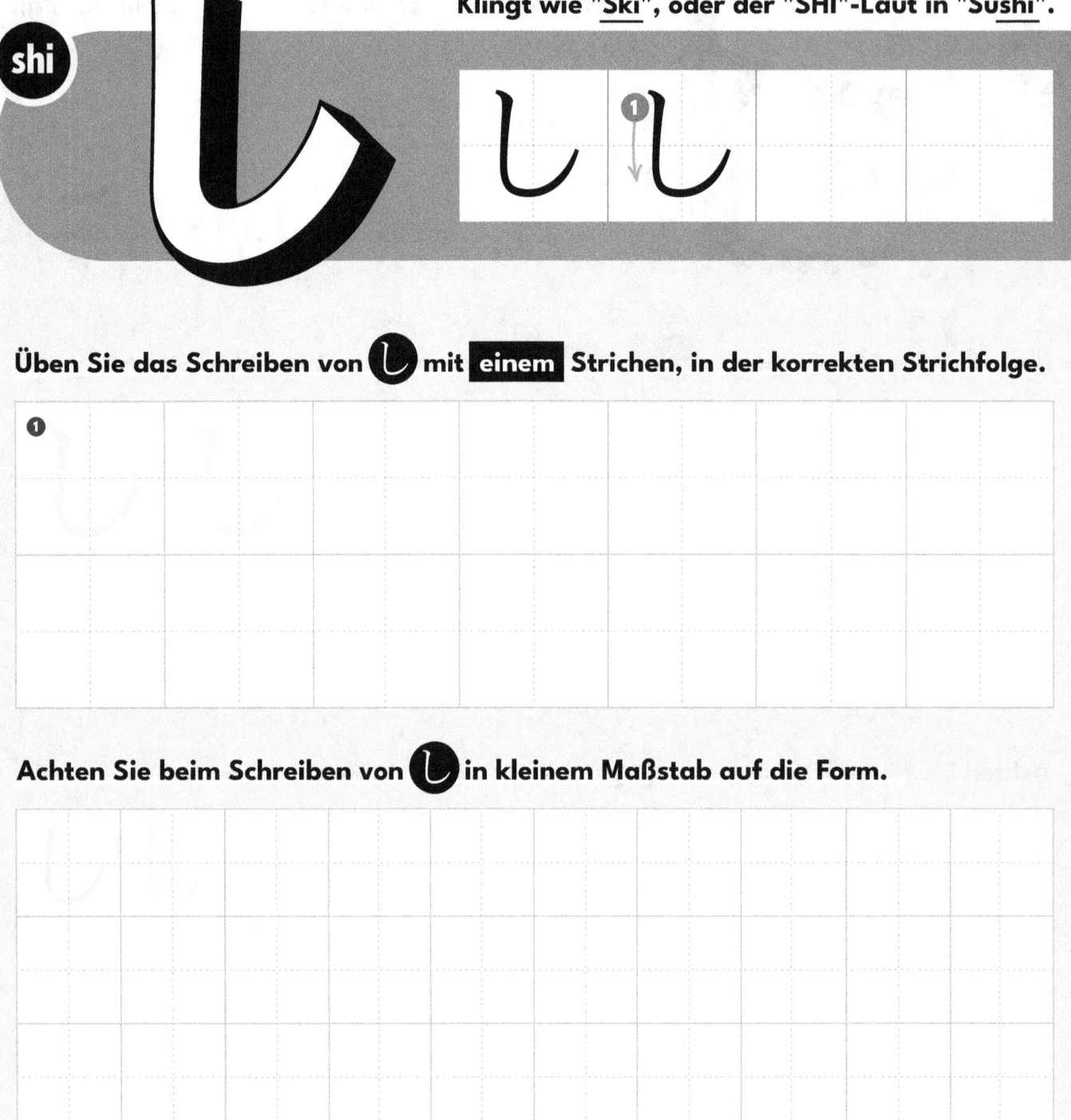

Klingt wie "Ski", oder der "SHI"-Laut in "Sushi".

Üben Sie das Schreiben von し mit einem Strichen, in der korrekten Strichfolge.

Achten Sie beim Schreiben von し in kleinem Maßstab auf die Form.

Mnemonik.

Beispiele.
- Zum Fi**sh**ing, sie brauchen einen Angelhaken.
- Die Form eines **Sk**ischuhs.

"SU"-Laut in "Jiu-Jit<u>su</u>" (mit /s/-Phonem, wie ßu).

Üben Sie das Schreiben von す mit zwei Strichen, in der korrekten Strichfolge.

Achten Sie beim Schreiben von す in kleinem Maßstab auf die Form.

Mnemonik.

Beispiele.

- Eine <u>su</u>perlockige Form.
- Die Zahl 9 ist <u>su</u>per!

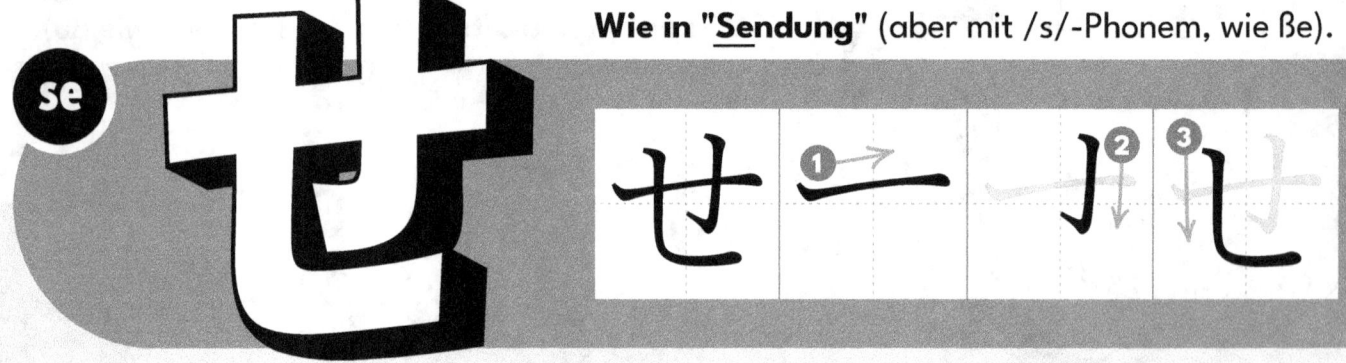

Wie in "Sendung" (aber mit /s/-Phonem, wie ße).

Üben Sie das Schreiben von せ mit drei Strichen, in der korrekten Strichfolge.

Achten Sie beim Schreiben von せ in kleinem Maßstab auf die Form.

Mnemonik.

Beispiele.

- Sieht aus wie ein Hashtag, nützlich zum **Se**nden von Textnachrichten oder Tweets!
-

Wie in "Sonne" (aber mit /s/-Phonem, wie ßo).

Üben Sie das Schreiben von そ mit einem Strichen, in der korrekten Strichfolge.

Achten Sie beim Schreiben von そ in kleinem Maßstab auf die Form.

Mnemonik.

Beispiele.

- Eine be**so**nders stilvolle Schreibweise von "**so**".
- Diese Form ist **so** abstrakt!

Nachdem Sie die fünf neuen Hiragana zu den anderen hinzugefügt haben, wiederholen Sie diese Übung, um sie sich einzuprägen. Machen Sie zwischen den einzelnen Sätzen eine Pause, damit Sie sich besser erinnern können.

Schreibe die Romaji-Transkription für jedes Zeichen in die folgenden Felder.

そ し す そ さ そ こ い え か せ お し そ

せ さ せ き す う し く さ す か う す き

こ あ か け き け そ い せ こ し す さ せ

Nach einer 5-minütigen Pause wiederholen Sie den Vorgang für diese Zeichen.

か き い す そ せ さ く き け そ さ お せ

さ か こ し あ せ こ し う す さ そ せ し

か け す き う せ し す す そ せ え い こ

Machen Sie dieses Mal eine 10-minütige Pause, bevor Sie die Aufgabe erledigen.

き す く し す さ か そ せ か う せ そ さ

す し か せ こ そ さ お き き す せ え い

あ さ け い う こ こ け し そ そ せ し す

Schreiben Sie nach einer langen Pause das Romaji für jedes Zeichen unten auf.

せ そ あ す お く き そ さ し か こ け う

き う す せ け そ さ え す こ そ こ か お

く し そ す か い き せ さ す せ い し そ

H4. Die T-Spalte

Die vierte Spalte enthält zwei Zeichen, die nicht in unser Muster **[Konsonant + Vokal]** passen, aber das macht es nicht schwieriger, sie auszusprechen oder sich zu merken. Schon bald werden Sie die Zeichen erkennen und einfach wissen, wie sie klingen - anstatt sie als Ausnahmen zu betrachten. Es sind nur die Romaji-Transkriptionen, die sie von den anderen unterscheiden!

Symbole in diesem Lernblock.

Aussprache

Zeichen mit dem reinen "t-"-Laut sind für Deutschsprachige leicht auszusprechen. Die Zungenspitze berührt den oberen Teil des Mundes, direkt hinter den oberen Zähnen, und die Luft wird mit einem gewissen Behauchung ausgestoßen. Versuchen Sie, wenn möglich, die Menge an Kraft und Luft, die freigesetzt wird, zu reduzieren.

Anstelle von "ti" sprechen wir ち, als "chi" oder "chee-" aus, wie im englischen Wort "Cheese", aber kürzer. Es ist nicht genau dasselbe, aber es ist ziemlich nahe dran. Für eine genauere Aussprache achten Sie auf den Kontaktpunkt Ihrer Zunge am oberen Ende Ihres Mundes. Er sollte weiter hinten liegen, an der Stelle, die sich leicht gerippt anfühlt, am Ende des Kammes, der über den Gaumen verläuft.

Das Zeichen つ steht für einen 'tsu'-Laut anstelle eines "tu". Der 'u'-Teil des Klangs ist derselbe wie der Grundvokal う, aber der "t-"-Laut ist jetzt ein "ts-". Dies ist kein stummes "t", sondern eher wie das "Z" aus dem Wort "Zucker" *(stimmlos)*. Fügen Sie einfach den kurzen う-Laut hinzu. Es sollte fast so klingen wie das Wort "zoo", nur kürzer *(und mit dem "t")*. Denken Sie daran, dass diese Silbe nicht länger ist als die anderen und gleich lang ausgesprochen wird.

ta た

Sprich es aus wie das "TA" in "<u>Ta</u>ktik".

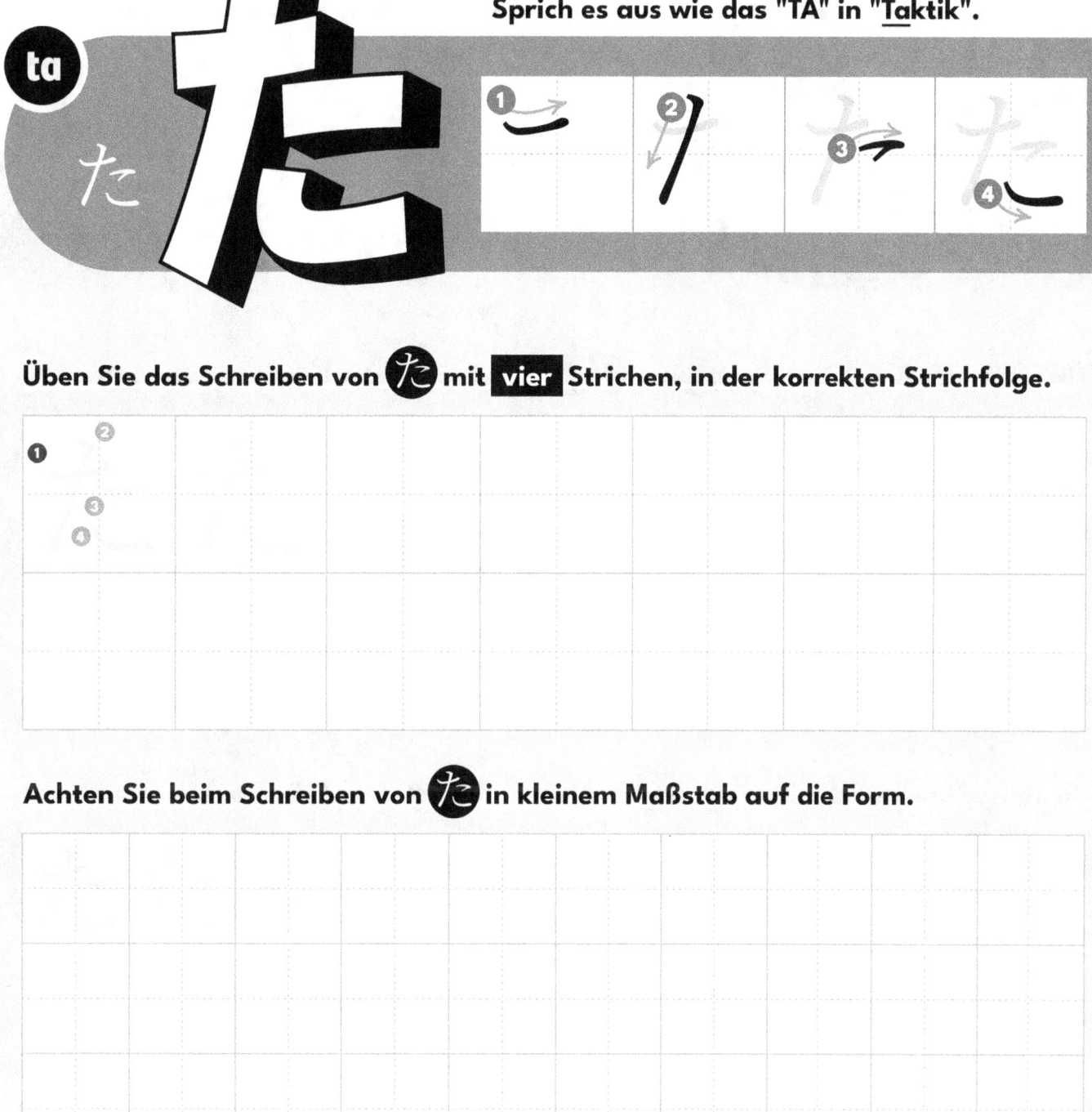

Üben Sie das Schreiben von た mit vier Strichen, in der korrekten Strichfolge.

Achten Sie beim Schreiben von た in kleinem Maßstab auf die Form.

Mnemonik.

Beispiele.
- TA sieht aus wie die Buchstaben [t] und [a].
- Jemand, der um den Koffer <u>ta</u>nzt (siehe auch "ko").

048

Klingt wie das "CHEE" in "Cheeseburger".

Üben Sie das Schreiben von ち mit **zwei** Strichen, in der korrekten Strichfolge.

Achten Sie beim Schreiben von ち in kleinem Maßstab auf die Form.

Mnemonik.

Beispiele.

- Eine Person mit einem dicken Bauch (vom Essen zu vieler **Chee**seburger).
-

tsu つ

Wie in "Tsunami" oder dem SU in "Surfen".

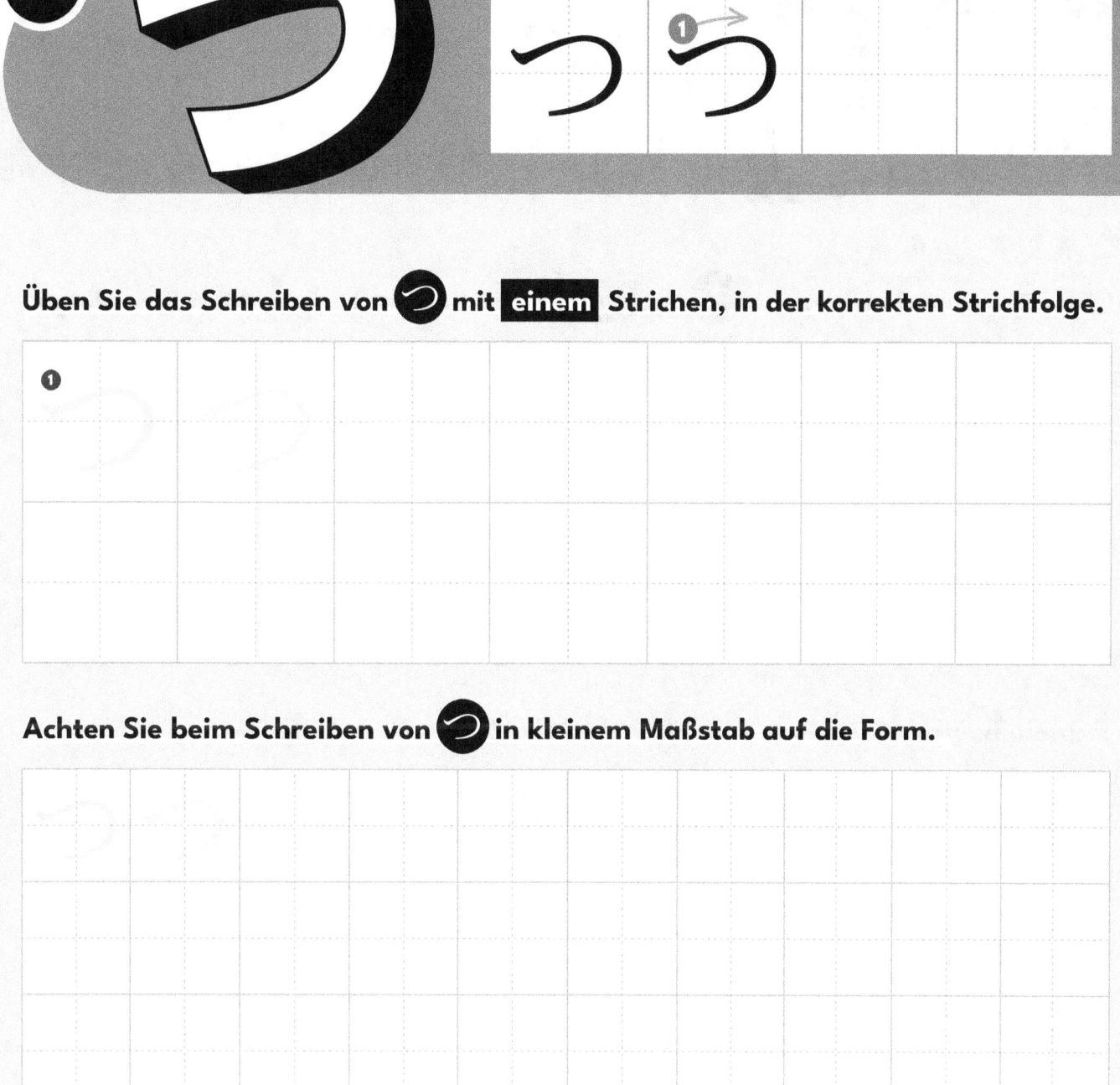

Üben Sie das Schreiben von つ mit einem Strichen, in der korrekten Strichfolge.

Achten Sie beim Schreiben von つ in kleinem Maßstab auf die Form.

Mnemonik.

Beispiele.

- Stell dir vor, du **su**rfst auf einer riesigen Welle, aber vielleicht nicht auf einer **Tsu**nami-Welle!

050

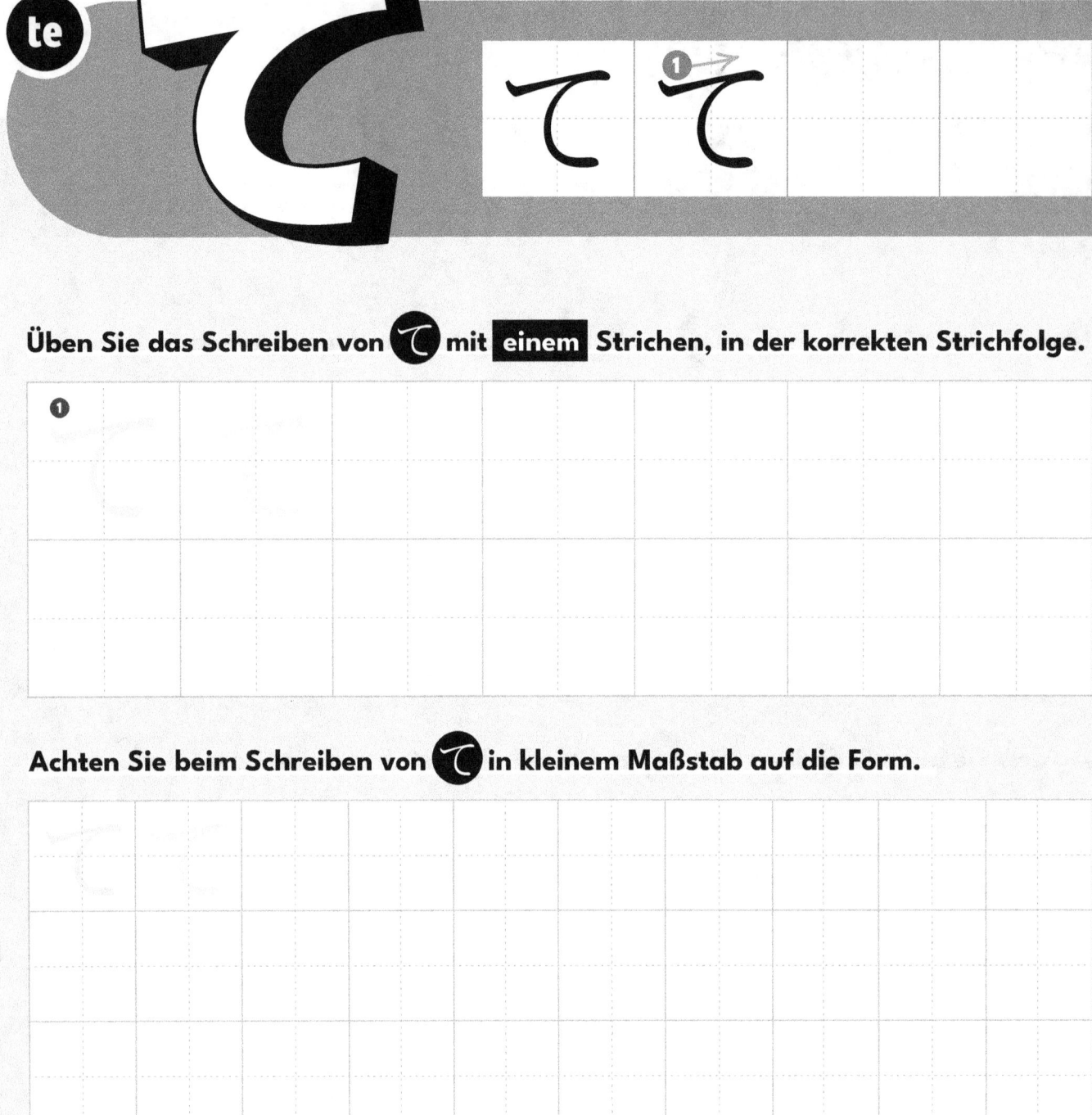

Klingt wie das "TE" in dem Wort "Tennis".

Üben Sie das Schreiben von て mit einem Strichen, in der korrekten Strichfolge.

❶

Achten Sie beim Schreiben von て in kleinem Maßstab auf die Form.

Mnemonik.

Beispiele.

- Sieht ähnlich aus wie ein Kleinbuchstabe [t].
- Ein Arm, der ein Teleskop hochhält.

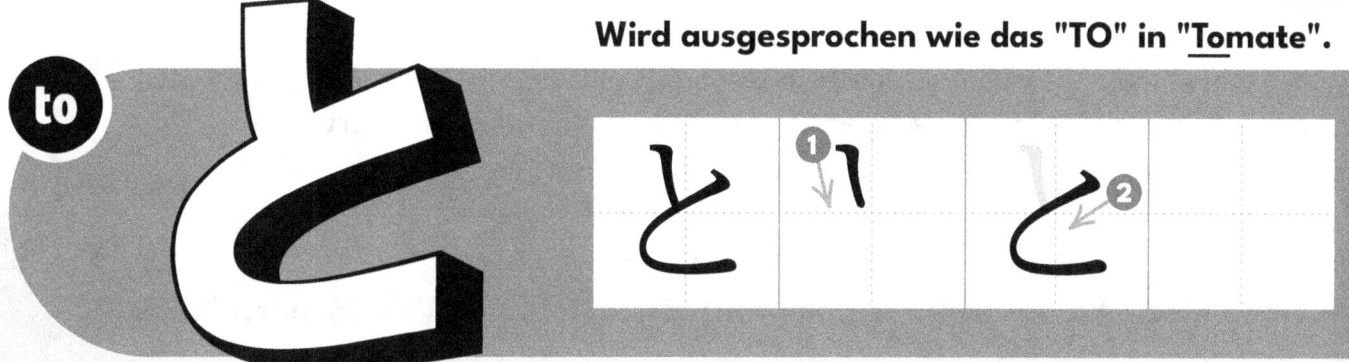

Wird ausgesprochen wie das "TO" in "Tomate".

Üben Sie das Schreiben von と mit zwei Strichen, in der korrekten Strichfolge.

Achten Sie beim Schreiben von と in kleinem Maßstab auf die Form.

Mnemonik.

Beispiele.
- Sieht aus wie ein Zeh und hat einen ähnlichen Klang wie das englische Wort "**To**e".
- Eine **To**mate mit ihrem Stiel.

Mit diesen Übungen können Sie testen, ob Sie alle zwanzig Hiragana, die Sie kennen, auswendig gelernt haben. Machen Sie eine Pause und fahren Sie fort.

Schreibe die Romaji-Transkription für jedes Zeichen in die folgenden Felder.

す と く そ と つ さ う た と ち あ つ ち

そ せ え て た き け こ と ち つ こ か て

し た せ お ち さ あ す た せ い て し つ

Nach einer 5-minütigen Pause wiederholen Sie den Vorgang für diese Zeichen.

う た そ せ さ い き そ お ち か け す う

ち か て そ あ て え た け し こ と す お

せ さ う き つ え こ す と あ つ せ と し

Ihr Gehirn sollte frühere Symbole im Langzeitgedächtnis speichern, so dass sie leichter wiedererkannt und abgerufen werden können.

Machen Sie dieses Mal eine 10-minütige Pause, bevor Sie die Aufgabe erledigen.

しちたつあてすかさちけいうえ

けえさてそせこおすきとうそし

おすきそせちあしつとかせたこ

Schreiben Sie nach einer langen Pause das Romaji für jedes Zeichen unten auf.

おきこすせこあうけちそてちす

とつたせけさそさとおしかえし

せちとつかうあたいそすきえた

Üben Sie das Lesen und Schreiben von Wörtern mit den gelernten Zeichen.

すし
Sushi

つち
Boden

そと
draußen

さけ
Sake

こと
Sache

くつ
Schuhe

かこ
Vergangenheit

てつ
Eisen/Stahl

せき
Husten

たつ
aufstehen/verlassen

とち
Land

うた
Lied

かた
Schulter

しち
sieben

さす
zu zeigen

あした
morgen

とおい
weit

きせつ
Saison

さとい
clever

ちかてつ
U-Bahn

H5. Die N- und H-Spalten

Diese Gruppe ist etwas größer als die vorangegangenen und folgt im Wesentlichen dem Muster *[Konsonant + Vokal]*. Ein Symbol wird sofort als anders auffallen. Anstatt wie die anderen in dieser Spalte einen *"h-"*-Laut hinzuzufügen, wird es mit *"f-"* dargestellt und mit einer Art Mischung von Lauten ausgesprochen - im Allgemeinen sollte es fast wie *"hfu-"* klingen, wenn Sie es aussprechen.

Symbole in diesem Lernblock.

Aussprache

Der größte Teil dieser Gruppe wird genau so klingen, wie er sich liest. Fügen Sie ein regelmäßiges *"n-"* und *"h-"* hinzu, wie sie bei Wörtern wie *"Norden"* und *"Haus"* verwendet werden. Beides sind stimmhafte Konsonanten, und die *"n-"*-Laute sind nasal klingend.

Die Aussprache von ふ ist etwas seltsam und kann je nach Gebrauch wie *"fu"* oder *"hu"* klingen. Üben Sie, indem Sie versuchen, *"foo"* zu sagen, ohne dass Ihre Zähne Ihre Lippen berühren. Sie müssen zwar immer noch die Lippen zusammenpressen, aber der Luftstoß wird durch die offenen Lippen ausgestoßen und kommt nicht hinter den Zähnen hervor - *das macht beim Üben des "foo"-Lautes mehr Sinn!*

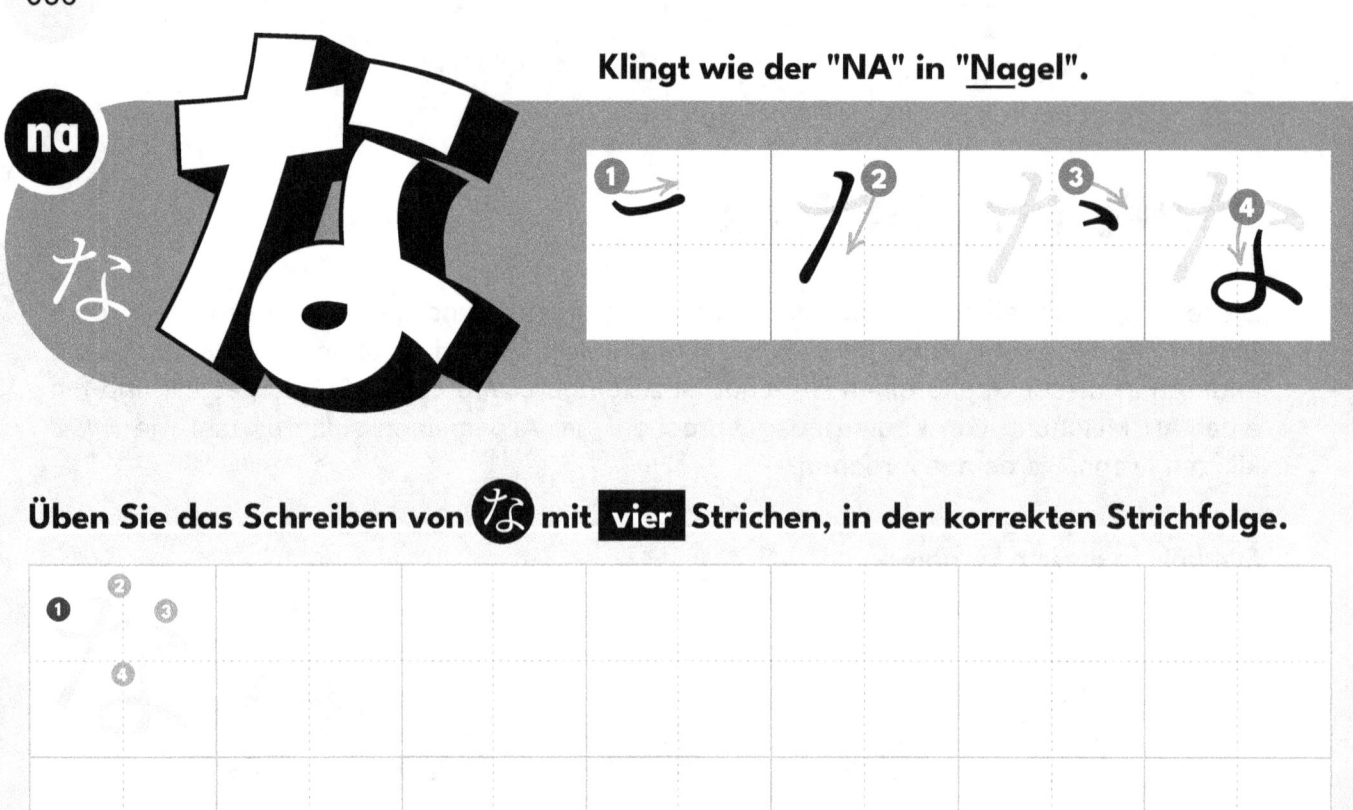

Klingt wie der "NA" in "Nagel".

Üben Sie das Schreiben von な mit vier Strichen, in der korrekten Strichfolge.

Achten Sie beim Schreiben von な in kleinem Maßstab auf die Form.

Mnemonik.

Beispiele.
- Vielleicht sieht es aus wie Hammer und **Na**gel
-

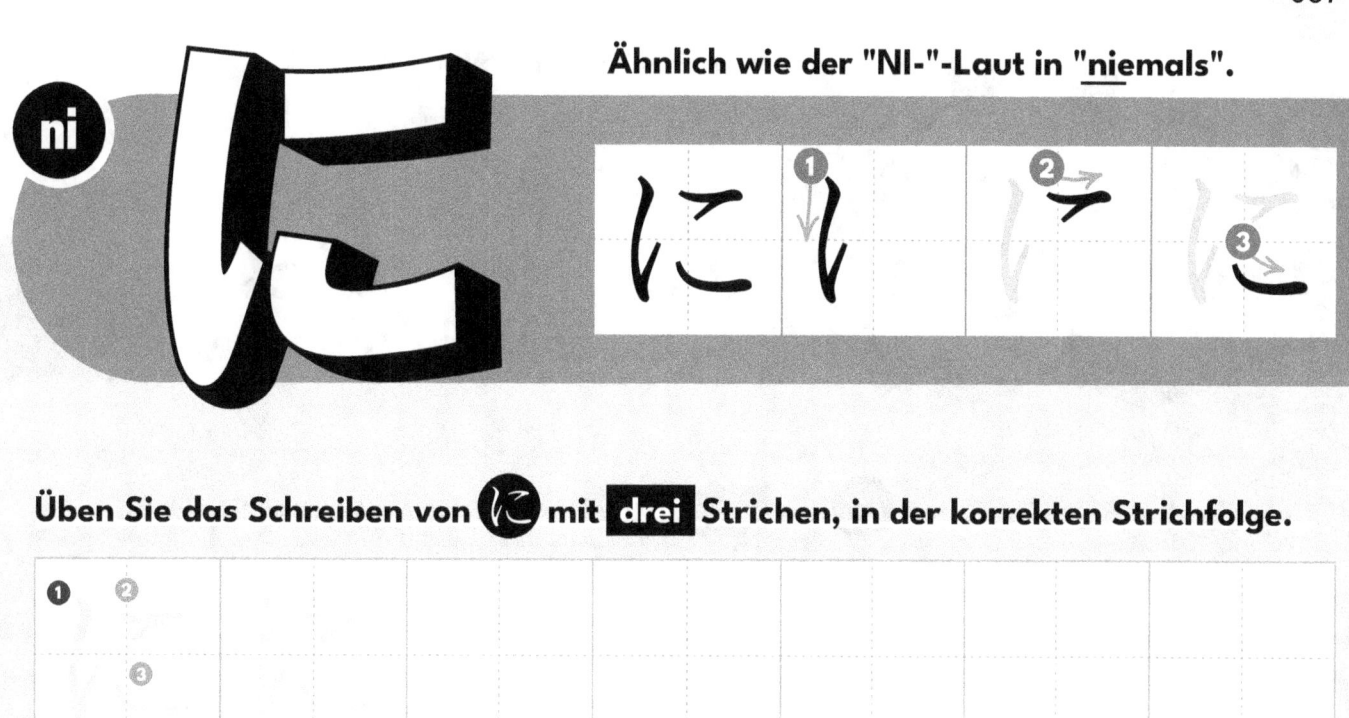

Ähnlich wie der "NI-"-Laut in "niemals".

Üben Sie das Schreiben von に mit drei Strichen, in der korrekten Strichfolge.

Achten Sie beim Schreiben von に in kleinem Maßstab auf die Form.

Mnemonik.

Beispiele.

- Eine k**ni**ende K**ni**e-Form.
- **Ni**cht ganz ein Quadrat.
- Die **Ni**ppon-Flagge Japans.

058

Wie das "NU" in "Nudeln".

Üben Sie das Schreiben von ぬ mit zwei Strichen, in der korrekten Strichfolge.

Achten Sie beim Schreiben von ぬ in kleinem Maßstab auf die Form.

Mnemonik.

Beispiele.

- Stell dir eine **Nu**del und Essstäbchen vor.
-

Gesprochen wie der "NE" in "Neffe".

Üben Sie das Schreiben von ね mit zwei Strichen, in der korrekten Strichfolge.

Achten Sie beim Schreiben von ね in kleinem Maßstab auf die Form.

Mnemonik.

Beispiele.

- Eine schlafende Katze, oder "**ne**ko" auf Japanisch
- Ein Fischer, der ein **Ne**tz braucht, um seinen Fang an Land zu ziehen.

no の

Wie bei dem Wort "Norden".

Üben Sie das Schreiben von の mit einem Strichen, in der korrekten Strichfolge.

Achten Sie beim Schreiben von の in kleinem Maßstab auf die Form.

Mnemonik.

Beispiele.

- Ein Kompass, der nach **No**rden zeigt.
- Ein Schild, auf dem "Kein Zutritt" oder "**No**!" steht.

Klingt wie das "HA" in "Hasen".

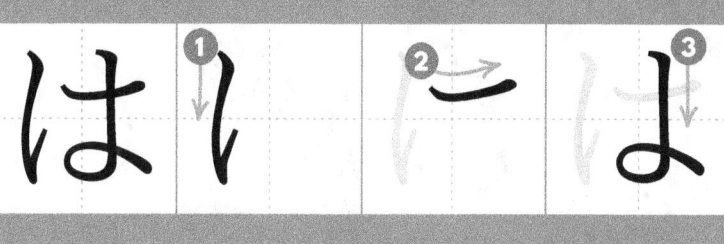

Üben Sie das Schreiben von は mit drei Strichen, in der korrekten Strichfolge.

Achten Sie beim Schreiben von は in kleinem Maßstab auf die Form.

Mnemonik.

Beispiele.

- Enthält die Buchstaben [**H**] und [**a**], die den Laut "**Ha**" buchstabieren.
- Ein **ha**lbiertes **Ha**shtag は

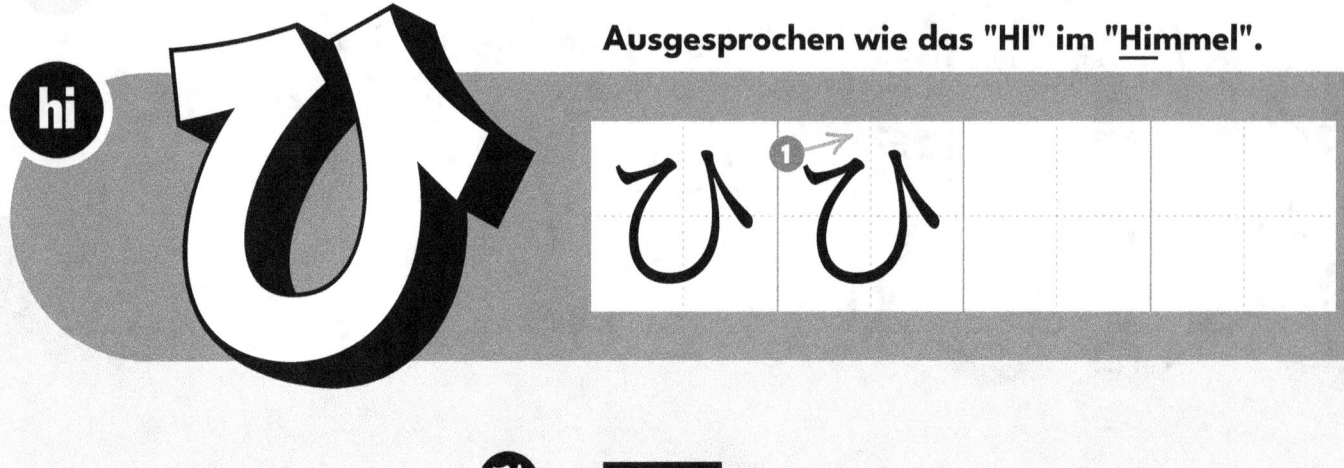

Üben Sie das Schreiben von ひ mit einem Strichen, in der korrekten Strichfolge.

Achten Sie beim Schreiben von ひ in kleinem Maßstab auf die Form.

Mnemonik.

Beispiele.

- Das Lächeln von jemandem, der kichert, "tee-hi-hi".
-

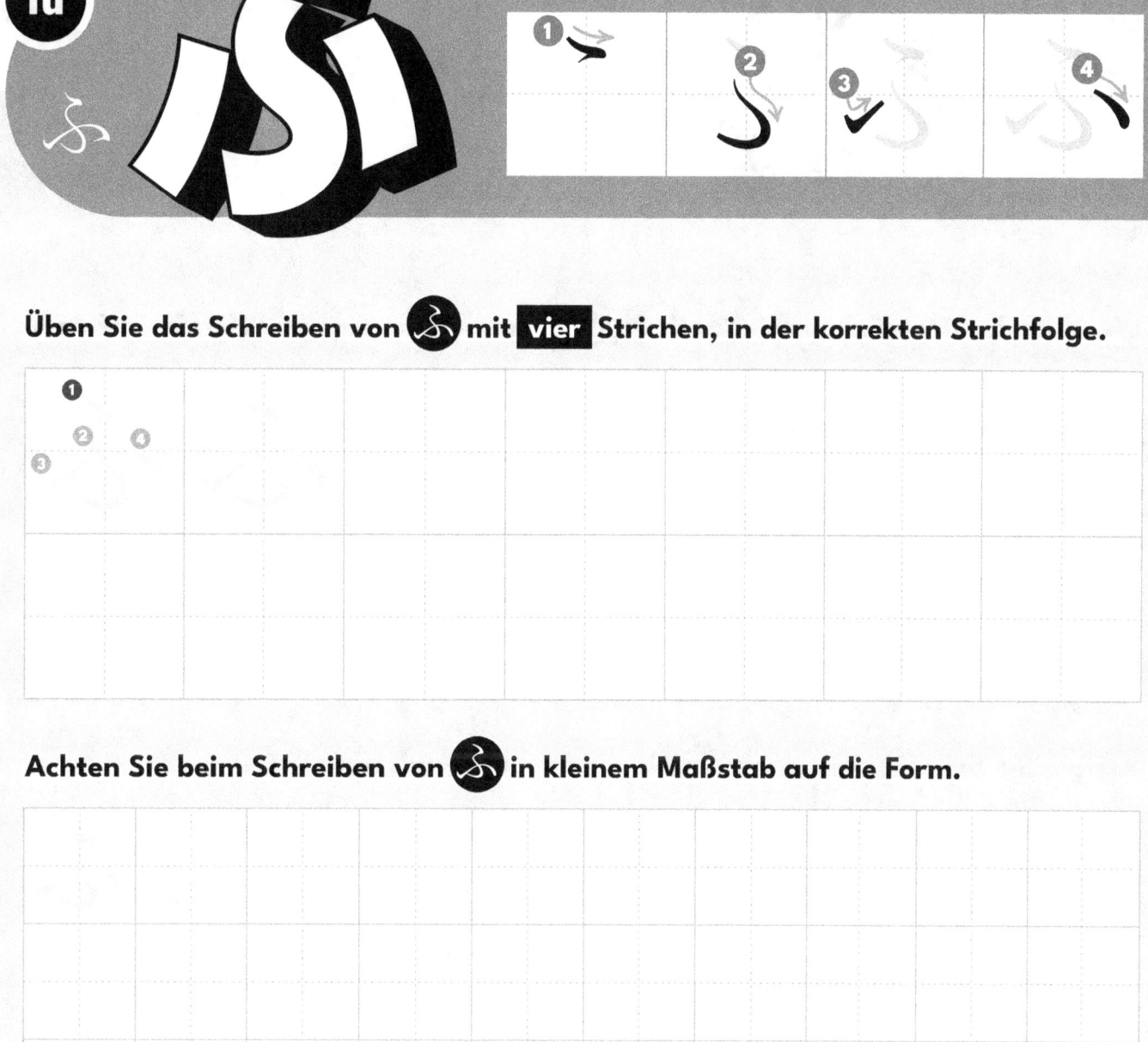

Klingt wie das "FU" in "Fuß" und "HU" in "Huf".

Üben Sie das Schreiben von ふ mit **vier** Strichen, in der korrekten Strichfolge.

Achten Sie beim Schreiben von ふ in kleinem Maßstab auf die Form.

Mnemonik.

Beispiele.
- Die Form des "Mount **Fu**ji", eines Vulkans in Japan.
- Vielleicht ist es die Form einer **Hu**la-Tänzerin.

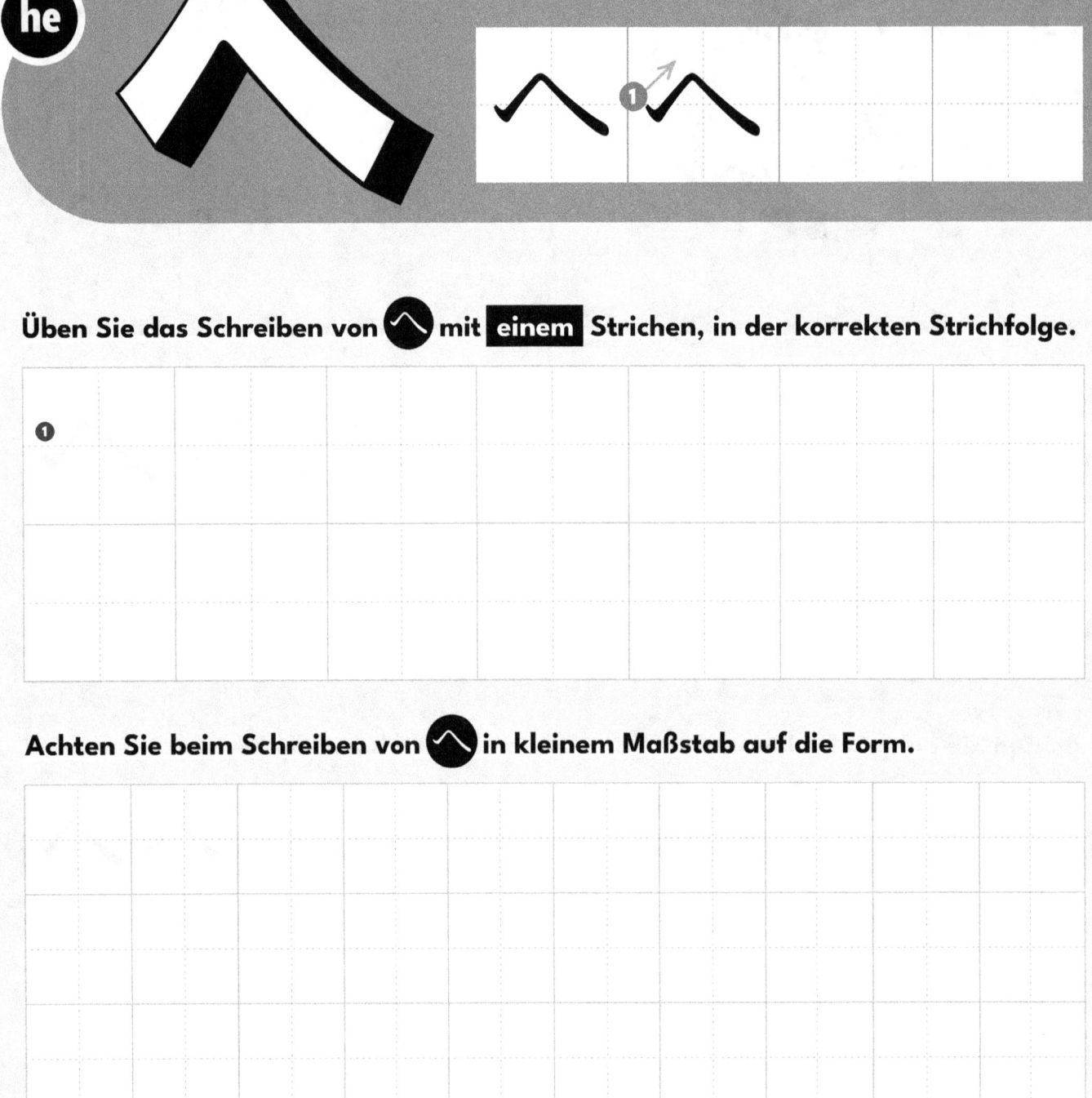

Wie bei dem Wort "Hexen".

Üben Sie das Schreiben von ⌃ mit einem Strichen, in der korrekten Strichfolge.

Achten Sie beim Schreiben von ⌃ in kleinem Maßstab auf die Form.

Mnemonik.

Beispiele.
- Eine Art von **He**lm.
- **He**xen tragen Hüte mit dieser Form.

Gesprochen wie das "HO" in "Hoffen".

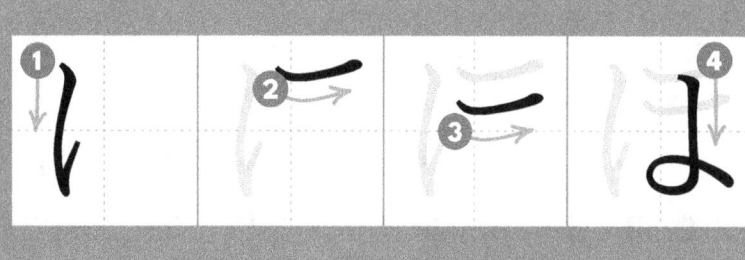

Üben Sie das Schreiben von ほ mit vier Strichen, in der korrekten Strichfolge.

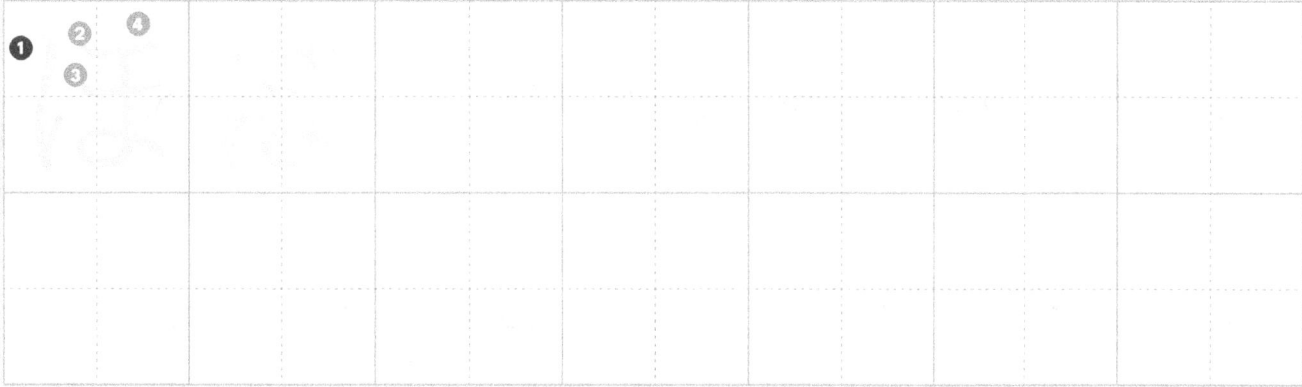

Achten Sie beim Schreiben von ほ in kleinem Maßstab auf die Form.

Mnemonik.

Beispiele.

- Die Buchstaben [H] und [o] sind in dieser Form sichtbar.
- "**Ho**" unterstrichen und rotiert.
- Ein **Ho**lzfäller mit seiner Axt, neben einem Baum.

Selbst nach dem Erlernen einer großen Gruppe neuer Schriftzeichen kann sich dies von Mal zu Mal einfacher anfühlen. Das ist eine gute Sache!

Schreibe die Romaji-Transkription für jedes Zeichen in die folgenden Felder.

に な ほ は ち そ へ は そ す ひ の と せ

へ く つ ひ ね あ て こ な ふ し ほ へ は

ぬ ふ の す ち ふ ほ つ き お ひ に た さ

Nach einer 5-minütigen Pause wiederholen Sie den Vorgang für diese Zeichen.

せ つ う へ き え さ こ あ し す そ の い

な か け ひ ね た は す ぬ く け せ ふ ほ

に と お い の ほ そ く し あ え こ き て

Sie können die Herausforderung erhöhen, indem Sie für jede Gruppe ein Zeitlimit festlegen und dieses für jeden Satz verringern. Versuchen Sie, sich von einer Gruppe zur nächsten zu verbessern.

Machen Sie dieses Mal eine 10-minütige Pause, bevor Sie die Aufgabe erledigen.

こ の な あ ぬ く つ た え う に ほ ぬ ね

せ と ち ひ へ き ふ そ す に ね け ひ は

か の お へ ほ ふ へ ぬ さ は て い な ほ

Schreiben Sie nach einer langen Pause das Romaji für jedes Zeichen unten auf.

ふ の ぬ あ て ほ な へ そ へ た こ は ね

つ き に ひ せ と い ひ へ な ぬ な さ は

す ほ ち し ぬ け う に お さ ほ か の ふ

Üben Sie das Lesen und Schreiben von Wörtern mit allen bisherigen Zeichen.

なに
was

ほね
Knochen

ぬの
Stoff

ひふ
Haut

へた
ungeschickt

はな
Nase/Blume

ふね
Schiff

かに
Krabbe

ひな
Puppe/Flipper

はし
Stäbchen/Brücke

きぬ
Seide

ほし
Stern

ひと
Person

のき
Traufe

にし
Westen

はいく
Haiku

かたな
Katana

せいふ
Regierung

いのしし
Wildschwein

へいそつ
Soldat

H6. Die M- und Y-Spalten

In diesem Abschnitt kommen noch zwei weitere Spalten hinzu. Die beiden Symbole, die in der Y-Spalte zu *fehlen* scheinen *(YE und YI)*, klangen so ähnlich wie in der reinen Vokalspalte, dass die Japaner sie ganz weggelassen haben (い & え). Dadurch wurde das Alphabet vereinfacht, was bedeutet, dass man weniger Symbole lernen muss!

Symbole in diesem Lernblock.

Aussprache

Die *"m-"*-Laute werden praktisch genauso ausgesprochen wie im Deutschen, indem man die Lippen zusammenbringt, stimmhaft *(mit Hilfe der Stimmbänder)* und nasal wie die *"n-"*-Laute.

Auch die *"y-"*-Laute werden wie gewohnt ausgesprochen und Sie werden feststellen, dass es nur drei zu lernen gibt. Es ist möglich, gelegentlich ein *"ye"* zu hören, aber das beschränkt sich normalerweise auf Fremdwörter und ist daher kein Laut, den Sie für Japanisch lernen müssen.

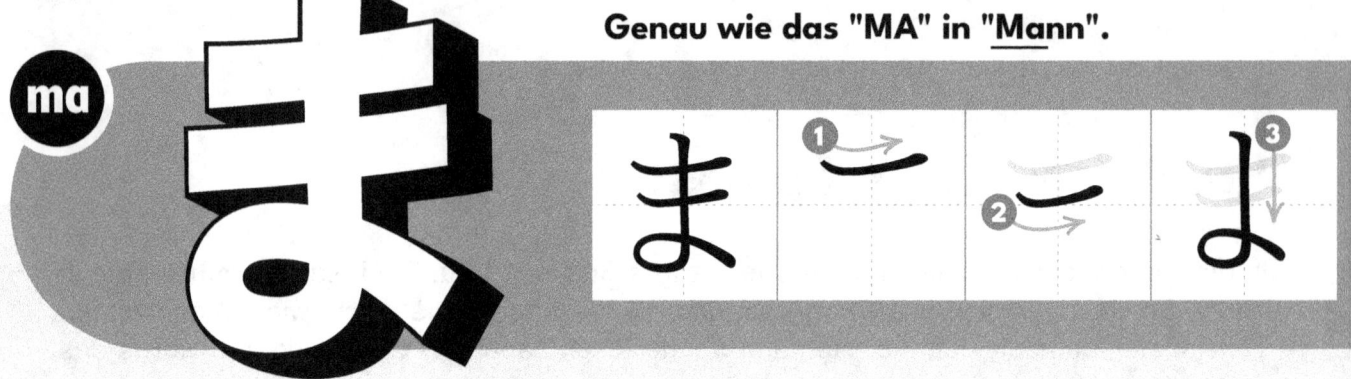

Genau wie das "MA" in "Mann".

Üben Sie das Schreiben von ま mit drei Strichen, in der korrekten Strichfolge.

Achten Sie beim Schreiben von ま in kleinem Maßstab auf die Form.

Mnemonik.

Beispiele.

- Silhouette eines Schiffes mit einem großen **Ma**st.
- Es sieht fast wie ein **ma**thematisches Symbol aus.

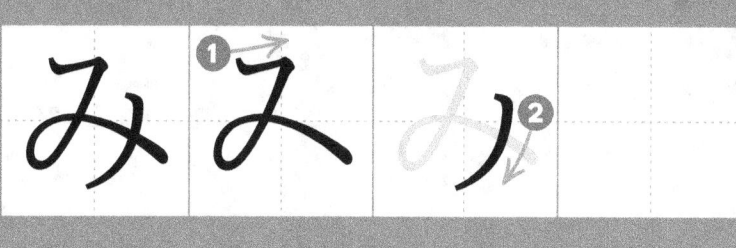

Spricht sich wie "mee" wie das "MI" in "Minus".

Üben Sie das Schreiben von み mit zwei Strichen, in der korrekten Strichfolge.

Achten Sie beim Schreiben von み in kleinem Maßstab auf die Form.

Mnemonik.

Beispiele.
- Die Zahl 4 liegt in der **Mi**tte von 7 und 1 (alle in dieser Form).
- Die Form eines sch**me**rzhaft aussehenden Stuhls [mi klang]

Wie das "MU" in dem Wort "Musik".

Üben Sie das Schreiben von む mit drei Strichen, in der korrekten Strichfolge.

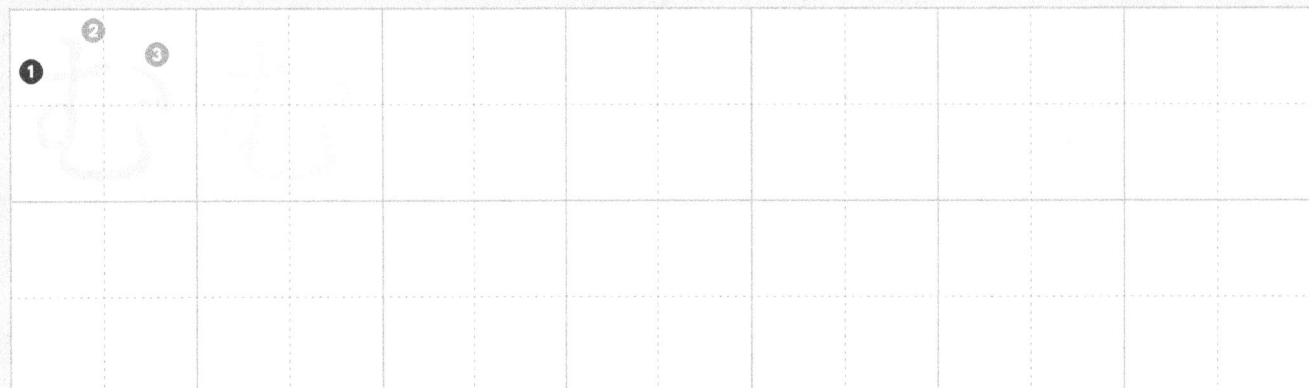

Achten Sie beim Schreiben von む in kleinem Maßstab auf die Form.

Mnemonik.

Beispiele.

- Stellen Sie sich die Form einer Kuh vor. "Muhu!"
- Ein seltsames musikalisches Instrument.

Klingt ähnlich wie das "ME" in "Mentor".

Üben Sie das Schreiben von め mit zwei Strichen, in der korrekten Strichfolge.

Achten Sie beim Schreiben von め in kleinem Maßstab auf die Form.

Mnemonik.

Beispiele.
- Es sieht aus wie ein Auge, das im Japanischen als "me".
- Vielleicht ähnelt er einer Art **Me**daille.
- Der Film "X-**Män**ner"

Wie bei dem Wort "Moden".

Üben Sie das Schreiben von も mit drei Strichen, in der korrekten Strichfolge.

Achten Sie beim Schreiben von も in kleinem Maßstab auf die Form.

Mnemonik.

Beispiele.

- Ein neues Angelhaken-Design, das **mo**derner und **mo**discher ist als das einfache [し] oder "shi".

Klingt wie das "YA" in "Yacht".

Üben Sie das Schreiben von や mit drei Strichen, in der korrekten Strichfolge.

Achten Sie beim Schreiben von や in kleinem Maßstab auf die Form.

Mnemonik.

Beispiele.
- Diese Form hat Hörner, es könnte ein **Ya**k sein!
- Oder Sie sehen eine kleine **Ya**cht, die ihren Anker wirft.

Wie der "Ju-"-Laut in "Jung" (/y/-Phonem).

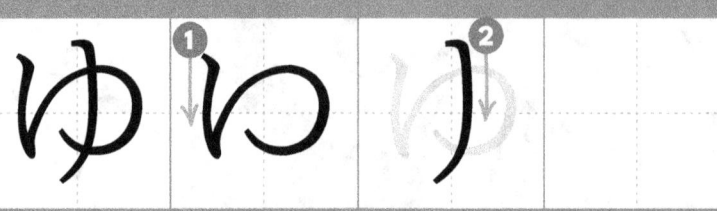

Üben Sie das Schreiben von ゆ mit zwei Strichen, in der korrekten Strichfolge.

Achten Sie beim Schreiben von ゆ in kleinem Maßstab auf die Form.

Mnemonik.

Beispiele.

- Ein Fisch am Spieß. "**Yu**mmy!"
- Die Form eines **ju**ngen tropischen Fisches.

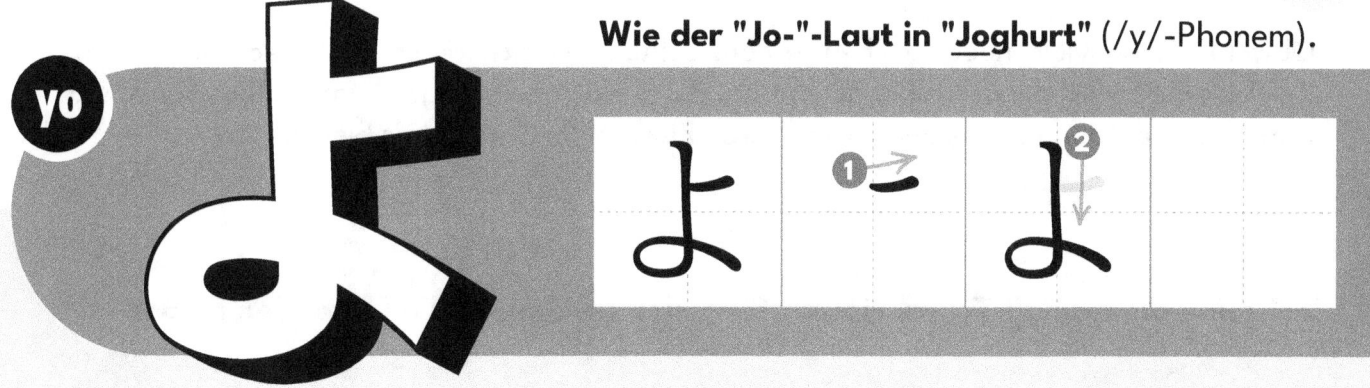

Wie der "Jo-"-Laut in "Joghurt" (/y/-Phonem).

Üben Sie das Schreiben von よ mit zwei Strichen, in der korrekten Strichfolge.

Achten Sie beim Schreiben von よ in kleinem Maßstab auf die Form.

Mnemonik.

Beispiele.
- Du kannst die Buchstaben [y] und [o] in dieser Form erkennen.
- Jemand sitzt und **jo**delt.

Obwohl Sie so viele neue Zeichen lernen, sollten Sie sich durch die Wiederholung von Zeichen, die Sie schon viel früher gelernt haben, diese gut einprägen können. Sie können sich darauf konzentrieren, dass auch die neueren Zeichen im Gedächtnis bleiben.

Schreibe die Romaji-Transkription für jedes Zeichen in die folgenden Felder.

と め あ へ も よ は し め ほ ま よ ゆ な

ひ の む ま え ぬ む ふ ま よ ち や ほ は

ぬ や ね ゆ み に も や ふ み ね な み に

Nach einer 5-minütigen Pause wiederholen Sie den Vorgang für diese Zeichen.

め む き ほ や と よ せ つ そ に も ゆ ほ

た み て ね の ま は お ひ す な く ね も

や ぬ よ む め な ゆ は ぬ う へ に み ふ

Machen Sie dieses Mal eine 10-minütige Pause, bevor Sie die Aufgabe erledigen.

し ね か や と い ぬ す へ つ ゆ た そ さ

ま ひ く せ え な て め に こ せ こ の よ

み あ も か し ち き お う く ふ む お い

Schreiben Sie nach einer langen Pause das Romaji für jedes Zeichen unten auf.

け め て ち え ゆ け す お き い か や さ

ひ ぬ む も へ ふ せ の く こ せ た み と

し は う ほ つ そ ま そ な よ お に ね い

Üben Sie das Lesen und Schreiben von Wörtern mit den gelernten Zeichen.

やま
Berg

ゆめ
träumen

よむ
zu lesen

もも
Pfirsich

みや
Schrein

こめ
ungekochter Reis

つゆ
Tau

むし
Insekt

まつ
warten/Tannenbaum

うめ
Pflaume

むね
Brust

きもの
Kimono

さしみ
Sashimi

ゆかた
Baumwollkimono

えまき
Schriftrolle

みこし
tragbarer Schrein

うきよえ
Holzschnitt

せともの
Porzellan

すきやき
sukiyaki

H7. Die R-Spalte

Der Romaji-Buchstabe "r" ist ein schlechter Ersatz für den japanischen "r-"-Laut, und die Aussprache der Zeichen in dieser Spalte kann schwirig zu meistern sein. Wenn Japaner Deutsch lernen, haben sie das gegenteilige Problem und finden es schwirig, Wörter wie *"Linde"* und *"Land"* von *"Rinde"* und *"Rand"* zu unterscheiden.

Während diese Zeichen als *"ra"*, *"ri"*, *"ru"*, *"re"* und *"ro"* romanisiert werden, sind sie in der Aussprache wahrscheinlich näher an kleinen "l"-Lauten *(d. h. "la", "li", "lu", "le" und "lo")*.

Aussprache

Ich habe festgestellt, dass die folgenden Übungen dabei helfen, den *japanischen "r-"-Laut* besser zu verstehen und zu produzieren:

Beginnen Sie mit einem normalen "L"-Laut, indem Sie ein paar Mal laut "LA" sagen *(wie in "Land")*. Ihre Zunge zeigt dabei ein wenig nach oben, so dass der untere Teil der Zunge mit dem Gaumen in Kontakt kommt. Sagen Sie noch ein paar Mal "LA" und achten Sie dabei auf die Position Ihrer Zunge und die Stelle, an der sie mit dem oberen Teil Ihres Mundes in Kontakt kommt. *"La... La... La..."*

Machen Sie nun das Gleiche mit einem "D" und sagen Sie "DA" *(wie in "Dach")*, bis Sie genau spüren, wo Ihre Zunge das Innere Ihres Mundes berührt. Ihre Zunge wird nun viel flacher und nach vorne gerichtet sein und die Rückseite der oberen Vorderzähne berühren. *"Da... Da... Da..."*

Sagen Sie schließlich abwechselnd "LA" und "DA" und achten Sie dabei auf die Position Ihrer Zunge. Beide Positionen sollten die gleichen sein wie bei den obigen Schritten. Während sich Ihre Zunge hin und her bewegt, werden Sie vielleicht feststellen, dass sie jedes Mal über dieselbe Stelle springt. *"La... Da... La... Da..."*

Der japanische "r"-Laut wird erzeugt, indem man die Zunge an die Stelle zwischen "LA" und "DA" legt. Es ist etwas gewöhnungsbedürftig, aber mit genügend Übung wird das Muskelgedächtnis übernehmen. Führen Sie die gleichen Schritte für die anderen Vokallaute durch, wobei Sie jedes Mal den "a"-Laut austauschen. *"Li... Di...", "Lu... Du..."* und so weiter.

Wie das "RA" in dem Wort "Radfahren".

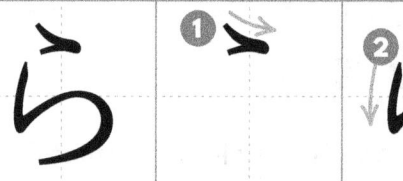

Üben Sie das Schreiben von ら mit zwei Strichen, in der korrekten Strichfolge.

Achten Sie beim Schreiben von ら in kleinem Maßstab auf die Form.

Mnemonik.

Beispiele.
- Die Silhouette einer Person auf einem Fah**rr**a**d**.
- **Ra**battierte Nummer 5, weil es nicht ganz fertig ist!

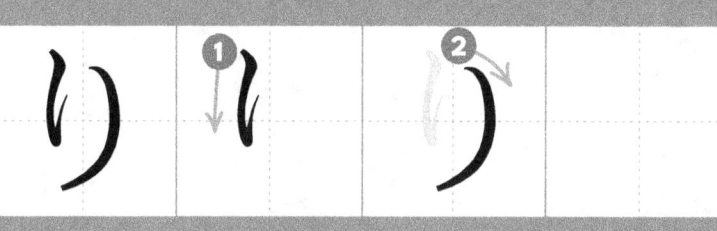

Spricht sich aus wie das "RI" in "Richtung".

Üben Sie das Schreiben von り mit zwei Strichen, in der korrekten Strichfolge.

Achten Sie beim Schreiben von り in kleinem Maßstab auf die Form.

Mnemonik.

Beispiele.
- Ein **Ri**tter in Rüstung könnte einen Schild mit der gleichen Form haben.
- Stücke von ze**rri**ssenem Band.

ru る

Aussprache ähnlich dem "RU" in "Runde".

Üben Sie das Schreiben von る mit einem Strichen, in der korrekten Strichfolge.

Achten Sie beim Schreiben von る in kleinem Maßstab auf die Form.

Mnemonik.

Beispiele.

- Diese Form ist eine wirklich **ru**nde Zahl 3.
- Vielleicht stellst du dir vor, es sei die Form eines Kängu**ru**s.

Wie das "RE" in dem Wort "Recht".

Üben Sie das Schreiben von れ mit zwei Strichen, in der korrekten Strichfolge.

Achten Sie beim Schreiben von れ in kleinem Maßstab auf die Form.

Mnemonik.

Beispiele.
- Ein Angler wirft einen großen Haken nach **re**chts. Vielleicht angelt er **Re**genbogenforellen.
-

086

ro — ろ

Wie das "RO" in "Rot" oder "Rosig".

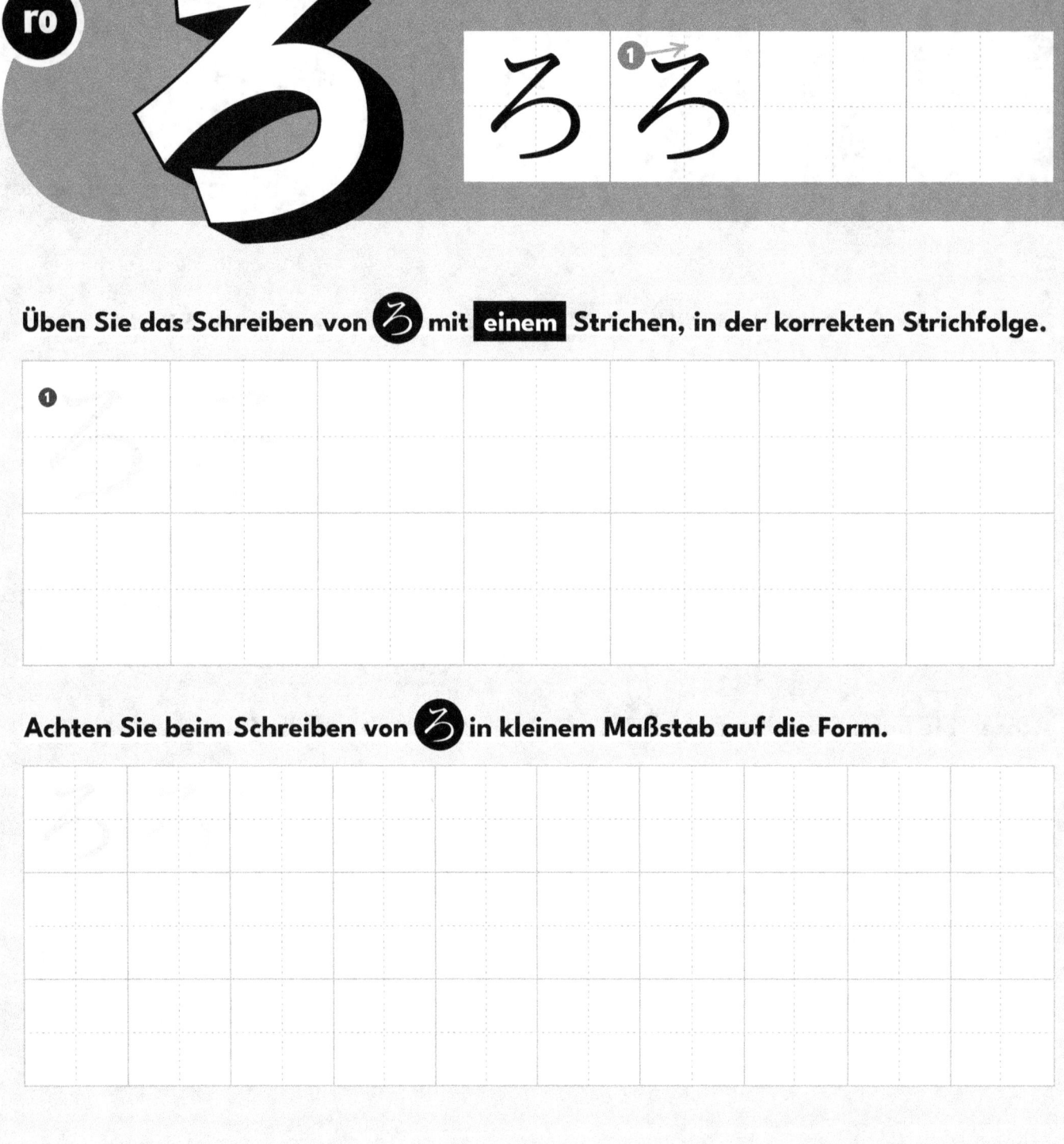

Üben Sie das Schreiben von ろ mit einem Strichen, in der korrekten Strichfolge.

Achten Sie beim Schreiben von ろ in kleinem Maßstab auf die Form.

Mnemonik.

Beispiele.

- Dieses Zeichen ist die Form einer **Ro**ck'n'**Ro**ll-Gitarre.
- Sieht aus wie ein Buchstabe [b], für B**ro**t.

H8. Die W-Spalte + N

In diesem letzten Hiragana-Block gibt es nur drei Zeichen zu lernen. Das erste ist relativ normal, aber das zweite und dritte sind ein wenig anders. Der *"w-"*-Laut ist dem *"u"*-Laut ziemlich nahe und sollte auch so ausgesprochen werden. Das letzte Zeichen hat keinen Vokallaut, aber irgendwo musste es ja untergebracht werden!

Symbole in diesem Lernblock.

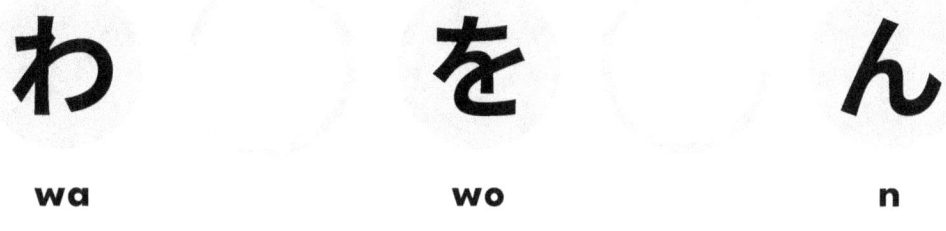

わ　　　　を　　　　ん
wa　　　　wo　　　　n

Aussprache

Wie bereits erwähnt, werden die *"w-"*-Zeichen ähnlich wie der Vokallaut *"u"* ausgesprochen und weniger wie der Buchstabe *"w" (mit dem englischen Phonem /w/, nicht dem deutschen "w" oder /v/)*. Die Lippen sollten nicht nach außen gepresst werden, wie bei der Aussprache von "oo", sondern sie müssen zusammengepresst werden. Wenn Sie "wa" aussprechen, sollte es fast wie *"oo-wah"* klingen und genauso lange dauern wie jeder andere Silbenlaut.

Der Klang von *"wo"* ist ähnlich, er klingt wie *"oo-woah"*. Dieses Zeichen wird hauptsächlich als Partikel verwendet.

Anders als alle anderen Kana, die Sie gelernt haben, hat das japanische *"n"*-Zeichen ん keinen Vokal und wird als *"-n-"* ausgesprochen, so wie es in den Wörtern *"zehn"* oder *"Regen"* klingt.

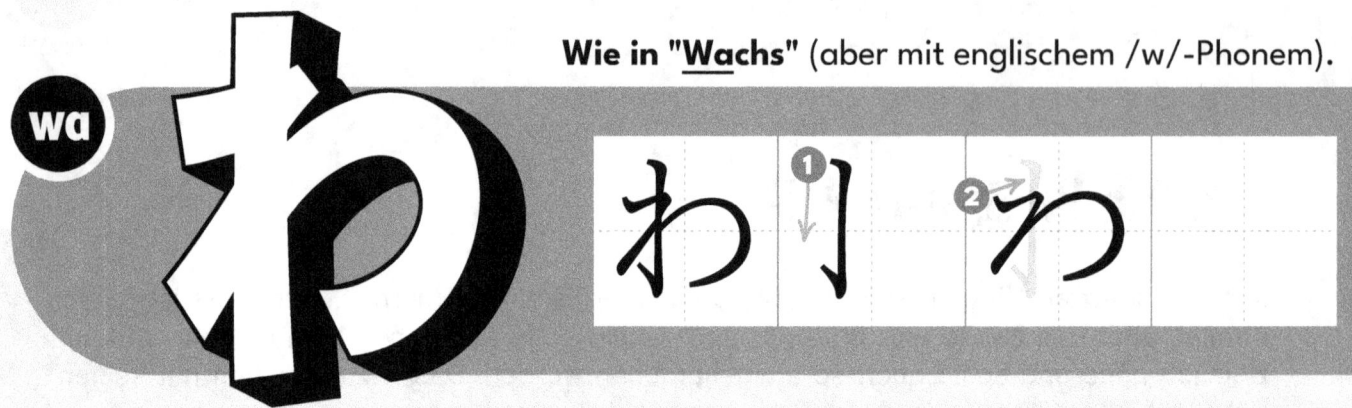

Wie in "Wachs" (aber mit englischem /w/-Phonem).

Üben Sie das Schreiben von わ mit zwei Strichen, in der korrekten Strichfolge.

Achten Sie beim Schreiben von わ in kleinem Maßstab auf die Form.

Mnemonik.

Beispiele.

- Da ist etwas Schweres an der Angelschnur... ein **Wa**l!
- Das sieht nach einem **wa**hrlich bequemen Stuhl aus.

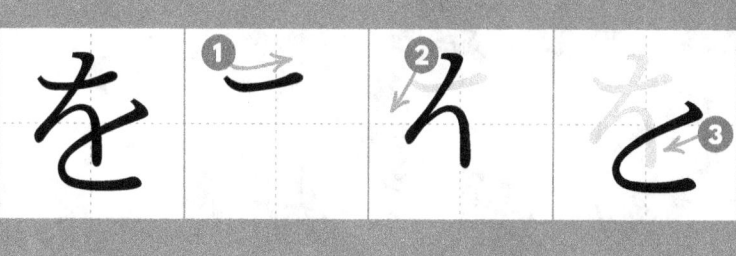

Wird genauso ausgesprochen wie お oder "o".

(* を ist ein "Partikel" und wird für die Grammatik verwendet)

Üben Sie das Schreiben von を mit drei Strichen, in der korrekten Strichfolge.

Achten Sie beim Schreiben von を in kleinem Maßstab auf die Form.

Mnemonik.

Beispiele.
- Es sieht aus wie ein Läufer, der die Ziellinie am Ende eines Rennens überquert - Sie haben ge<u>wo</u>nnen!

090

n

Ausgesprochen wie das "N"-Laut in "Essen".

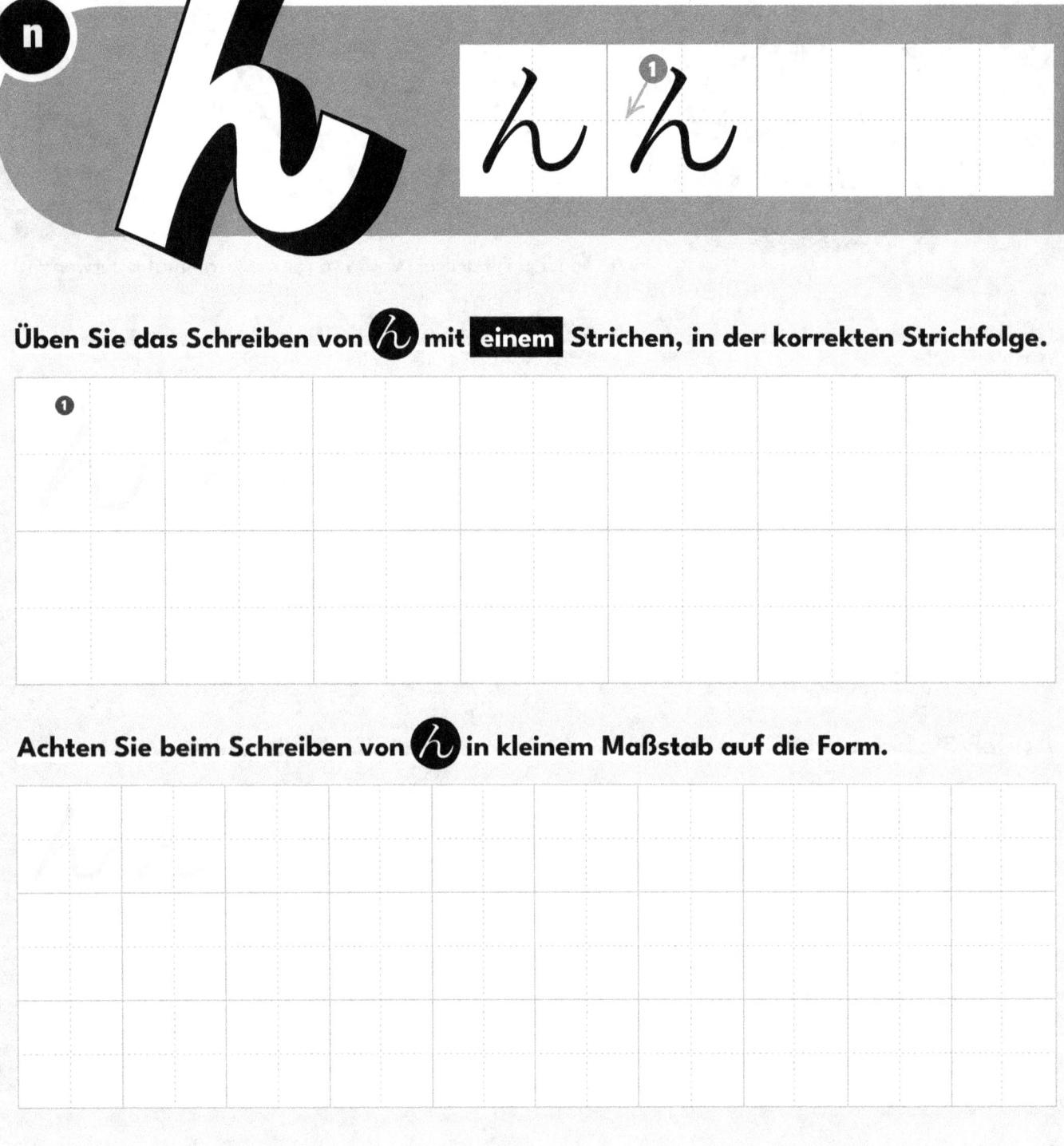

Üben Sie das Schreiben von ん mit einem Strichen, in der korrekten Strichfolge.

Achten Sie beim Schreiben von ん in kleinem Maßstab auf die Form.

Mnemonik.

Beispiele.

- Dieses Zeichen sieht aus wie ein kleingeschriebenes [n] und klingt auch wie ein solches.
-

Diese letzte Gruppe vervollständigt den Satz, d.h. diese Übung kann jedes der 46 Hiragana enthalten. Die meisten sollten inzwischen bekannt sein; schreiben Sie das Romaji unter den Zeichen aller Gruppen unten.

Schreibe die Romaji-Transkription für jedes Zeichen in die folgenden Felder.

り む を ろ ほ み ん さ ま ゆ ち ら ろ よ

わ ろ も よ れ む ん と ん り る く み る

れ る ら り も や ま め を け れ わ め や

Nach einer 5-minütigen Pause wiederholen Sie den Vorgang für diese Zeichen.

て ゆ ら ほ へ む け は す う ろ く ね や

る い の き お か あ を に ち も し つ こ

そ ひ ら わ を ふ れ み な り ま え さ め

Machen Sie dieses Mal eine 10-minütige Pause, bevor Sie die Aufgabe erledigen.

ひ ら ん そ り ぬ た む わ る れ ろ に ら

み め ゆ る や へ え も よ す く む ま ん

ろ を め も ま ほ つ の み は ふ あ れ わ

Schreiben Sie nach einer langen Pause das Romaji für jedes Zeichen unten auf.

ゆ よ や を ね た ん せ と ゆ ら わ あ を

ほ よ に む も る り み つ ら れ ろ を す

は を ひ ん や ね わ の る ゆ く め も ふ

Die Wörter in diesen Listen können Zeichen aus allen Lernblöcken enthalten.

わん Bucht/Schüssel	さくら Kirschblüte
てら Tempel	うちわ Rundfächer
つる Kran / fischen	まつり Fest
これ dies	ほたる Glühwürmchen
ふろ Bad	ふとん Futon
のり Seetang/Kleber	れきし Geschichte
はる dehnen	わふく Japanische Kleidung
れい Beispiel/Seele	りろん Theorie
しろ Schloss/Weiß	ひのまる Flagge der aufgehenden Sonne
にほん Japan	さむらい Samurai

///////////////////////////////// **TEIL 3**

Katakana

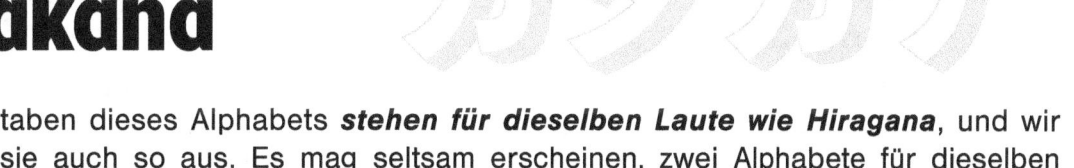

Die Buchstaben dieses Alphabets **stehen für dieselben Laute wie Hiragana**, und wir sprechen sie auch so aus. Es mag seltsam erscheinen, zwei Alphabete für dieselben Silbenlaute zu haben, aber wir verwenden sie unterschiedlich. *Man könnte sagen, dass Katakana für einen japanischen Sprecher eine ähnliche Rolle spielt wie Romaji für Sie.*

Katakana wird jedoch hauptsächlich verwendet, um ausländische **"Lehnwörter"** zu lesen und zu schreiben. Das sind Begriffe zur Beschreibung von Ideen oder Objekten, die von außerhalb Japans stammen. Die in Katakana übertragenen Aussprachen klingen oft ähnlich *(aber mit einem japanischen Geschmack)*, und diese Schreibweisen werden zum japanischen Wort für diese *"Dinge"*. Einige der häufigsten Beispiele sind die Namen für bestimmte Lebensmittel aus dem Ausland, wie Schokolade, Hamburger oder Pizza. Diese Schrift wird auch zum Schreiben von Klangeffekten *(Onomatopoesie)* verwendet.

Im Wesentlichen wird Katakana verwendet, um Wörter zu buchstabieren, für die es noch keine japanische Entsprechung *(Kanji)* gibt. Es gibt Lehnwörter in anderen Sprachen, wie z.B. *"Karaoke"*, das lustigerweise aus Japan importiert wurde.

Es ist wichtig zu wissen, dass Lehnwörter aus einer Vielzahl verschiedener Länder und Sprachen stammen. Zum Beispiel leitet sich das japanische Wort für *"Brot"* von dem portugiesischen Wort "pão" ab, das in Katakana als パン *(pan)* geschrieben wird. Dieses alltägliche Essen war für die Japaner völlig neu, als es zum ersten Mal von Händlern aus Portugal *(in den 1500er Jahren)* eingeführt wurde. Katakana-Lehnwörter sind eine Art *Platzhalter* für Wörter, die es gar nicht gibt.

Katakana-Lehnwörter klingen oft ähnlich wie das ursprüngliche Fremdwort, das sie darstellen. Der einfachste Weg, dieses Konzept zu verstehen, ist, sich ein oder zwei Beispiele anzuschauen - jedes wird genau so dargestellt, wie wir es schreiben würden *(unter Verwendung von Katakana)* und wird von einer Romaji-Transkription, dem ursprünglichen Fremdwort, das sie darstellen, und dem deutschen Äquivalent unten begleitet:

タクシー
ta-ku-shii

Taxi

"Taxi"

アメリカ
A-me-ri-ka

America

"Amerika"

クリスマス
Ku-ri-su-ma-su

Christmas

"Weihnachten"

ホテル
Ho-te-ru

Hotel

"Hotel"

カメラ
Ka-me-ra

Camera

"Kamera"

フライドポテト
fu-ra-i-do-po-te-to

French fries

"Pommes frites"

Bestimmte Silbenlaute sind in Kana schwer zu transkribieren, ähnlich wie Romaji nicht für die genaue Transkription japanischer Laute verwendet werden kann. In den obigen Beispielen haben Sie vielleicht bemerkt, dass es in dem Wort "Taxi" keinen "X"-Laut gibt. Stattdessen muss ein relativ nahes Äquivalent verwendet werden.

Die folgende Tabelle zeigt die **46 grundlegenden Katakana-Zeichen**. Sie sind auf die gleiche Weise angeordnet wie die Hiragana, mit einer Romaji-Transkription unter jedem Zeichen.

Hinweise:

* ン ist das Katakana-Äquivalent von ん und ist das einzige Zeichen in dieser Tabelle, das wir als Silbe aussprechen, ohne einen der Vokallaute hinzuzufügen.

** ヲ ist das Katakana-Äquivalent von Hiragana を, einer *"Partikel"*, die in der Grammatik verwendet wird. ヲ wird sehr selten verwendet, da Partikel mit Hiragana dargestellt werden. Es dient nur als Ersatz für das を, wenn Texte ausschließlich in Katakana geschrieben sind *(was nicht sehr oft vorkommt!)*

Katakana

	a	i	u	e	o
	ア a	イ i	ウ u	エ e	オ o
k	カ ka	キ ki	ク ku	ケ ke	コ ko
s	サ sa	シ shi	ス su	セ se	ソ so
t	タ ta	チ chi	ツ tsu	テ te	ト to
n	ナ na	ニ ni	ヌ nu	ネ ne	ノ no
h	ハ ha	ヒ hi	フ fu	ヘ he	ホ ho
m	マ ma	ミ mi	ム mu	メ me	モ mo
y	ヤ ya		ユ yu		ヨ yo
r	ラ ra	リ ri	ル ru	レ re	ロ ro
w	ワ wa				ヲ wo
			ン n*		

S. 098 · S. 104 · S. 111 · S. 117 · S. 125 · S. 131 · S. 138 · S. 144 · S. 149 · S. 155

K1. Die Vokal- und K-Spalten

Sie werden die Katakana-Symbole in einer ähnlichen Reihenfolge wie die Hiragana lernen. Die erste Spalte enthält die Zeichen, die für die grundlegenden Vokallaute stehen, gefolgt von der Spalte K mit genau demselben *[Konsonant + Vokal]*-Aussprachemuster.

Symbole in diesem Lernblock.

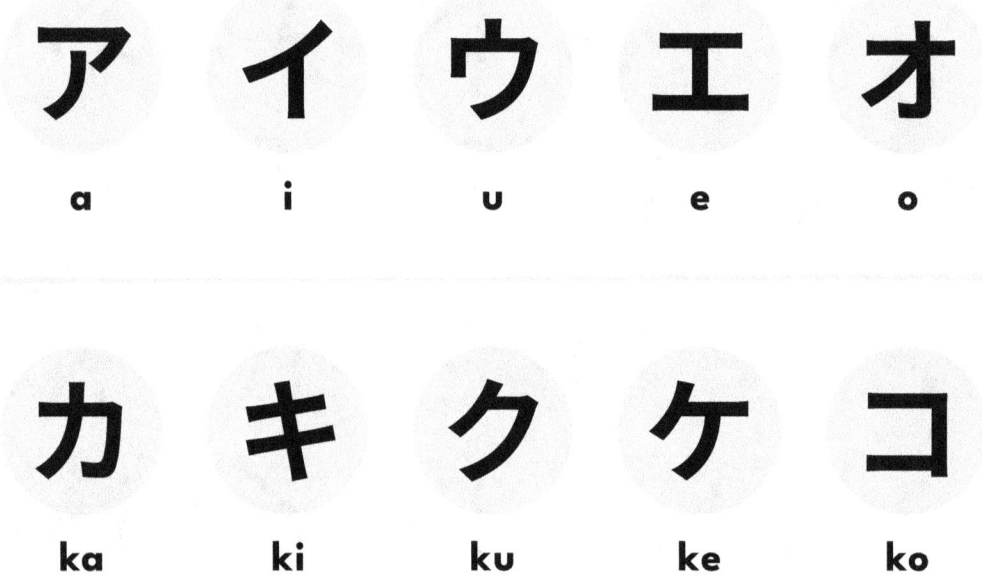

Aussprache

Diese Zeichen werden genau so ausgesprochen wie die ersten zehn Hiragana, die Sie gelernt haben.

Ähnlich wie der "A"-Laut in "<u>A</u>pfel" oder "V<u>a</u>ter".

Üben Sie das Schreiben von ア mit zwei Strichen, in der korrekten Strichfolge.

Achten Sie beim Schreiben von ア in kleinem Maßstab auf die Form.

Mnemonik.

Beispiele.
- Der Buchstabe [**A**] um 90 Grad nach rechts gedreht.
-

Spricht sich aus wie das "I" in "Ich" oder "Igel".

Üben Sie das Schreiben von イ mit zwei Strichen, in der korrekten Strichfolge.

Achten Sie beim Schreiben von イ in kleinem Maßstab auf die Form.

Mnemonik.

Beispiele.

- Es sieht ein bisschen aus wie der Buchstabe [i], aber der obere Punkt wurde gedehnt oder verwischt.

Das klingt wie das "Ü" in "Übung" oder "Über".

Üben Sie das Schreiben von ウ mit drei Strichen, in der korrekten Strichfolge.

Achten Sie beim Schreiben von ウ in kleinem Maßstab auf die Form.

Mnemonik.

Beispiele.

- Dies sieht ähnlich aus wie das Pendant in Hiragana [う].
- Ein auf dem Kopf stehender Buchstabe [U].

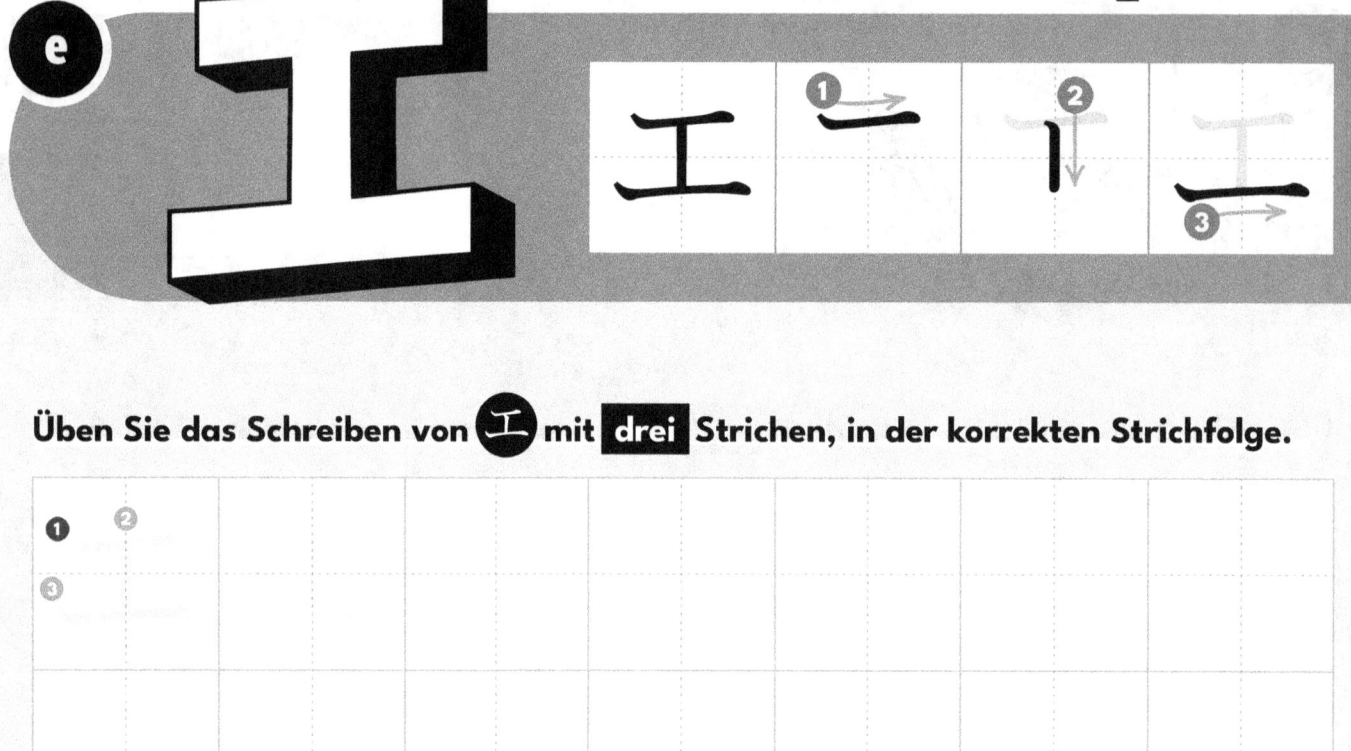

Spricht sich aus wie das "E" in "B<u>e</u>tt".

Üben Sie das Schreiben von エ mit drei Strichen, in der korrekten Strichfolge.

Achten Sie beim Schreiben von エ in kleinem Maßstab auf die Form.

Mnemonik.

Beispiele.

- Das <u>E</u>nde eines <u>E</u>isenträgers.
-

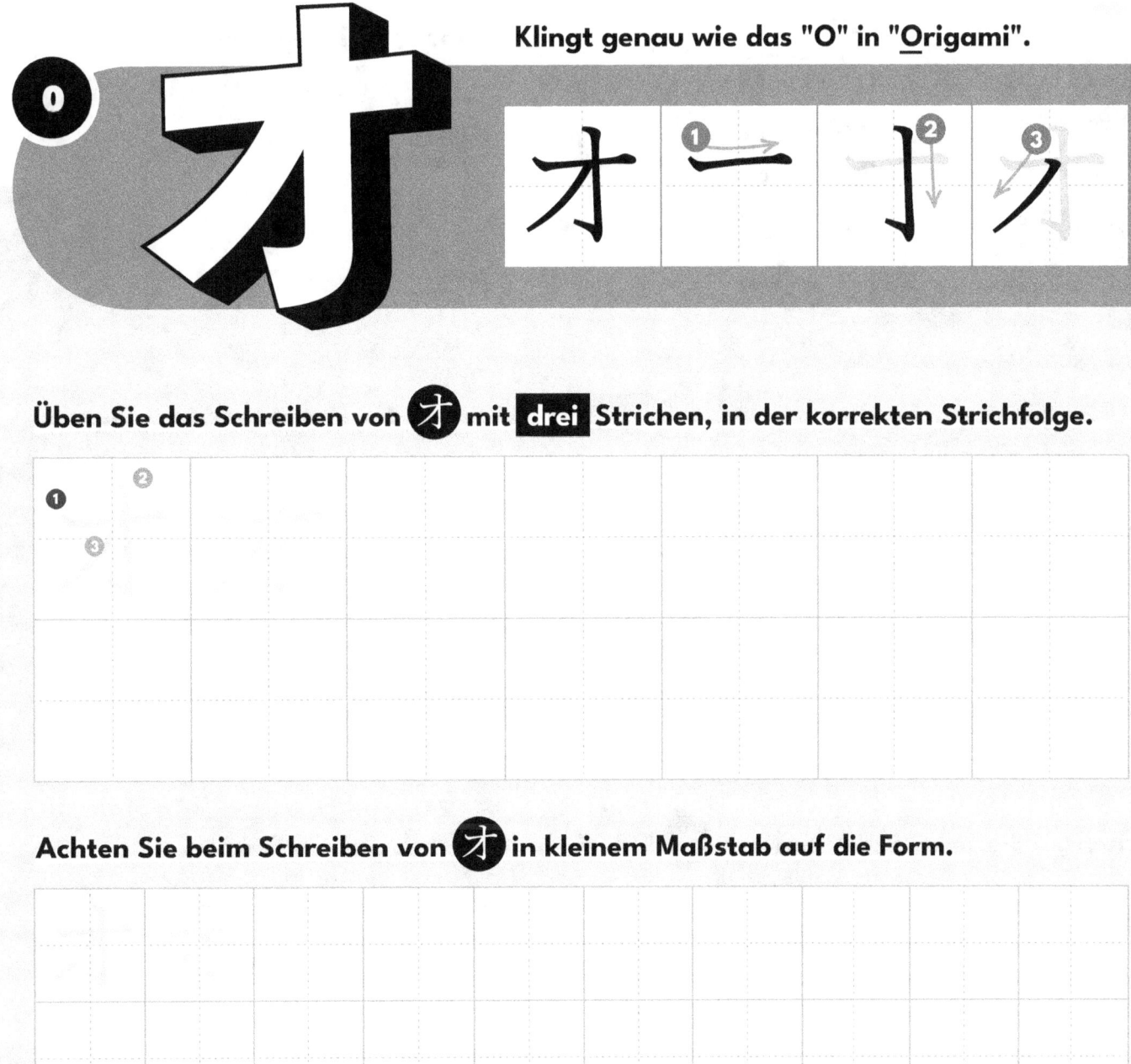

Klingt genau wie das "O" in "Origami".

Üben Sie das Schreiben von オ mit drei Strichen, in der korrekten Strichfolge.

Achten Sie beim Schreiben von オ in kleinem Maßstab auf die Form.

Mnemonik.

Beispiele.

- Altes und historisches Kreuz, das eine zusätzliche Stütze braucht.
- Opernsängerin, mit ausgestreckten Armen und flatterndem Frack.

ka カ

Genauso wie das "KA" in "Kaffee".

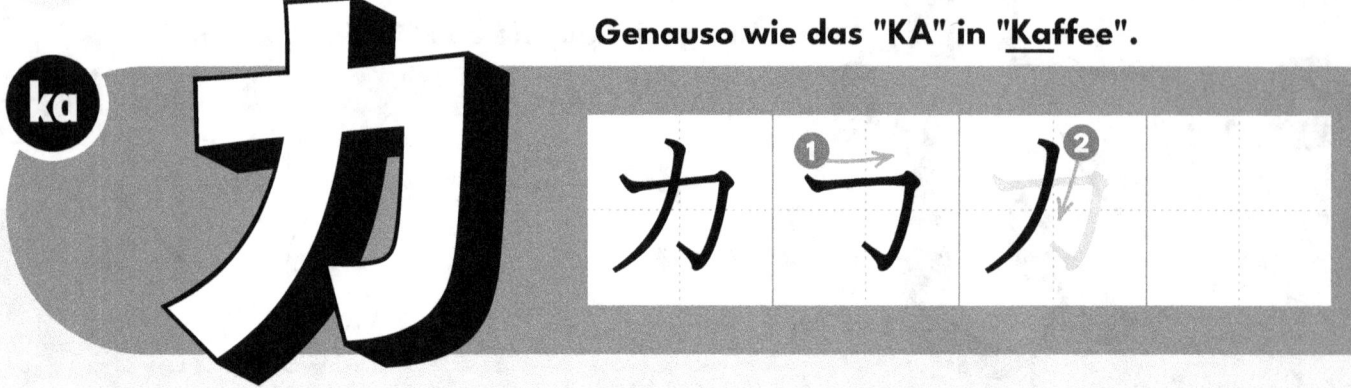

Üben Sie das Schreiben von カ mit zwei Strichen, in der korrekten Strichfolge.

Achten Sie beim Schreiben von カ in kleinem Maßstab auf die Form.

Mnemonik.

Beispiele.

- Es sieht dem Hiragana [か] sehr ähnlich, allerdings ohne den dritten Strich.
- Der Henkel einer **Ka**ffeetasse.

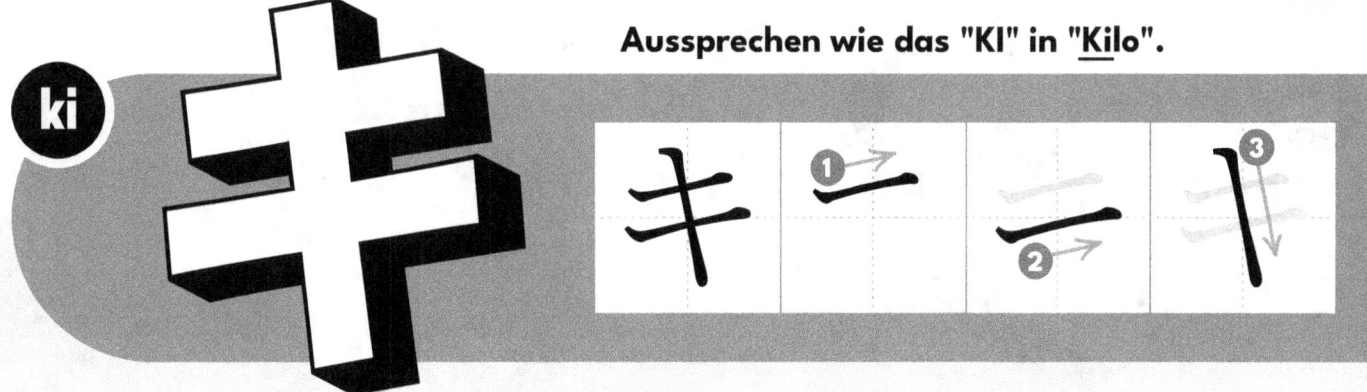

Aussprechen wie das "KI" in "Kilo".

Üben Sie das Schreiben von キ mit drei Strichen, in der korrekten Strichfolge.

Achten Sie beim Schreiben von キ in kleinem Maßstab auf die Form.

Mnemonik.

Beispiele.
- Ähnlich wie sein Gegenstück [き], also leicht zu merken.
-

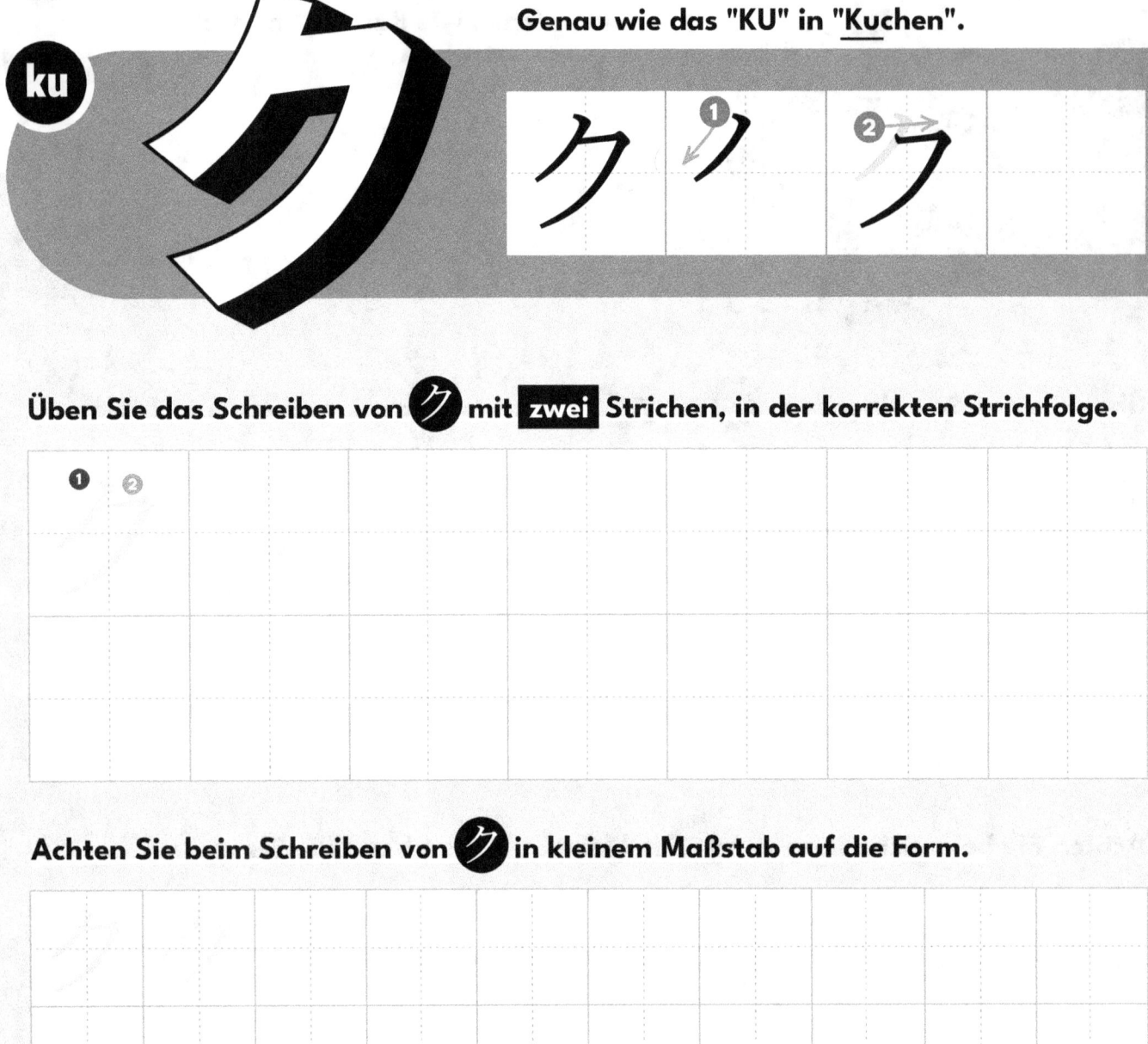

ku — Genau wie das "KU" in "Kuchen".

Üben Sie das Schreiben von ク mit zwei Strichen, in der korrekten Strichfolge.

Achten Sie beim Schreiben von ク in kleinem Maßstab auf die Form.

Mnemonik.

Beispiele.

- Stellen Sie sich Schuhe mit **Ku**fen vor (vielleicht zum Schlittschuhlaufen auf dem Eis).
-

ke ケ

Aussprache ähnlich wie das "KE" in "kennen".

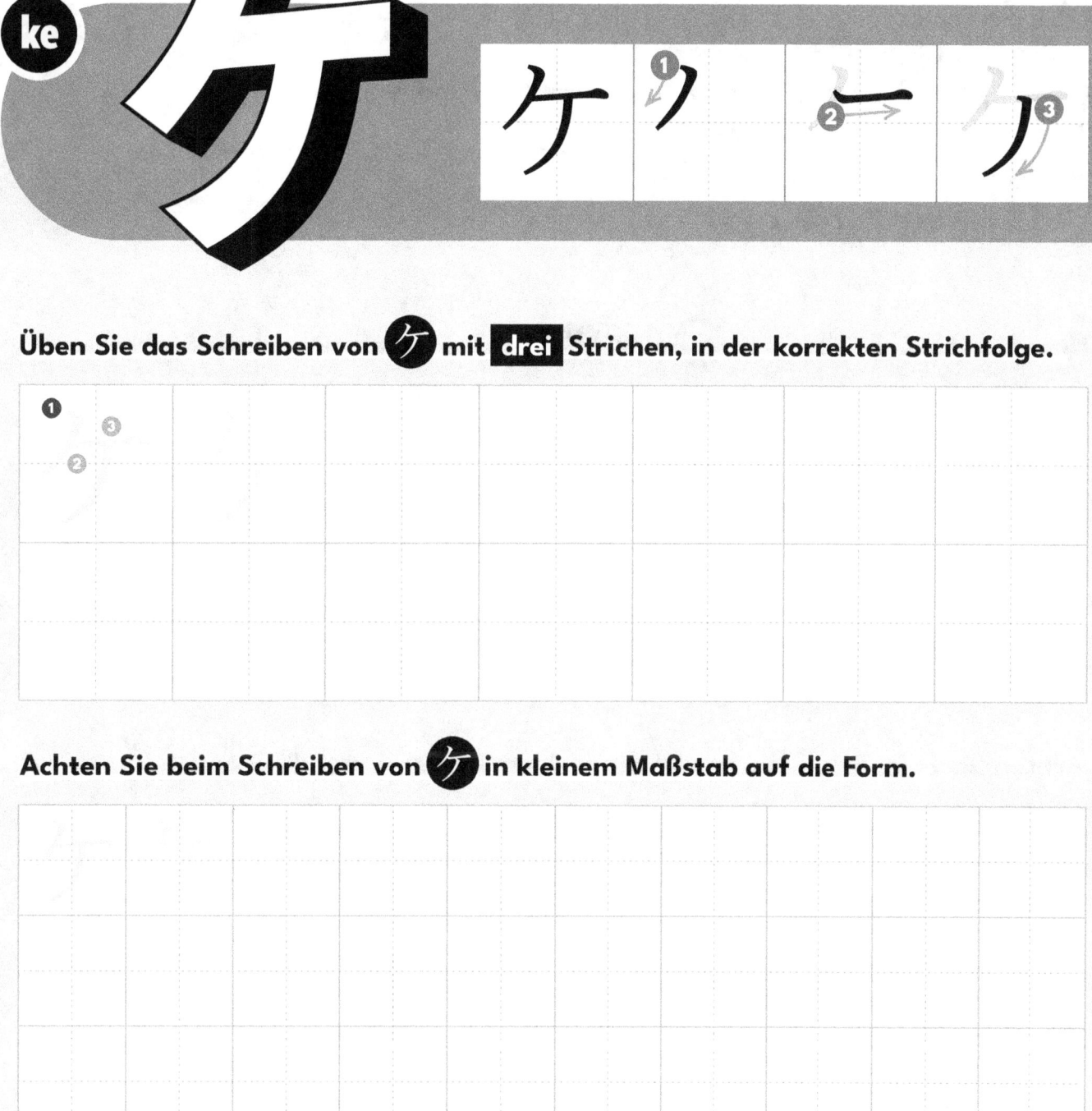

Üben Sie das Schreiben von ケ mit drei Strichen, in der korrekten Strichfolge.

Achten Sie beim Schreiben von ケ in kleinem Maßstab auf die Form.

Mnemonik.

Beispiele.

- Eine Umleitung, um den Ver**ke**hr zu vermeiden.
- Der Buchstabe [**K**].

ko コ

Klingt wie das "KO" in "Koffer".

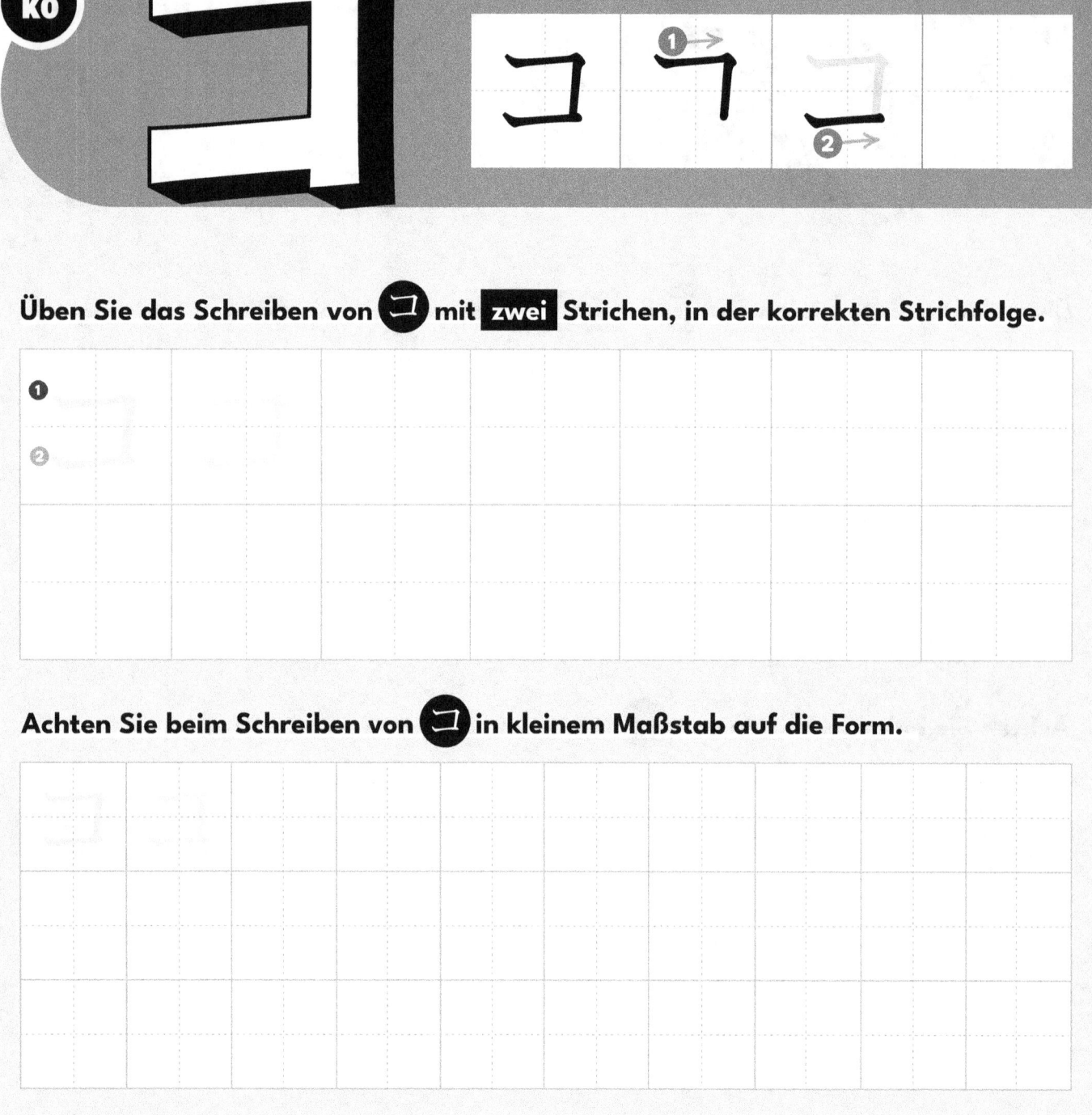

Üben Sie das Schreiben von コ mit zwei Strichen, in der korrekten Strichfolge.

Achten Sie beim Schreiben von コ in kleinem Maßstab auf die Form.

Mnemonik.

Beispiele.

- Dies könnte ein offener **Ko**ffer sein, wie [コ].
-

In dieser ersten Übungsreihe wird getestet, wie gut Sie die Form des neuen Katakana-Symbols mit demselben Laut verbinden können wie sein Hiragana-Gegenstück.

Schreibe die Romaji-Transkription für jedes Zeichen in die folgenden Felder.

ア ウ ア イ オ エ オ イ ア エ オ エ オ ア

ウ イ オ ウ イ エ イ オ ア ウ ア エ ウ ア

ウ イ オ ア エ ウ オ ア エ イ ウ ア エ イ

Nach einer 5-minütigen Pause wiederholen Sie den Vorgang für diese Zeichen.

ア オ カ オ キ ケ ク ウ エ イ ア ク ウ ア

ク イ オ エ イ カ エ ウ ケ カ オ カ イ ウ

キ ウ カ ク オ イ エ キ カ ケ ア キ オ カ

Es mag sich einfach anfühlen, aber der Schwierigkeitsgrad steigt, wenn Sie größere Gruppen von Charakteren lernen.

Machen Sie dieses Mal eine 10-minütige Pause, bevor Sie die Aufgabe erledigen.

コ ウ ク カ イ キ ケ ク エ キ ア イ オ ク

ウ カ エ イ コ イ ウ ケ ア キ オ コ キ カ

ア ウ オ ク エ ク カ ケ コ オ ア ウ ケ エ

Schreiben Sie nach einer langen Pause das Romaji für jedes Zeichen unten auf.

キ ケ オ イ コ ク キ ウ コ イ エ ア オ ク

ク コ ウ カ オ ア ケ エ キ ク ア ケ カ イ

カ エ ウ ケ カ ア ウ キ ク コ オ イ ウ エ

K2. Die S- und T-Spalten

Die Zeichen in diesem Abschnitt stammen aus den Spalten S und T der Katakana-Tabelle und haben die gleiche Aussprache wie ihre Hiragana-Entsprechung.

Symbole in diesem Lernblock.

Aussprache

Die gleichen Ausspracheregeln gelten für die Ausnahmen von *"shi"*, *"chi"* und *"tsu"*.

Wie das "SA" in "Vanessa" (/s/-Phonem, wie ßa).

Üben Sie das Schreiben von サ mit drei Strichen, in der korrekten Strichfolge.

Achten Sie beim Schreiben von サ in kleinem Maßstab auf die Form.

Mnemonik.

Beispiele.

- Zwei Fische auf einem Spieß. Der kleine ist eine **Sa**rdelle, der große ist eine **Sa**rdine.

•

Klingt wie "Ski", oder der "SHI"-Laut in "Sushi".

Üben Sie das Schreiben von シ mit drei Strichen, in der korrekten Strichfolge.

Achten Sie beim Schreiben von シ in kleinem Maßstab auf die Form.

Mnemonik.

Beispiele.
- Ein **Ski**fahrer rollt mit den Beinen in der Luft einen Hang hinunter.
- Die Striche sind mehr horizontal als vertikal. [シ] = "shi" und [ツ] = "tsu"

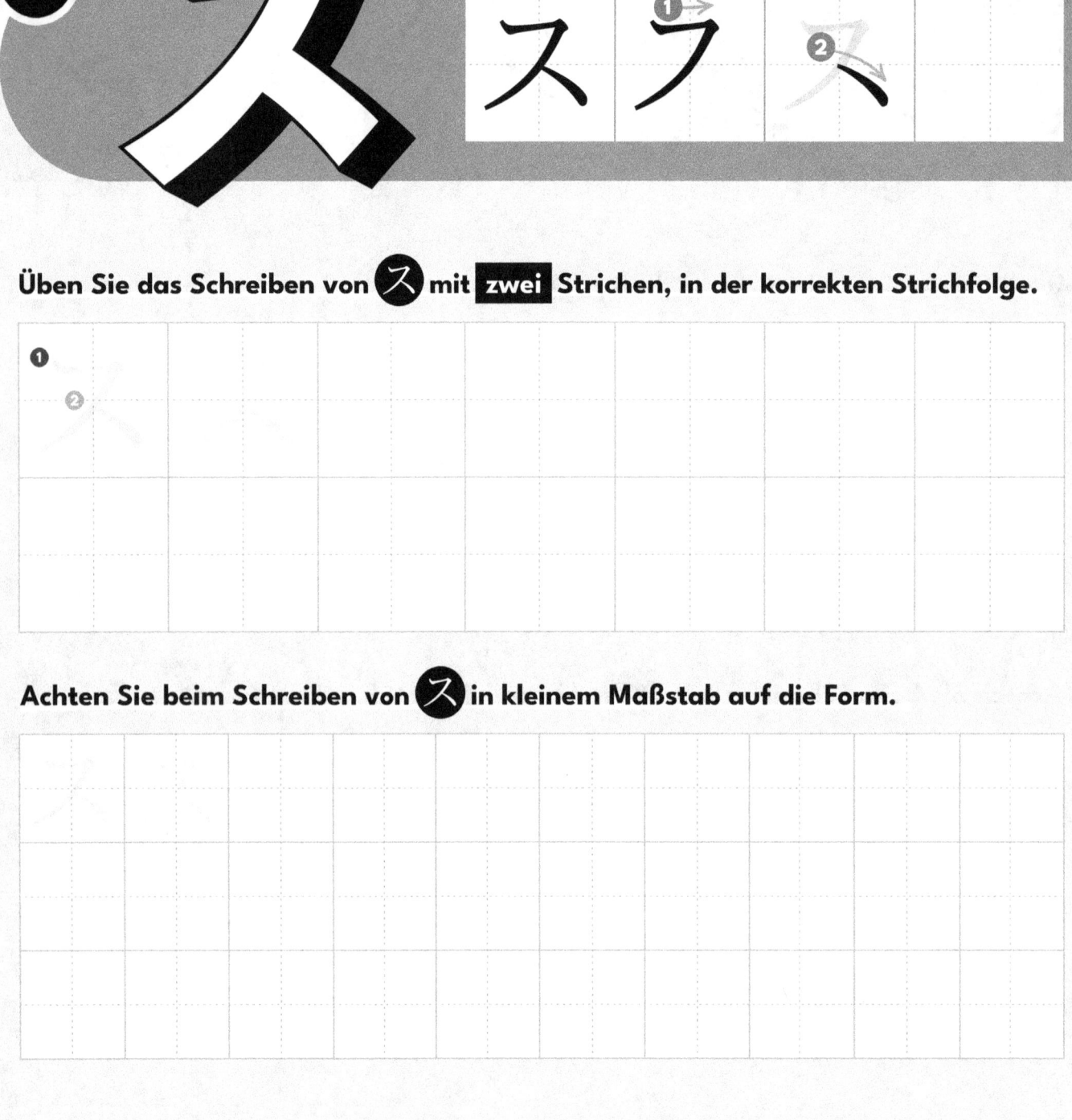

su

"SU"-Laut in "Jiu-Jit<u>su</u>" (mit /s/-Phonem, wie ßu).

Üben Sie das Schreiben von ス mit zwei Strichen, in der korrekten Strichfolge.

Achten Sie beim Schreiben von ス in kleinem Maßstab auf die Form.

Mnemonik.

Beispiele.

- Ein Kleiderbügel, insbesondere für An**z**üge.
- Oder ein fliegender **Su**perheld (sehen Sie den Umhang?)

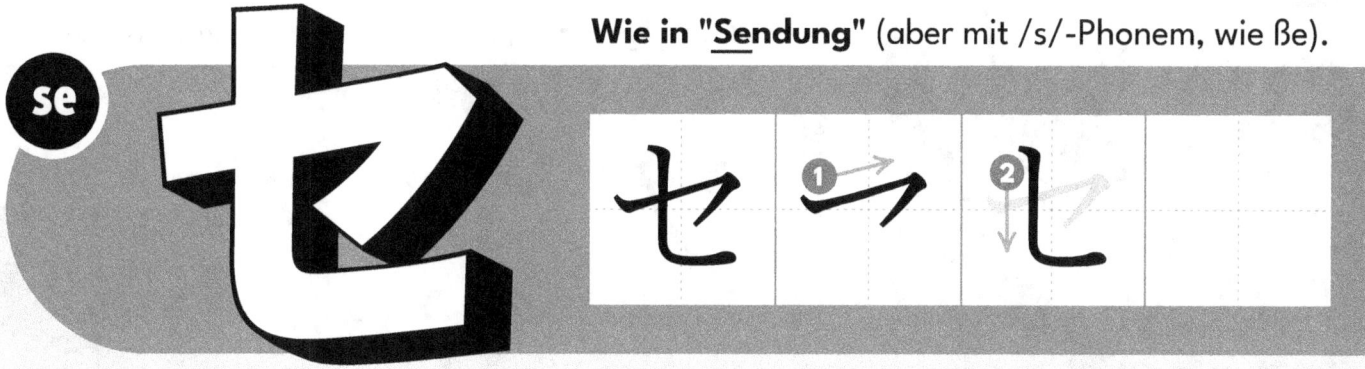

Wie in "Sendung" (aber mit /s/-Phonem, wie ß).

Üben Sie das Schreiben von セ mit zwei Strichen, in der korrekten Strichfolge.

Achten Sie beim Schreiben von セ in kleinem Maßstab auf die Form.

Mnemonik.

Beispiele.

- Es sieht dem Hiragana [せ] sehr ähnlich.

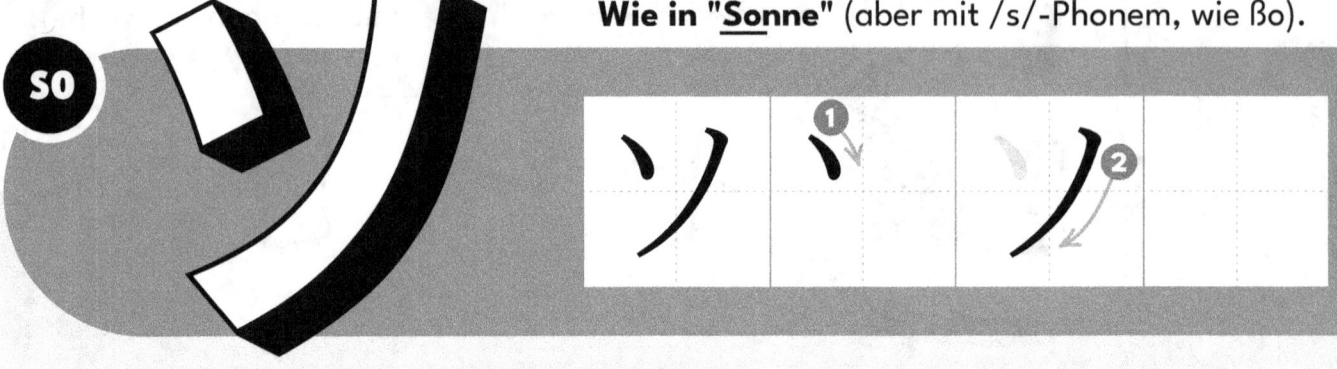

Wie in "Sonne" (aber mit /s/-Phonem, wie ß).

Üben Sie das Schreiben von ソ mit zwei Strichen, in der korrekten Strichfolge.

Achten Sie beim Schreiben von ソ in kleinem Maßstab auf die Form.

Mnemonik.

Beispiele.
- Eine einzelne Nadel und ein Faden, die für die Reparatur von **So**cken benötigt werden.
- Nadeln zeigen nach unten.
- [ソ] = "so" und [ン] = "n"

Üben Sie das Schreiben von タ mit drei Strichen, in der korrekten Strichfolge.

Achten Sie beim Schreiben von タ in kleinem Maßstab auf die Form.

Mnemonik.

Beispiele.

- Die Schuhe von [ク], aber der dritte Strich macht ein X-Zeichen [タ], weil sie kein Talent haben.

 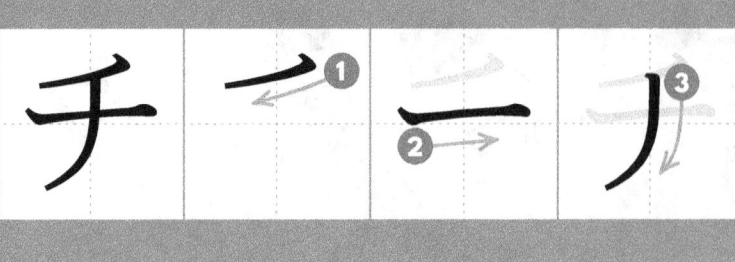

Klingt wie das "CHEE" in "Cheeseburger".

Üben Sie das Schreiben von チ mit drei Strichen, in der korrekten Strichfolge.

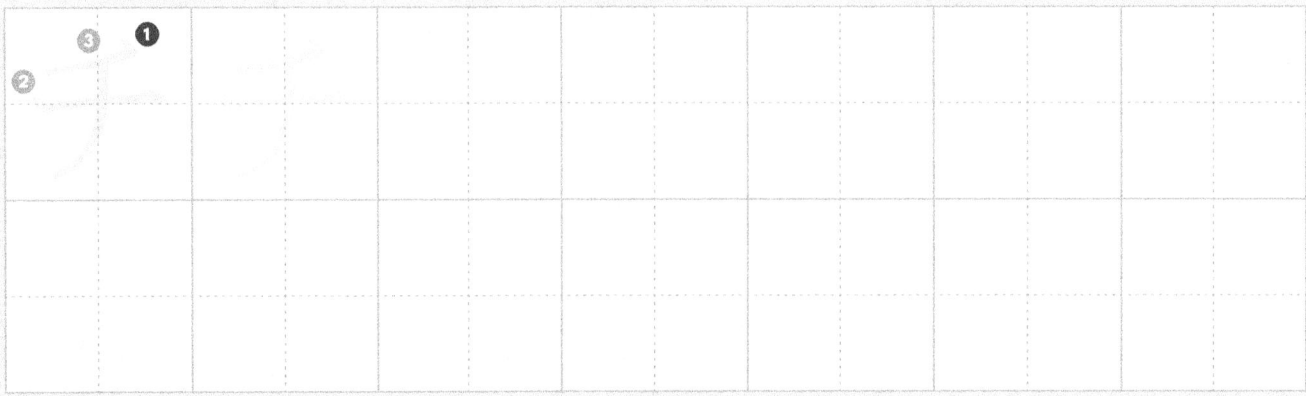

Achten Sie beim Schreiben von チ in kleinem Maßstab auf die Form.

Mnemonik.

Beispiele.

- Ein **Chee**rleader, der mit weit ausgebreiteten Armen in die Luft springt.
- Jemand, der Tai **Chi** übt

 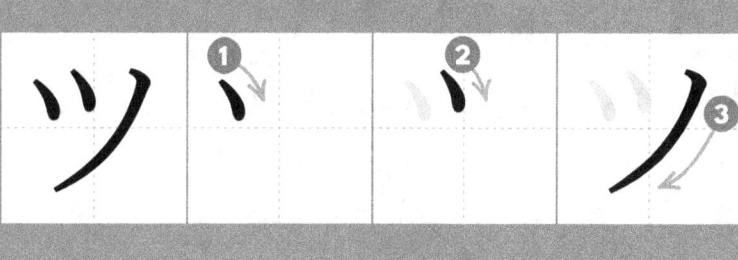

Wie in dem Wort "**Ts**unami".

Üben Sie das Schreiben von ツ mit drei Strichen, in der korrekten Strichfolge.

Achten Sie beim Schreiben von ツ in kleinem Maßstab auf die Form.

Mnemonik.

Beispiele.
- Zwei Nadeln und ein Faden, mehr **Zu**behör zum Nähen von noch mehr Socken.
- Nadeln zeigen nach unten.
- [ツ] = "tsu" und [シ] = "shi"

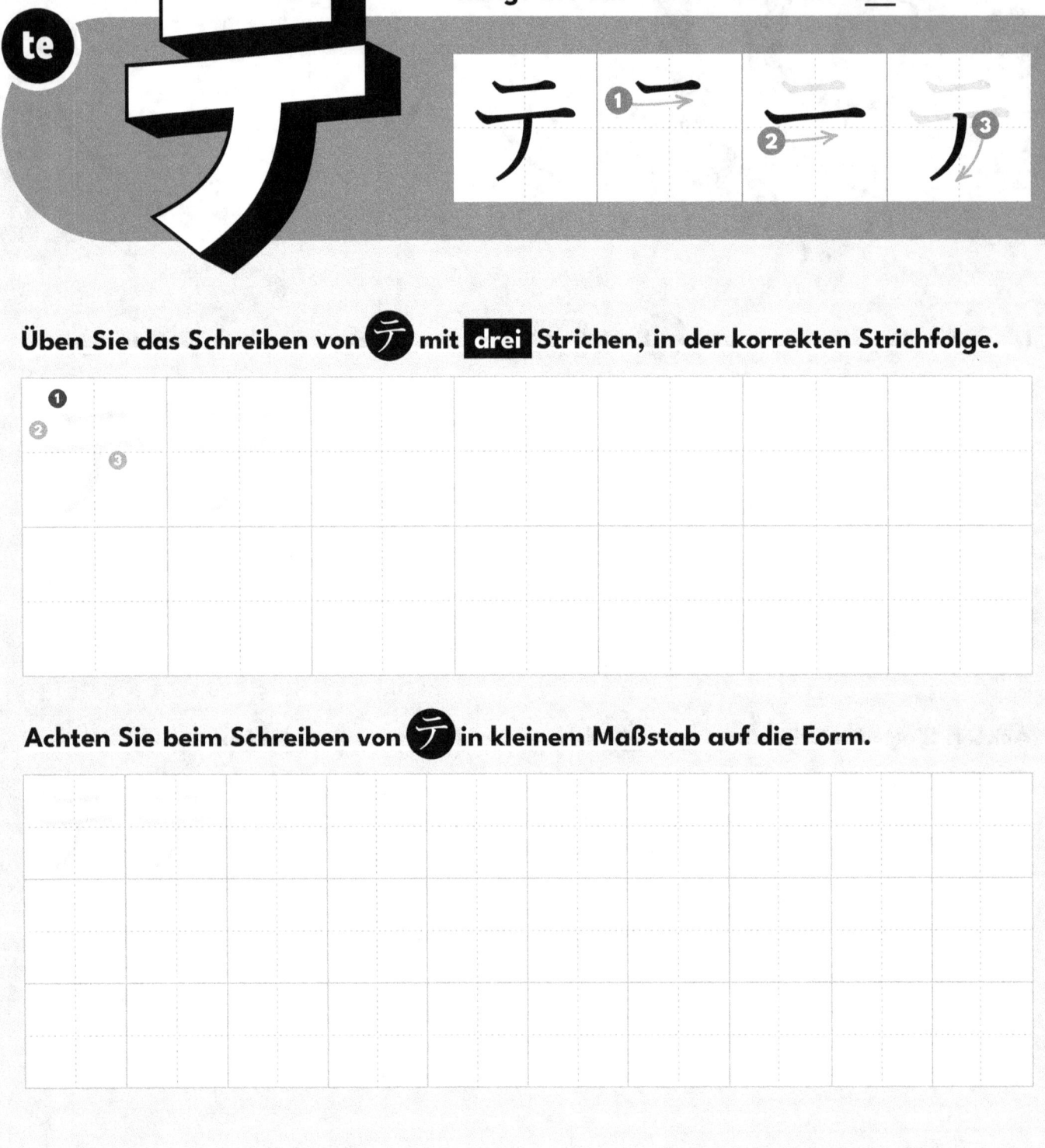

Klingt wie das "TE" in dem Wort "Tennis".

Üben Sie das Schreiben von テ mit drei Strichen, in der korrekten Strichfolge.

Achten Sie beim Schreiben von テ in kleinem Maßstab auf die Form.

Mnemonik.

Beispiele.

- Diese Form könnte wie ein **Te**lefonmast oder ein **Te**legrafenmast aussehen.
-

121

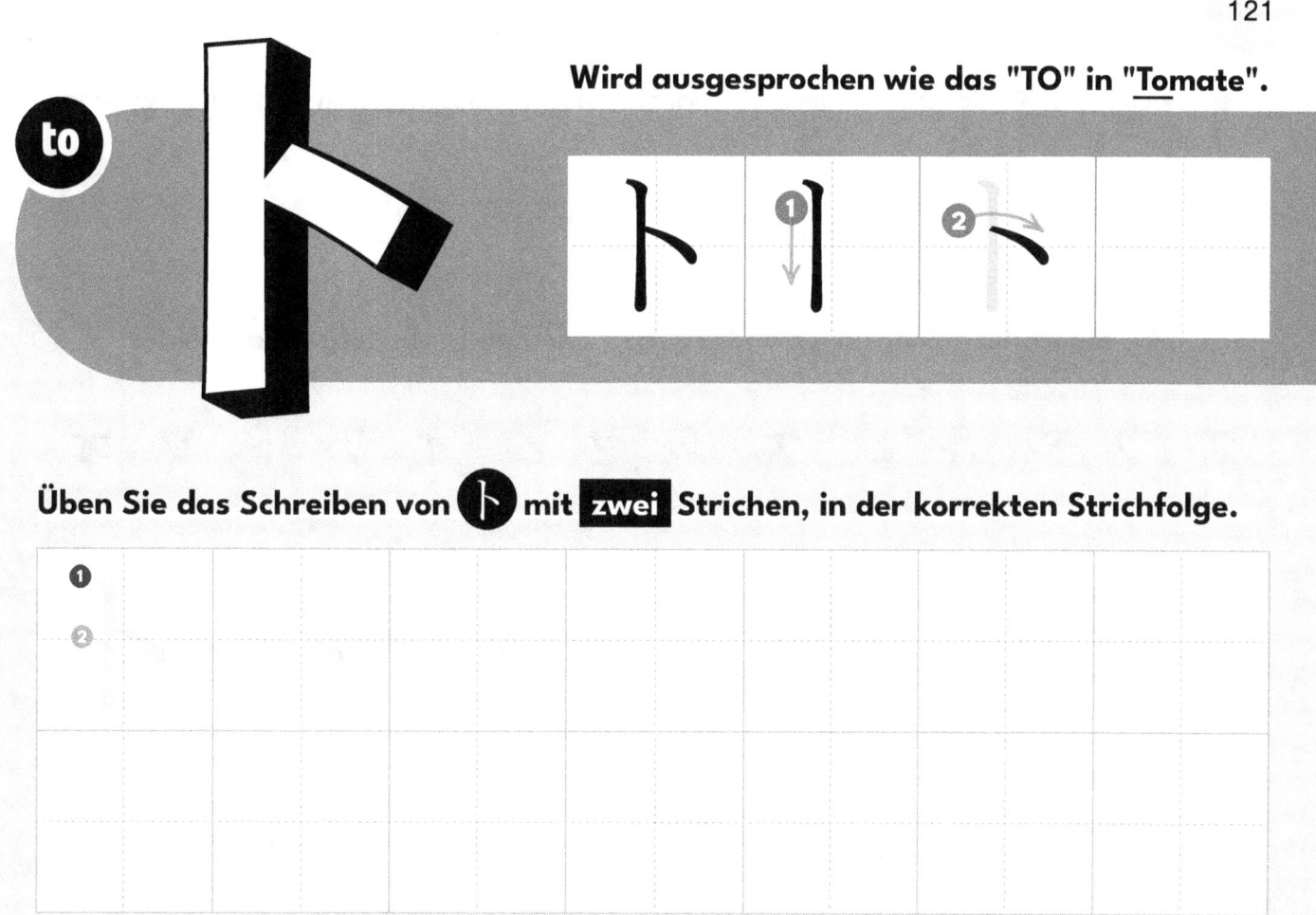

Wird ausgesprochen wie das "TO" in "Tomate".

Üben Sie das Schreiben von ト mit zwei Strichen, in der korrekten Strichfolge.

Achten Sie beim Schreiben von ト in kleinem Maßstab auf die Form.

Mnemonik.

Beispiele.

- "Tick **To**ck!" Stellen Sie sich die Zeiger einer Uhr vor.
- Vielleicht ein **To**tempfahl.

Zehn weitere Symbole, also insgesamt zwanzig, die auf diesen Seiten abgerufen werden können.

Schreibe die Romaji-Transkription für jedes Zeichen in die folgenden Felder.

ス ツ シ キ ソ ケ チ セ タ イ ア ト ソ オ

テ エ サ ス タ エ ウ セ コ テ イ カ ト ク

タ テ ツ サ キ ト コ ウ チ オ ス カ シ エ

Nach einer 5-minütigen Pause wiederholen Sie den Vorgang für diese Zeichen.

シ チ セ テ ソ タ ツ ス テ ス サ ツ タ セ

サ カ タ ト キ テ ケ サ チ ソ エ セ シ ソ

タ ス ツ ト イ セ ウ ソ コ サ テ ス オ ト

Machen Sie dieses Mal eine 10-minütige Pause, bevor Sie die Aufgabe erledigen.

エ タ チ セ サ コ チ オ エ ウ イ ツ セ サ

ソ シ テ ス イ ト シ イ サ セ オ ア ク チ

テ ス ウ ア ト タ ソ ツ タ オ キ ウ エ シ

Schreiben Sie nach einer langen Pause das Romaji für jedes Zeichen unten auf.

ソ チ タ サ エ サ チ ア テ セ ツ セ ソ オ

イ セ ス ト オ ク シ ス シ エ ア ウ タ ト

エ シ イ オ コ キ テ ツ サ チ タ ウ イ ウ

Üben Sie das Lesen der bisher gelernten Katakana anhand dieser Beispiele.

Hinweis: Es ist üblich, dass Wörter in Katakana horizontale Linien haben. Sie zeigen an, dass der Vokallaut des vorherigen Zeichens in der Länge verdoppelt werden sollte. Zum Beispiel: 力 = ka , und カー = ka-a. (Sie werden später mehr darüber erfahren)

カツ
Kotelett

コーチ
Coach

アイス
Eis

ソース
Sauce

ケーキ
Kuchen

スキー
Skifahren

アウト
aus

タクシー
Taxi

サーチ
Suche

ステーキ
Steak

コート
Mantel

セーター
Pullover

ツアー
Tour

サーカス
Zirkus

テスト
Test

オーケー
ok

シーツ
Blatt

エーカー
acre

K3. Die N- und H-Spalten

Ein weiterer Block mit zehn Symbolen zum Lernen. Diesmal geht es um Katakana aus den Spalten N und H. Eine Ausnahme von dem üblichen Muster ist wieder *"fu"* anstelle von *"hu"*. Der Klang liegt irgendwo zwischen *"hu"* und *"fu"*, etwa *"hfu"*.

Symbole in diesem Lernblock.

ナ na

Klingt wie der "NA" in "Nagel".

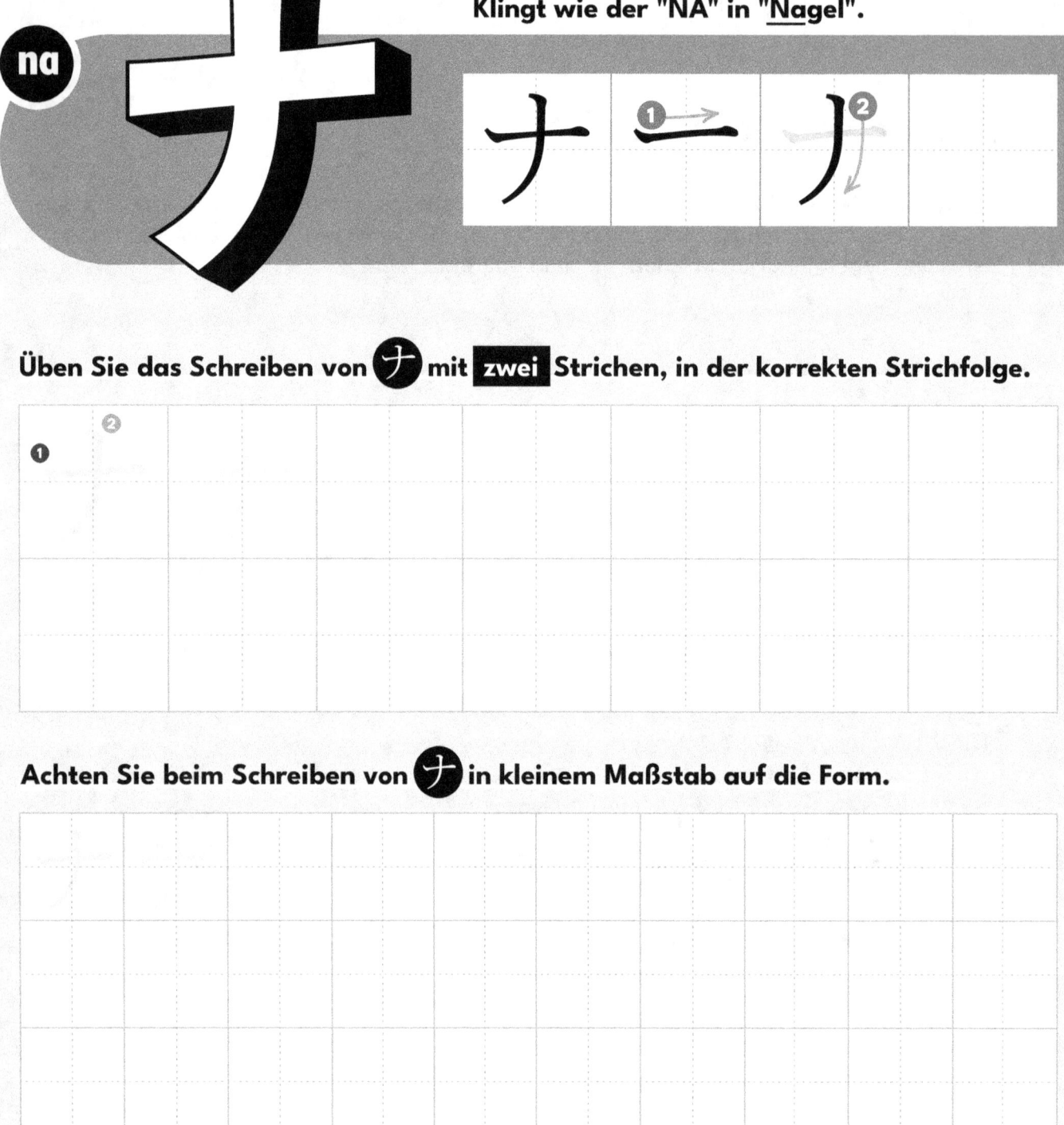

Üben Sie das Schreiben von ナ mit zwei Strichen, in der korrekten Strichfolge.

Achten Sie beim Schreiben von ナ in kleinem Maßstab auf die Form.

Mnemonik.

Beispiele.

- Ein Zettel, an die Wand ge**na**gelt.
  Der **Na**gel aus Hiragana [な].
- Vielleicht ist es ein **Na**rwal.

ni

Ähnlich wie der "NI-"-Laut in "niemals".

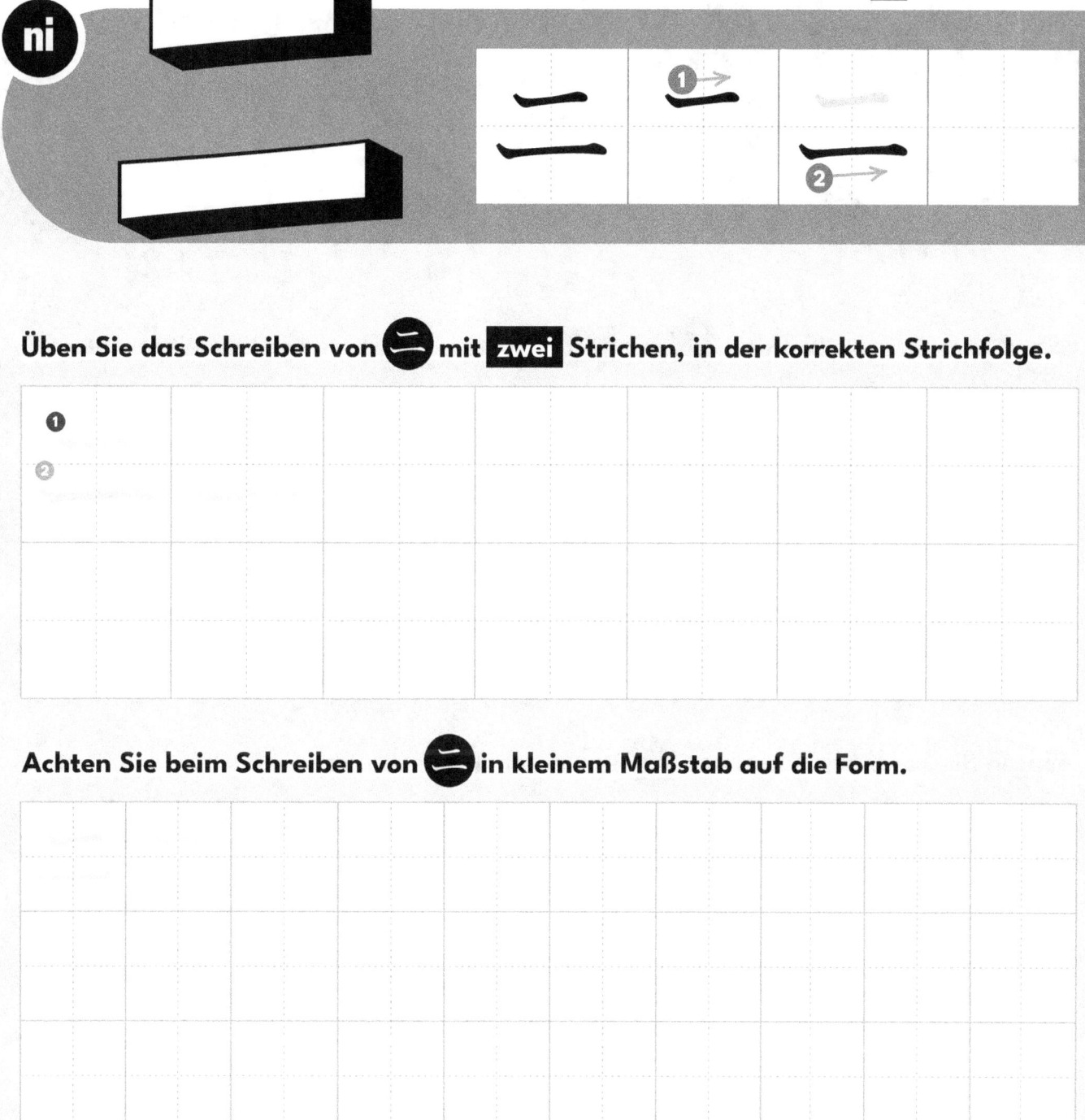

Üben Sie das Schreiben von ni mit zwei Strichen, in der korrekten Strichfolge.

Achten Sie beim Schreiben von ni in kleinem Maßstab auf die Form.

Mnemonik.

Beispiele.

- "ichi, **ni**, san…"
- Diese beiden Zeilen ergeben auf Japanisch die **Zahl 2**, die als "**ni**" ausgesprochen wird.

nu

Wie das "NU" in "Nudeln".

Üben Sie das Schreiben von ヌ mit zwei Strichen, in der korrekten Strichfolge.

Achten Sie beim Schreiben von ヌ in kleinem Maßstab auf die Form.

Mnemonik.

Beispiele.

- Das sieht der **Nu**mmer 7 sehr ähnlich.
- Oder Stäbchen, die eine lange **Nu**del aus einer Schüssel ziehen.

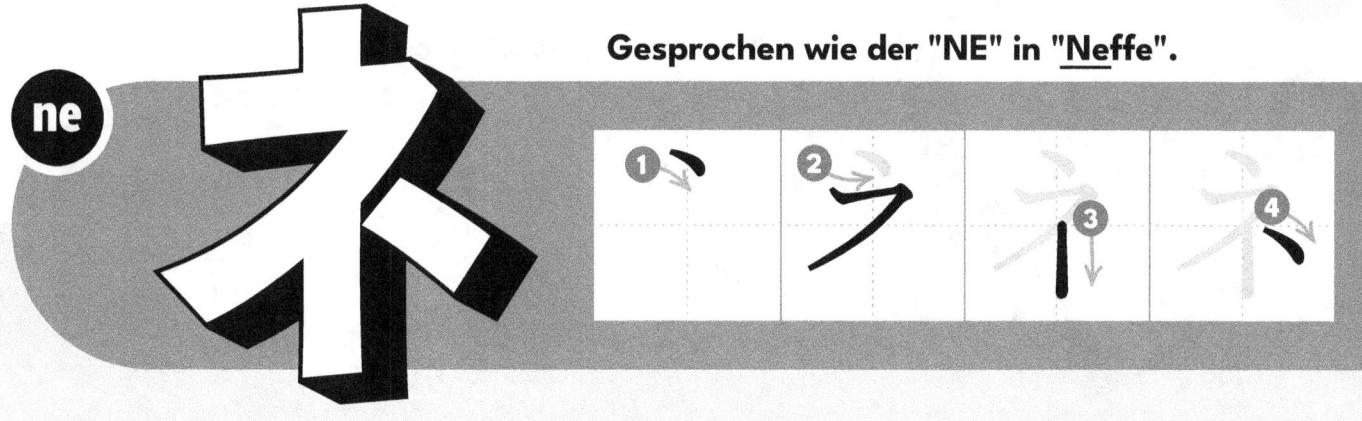

Gesprochen wie der "NE" in "Neffe".

Üben Sie das Schreiben von ネ mit vier Strichen, in der korrekten Strichfolge.

Achten Sie beim Schreiben von ネ in kleinem Maßstab auf die Form.

Mnemonik.

Beispiele.

- Es könnte ein Fischer**ne**tz sein.
- Oder vielleicht ist es ein Baum, und er ist voller Vogel**ne**ster.

130

no ノ

Wie bei dem Wort "Norden".

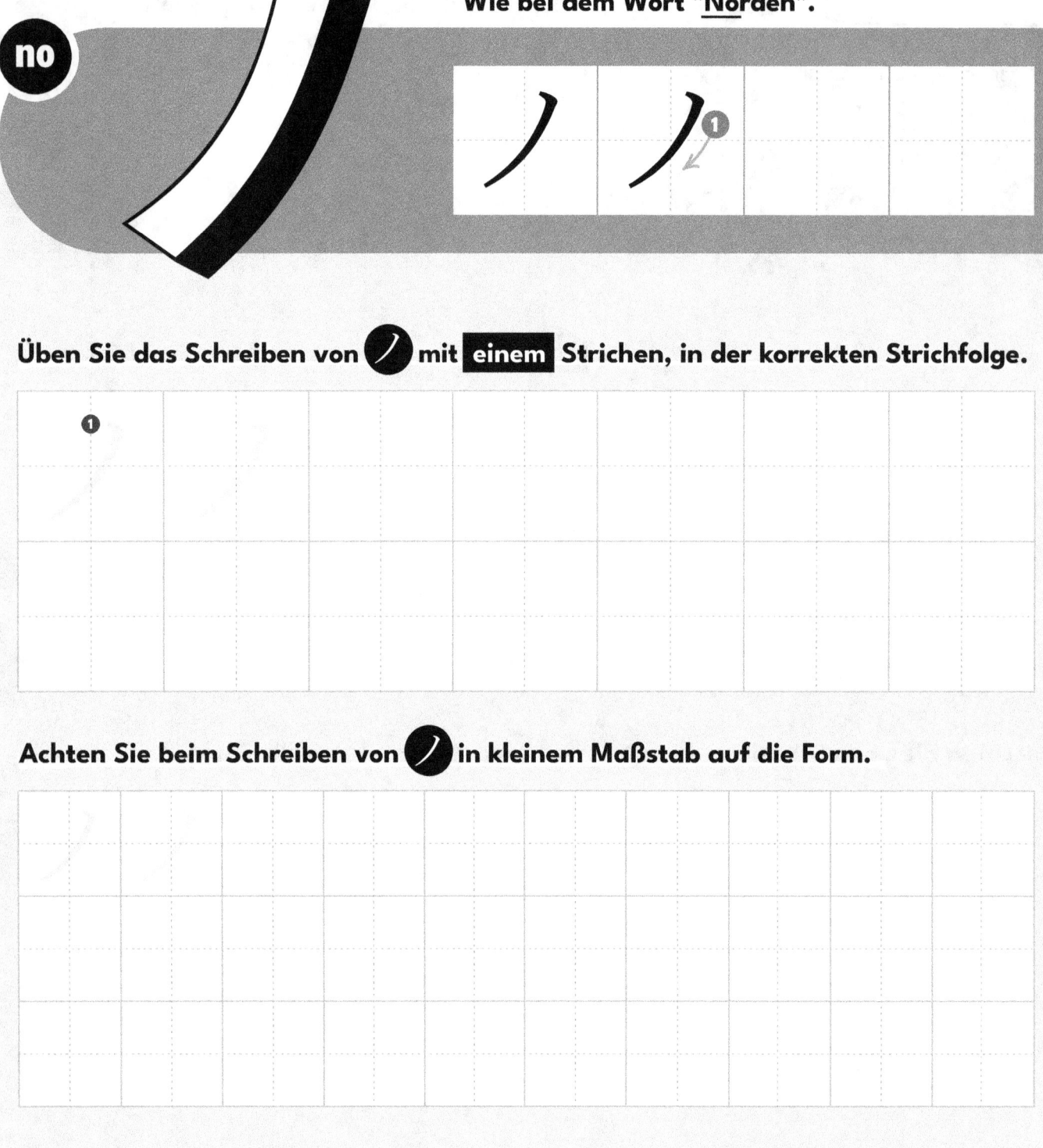

Üben Sie das Schreiben von ノ mit einem Strichen, in der korrekten Strichfolge.

Achten Sie beim Schreiben von ノ in kleinem Maßstab auf die Form.

Mnemonik.

Beispiele.

- Teil der Hiragana [の], ein Schild, das "Zutritt verboten" oder "**No**!" bedeutet.
- Ein Kompass zeigt nach **No**rden.

ha

Klingt wie das "HA" in "Hasen".

Üben Sie das Schreiben von 八 mit zwei Strichen, in der korrekten Strichfolge.

Achten Sie beim Schreiben von 八 in kleinem Maßstab auf die Form.

Mnemonik.

Beispiele.

- **Ha**sen haben lange Ohren und zwei große Zähne.
- Ein geknickter Bleistift, oder zwei, die **ha**lb so groß sind.

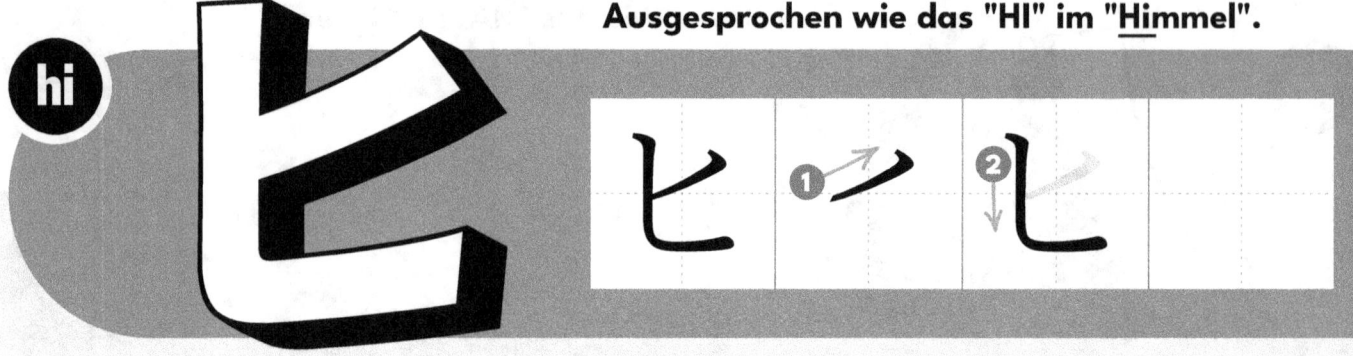

Ausgesprochen wie das "HI" im "Himmel".

Üben Sie das Schreiben von ヒ mit zwei Strichen, in der korrekten Strichfolge.

Achten Sie beim Schreiben von ヒ in kleinem Maßstab auf die Form.

Mnemonik.

Beispiele.

- Vielleicht ist es ein Diagramm mit himmelhohen Verkaufszahlen!
- Der Umriss eines grinsenden Mundes… "tee hi hi!"

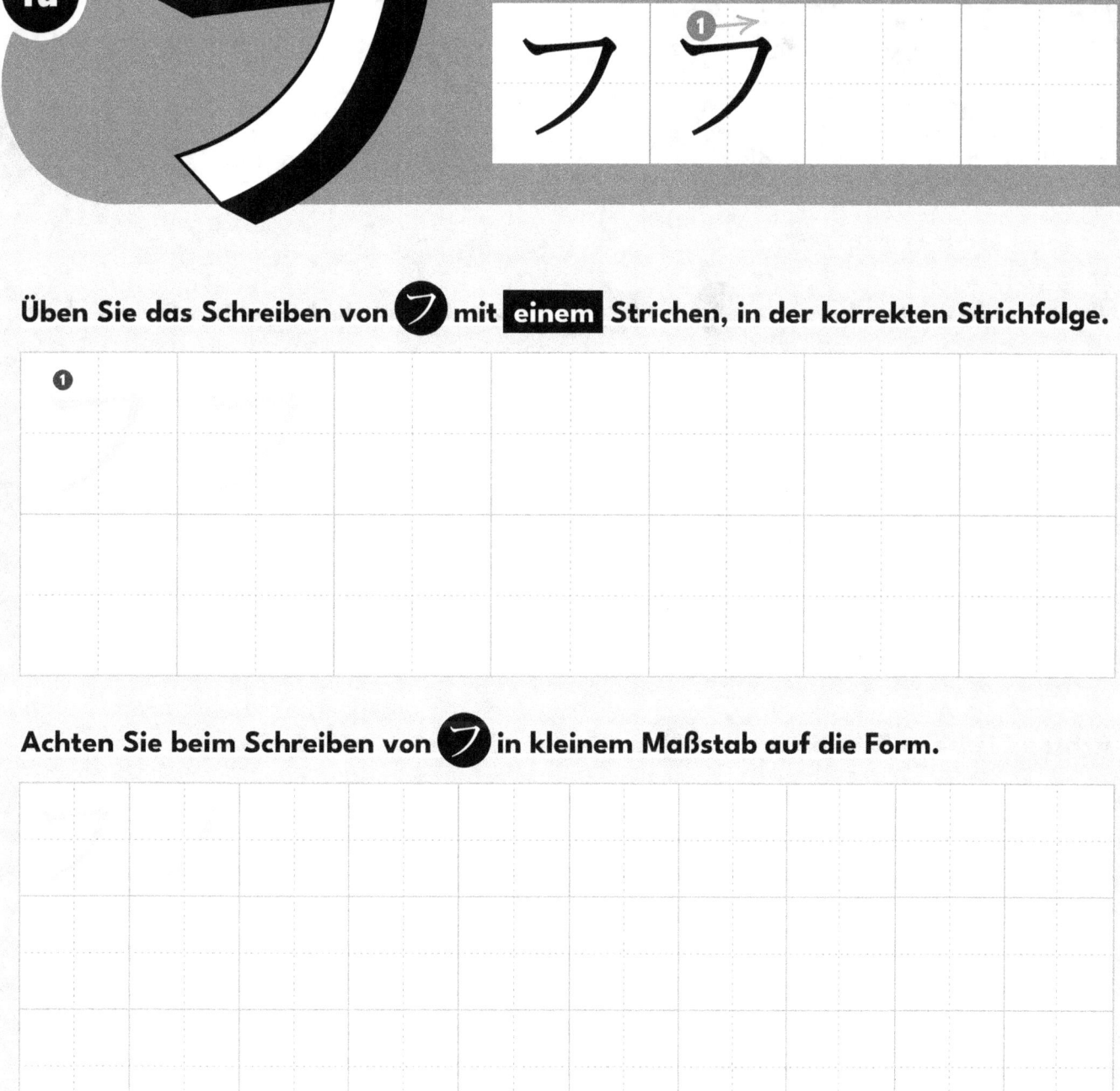

Klingt wie das "FU" in "Fuß" und "HU" in "Huf".

Üben Sie das Schreiben von フ mit einem Strichen, in der korrekten Strichfolge.

Achten Sie beim Schreiben von フ in kleinem Maßstab auf die Form.

Mnemonik.

Beispiele.
- Ein weit geöffnetes Maul, das leicht zu **fü**ttern wäre.
- Die 7. Kung-**Fu**-Pose!* Ein seitliches [V] für "Viper"

Fiktiv, aber lustig zum Erinnern!

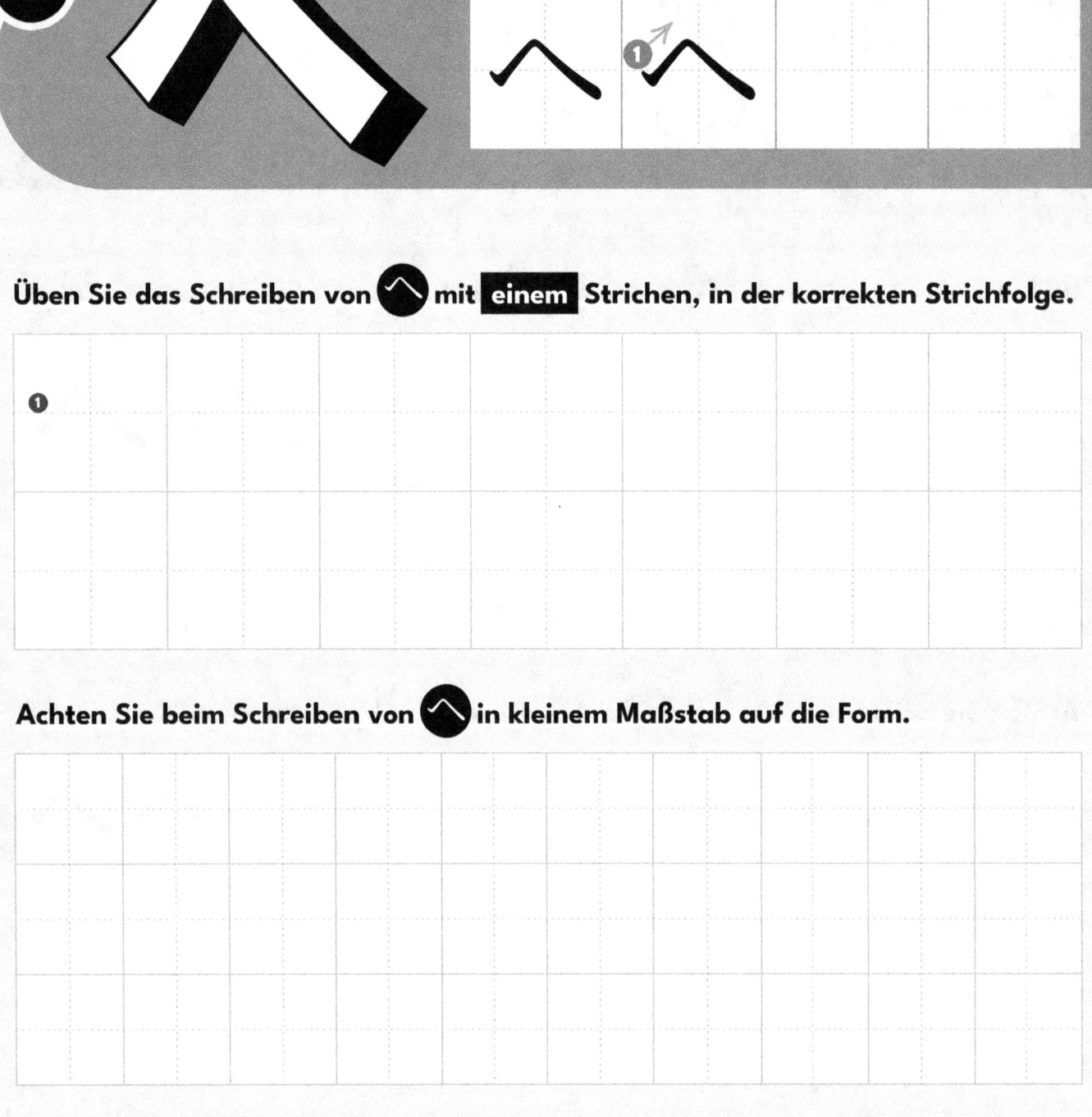

he

Wie bei dem Wort "Hexen".

Üben Sie das Schreiben von ⌒ mit einem Strichen, in der korrekten Strichfolge.

Achten Sie beim Schreiben von ⌒ in kleinem Maßstab auf die Form.

Mnemonik.

Beispiele.
- Genau wie das Hiragana [⌒].
- Die Form eines **He**xenhutes.

Gesprochen wie das "HO" in "Hoffen".

Üben Sie das Schreiben von ホ mit **vier** Strichen, in der korrekten Strichfolge.

Achten Sie beim Schreiben von ホ in kleinem Maßstab auf die Form.

Mnemonik.

Beispiele.
- Die Form eines **Ho**lzkreuzes.
- Die zusätzlichen Linien sind Lichtstrahlen, denn es ist das **Ho**chheilige Kreuz.

Mit mehreren ähnlichen Formen unter den Zeichen in den Gruppen sollte dies Ihre Gedächtnisleistung fördern. Wenn diese Aufgabe zu einfach wird, setzen Sie sich selbst unter Zeitdruck und versuchen Sie, sich zu verbessern.

Schreibe die Romaji-Transkription für jedes Zeichen in die folgenden Felder.

ニ テ ネ ホ ヘ ネ ヒ ト フ ヌ ホ ヘ ヌ チ

ヘ ホ ヌ ネ ス ニ ヒ コ フ ニ ヌ ハ ナ ソ

フ ハ ノ ハ オ ノ ナ ヒ ハ ヒ ホ ネ タ ナ

Nach einer 5-minütigen Pause wiederholen Sie den Vorgang für diese Zeichen.

セ ノ オ コ オ ツ キ ナ ス フ シ チ ヒ ク

ア ケ テ ツ エ ハ カ ニ サ ヌ ケ シ ソ タ

セ ソ キ ホ ト コ ウ ネ イ ク ウ チ サ ア

Machen Sie dieses Mal eine 10-minütige Pause, bevor Sie die Aufgabe erledigen.

ツ テ チ ト キ エ ホ ノ サ イ ヒ フ ニ シ

セ ソ ス テ コ ニ ハ ネ ヌ ヘ ツ ネ ヌ ウ

ナ シ サ タ セ タ ヘ ナ チ ス ノ ホ ア ハ

Schreiben Sie nach einer langen Pause das Romaji für jedes Zeichen unten auf.

エ ハ ヒ チ テ ホ ヘ ツ セ イ ト ヌ ソ ウ

ナ ヘ タ サ ツ ス テ タ ノ ネ ヌ ス セ ニ

ニ コ ホ ノ シ ネ ア ハ ナ サ チ フ シ キ

K4. Die M- und Y-Spalten

Diese acht Zeichen decken die Laute in den Spalten M- und Y- ab.

Symbole in diesem Lernblock.

Aussprache

Sie werden alle auf die gleiche Weise ausgesprochen wie ihre Hiragana-Pendants.

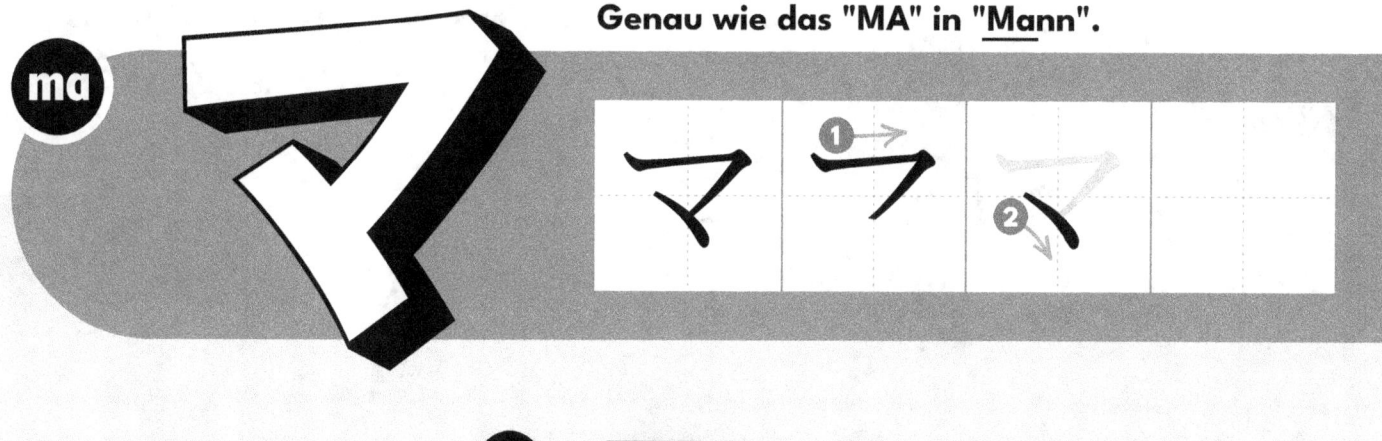

Genau wie das "MA" in "Mann".

Üben Sie das Schreiben von ア mit zwei Strichen, in der korrekten Strichfolge.

Achten Sie beim Schreiben von ア in kleinem Maßstab auf die Form.

Mnemonik.

Beispiele.

- Die Berechnung des großen Winkels erfordert **Ma**thematik.
-

140

mi

Spricht sich wie "mee" wie das "MI" in "Minus".

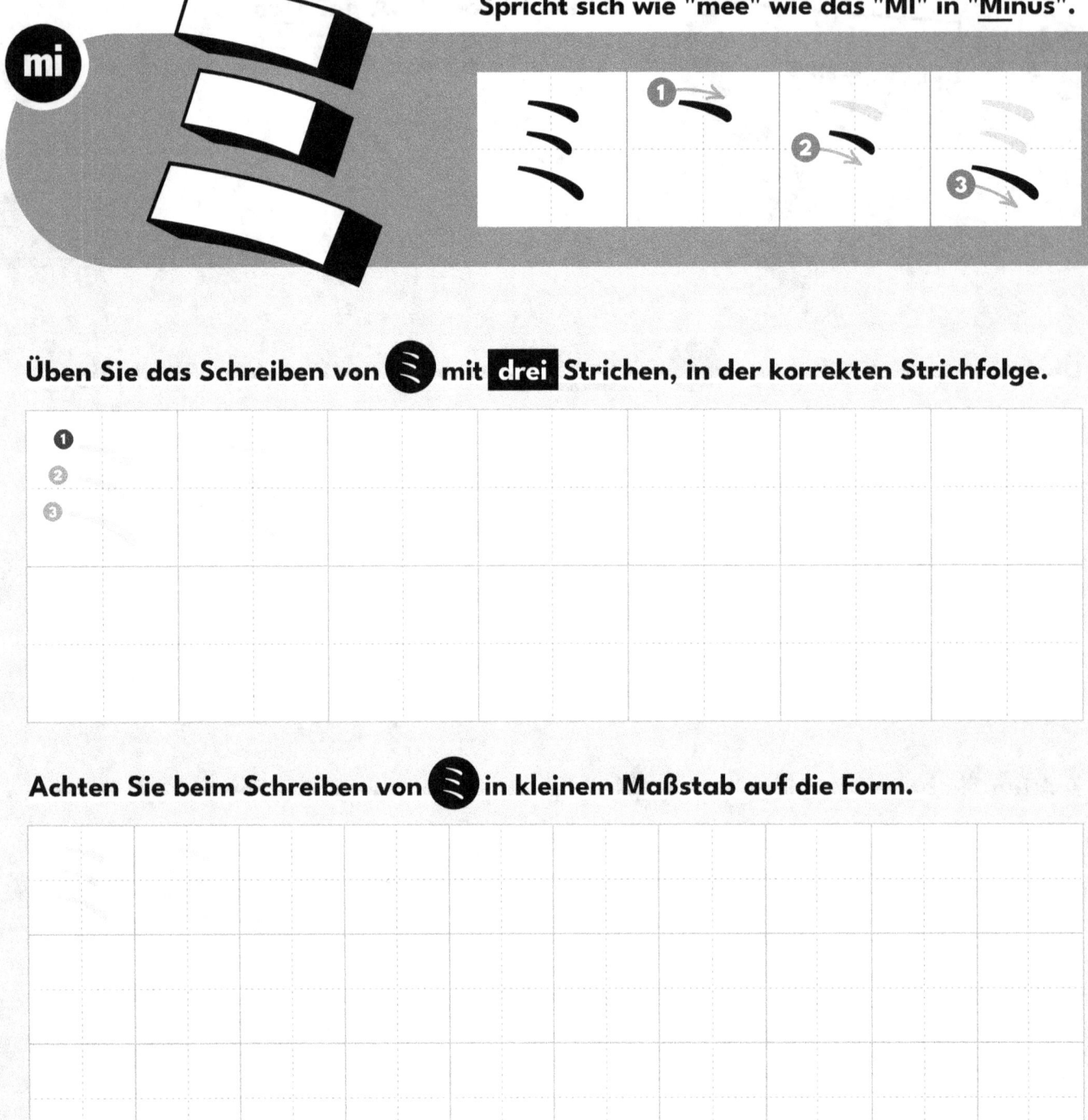

Üben Sie das Schreiben von 三 mit drei Strichen, in der korrekten Strichfolge.

Achten Sie beim Schreiben von 三 in kleinem Maßstab auf die Form.

Mnemonik.

Beispiele.

- Drei **Mi**nuszeichen.
- Der Buchstabe [E] ist in der **Mi**tte nach unten geschnitten.
- Sieht aus wie ein Kratzer von einer Katze… "**Mi**au!"

Wie das "MU" in dem Wort "Musik".

Üben Sie das Schreiben von ム mit zwei Strichen, in der korrekten Strichfolge.

Achten Sie beim Schreiben von ム in kleinem Maßstab auf die Form.

Mnemonik.

Beispiele.
- Die Triangel ist ein einfaches **Mu**sikinstrument!
-

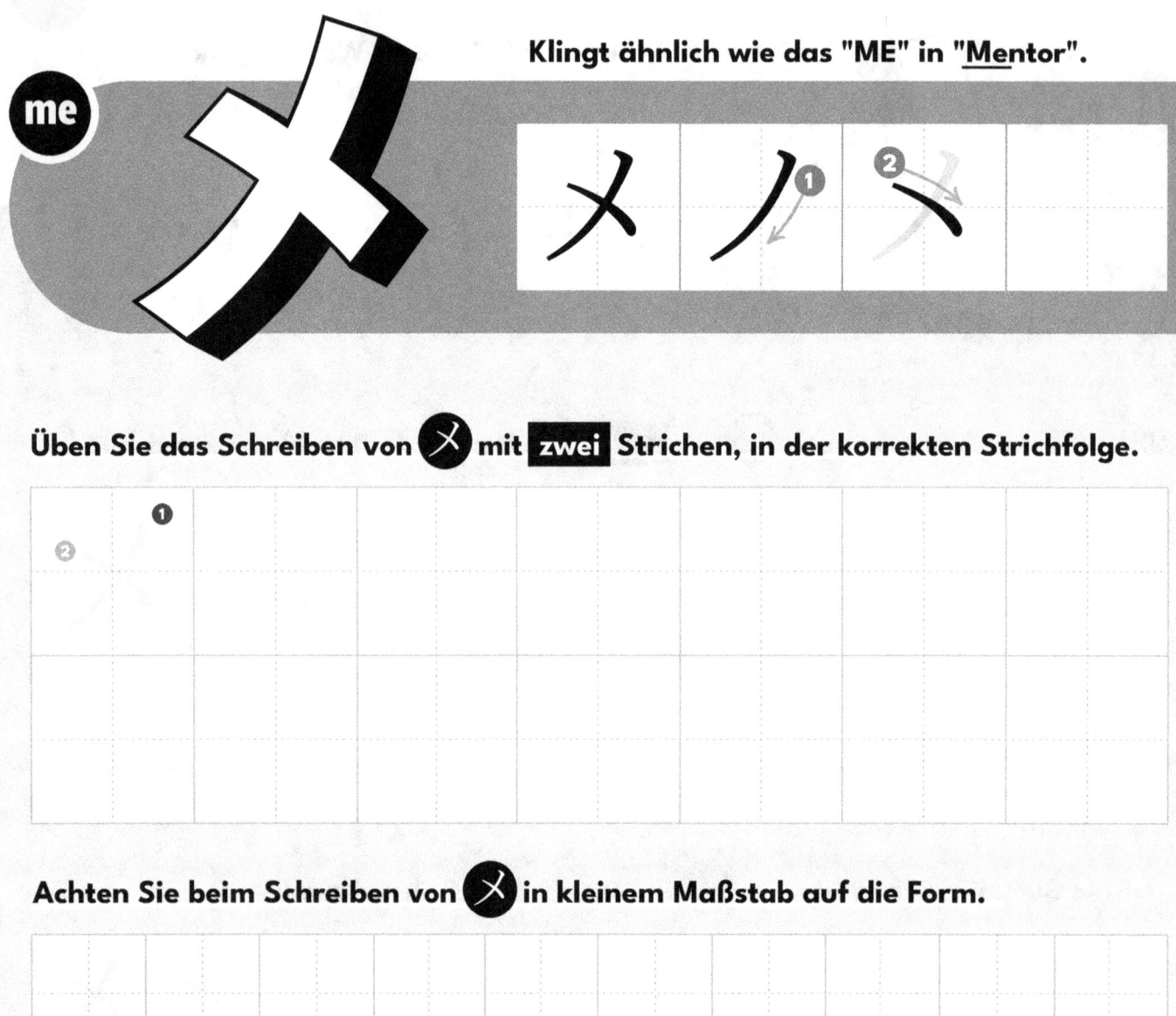

Klingt ähnlich wie das "ME" in "Mentor".

Üben Sie das Schreiben von メ mit zwei Strichen, in der korrekten Strichfolge.

Achten Sie beim Schreiben von メ in kleinem Maßstab auf die Form.

Mnemonik.

Beispiele.
- Das **X** kennzeichnet die Stelle, an der Edel**me**talle (Gold) vergraben sind.
- Der Film "X-**Mä**nner"

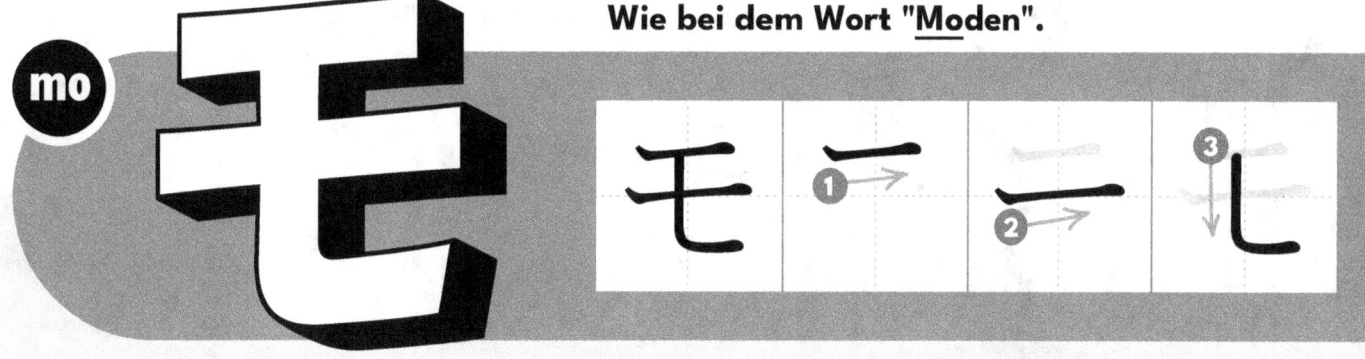

mo — Wie bei dem Wort "**M**oden".

Üben Sie das Schreiben von モ mit drei Strichen, in der korrekten Strichfolge.

Achten Sie beim Schreiben von モ in kleinem Maßstab auf die Form.

Mnemonik.

Beispiele.

- Ganz ähnlich wie die Hiragana [も]…
- Der **mo**dische Angelhaken.

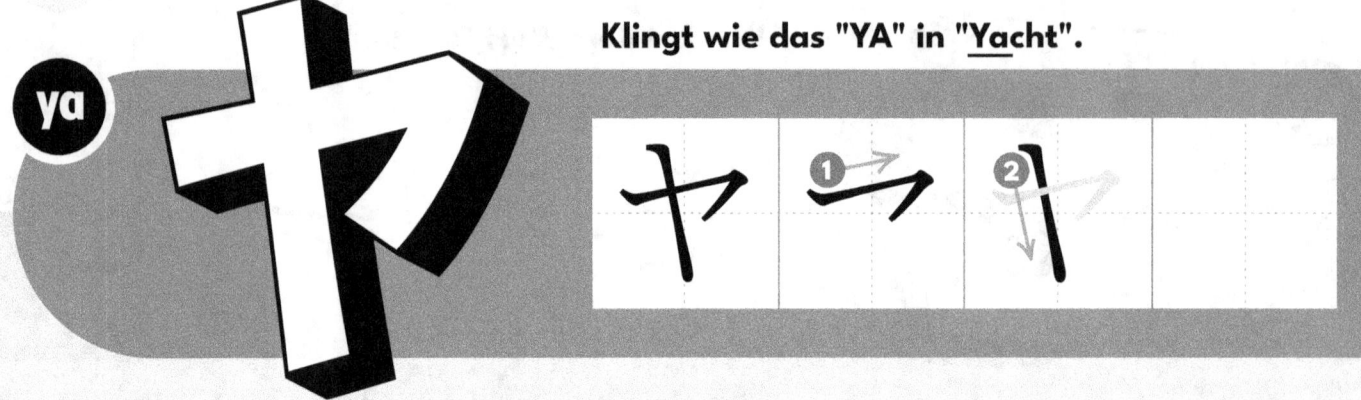

Klingt wie das "YA" in "Yacht".

ya

Üben Sie das Schreiben von ヤ mit zwei Strichen, in der korrekten Strichfolge.

Achten Sie beim Schreiben von ヤ in kleinem Maßstab auf die Form.

Mnemonik.

Beispiele.

- Fast dasselbe wie Hiragana [や], aber das **Ya**k hat nur ein Horn!
- Das Segel einer **Ja**cht.

yu ユ

Wie der "Ju-"-Laut in "Jung" (/y/-Phonem).

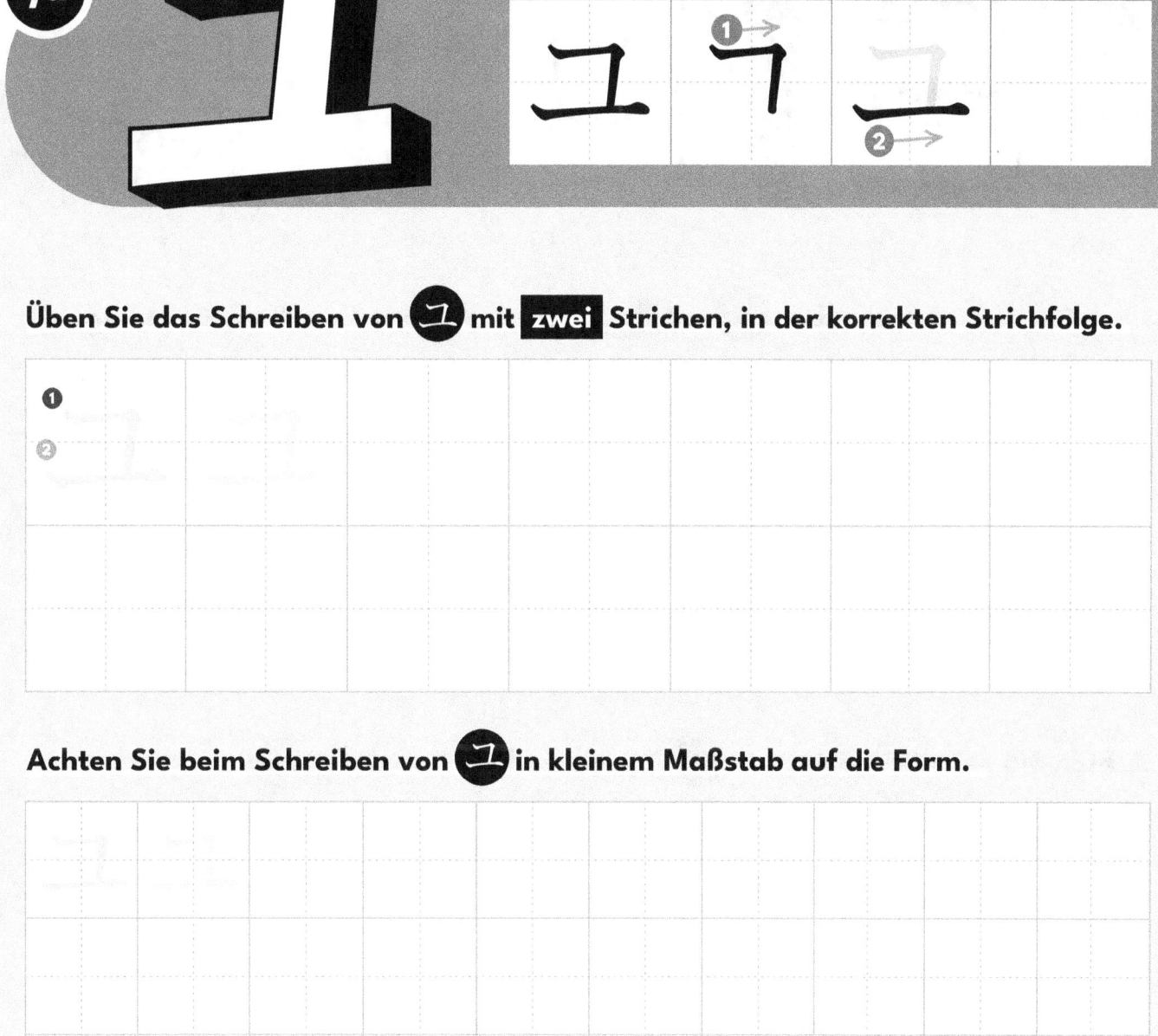

Üben Sie das Schreiben von ユ mit zwei Strichen, in der korrekten Strichfolge.

Achten Sie beim Schreiben von ユ in kleinem Maßstab auf die Form.

Mnemonik.

Beispiele.

- Sieht aus wie das Periskop eines **U**-Boots! (mit hartem /y/-Laut aussprechen, wie "**Yu**-Boots")

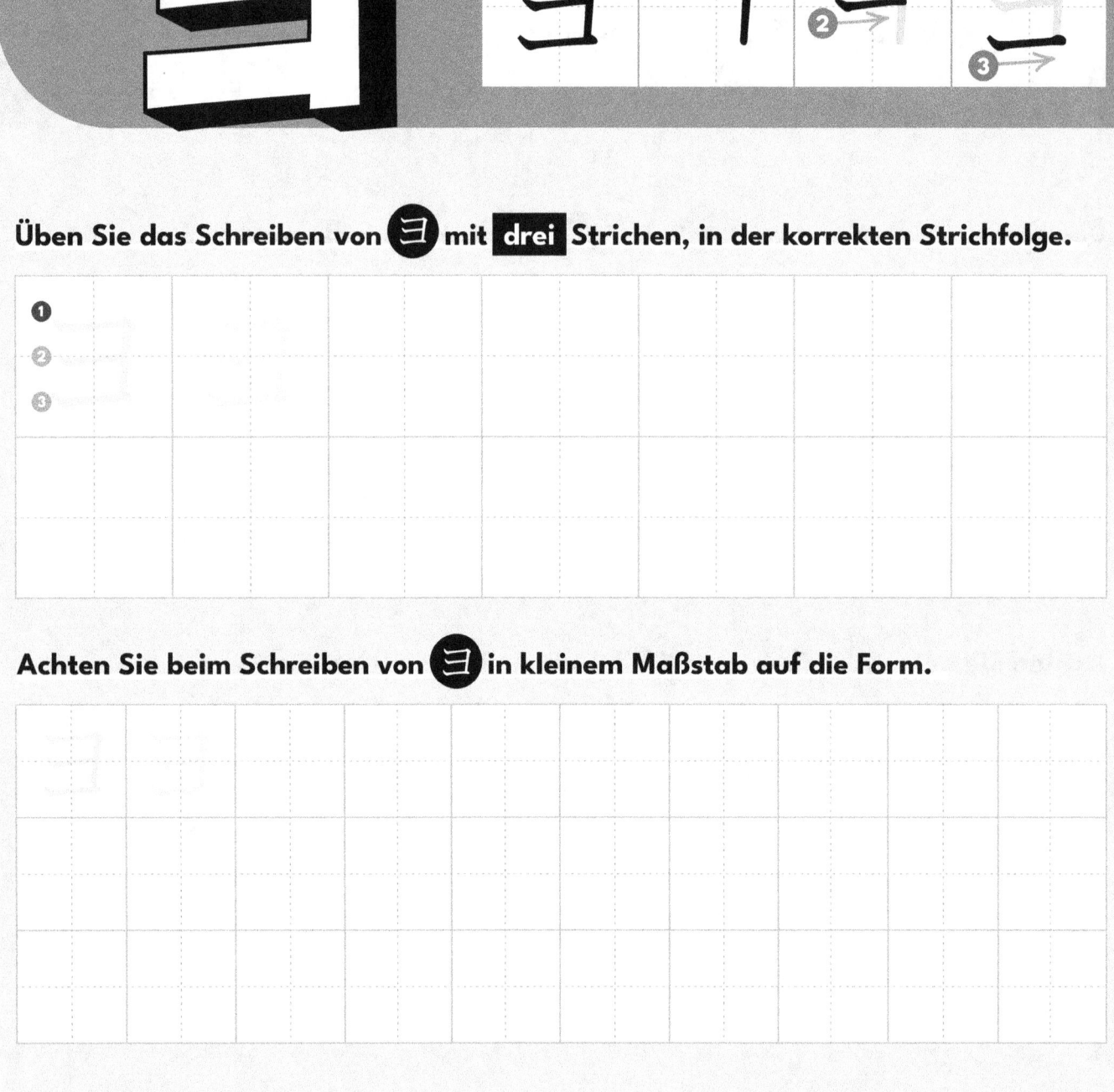

Wie der "Jo-"-Laut in "Joghurt" (/y/-Phonem).

Üben Sie das Schreiben von ヨ mit drei Strichen, in der korrekten Strichfolge.

Achten Sie beim Schreiben von ヨ in kleinem Maßstab auf die Form.

Mnemonik.

Beispiele.

- Eine seltsame, neue **Yo**ga-Pose. (Du sitzt mit ausgestreckten Armen und Beinen vor dir und schaust nach unten)

Die Lücken zwischen den einzelnen Gruppen tragen dazu bei, dass Ihr Gehirn lernt, dass Sie diese neuen Informationen in Zukunft wieder abrufen müssen - und dass es sie in Ihrem Langzeitgedächtnis speichern sollte.

Schreibe die Romaji-Transkription für jedes Zeichen in die folgenden Felder.

ナ マ ヌ ニ ミ モ ヘ ハ ス フ モ メ ヨ ノ

ネ ム ヘ ツ メ ノ ヒ ナ ハ ユ ヤ ユ ム シ

ホ ミ マ ク メ ホ モ ヌ マ ヨ ユ ム ヒ ネ

Nach einer 5-minütigen Pause wiederholen Sie den Vorgang für diese Zeichen.

ホ コ カ ネ メ ト ノ モ ユ ハ ク イ サ フ

ヌ ナ ヘ ス ム フ オ ヤ ヨ ツ ヒ ミ ソ シ

モ ニ エ ケ マ ア テ メ タ キ チ ム ウ セ

Regelmäßige Pausen sind ein wichtiger Bestandteil des Einprägungsprozesses!

Machen Sie dieses Mal eine 10-minütige Pause, bevor Sie die Aufgabe erledigen.

ミ ユ ツ ア ナ コ サ ユ カ ヒ オ ハ ネ ヌ

ノ モ タ ウ ス イ ム チ メ ヨ ミ ト ヤ ヘ

ク キ ム ホ ケ ハ ヤ フ セ エ マ シ テ ニ

Schreiben Sie nach einer langen Pause das Romaji für jedes Zeichen unten auf.

タ セ ヤ ス ヌ メ ケ モ ツ ト ム フ ヤ イ

ハ オ ネ ニ ナ テ ウ ハ ヒ ノ コ ク マ サ

シ ム ア ユ ユ カ ホ ミ キ チ ヨ ミ エ ヘ

K5. Die R- und W-Spalten, + N

Dies ist die letzte Gruppe der grundlegenden Kana, die Sie lernen müssen. Wir werden im nächsten Kapitel einige zusätzliche Silbenlaute behandeln, aber es gibt keine neuen Zeichen zu lernen!

Symbole in diesem Lernblock.

Aussprache

Verwenden Sie die gleiche Aussprache wie in den entsprechenden Hiragana-Kapiteln.

ra

Wie das "RA" in dem Wort "Radfahren".

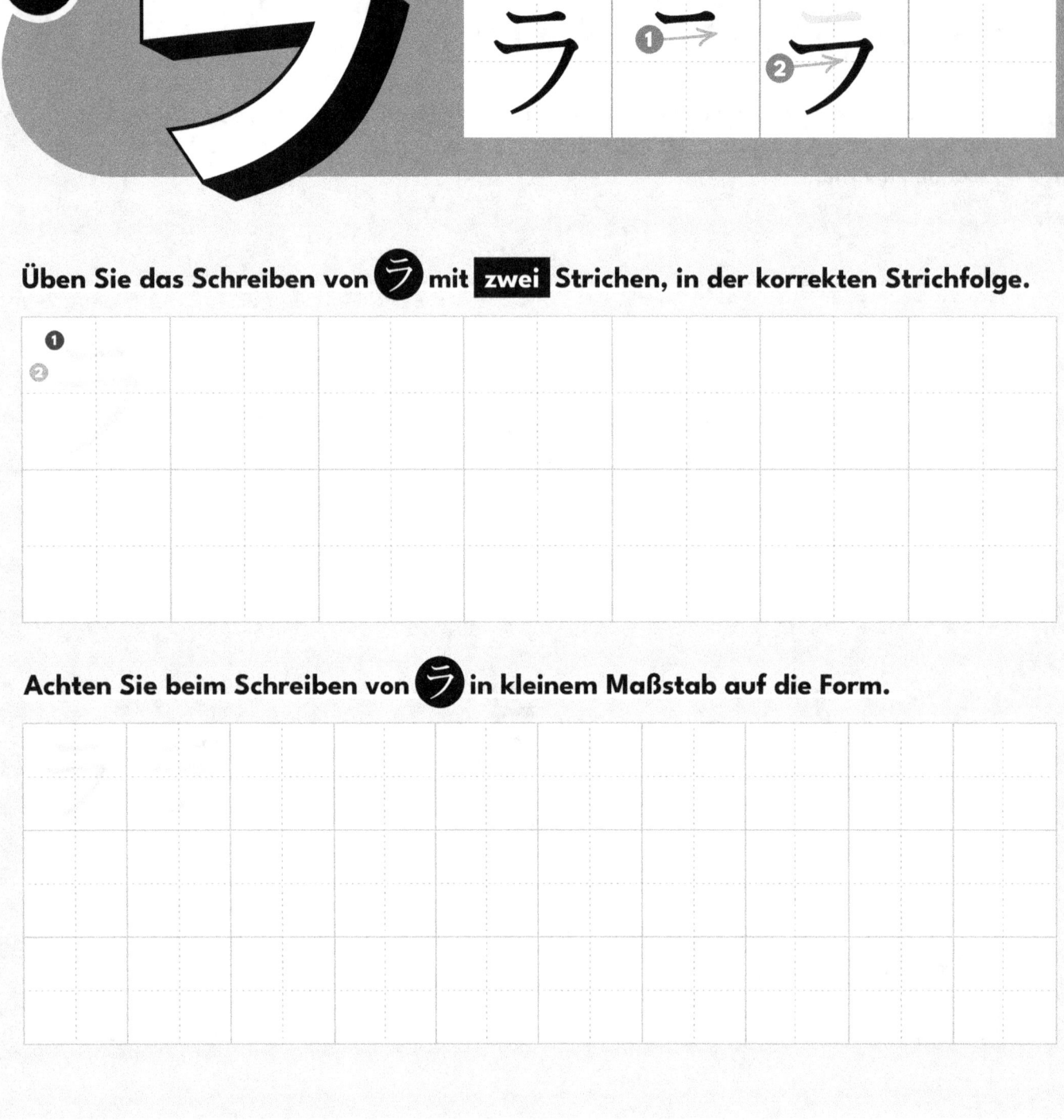

Üben Sie das Schreiben von ラ mit zwei Strichen, in der korrekten Strichfolge.

Achten Sie beim Schreiben von ラ in kleinem Maßstab auf die Form.

Mnemonik.

Beispiele.

- Dampfende Schüssel **Ra**men.
- Aerodynamischer **Ra**dfahrer.
- Eine Kampfsport-Pose wie [ラ] namens "**Ra**ubvogel"!

151

Spricht sich aus wie das "RI" in "Richtung".

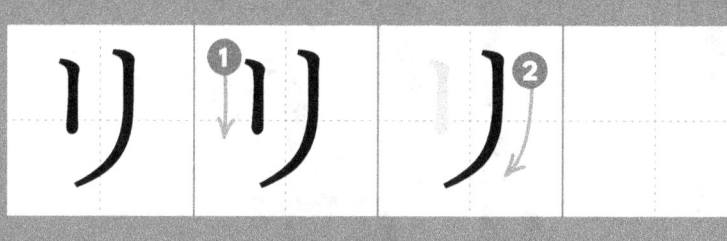

Üben Sie das Schreiben von リ mit zwei Strichen, in der korrekten Strichfolge.

Achten Sie beim Schreiben von リ in kleinem Maßstab auf die Form.

Mnemonik.

Beispiele.

- Praktisch dasselbe wie [り], das Hiragana-Gegenstück von "ri".

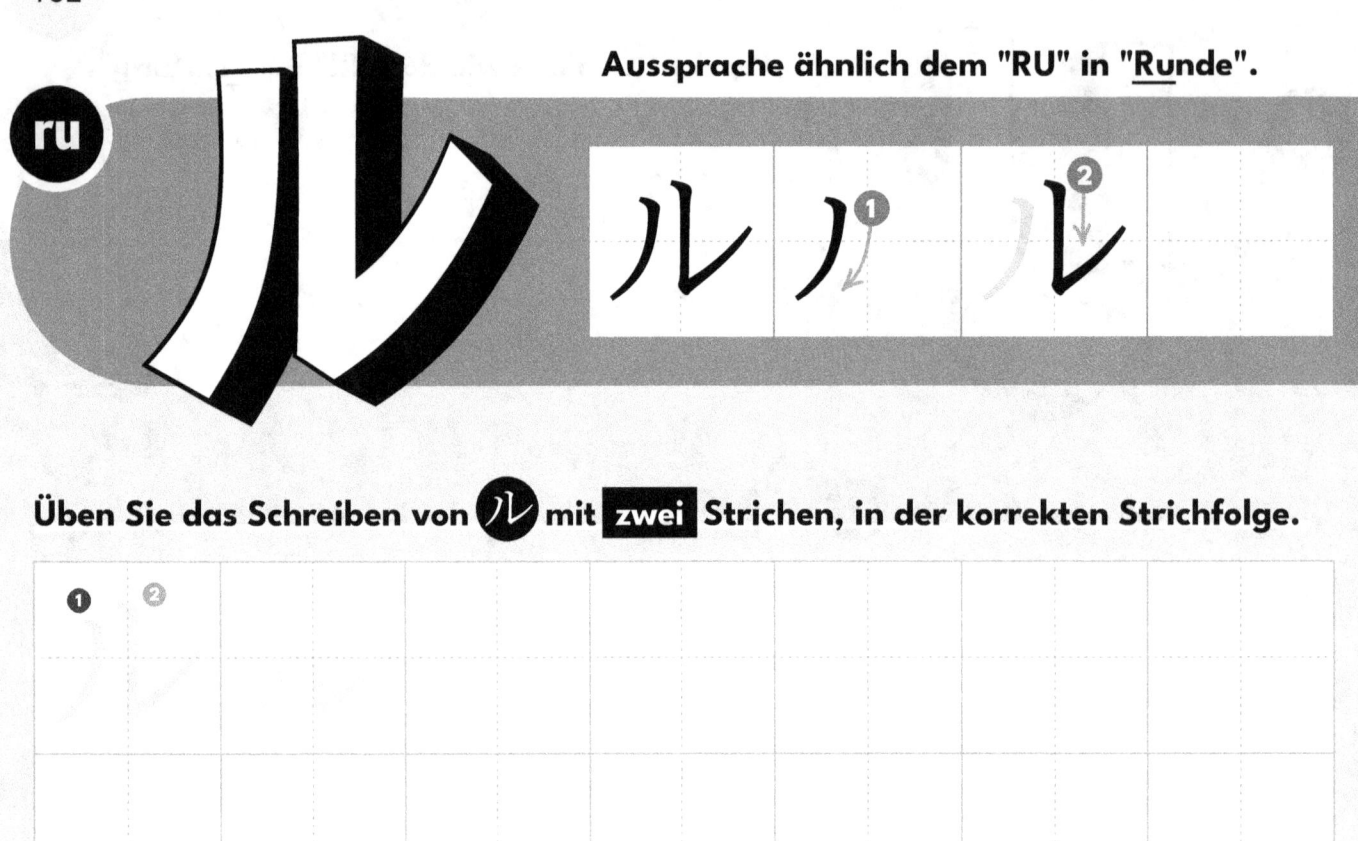

ru — Aussprache ähnlich dem "RU" in "Runde".

Üben Sie das Schreiben von ル mit zwei Strichen, in der korrekten Strichfolge.

Achten Sie beim Schreiben von ル in kleinem Maßstab auf die Form.

Mnemonik.

Beispiele.
- Zwei **Rou**ten auf einer Karte.
- Diese Form ähnelt einer Art Wikinger-**Ru**ne.

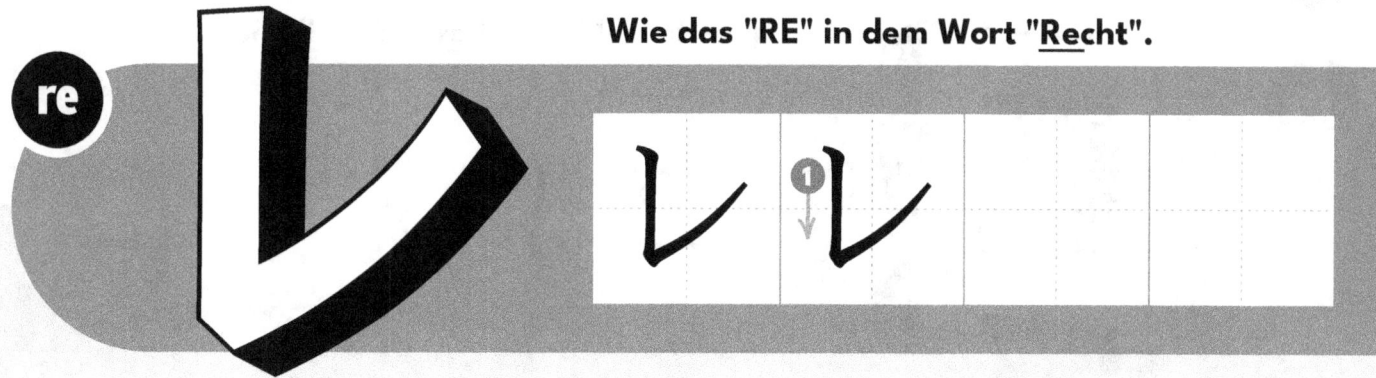

re — Wie das "RE" in dem Wort "Recht".

Üben Sie das Schreiben von レ mit einem Strichen, in der korrekten Strichfolge.

Achten Sie beim Schreiben von レ in kleinem Maßstab auf die Form.

Mnemonik.

Beispiele.
- Das sieht aus wie die kleinen Arme eines Tyrannosaurus **Re**x.
- Uhrzeiger, nach **re**chts drehend.

ro

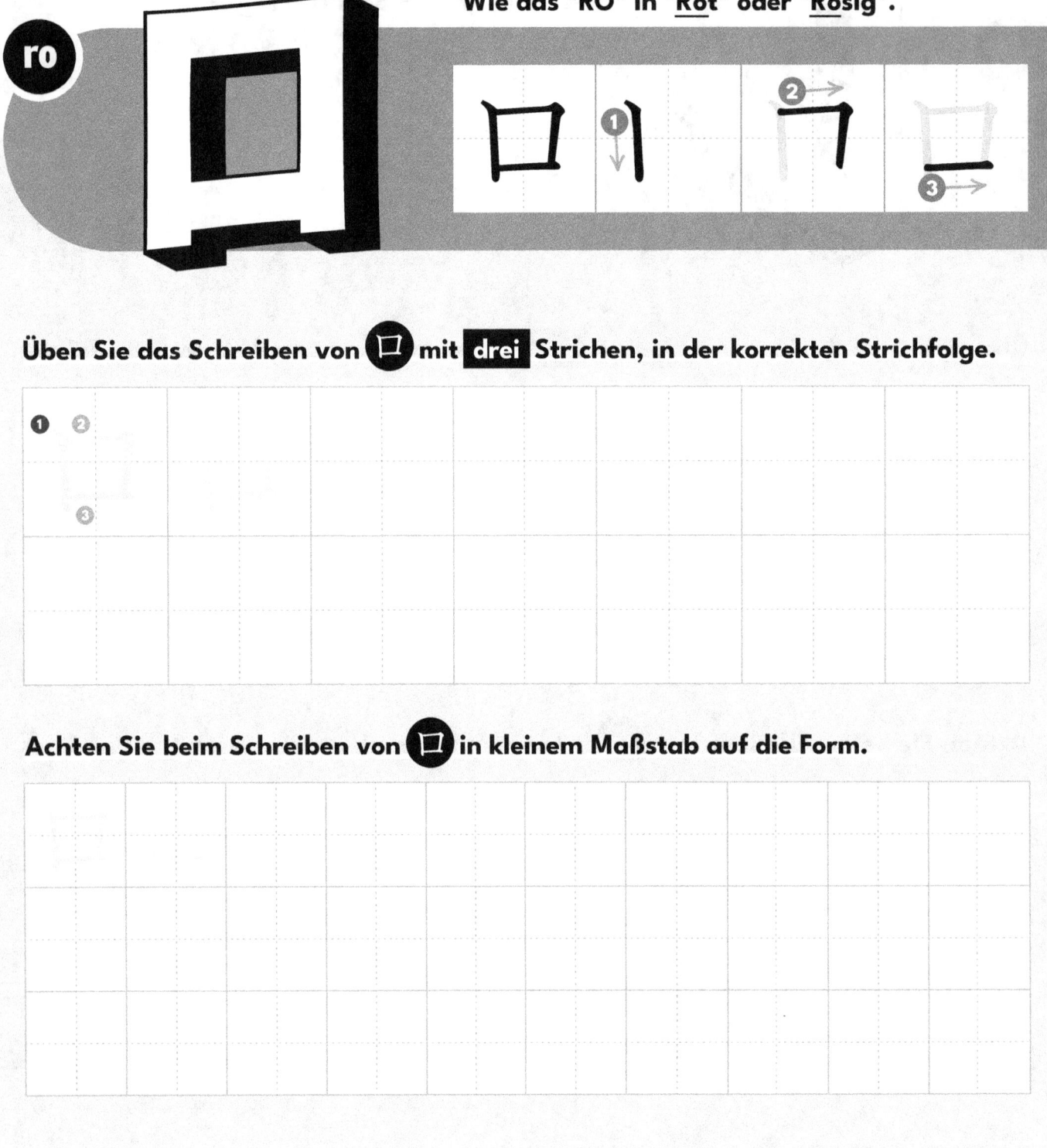

Wie das "RO" in "Rot" oder "Rosig".

Üben Sie das Schreiben von ロ mit drei Strichen, in der korrekten Strichfolge.

Achten Sie beim Schreiben von ロ in kleinem Maßstab auf die Form.

Mnemonik.

Beispiele.

- Der Kopf eines **Ro**boters ist sehr quadratisch geformt.
- Ein Karren der **Ro**delbahn.

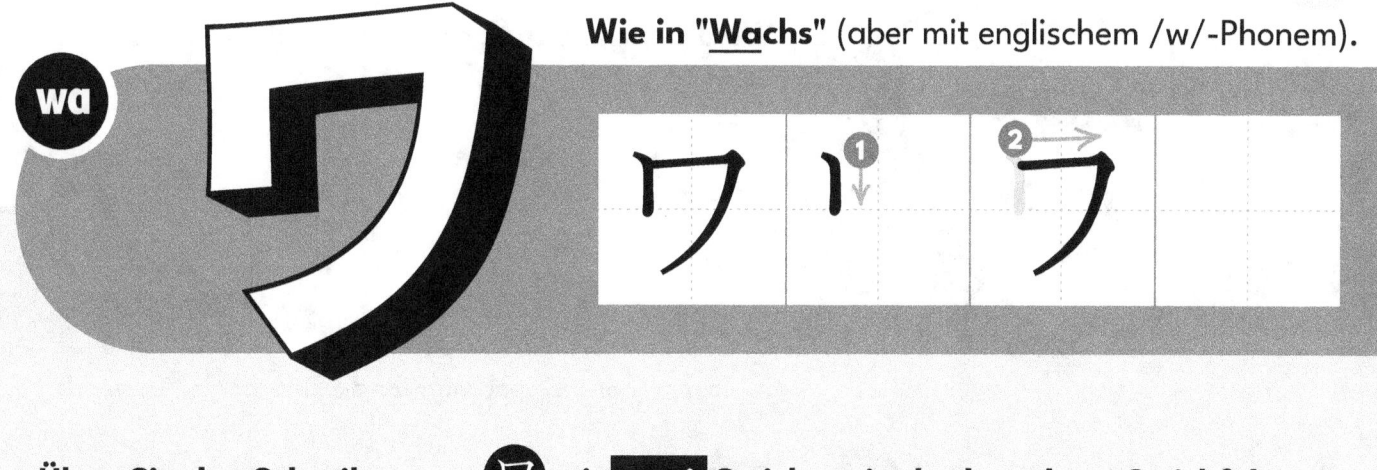

Wie in "Wachs" (aber mit englischem /w/-Phonem).

Üben Sie das Schreiben von ワ mit zwei Strichen, in der korrekten Strichfolge.

Achten Sie beim Schreiben von ワ in kleinem Maßstab auf die Form.

Mnemonik.

Beispiele.

- **Wa**s ist das? Fast ein Fragezeichen!
-

ヲ wo

Wird genauso ausgesprochen wie オ oder "o".

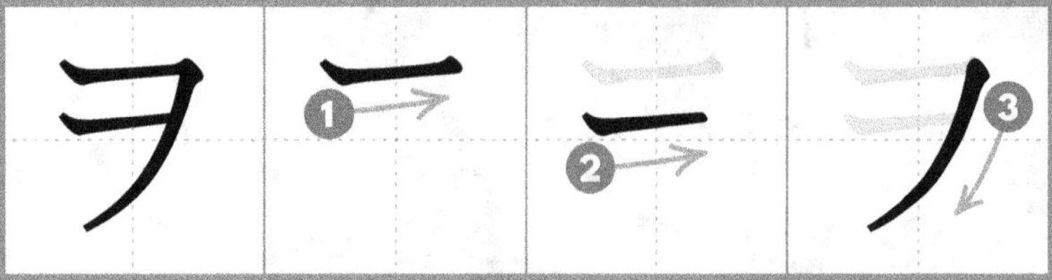

(* ヲ ist ein "Partikel" und wird für die Grammatik verwendet)

Üben Sie das Schreiben von ヲ mit drei Strichen, in der korrekten Strichfolge.

Achten Sie beim Schreiben von ヲ in kleinem Maßstab auf die Form.

Mnemonik.

Beispiele.

- Am Ende eines Rennens kommt es zu einem Sprint ins Ziel. Ein Läufer lehnt sich vor... und hat ge**wo**nnen!

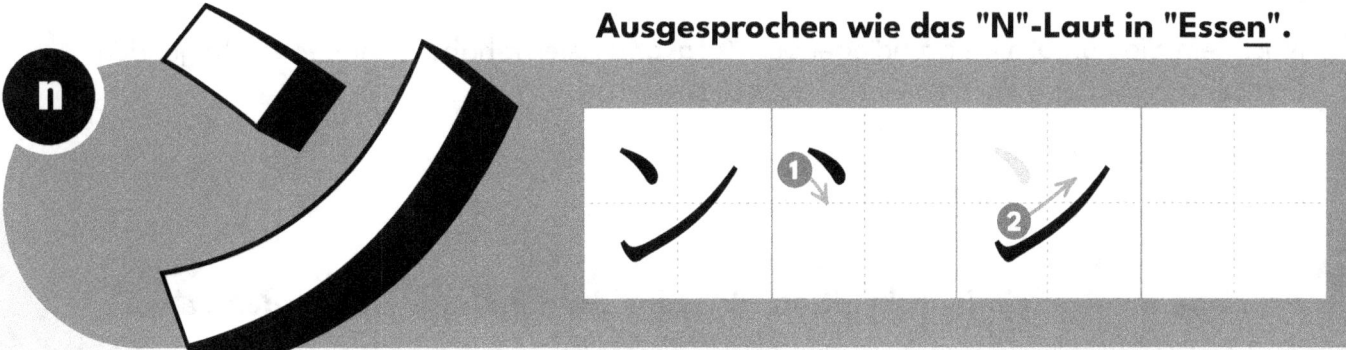

ン

Ausgesprochen wie das "N"-Laut in "Essen".

Üben Sie das Schreiben von ン mit zwei Strichen, in der korrekten Strichfolge.

❶
❷

Achten Sie beim Schreiben von ン in kleinem Maßstab auf die Form.

Mnemonik.

Beispiele.

- **Nein**! Der erste Strich ist mehr waagerecht als senkrecht… Dies ist **keine** Nadel
- [ン] = "n" und [ソ] = "so"

Nachdem Sie nun alle 46 grundlegenden Katakana gelernt haben, können die folgenden Gedächtnisübungen etwas anspruchsvoller sein.

Schreibe die Romaji-Transkription für jedes Zeichen in die folgenden Felder.

ワ メ ハ フ ヤ リ ル ツ ワ ト チ ヘ ホ レ

ラ ヌ ソ ン ワ リ テ タ ユ リ ン ム ル ナ

ミ ロ レ ネ マ ヲ ル レ ン ニ モ ラ ロ ヨ

Nach einer 5-minütigen Pause wiederholen Sie den Vorgang für diese Zeichen.

ヲ ノ ヒ ヲ ロ ノ ヒ ラ エ カ タ キ ヤ ソ

チ ラ オ ス テ ウ ネ シ ン ニ ヌ フ ホ ミ

ワ レ モ ナ イ リ ヲ セ ヘ コ ケ ワ マ ヨ

Nehmen Sie sich Zeit und versuchen Sie, jede Gruppe auszufüllen, ohne die vorherigen Seiten anzuschauen. Vergessen Sie nicht, zwischen den einzelnen Gruppen eine Pause zu machen.

Machen Sie dieses Mal eine 10-minütige Pause, bevor Sie die Aufgabe erledigen.

ア ト ハ ツ ロ ク サ ム ル メ ユ モ ロ ラ

メ チ ル ム ヨ ヤ ネ モ リ ハ ラ ノ キ ヌ

ワ イ ツ カ ニ ヲ リ コ タ ウ ア ン レ ロ

Schreiben Sie nach einer langen Pause das Romaji für jedes Zeichen unten auf.

ヲ マ ン ミ メ ユ ホ ヨ エ マ シ レ ム コ

イ ワ マ カ タ ハ ネ マ ツ ヨ チ ニ ヌ ロ

ル ウ ノ レ モ メ ヤ ム ラ ヲ ル キ ア リ

Die Aussprache dieser Katakana-Wörter kommt Ihnen vielleicht bekannt vor.

ヘリ — Hubschrauber	タイヤ — Reifen
メモ — Memo	カメラ — Kamera
ヒレ — Filet	ネーム — Name / Reputation
ミルク — Milch	ユーモア — Humor
カヌー — Kanu	サラリー — Gehalt
ワニス — lackieren	ハンマー — Hammer
ローン — ausleihen	ヨーヨー — Jo-Jo
ナイフ — Messer	ハンカチ — Taschentuch
フレー — Hurra!	ユニーク — einzigartig
ノート — Anmerkung, Notizbuch	ネクタイ — Krawatte

//////////////////////////////// **TEIL 4**

Zusätzliche Klänge

Die grundlegenden Kana-Zeichen decken die meisten Silbenlaute ab, die wir zur Aussprache des Japanischen benötigen, aber nicht alle. Einige zusätzliche Silbenlaute können durch leichte Änderungen der Aussprache bestimmter Zeichen erzeugt werden. Diese zusätzlichen Laute werden mit denselben Zeichen geschrieben, die Sie gerade gelernt haben, aber mit einigen zusätzlichen Markierungen, die uns sagen, wann und wie wir unsere Aussprache ändern müssen.

Stimmhafte Konsonanten

Einige zusätzliche *"stimmhafte"* Laute werden erzeugt, indem wir die Aussprache bestimmter Konsonanten verändern. Die veränderten Laute ähneln den ursprünglichen Versionen, nur dass sie die Vibration unserer Stimmbänder erfordern. Vereinfacht ausgedrückt, wird einer der Grundkonsonanten durch einen anderen ersetzt, der durch einen anderen Romaji-Buchstaben dargestellt wird.

Die Grundkonsonanten wie *"t-"*, *"s-"*, und *"k-"* werden ohne die Stimmbänder erzeugt, und der Klang entsteht allein durch die Bewegung der Luft. Sie können dies überprüfen, indem Sie einen kurzen *"k"*-Laut ein- oder zweimal aussprechen. Dies ist ein *"stimmloser"* Konsonant, und wir bezeichnen die Kana mit den entsprechenden Konsonantenlauten auf dieselbe Weise, z. B. か/カ *(ka)* und た/タ *(ta)*. Die abgewandelten oder *"stimmhaften"* Versionen werden mit denselben Mundformen und Handlungen gebildet, aber durch die Vibration unserer Stimmbänder wird ein anderer Klang erzeugt. Durch Hinzufügen von *"Stimme"* wird das *"k-"* in か *(ka)* zu einem *"g-"*. Vergleichen Sie Ihre Aussprache eines "k" mit der eines "g", wie in dem Wort *"grund"*. Sie sind praktisch identisch, abgesehen von Ihren Stimmbändern.

Kleine *diakritische Markierungen* werden zu bestehenden Kana-Zeichen hinzugefügt, um anzuzeigen, dass die Aussprache geändert werden sollte, z. B. か *(ka)* wird zu が *(ga)*. Die beiden zusätzlichen Zeilen, die ähnlich wie Anführungszeichen aussehen, werden **"dakuten"** genannt, was wörtlich übersetzt *"Stimmzeichen"* bedeutet. Ein kleiner Kreis an der gleichen Stelle wird als **"handakuten"** oder *"halbes Stimmzeichen"* bezeichnet. Das veränderte Kana-Zeichen wird zur schriftlichen Darstellung der neuen *"stimmhaften"* Version des ursprünglichen Zeichens.

Nur die Silben, die mit *"k-"*, *"t-"*, *"s-"* und *"h-"* beginnen, können mit **"dakuten"** versehen werden. **"Handakuten"** werden nur den Silben hinzugefügt, die mit *"h-"* beginnen. Die *"Stimmzeichen"* werden geschrieben, nachdem alle anderen Striche eines Zeichens gezeichnet wurden.

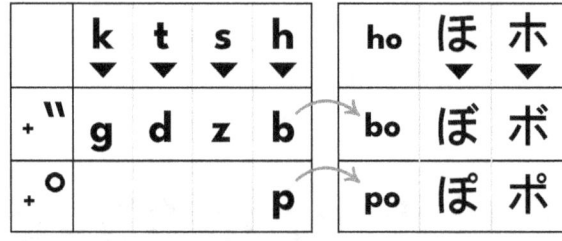

Die " Stimmzeichen " wurden sowohl zu den Hiragana- als auch zu den Katakana-Zeichen hinzugefügt und in der Tabelle auf der rechten Seite angezeigt.

Anmerkung: Da das Romaji die japanischen Laute nicht genau wiedergibt, sind einige Zeichen mit einem Sternchen* gekennzeichnet, um Abweichungen von den allgemeinen Mustern anzuzeigen. Ein *"französischer"* *"j-"-Laut* passt besser zu *"chi"* und *"shi"*, während *"z-"* oder *"dz-"*-Laute besser zu *"tsu"* und *"su"* passen.

Katakana

	a	i	u	e	o
k / g	ガ ga	ギ gi	グ gu	ゲ ge	ゴ go
s / z	ザ za	ジ ji*	ズ zu*	ゼ ze	ゾ zo
t / d	ダ da	ヂ ji (di)*	ヅ zu (du)*	デ de	ド do
h / b	バ ba	ビ bi	ブ bu	ベ be	ボ bo
h / p	パ pa	ピ pi	プ pu	ペ pe	ポ po

Hiragana

	a	i	u	e	o
k / g	が ga	ぎ gi	ぐ gu	げ ge	ご go
s / z	ざ za	じ ji*	ず zu*	ぜ ze	ぞ zo
t / d	だ da	ぢ ji (di)*	づ zu (du)*	で de	ど do
h / b	ば ba	び bi	ぶ bu	べ be	ぼ bo
h / p	ぱ pa	ぴ pi	ぷ pu	ぺ pe	ぽ po

Kombination Kana

Diese auch als *"zusammengesetzte Kana"* oder 拗音 *(youon/yōon, ようおん)* bezeichneten Zeichen sind die Schriftzeichen für *hybride Laute*, die durch Verschmelzung zweier anderer Laute entstehen. Im Wesentlichen wird ein zusätzlicher Konsonantenlaut vor einem anderen vollen Silbenlaut hinzugefügt, wodurch ein neuer zusammengesetzter Laut entsteht. Das Wichtigste: Obwohl sie mit zwei Kana-Zeichen geschrieben werden, werden sie wie ein einziges *"Mora"* ausgesprochen.

Die Regeln für *zusammengesetzte Kana* sind sowohl für die Hiragana- als auch für die Katakana-Schrift gleich und umfassen auch die neuen "stimmhaften" Laute und Zeichen mit Dakuten oder Handakuten, die auf den vorherigen Seiten beschrieben wurden.

Die Schriftform besteht aus einem normal großen Zeichen, das in der Regel mit einem *"-i"*-Laut endet, wie し / シ *(shi)*, き / キ *(ki)*, ち / チ *(chi)* usw., und einem zweiten, kleinen Zeichen, typischerweise や *(ya)*, ゆ *(yu)* oder よ *(yo)*:

H	き + よ = きょ
	ki yo kyo
K	キ + ヨ = キョ

Zusammengesetzte Kana werden für ganz andere Wörter verwendet als ihre Pendants in normaler Größe. Der Unterschied in der Zeichengröße wird deutlicher, wenn man Wörter vergleicht, die mit denselben Zeichen geschrieben werden:

きよう *"gekonnt"*	ヒヨウ *"Kosten"*
ki-yo-u	hi-yo-u
きょう *"heute"*	ヒョウ *"Hagel"*
kyo-u	hyo-u

Ein einzelnes Mora kann die Bedeutung eines ganzen Wortes verändern, aber mit etwas Übung sind sie relativ leicht zu erkennen und richtig auszusprechen. Ein falsch ausgesprochener oder falsch gehörter zusammengesetzter Laut kann einen erheblichen Einfluss darauf haben, was jemand hört:

Regelmäßig ゆ	*Bedeutung:*
じゆう *ji-ya-u*	*"Freiheit"*
Klein ゆ	*Bedeutung:*
じゅう *jya-u*	*"Pistole"*

Die Tabelle auf der nächsten Seite zeigt die häufigsten Mischlaute, bei denen ein Anfangsbuchstabe, der auf ein *"-i"* endet, mit einem kleinen Symbol aus den *"y-"*-Lauten kombiniert wird. Es ist nicht nötig, diese Zeichen auswendig zu lernen, wenn Sie sich merken können, wie man einen Mischlaut liest und schreibt.

Zusammengesetzte Kana sind in der Regel mit einheimischen japanischen Wörtern verbunden, die in der Regel kun'yomi sind. Es gibt noch andere, weniger häufig vorkommende zusammengesetzte Laute in der Sprache, die oft in Wörtern fremden Ursprungs zu finden sind. Da sie weniger häufig vorkommen, ist es wahrscheinlich vernünftig, sie als Ausnahmen von den oben genannten Regeln zu betrachten und sich mit ihnen vertraut zu machen, wenn man sie sieht.

	ya	yu	yo
k	きゃ キャ kya	きゅ キュ kyu	きょ キョ kyo
s	しゃ シャ sha	しゅ シュ shu	しょ ショ sho
t	ちゃ チャ cha	ちゅ チュ chu	ちょ チョ cho
h	ひゃ ヒャ hya	ひゅ ヒュ hyu	ひょ ヒョ hyo
m	みゃ ミャ mya	みゅ ミュ myu	みょ ミョ myo
n	にゃ ニャ nya	にゅ ニュ nyu	にょ ニョ nyo
r	りゃ リャ rya	りゅ リュ ryu	りょ リョ ryo
g	ぎゃ ギャ gya	ぎゅ ギュ gyu	ぎょ ギョ gyo
j	じゃ ジャ ja/jya	じゅ ジュ ju/jyu	じょ ジョ jo/jyo
b	びゃ ビャ bya	びゅ ビュ byu	びょ ビョ byo
p	ぴゃ ピャ pya	ぴゅ ピュ pyu	ぴょ ピョ pyo

Lange Vokale

Erweiterte Vokallaute, wie *"-oo"* oder *"-ee"*, werden durch Hinzufügen eines Zeichens oder einer Markierung zum Kana mit dem zu verdoppelnden Laut dargestellt. Sie werden im Japanischen 長音 *(chouon/chōon, "Langtonzeichen")* genannt und in jeder Kana-Schrift auf unterschiedliche Weise dargestellt. Wir können einen langen Laut beim Sprechen leicht aussprechen, und auch die Regeln für das Schreiben sind nicht allzu schwierig.

Wenn wir Hiragana schreiben, fügen wir eines der drei Vokalzeichen für lange Vokallaute hinzu *(in normaler Größe)*:

> Bei **"a"-Lauten** ist es ein zusätzliches あ *(a)*
> Für **"i"-** und **"e"-Laute**, fügen Sie い *(i)* hinzu
> Für die Laute **"u"** und **"o"** fügen Sie う *(u)* hinzu.

Um den *"a"*-Teil von か *(ka)* zu verlängern, fügt man also あ hinzu und schreibt かあ *(ka-a)*. Um das *"i"* in き *(ki)* zu verdoppeln, schreibt man きい *(ki-i)*. く wird zu くう *(ku-u)*, und so weiter:

Ein beliebtes Beispiel für die Bedeutung der korrekten Aussprache von langen Vokalen ist der Vergleich der japanischen Schreibweisen von *"Großvater"* und *"Onkel"* oder *"Tante"* und *"Großmutter"*. *(Ihr Onkel oder Ihre Tante könnte beleidigt sein, wenn Sie sie als Großeltern bezeichnen!)*

(der Ehrentitel '-san' wird hinzugefügt, wenn die respektvolle Sonkeigo-Sprache verwendet wird)

Lange Vokallaute sind in Katakana viel einfacher zu schreiben. Sie bestehen aus einem Kana, gefolgt von einem einfachen Strich namens 長音符 *(chōonpu)*, was wörtlich *"langes phonetisches Zeichen"* bedeutet. Es kann auch als *"Vokalverlängerer"* bezeichnet werden. In vertikal ausgerichteten Texten ist dies ein vertikaler Strich (|) unterhalb des Kana. In horizontaler Schrift wird ein horizontaler Strich gezogen, der einem Bindestrich ähnelt, sich aber deutlich von einem Gedankenstrich (—) unterscheidet:

Hier bilden die Symbole キ *(ku)* + ユ *(yu)* das Kombinationskana "kyo", und der *"o"*-Laut wird mit ー verlängert, bevor man das finale ト *(to)* schreibt. Für *"Kuchen"* verlängert man das "e" mit ケ *(ke)*:

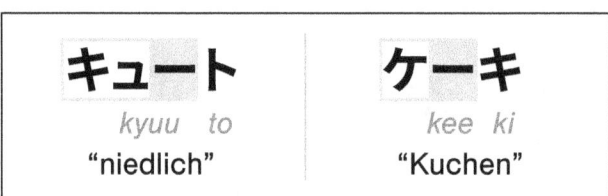

Im Romaji können lange Vokallaute entweder ausgeschrieben oder mit einem *Makron (einem diakritischen Zeichen)* dargestellt werden. Ein *Makron* ist nur ein Strich über einem Vokal, der anzeigt, dass sein Klang länger ist, wenn er ausgesprochen wird, z.B. *"Tōkyō"* (Tokio), ausgesprochen als *"Toukyou"*.

Romaji	Hiragana	Katakana
hā *(haa)*	はあ	ハー
hī *(hii)*	ひい	ヒー
fū *(fuu)* **hū** *(fuu)*	ふう	フー
hē *(hee / hei)*	へえ / へい	ヘー
hō *(hoo / hou)*	ほお / ほう	ホー

Oben: Lange Vokallaute und ihre Kana-Darstellungen

Lange Konsonanten

Diese auch als *Doppelkonsonanten* bezeichneten Laute können wir schreiben, indem wir ein *"kleines tsu" (auch Sokuon genannt)* zwischen zwei Kana einfügen. Der Konsonantenlaut eines Zeichens, das auf ein kleines tsu folgt, sollte beim Lesen zweimal zu hören sein. Das ist in Hiragana und Katakana dasselbe, wobei die kleinen Symbole つ und ツ verwendet werden.

Durch ein kleines ツ zwischen ロ *(ro)* und ク *(ku)* wird das Wort ロック zum Beispiel als *"rokku"* ausgesprochen, nicht als *"ro-tsu-ku"* oder *"ro-ku"*. Es bedeutet *"Rock (Musik)"* wie in ロックンロール (rokunrooru), oder *"Rock 'n' Roll"*:

Wörter mit einem kleinen "tsu" sehen ähnlich aus wie andere und es scheint keinen Unterschied in der Aussprache zu geben, aber es sind völlig unterschiedliche Wörter.

Durch Hinzufügen eines kleinen つ zwischen den Zeichen い und た des Wortes いた entsteht das Wort いった.

Die Aussprache dieses Wortes ist weder いつた *("i-tsu-ta")* noch いた *("i-ta")*, stattdessen wird いった als *"i-t-ta"* ausgesprochen. Das kleine tsu erbt einen *"t-"*-Laut vom Zeichen た *(ta)*:

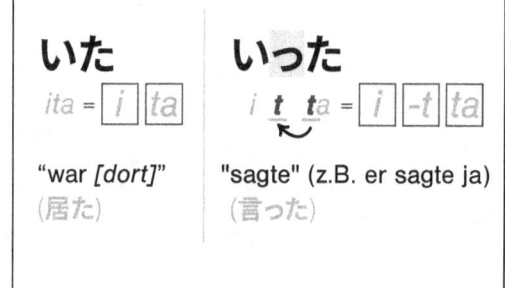

Kleine つ oder ッ benötigen eine Mora, um ausgesprochen zu werden, als wären sie jedes andere Kana-Zeichen, aber sie fügen keinen zusätzlichen Silbenklang hinzu. Bei der Aussprache von Wörtern mit doppelten Konsonanten kann es fast so aussehen, als würden Sie stottern. Das obige Beispiel, いった, könnte phonetisch als *"eet-ta"* geschrieben werden. Der zusätzliche *"t"*-Laut muss gehört und in dieselben zwei Morae wie いた *(i-ta)* gepresst werden.

Lange Konsonanten werden "stimmlos" ausgesprochen, auch solche, die normalerweise durch Dakuten und Handakuten modifiziert werden. Mit anderen Worten: *"stimmhafte"* Konsonanten, die auf ein kleines tsu folgen, werden so ausgesprochen, als hätten sie kein dakuten.

Wir schreiben das Wort für *"Bett"* als ベッド (beddo), aber das ド *(do)* behält seinen ursprünglichen ト *(to)* Klang, als ob es ベット geschrieben würde. Es wird als *"be-t-to"* ausgesprochen, nicht als *"be-d-do"*. Dieses Wort braucht drei Morae, um ausgesprochen zu werden:

Es gibt nur wenige Wörter, bei denen doppelte Konsonantenlaute mit Dakuten versehen sind, und diese beschränken sich in der Regel auf ausländische Lehnwörter und werden daher in der Regel in Katakana angezeigt.

////////////////////////////////// **TEIL 5**

Einführung in Kanji

Kanji, was wörtlich übersetzt "chinesische Schriftzeichen" bedeutet, gelten als der schwierigste Teil des Japanischen, der zu erlernen ist, aber dieses Buch will sie als Thema entmystifizieren. Sie stehen für Wörter und Vokabeln und machen einen großen Teil der Alltagssprache aus - ohne sie kommt man also kaum aus.

Im Vergleich zu den Kana sind die Kanji zahlreich und komplex. Während es durchaus möglich ist, die Kana in weniger als einem Tag auswendig zu lernen, dauert das Studium der Kanji wesentlich länger. Selbst ein durchschnittlicher Muttersprachler kennt nur einen Bruchteil der vielen tausend Kanji, die es gibt. Am besten ist es, Kanji nicht als ein Thema zu betrachten, das man *"lernen"* kann, denn nur wenige Menschen beherrschen dieses Schriftsystem wirklich.

Die gute Nachricht für Anfänger ist jedoch, dass man mit der Kenntnis von nur ein paar Hundert Kanji beginnen kann, viel Japanisch zu lesen, vor allem, wenn man auch lernt, ein japanisches Zeichenwörterbuch zu benutzen.

Der erste Schritt für alle Anfänger, die Kanji *"lernen"* wollen, sollte darin bestehen, ihre Funktionsweise zu verstehen - darum geht es in diesem Kapitel. Wenn Sie erst einmal wissen, wie sie funktionieren, werden Ihnen die Kanji leichter zugänglich sein, und Sie können sie effektiver lernen. Mit anderen Worten: *Sie müssen zuerst lernen, WIE man Kanji schreibt.*

Aufgrund der großen Anzahl von Schriftzeichen liegt der Schwerpunkt in diesem Teil des Arbeitsbuchs nicht mehr auf der Vermittlung einzelner Schriftzeichen, wie es bei den Kana der Fall war. Stattdessen erhalten die Leser Informationen über die wichtigen, wenn auch gelegentlich verwirrenden Aspekte der japanischen Kanji-Schriftzeichen. Die folgenden Seiten enthalten mehr Informationen als die früheren Kapitel, so dass Sie am Ende des Buches wissen sollten, wie man Kanji richtig schreibt.

Kanji Ursprünge

Ein tiefes Wissen über die Geschichte der Kanji ist keine Voraussetzung für das Studium, aber bestimmte Aspekte dieser Schrift sind leichter zu verstehen, wenn man ein wenig Hintergrundwissen hat. Es gibt zum Beispiel einen Grund dafür, dass die meisten Kanji auf mehr als eine Weise ausgesprochen werden können...

Die japanischen Kanji-Zeichen sehen aus wie die der chinesischen Sprache, weil sie von dort stammen. Das Schriftsystem wurde über Hunderte von Jahren nach und nach aus China importiert, beginnend irgendwann im 5. Japan hatte bereits eine gesprochene Sprache, aber kein universelles Schriftsystem, also wurden den gesprochenen Wörtern im Japanischen chinesische *"hanzi"*-Zeichen mit einer entsprechenden Bedeutung zugeordnet. Außerdem beschloss man, die chinesische Aussprache der Schriftzeichen beizubehalten.

Das gesprochene Chinesisch hat eine viel breitere Palette von Lauten als das Japanische, so dass das neue Schriftsystem in Japan mit einer seltsamen Aussprache ankam, die in China kaum wiedererkannt worden wäre.

China

Korea   **Japan**

Im Laufe der Zeit importierten die Händler aus ganz China, die verschiedene Dialekte des Chinesischen sprachen, neben ihren Waren immer mehr alternative Aussprachen für jedes Schriftzeichen. Die Japaner kreierten jede neue Version eines Wortes unter Verwendung ihres begrenzten Klangspektrums neu und verwendeten sie neben anderen. Die Kanji-Aussprachen, die aus dem gesprochenen Chinesisch stammen, werden On'yomi-Lesungen genannt.

Als ob das nicht schon kompliziert genug wäre: Als Japan die Schriftzeichen und ihre verschiedenen halbchinesischen Aussprachen übernahm, behielt es auch seine bestehenden einheimischen Wörter bei, was bedeutete, dass die japanische Sprache nun für alles mehr als ein Wort hatte! Die Hälfte davon waren fremd klingende Wörter (die von den Chinesen nicht verstanden wurden), und die andere Hälfte waren die ursprünglichen japanischen Aussprachen, die als Kun'yomi-Lesungen bekannt sind.

Die chinesischen "Hanzi"-Symbole waren ursprünglich so gestaltet, dass sie der Bedeutung der Wörter entsprachen und größtenteils logisch den entsprechenden gesprochenen japanischen Wörtern zugeordnet waren. Das System hat seinen fairen Anteil an Ausnahmen, so dass Sie darauf vorbereitet sein sollten, gelegentlich auf verwirrende Details zu stoßen, wenn Sie beginnen, Ihr Kanji-Wissen aufzubauen.

Warum Kanji lernen?

Es ist möglich, Japanisch zu lernen, ohne jemals die Kanji lesen zu können, aber es ist schwierig, sie für immer zu vermeiden. Es gibt eine Vielzahl von Büchern, Websites und Smartphone-Apps, die Ihnen beim Lernen helfen, darunter auch einige, mit denen Sie Kanji wirklich schnell tippen können, so dass es nie einen besseren Zeitpunkt gab, diese Zeichen zu lernen.

Die Nutzung eines der *"komplexesten Sprachsysteme"* der Welt nimmt täglich zu. Wenn Sie nur lernen, wie man Japanisch spricht, verpassen Sie viel von dem, was Japan ausmacht. Sie wären nicht in der Lage, Touristenschilder oder Speisekarten zu lesen, und das Streaming von Animes auf Ihrem Computer oder Telefon lässt sich noch besser genießen, wenn Sie lernen, Japanisch zu lesen, wenn auch nur ein bisschen.

Ein wenig Wissen kann auch viel bewirken. Es ist möglich, Texte zu überfliegen und die Bedeutung abzuleiten, ohne jedes einzelne Zeichen zu lernen. Einfache Kanji werden kombiniert, um weitere Wörter zu bilden, so dass Sie auch unbekannte Symbole entziffern können, wenn Sie die einfacheren kennen.

Wenn Sie zum Beispiel wüssten, dass 大 *(dai)* **"groß / großartig "** und 好き *(suki)* **"mögen"** bedeutet, können Sie leicht verstehen, dass 大好き *(daisuki)* **"Liebe"** *(d.h. "groß/großartig + mögen")* bedeutet. Reinen Kana-Texten fehlt es an Interpunktion und Wortabständen, so dass sie keinen praktischen Ersatz für Kanji-Texte darstellen.

Schlauer Arbeiten

...nicht härter. Dieser einfache Gedanke kann Ihnen viel Zeit und Mühe ersparen, wenn Sie sich dem Kanji-Lernen nähern. Anfänger werden mit einer schwindelerregenden Fülle von Details überschwemmt, und es ist leicht möglich, dass man Zeit damit verschwendet, weniger praktische Informationen zu lernen, nur weil diese Informationen verfügbar sind. Bevor Sie weitermachen, können Ihnen die folgenden *häufig gestellten Fragen (FAQs)* einen hilfreichen Einblick geben:

Wie viele Kanji müssen Sie lernen?

Der japanische Lehrplan lehrt die Kinder etwa *2136 Kanji* auf einer strukturierten Liste, die *Jōyō-Kanji* genannt wird, aber bis zu *3000 Kanji* werden üblicherweise beim Schreiben von japanischen Zeitungen verwendet *(wahrscheinlich mehr)*! Es ist vielleicht am besten, sich keine bestimmte Zahl als Lernziel zu setzen, denn nur ein Bruchteil der 2136 *Jōyō-Kanji* wird benötigt, um viel Japanisch im Alltag zu lesen. Die nützlichsten Kanji werden Ihnen ganz natürlich begegnen, sobald Sie mit dem Lesen beginnen.

Muss ich jeden Text auswendig lernen?

Für die meisten Kanji gibt es mehrere Aussprachen *(oder " Lesungen ")*, *On'yomi* und *Kun'yomi* genannt. Einfach ausgedrückt bedeutet dies, dass ein einzelnes Zeichen auf verschiedene Arten ausgesprochen werden kann. In den meisten Fällen sind nur ein oder zwei *" Lesungen "* relevant oder praktisch, so dass Sie viel Zeit sparen können, wenn Sie die anderen einfach ignorieren. *(Sie werden bald mehr über " Lesungen " erfahren).*

Wie setzt sich ein Kanji zusammen?

Kanji-Zeichen bestehen nicht aus willkürlich angeordneten Linien oder Strichen, und Strichfolgen-Diagramme zeigen nur, wie wir Zeichen schreiben. Sie bestehen alle aus einem oder mehreren Teilen und werden wiederum kombiniert, um noch mehr zu schaffen. Diese Teile stammen zumeist aus einem festgelegten Satz von *214 historischen KangXi-Radikalen* - den aus dem chinesischen Schriftsystem übernommenen Formen - und werden auf eine weitgehend logische Weise zusammengesetzt.

Kann man Kanji durch Schreiben lernen?

Theoretisch könnte man Kanji wiederholt Strich für Strich ausschreiben und einzelne Zeichen an ihrer Form erkennen. Diese Strategie funktioniert bei Kana, weil sie einfache Formen haben und nur einen Laut darstellen. Wenn man ein Kanji lernt, prägt man sich auch seine verschiedenen Bedeutungen und Aussprachen ein. Bei der schieren Anzahl der Kanji, *von denen viele 10 oder mehr Striche und hochkomplexe Strichfolgen haben*, kann das Schreiben allein eine zeitaufwändige und möglicherweise ineffektive Methode sein.

In welcher Reihenfolge sollte ich Kanji lernen?

Eine Überlegung bei der Entscheidung, wo Sie anfangen sollten, könnte die Häufigkeit der Nutzung sein. Sie machen Fortschritte, wenn Sie Ihr Japanisch üben können, entweder durch Lesen, Hören oder Sprechen der Sprache. Jedes dieser Verfahren erfordert einen Wortschatz mit praktischen Wörtern *(kanji)*.

Die *"inoffiziellen Listen"*, die für die Vorbereitung auf den *Japanese Language Proficiency Test (JLPT)* zusammengestellt wurden, wären keine schlechte Wahl, ebenso wenig wie die *"100 am häufigsten verwendeten Zeichen"*. Eine weitere Alternative wäre der so genannte *"Radikale zuerst"*-Ansatz. Nicht alle Radikale sind Kanji, aber alle Kanji haben Radikale. Das Erkennen der möglichen Teile könnte das Lernen anderer Listen effizienter machen.

Wie lernt man Kanji am besten?

Am besten ist es, wenn Sie eine Strategie oder eine Kombination von Lernmethoden entwickeln, die Sie langfristig beibehalten können. Beständigkeit ist oft entscheidend, und eine Routine oder ein System, das sowohl den Erwerb als auch die Wiederholung von Wissen ermöglicht, ist von großem Vorteil. Verwenden Sie Lernmittel, die zu Ihrem Lernstil passen: Lesen, Schreiben, Sprechen, kreative Mnemotechniken, Wiederholung mit Karteikarten usw. Sie alle funktionieren für Kana und werden auch für Kanji funktionieren.

Über Kanji

Kanji zeigen größere Informationsblöcke an und werden verwendet, um Vokabeln mit Kernbedeutungen in Sätzen zu schreiben, *z. B. Substantive, Verben und Adjektive*. Sobald Sie einige Kanji mit einigen grundlegenden Definitionen kennen, können Sie lernen, wie man die Grammatik verwendet.

Wir lernen Hiragana und Katakana auswendig, aber die Kanji sind wesentlich zahlreicher. Es ist unwahrscheinlich, dass man sich die Formen einzeln einprägen kann, vor allem, wenn man auch noch versuchen muss, mehr als eine Bedeutung und Aussprache zu lernen. Kanji lassen sich nicht so leicht als Ganzes einprägen, wie die Kana, und sind leichter an den Teilen zu erkennen, aus denen sie bestehen.

Die Bausteine der Kanji werden Radikale genannt, und in jedem Kanji gibt es mindestens eines. Jedes Radikal hat einen Hauptbestandteil *(oder Bushu)*, den wir in den meisten japanischen Wörterbüchern zur Kategorisierung oder Indexierung von Kanji verwenden. Manchmal können die Teile oder die Kombination ihrer Teile sogar die zugrunde liegende Bedeutung anzeigen oder andeuten.

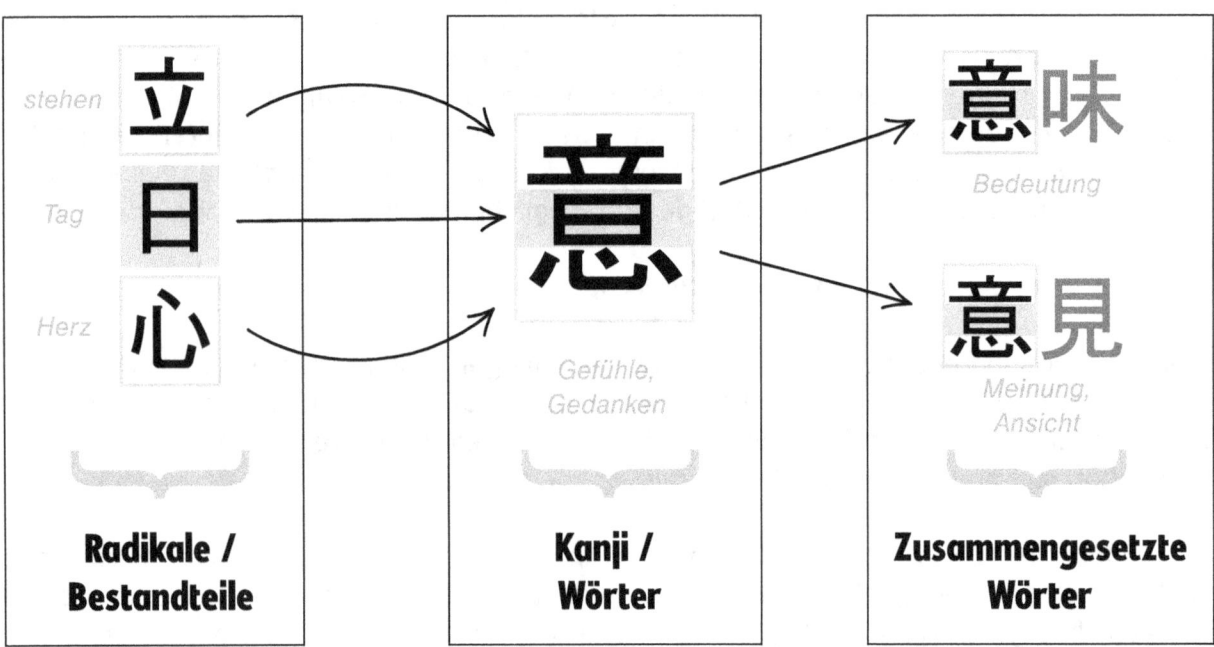

Die Art und Weise, wie Radikale und zusätzliche Komponenten zu Kanji kombiniert werden, ähnelt dem Buchstabieren eines Wortes mit Buchstaben. Die einzelnen Radikale haben keine Bedeutung, mit Ausnahme derer, die auch für sich allein Kanji sein können, so wie unsere eigenen Buchstaben für sich allein meist keinen Sinn ergeben.

Einige römische Buchstaben, wie *"I" und "a"*, können für sich genommen Wörter sein *(z. B. im Englischen)*, aber die meisten sind im Wesentlichen Bestandteile wie japanische Radikale. Sie funktionieren zwar nicht auf genau dieselbe Weise, aber die Vorstellung, dass Radikale eine Art *"Alphabet"* sind, *könnte für Anfänger ein guter Weg sein, um zu verstehen, wie Radikale funktionieren.*

Über Radikale

Die alte chinesische Schrift bestand aus Tausenden von Piktogrammen - im Wesentlichen waren dies kleine Zeichnungen, die die Bedeutung des Wortes wiedergeben sollten. Das Schreiben mit Piktogrammen nahm viel Zeit in Anspruch, so dass die Chinesen das System schließlich vereinfachten. Grafische Elemente mit ähnlichem Aussehen wurden gruppiert und durch eine einzige, standardisierte Form ersetzt. Nach einer gründlichen Überarbeitung wurden die alten Piktogramme so umgestaltet, dass sie alle aus denselben Standardformen aufgebaut werden konnten. Diese neuen standardisierten Formen werden als Radikale bezeichnet, und die aktualisierten Piktogramme sind die Kanji.

Der ursprüngliche Satz standardisierter Radikale wurde nach dem ersten chinesischen Wörterbuch benannt, das sie zur Klassifizierung verwendete - die **KangXi-Radikale**. Diese Liste besteht aus etwa *214 Symbolen*, die nach der Anzahl der Striche geordnet sind, die man braucht, um sie zu schreiben. Viele Kanji-Wörterbücher indexieren oder klassifizieren Einträge anhand der *KangXi*-Liste, einige verwenden jedoch auch alternative Methoden.

Oben: Radikale, die üblicherweise Bestandteil vieler alltäglicher Kanji sind - einige sind auch Kanji.

Jedes Radikal hat einen Spitznamen, der in der Regel seine Form beschreibt, um das Lehren und Lernen von Kanji zu erleichtern. Diese Spitznamen können verwirrend sein, weil bestimmte Radikale auch eigenständige Kanji sind und der Spitzname der Bedeutung des Kanji sehr ähnlich ist. **Versuchen Sie sich daran zu erinnern, dass Radikale für sich genommen keine Bedeutung haben - sie sind einfach Komponenten mit Spitznamen, die manchmal mit ihrer Kanji-Bedeutung übereinstimmen.**

Jedes Kanji hat ein primäres Radikal oder Bushu, das im Allgemeinen Aufschluss über die Bedeutung des Kanjis gibt. Normalerweise gilt dies für Objekte und Konzepte mit eher "primitiven" Ursprüngen, da diese Konnotationen in neueren Kanji verwässert werden:

Oben: Das "Feuer"-Radikal 火 könnte "primitive" Bedeutungen im Zusammenhang mit Feuer aufweisen.

Hinweis: Der Begriff "Radikal" bezieht sich in der Regel auf Kanji-Komponenten, die in der KangXi-Liste aufgeführt sind, dient aber oft auch als Bezeichnung für jede Form, die in mehreren Kanji vorkommt. Ganze Zeichen, die selbst aus Radikalen bestehen, können ebenfalls als Radikale betrachtet werden - unabhängig davon, ob sie in der Kangxi-Liste stehen oder nicht!

Wo soll man anfangen?

Fremdsprachen, die man bereits lesen kann, sind immer leichter zu lernen. Englische, französische oder spanische Vokabeln lassen sich aufgrund der vertrauten lateinischen Schrift relativ leicht lernen, auch wenn es leichte Unterschiede in der Aussprache gibt.

Wenn Sie mit dem Lernen von Kanji beginnen, sollten Sie vielleicht dort anfangen, wo auch japanische Schulkinder anfangen - mit ähnlichen "ersten Wörtern", die Kinder auf der ganzen Welt zu lernen pflegen. Sie haben einfache, alltägliche Bedeutungen, die schon in jungen Jahren nützlich sind, wie z. B. "ich", "Gesicht", "Nase" usw.

Wenn man sich die Kanji mit vielen dieser "ersten Wort"-Bedeutungen ansieht, sehen sie ziemlich komplex aus und benötigen mehr als zehn Striche, um geschrieben zu werden, was sie für Anfänger, die einfache Formen suchen, nicht gerade ideal macht:

Das Gegenteil ist oft der Fall bei Kanji, die "leichter zu lernen" scheinen, mit weniger Linien und Formen. Eine einfache Form mag schneller zu lernen sein, aber diese Kanji können fortgeschrittenes oder spezielles Vokabular darstellen, das für Anfänger einfach nutzlos ist.

Mit anderen Worten: Es gibt praktisch keinen Zusammenhang zwischen der Kompliziertheit eines Kanji und der Bedeutung des Wortes:

Wenn die Komplexität der Form und die Einfachheit der Bedeutung nicht zusammenhängen, stellt sich die Frage: *"In welcher Reihenfolge lernt man Kanji am besten?"* Leider gibt es keine richtige oder falsche Antwort und es hängt weitgehend davon ab, welche Ziele man verfolgt.

Einer der üblichen Wege sind die *"inoffiziellen"* Listen der Kanji, die für das Bestehen der ersten Stufe des *Japanese Language Proficiency Test (JLPT), N5,* erforderlich sind. Die Kanji auf diesen Listen sind wahrscheinlich ähnlich wie die der *"100 am häufigsten verwendeten Kanji"*. Beide Optionen sind relativ vernünftig, wenn Sie nur mit dem Lernen alltäglicher Kanji beginnen wollen.

Wenn Sie jedoch mit relativ ungeordneten Kanji-Listen beginnen, können Sie Probleme bekommen. Sie werden feststellen, dass die Zeichen einander sehr ähnlich sind, und es wird schwierig, sich Kanji anhand ihrer Form oder ihres Aussehens zu merken. Gleich zu Beginn einer Liste von *"JLPT N5 Kanji"* würden Sie auf Kanji wie 話 & 語 treffen, und dann auch 諒 / 誥...

Welches Kanji bedeutet "sprechen" und welches "Sprache"?
Ich bin sicher, das Kanji mit dem Quadrat und dem Kreuz bedeutet "Tatsache".
Oder ist das die Form, die "Anweisungen geben" bedeutet?

Obwohl die Kanji in diesen Listen ein nützliches Vokabular darstellen, kostet es Zeit und Mühe, neue Zeichen mit denen zu vergleichen, die Sie bereits kennen - Sie brauchen eine Strategie, um dies zu minimieren. Bei so vielen zu lernenden Zeichen sollten wir uns stattdessen die Frage stellen: ***"Wie lerne ich Kanji am effizientesten?"***

Priorisierung der Komponenten

Eine alternative Methode, ***"Radikale zuerst"*** genannt, besteht darin, vorrangig die Kanji zu lernen, die die wenigsten Anschläge erfordern. Obwohl das Auswendiglernen der *214 historischen KangXi-Radikale* wahrscheinlich sehr nützlich wäre, wird das Wort *"Radikal"* verwendet, um jede Form *(einschließlich Kanji-Zeichen)* zu beschreiben, die wiederum Teil viele weitere andere Kanji wird.

Wenn man sich durch die Kanji nach Strichnummern hocharbeitet, beginnen sich Symbole als Teile anderer zu wiederholen. Mit anderen Worten: Sie beginnen, Zeichen, die Sie bereits gelernt haben, als größere und größere Komponenten zu erkennen. Anstatt ein Kanji zu sehen, das aus mehr als 15 scheinbar zufälligen Strichen besteht, sehen Sie nur einige wenige Teile.

Ihr Studium kann beschleunigt werden, wenn Sie die Fähigkeit, Kanji schneller zu erkennen, mit Gedächtnisstützen wie Mnemotechniken und Geschichten kombinieren.

Zur Veranschaulichung:

Das relativ kompliziert aussehende Kanji 霜 *(Frost)* wird mit 17 Strichen geschrieben, ist aber leichter zu erkennen, da es aus 3 anderen Kanji als Komponenten besteht:

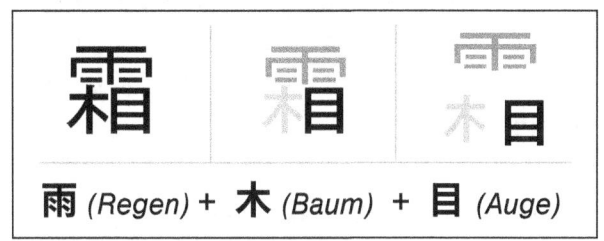

雨 *(Regen)* + 木 *(Baum)* + 目 *(Auge)*

Wenn Sie diese Komponenten und ihre Bedeutungen bereits kennen, können Sie eine Geschichte oder eine Eselsbrücke für die komplexeren Kanji erstellen:

*"Wenn es oben **REGNET**, bietet ein **BAUM** Schutz, aber benutze deine **AUGEN** und halte Ausschau nach **FROST**".*

Diese Teile sind in vielen gängigen Kanji enthalten:

雨 wird verwendet, um 雲 *(Wolke)*, 雪 *(Schnee)*, 電 *(Elektrizität)*, 雷 *(Blitz)* usw. herzustellen.
木 wird verwendet, um 本 *(Buch)*, 新 *(neu)*, 床 *(Bett)*, 暦 *(Kalender)* und mehr herzustellen.
目 wird verwendet, um 息 *(Atem)*, 値 *(Preis)*, 助 *(Hilfe)*, 見 *(sehen)* usw. zu bilden.

Platzierung

In der Regel müssen Sie zunächst feststellen, welcher Teil eines Kanji das Primärradikal *(bushu)* ist. Kanji, die aus einer einzigen Komponente bestehen, sind selbst das primäre Radikal. Wenn Kanji aus mehreren Komponenten bestehen, befindet sich das Primärradikal in einer von sieben Positionen:

#	Name	Platzierung	Position	Beispiele
1	Hen 偏	Linke Seite	▮▯	言 (言) in 記, 扌(手) in 指
2	Tsukuri 旁	Rechte Seite	▯▮	刂(刀) in 利, 力 in 助, 欠 in 歌
3	Kanmuri 冠	Obere Seite	▀	艹 (艸) in 花, 雨 in 雪, 穴 in 空
4	Ashi 脚	Untere	▄	心 in 恋, 灬(火) in 点, 儿 in 免
5	Tare 垂	Nordwest	⌐	厂 in 原, 尸 in 局, 广 in 店
6	Nyō 繞	Südwest	⌊	辶(辵) in 近, 走 in 起, 廴 in 建
7	Kamae 構	Anhänge *(verschiedene)*	(verschiedene)	門 in 開, 囗 in 国, 勹 in 包

Die meisten Kanji enthalten mehrere Komponenten aus der Liste der KangXi-Radikale, so dass es schwierig ist, festzustellen, wo die Zeichen in einem Wörterbuch aufgeführt sind. Die zwölf Schritte, die im Folgenden zusammengefasst sind, führen Sie in der Regel zum richtigen Teil:

1	*Ganzes*	Ist das gesamte Kanji ein Radikal für sich? (文, 長, & 黍)
2	*Einzeln*	Es darf nur ein Radikal geben (丿 in 乃)
3	*Gehäuse*	Formen, die sich über 2-4 Seiten erstrecken, sind normalerweise Radikale (匚)
4	*Links*	Auf der linken Seite, nichts oberhalb, unterhalb oder sich schneidend (木 in 板)
5	*Rechts*	Wie oben, aber auf der rechten Seite (彡 in 形)
6	*Oben*	Gibt es ein klares oberes Radikal? (大 in 奈)
7	*Unten*	Oben gibt es vielleicht 2+, aber möglicherweise auch einen unten (刀 in 劈)
8	*Oben links*	Wenn die Schritte 1-7 nicht eindeutig sind, prüfen Sie oben links (土 in 報)
9	*Oben rechts*	Prüfen Sie die obere rechte Seite (口 in 呉)
10	*Unten rechts*	Wenn immer noch kein Radikal vorhanden ist, prüfe unten-rechts (口 in 君)
11	*Unten links*	Links unten (虫 in 虱). Auch wenn alle Ecken radikal sind.
12	*Innen*	Letzter Schritt, manchmal am Anfang offensichtlich (大 in 夾, oder 女 in 嬲)

Gemeinsame Komponenten und Varianten

Diese Listen enthalten häufig verwendete *KangXi-Radikale* und -Komponenten. Einige Radikale ändern ihre Form und ihr Aussehen, wenn sie verschiedene Positionen in einem Kanji einnehmen, um in den entsprechenden Raum zu passen. Diese alternativen Versionen werden als Varianten bezeichnet und können manchmal ganz anders aussehen als ihre ursprüngliche Form *(siehe nebenstehend)*.

Radikale Spitznamen können von einer Liste zur anderen variieren - denken Sie daran, dass die Namen lediglich eine Gedächtnisstütze sind und nicht unbedingt eine Bedeutung haben. Varianten haben denselben Spitznamen wie die regulären Versionen der Zeichen, können aber umbenannt werden:

Radikal	Striche	Position	Bedeutung/Name
亠	2		Deckel, oben
亻 (人)	2		Person
𠆢 (人)	2		Person
儿	2		Beine
冖	2		Deckel, Krone
刂 (刀)	2		Messer, Schwert
厂	2		Klippe
口 (口)	3		Mund
囗	3		Grenze
土 (土)	3		Erde
女 (女)	3		Frau
子 (子)	3		Kind, Sohn
小 (小)	3		klein
⺌ (小)	3		klein
宀	3		Dach, Haus
广	3		schräges Dach
彳	3		Stufe, Straße
艹 (艸)	3		Gras
辶 (辵)	3		Straße, Weg
阝 (邑)	3		Dorf, Land
阝 (阜)	3		Hügel, Anhöhe
忄 (心)	3		Herz, Geist
扌 (手)	3		Hand
氵 (水)	3		Wasser
犭 (犬)	3		Biest
攵 (攴)	4		Tätigkeit, Schlag
日 (日)	4		Sonne, Tag, Zeit
月 (肉)	4		fleisch, fleisch
朩 (木)	4		Baum, Holz
火 (火)	4		Feuer
灬 (火)	4		Feuer (kochen)
王 (玉)	4		Juwel, Jade
礻 (示)	4		Altar, Fest
疒	5		Krankheit
目 (目)	5		Auge
禾	5		Getreide
穴 (穴)	5		Loch, Höhle
衤 (衣)	5		Kleidung
竹 (竹)	6		Bambus
米 (米)	6		Reis
糸 (糸)	6		Faden
虫 (虫)	6		Wurm, Insekt
行	6		zu gehen
言 (言)	7		Worte, sagen
貝 (貝)	7		Muschel, Eigentum
走 (走)	7		laufen
足 (足)	7		Fuß, Bein
車 (車)	7		Fahrzeug, Rad
金 (金)	8		Metall, Gold
門	8		Tor, Tür
雨 (雨)	8		Regen
頁	9		Kopf, Seite
魚 (魚)	11		Fisch

Erkennen von Kanji

Jeder muss früher oder später die Bedeutung eines unbekannten Kanji nachschlagen. Unabhängig davon, wie fortgeschritten Ihr Studium ist, bleiben die Möglichkeiten, unbekannte Kanji zu überprüfen, dieselben.

Die beste Methode hängt davon ab, welches Medium Sie zum Lernen verwenden, aber die einfachste Lösung ist in der Regel die Online-Suche. Wenn Sie einen Computer, ein Smartphone oder ein ähnliches Gerät verwenden, ist das Verfahren einfach. Viele Online-Kanji-Wörterbücher wie **[jisho.org]** erleichtern die Suche nach Bedeutungen und Aussprachen, und Sie können einfach ein Kanji in die Suchleiste *kopieren und einfügen*, um loszulegen.

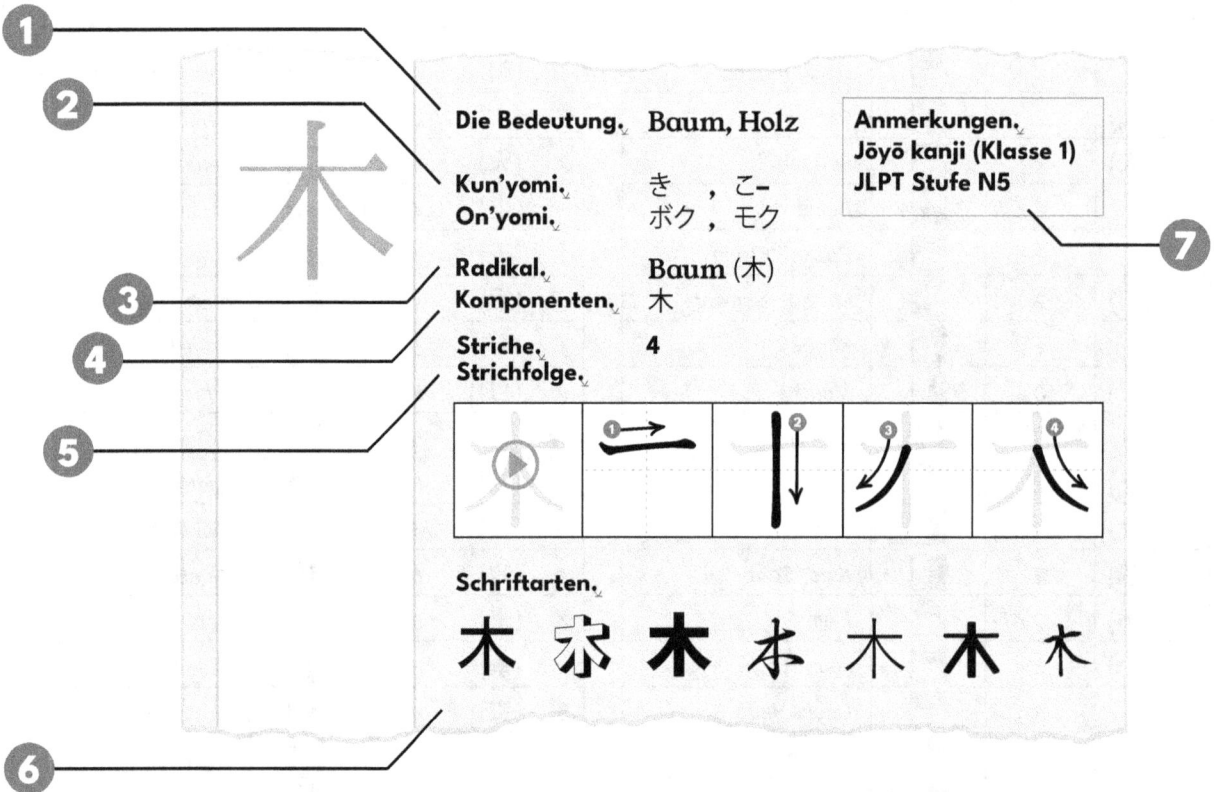

Oben: die grundlegenden Informationen, die typischerweise in Online-Wörterbüchern zu finden sind (siehe auch Tabelle rechts).

Unabhängig von der gewählten Methode erhalten Sie in der Regel ähnliche Informationen, wenn Sie das gewünschte Kanji gefunden haben. Einige Wörterbücher enthalten nur ein Minimum an Informationen, während andere sehr viel mehr bieten können. Die Informationen variieren von Publikation zu Publikation, so dass Sie die Rezensionen anderer Lernender konsultieren sollten, wenn Sie sich nicht sicher sind, ob ein bestimmtes Wörterbuch für Ihren Kenntnisstand geeignet ist. Wörterbücher mit zusätzlichen Informationen über die Verwendung eines Kanji, mit Beispielsätzen oder Listen von zusammengesetzten Wörtern, die mit diesem Zeichen gebildet werden, sind nützlich, enthalten aber weniger einzigartige Einträge.

1	Bedeutung	Es gibt viele, aber dies wird die häufigste sein.
2	Lesungen	Die meisten haben mehrere Aussprachen, mit 2 Typen: (a) Kun'yomi, die *japanische Aussprache* (b) On'yomi, so genannte *chinesische Aussprache*
3	Hauptradikal	Zur Indexierung von Kanji in Wörterbüchern.
4	Komponenten	Sie bilden Wörter (Kanji) wie Buchstaben. Die Grundbausteine aller Kanji, genannt bushu.
5	Striche/Bestellung	Wie viele Federstriche und in welcher Reihenfolge.
6	Schriftstile *(manchmal)*	Eine Vielzahl von Schriftarten mit handschriftlichen und modernen Stilen.
7	Andere Daten *(manchmal)*	Andere nützliche Attribute für Anfänger, wie z. B. spezifische Wörterbuchindizes usw.

Oben: Schlüssel zur Veranschaulichung typischer Wörterbucheinträge (siehe linke Seite).

Angenommen, Sie müssen ein gedrucktes oder handgeschriebenes Kanji nachschlagen: In diesem Fall können Sie auf diesen Websites die Kanji auch nach den Komponenten durchsuchen und filtern, die Sie erkennen - sogar nach einem einzelnen Radikal. Das erfordert zwar etwas Übung, vor allem, wenn man sich nicht sicher ist, welche Formen Radikale sind, aber diese Systeme sind im Allgemeinen intuitiv, so dass es sich lohnt, sie einmal auszuprobieren.

Eine weitere mögliche Lösung ist die Verwendung von Software, die Kanji erkennen kann, die in sie hineingeschrieben wurden. Sie können entweder einen Touchscreen und Ihren Finger verwenden oder die Kanji mit Ihrer Computermaus grob zeichnen, und schon werden mögliche Übereinstimmungen sichtbar. Auch hier bietet [jisho.org] eine alternative Funktion für den Fall, dass Sie ein Zeichen nicht in eine Suchmaschine kopieren und einfügen können.

Traditionelle japanische Zeichenwörterbücher sind immer eine gute, langfristige Investition. Viele Publikationen klassifizieren Kanji nach ihrem primären Radikal, oft aus der KangXi-Liste, aber einige verwenden auch modifizierte oder alternative Radikallisten. Andere Wörterbücher gruppieren die Kanji nach den Positionen, an denen die primären Radikale vorkommen, oder ordnen die Einträge nach der Anzahl der Federstriche, die man braucht, um sie zu schreiben.

Wörterbücher, die sich an Lernende mit fortgeschrittenen Kanji-Kenntnissen richten, sind langlebig, können aber in der Anfangsphase schwierig zu benutzen sein. Diejenigen, die sich an Anfänger richten, sind einfacher zu benutzen, müssen aber mit der Zeit ersetzt werden.

Schlaganfall-Reihenfolge

Lernende aller Stufen sollten sich Zeit für das Üben des Kanji-Schreibens nehmen. Die Reihenfolge der Striche spielt eine entscheidende Rolle bei der Bildung korrekter und lesbarer Zeichen, genau wie beim Kana. Allerdings kann es sehr zeitaufwändig sein, sich die Strichfolge für so viele Kanji einzuprägen, vor allem, wenn man zu den komplexesten Zeichen mit *mehr als 20 Strichen* übergeht.

Die meisten Online-Ressourcen und Wörterbücher für japanische Schriftzeichen zeigen oft die Strichfolge der Kanji an und enthalten möglicherweise Animationen. Wenn Sie diese Informationen nicht finden können oder nicht die Zeit haben, die Zeichen einzeln zu lernen, können Sie einige allgemeine Regeln für die Strichfolge auf fast alle Kanji anwenden. Wie bei allen Aspekten der japanischen Sprache wird es immer Ausnahmen von den Regeln geben.

Diese Regeln funktionieren vielleicht nicht immer perfekt, aber sie sollten über 90 % der Kanji abdecken, die Sie verwenden werden:

Arbeiten Sie von oben nach unten und von links nach rechts.

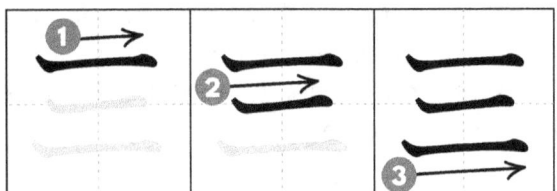 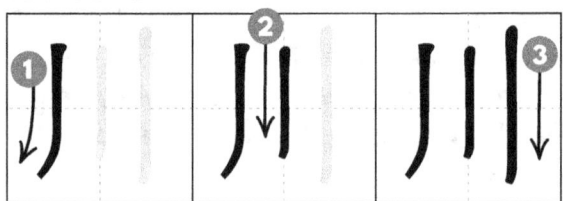

Zuerst horizontale Linien, dann vertikale.

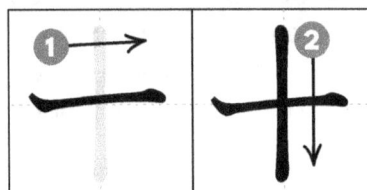 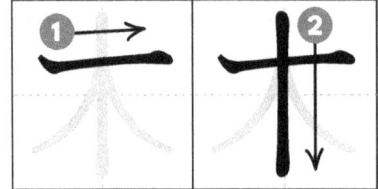

Vertikale Linien in der Mitte, davor Striche links und rechts.

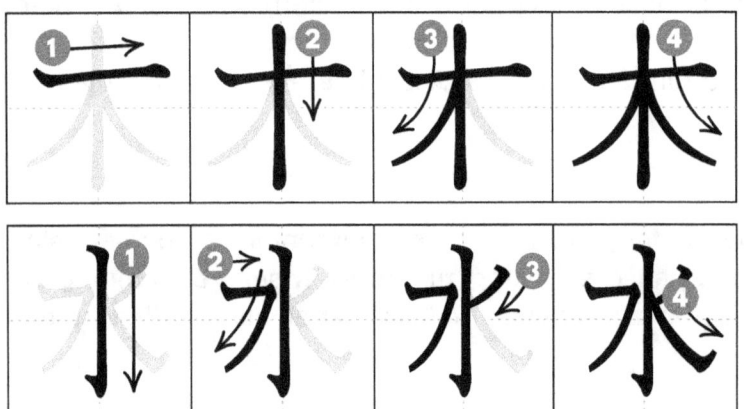

Boxen sind drei Striche, nicht vier.

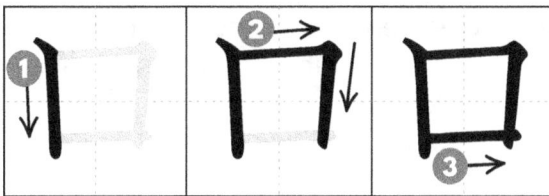

Außen und dann innen (Boxen), bevor sie sich schließen - aber keine C-Formen.

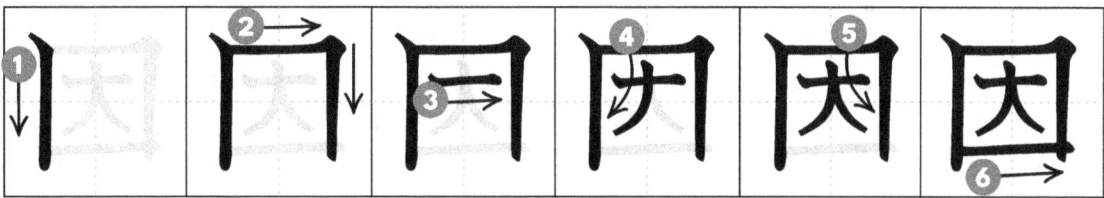

Zeilen, die sich mit vielen anderen überschneiden, kommen zuletzt (oder später).

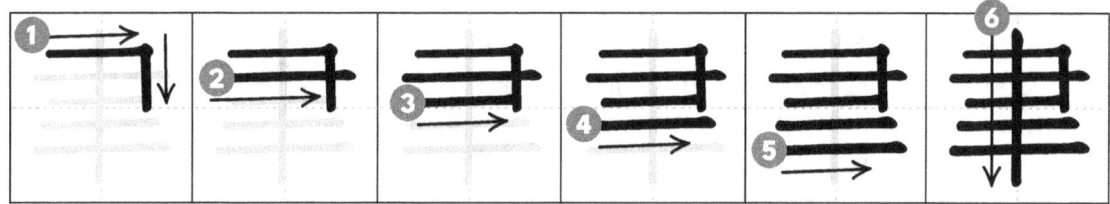

X-Formen, rechts > links diagonale Linien vor links > rechts (von oben nach unten).

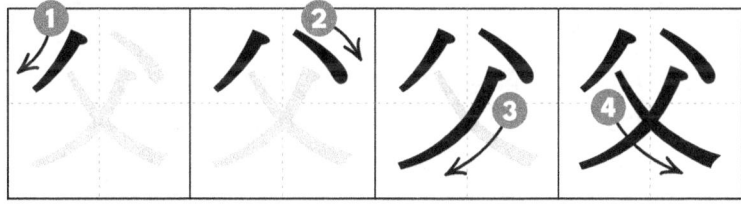

Punkte und Striche oben werden zuerst geschrieben.   *Teile unterstreichen, letzte.*

 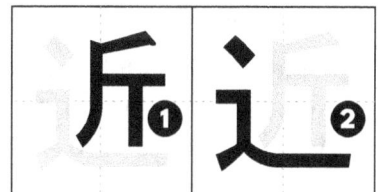

Die gleichen Regeln gelten auch für die komplexesten Kanji. Gehen Sie bei Zeichen, die mehrere Kanji zu haben scheinen, wie oben beschrieben vor, Komponente für Komponente. Beginnen Sie mit dem Radikal oder dem Kanji, das sich in der oberen linken Ecke oder auf der linken Seite befindet, und arbeiten Sie sich zur unteren rechten Ecke vor. Mit etwas Übung wird das Muskelgedächtnis bald übernehmen, und die Reihenfolge der Kanji-Striche wird zu einem einfacheren Aspekt des Kanji-Studiums.

Wesentliche Informationen

Die Informationen in diesem Abschnitt werden für diejenigen, die gerade erst mit dem Kanji-Studium beginnen, nicht unmittelbar hilfreich sein; eine Einführung in diese Themen kann Ihnen jedoch helfen, zu entscheiden, wie Sie Kanji lernen.

Furigana

Japanisch ist schwierig zu lesen, und selbst diejenigen, die über umfangreiche Kenntnisse verfügen, brauchen ab und zu einen kleinen Tipp. Glücklicherweise können Kanji-Texte mit Lesehilfen, so genannten Furigana, versehen sein, die beschreiben, wie Kanji *(oder sogar Kanji-Verbindungen)* zu interpretieren sind. Sie zeigen, wie ein Kanji ausgesprochen werden sollte, und geben so möglicherweise Aufschluss über die beabsichtigte Bedeutung. Diese Furigana werden oft an die Kanji in Namen angehängt, da diese häufig ungewöhnliche Kanji mit ungewöhnlicher Aussprache *(nanori)* enthalten.

Furigana (**振り仮名**) sind nur winzige Hiragana-Zeichen, die neben oder über den Kanji, die sie beschreiben, gedruckt werden. Ihre Platzierung hängt davon ab, in welcher Richtung der Text geschrieben und gelesen wird.

Auf Websites werden Furigana aufgrund von Formatierungsproblemen oft unmittelbar nach ihren Kanji-Pendants in Klammern angezeigt:

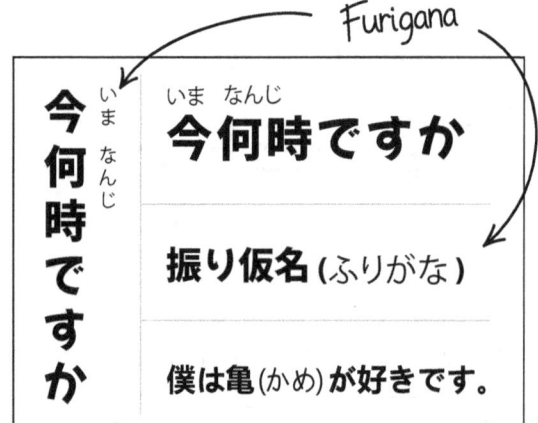

Autoren und Verleger entscheiden auf der Grundlage der erwarteten Kenntnisse ihres Publikums, ob sie Furigana-Notizen hinzufügen. Kanji-Lernmaterialien, die sich an Anfänger richten, enthalten nicht immer Furigana, da die Aussprache ohne die Bedeutung möglicherweise nicht hilfreich ist.

Okurigana

Okurigana ist einfach der Name für die Hiragana-Symbole, die auf die Kanji folgen und eine bestimmte Bedeutung der anderen Symbole kennzeichnen. Es gilt nur für Kanji, und sie sind fast immer für kun'yomi Lesungen.

Okurigana wird an einen *Kanji-Stamm* angehängt, um Verben oder Adjektive zu flektieren und zu konjugieren. Wir schreiben die Gegenwarts- und die Vergangenheitsform eines Verbs mit demselben Kanji, aber es folgen jeweils unterschiedliche Hiragana-Endungen, um das eine vom anderen zu unterscheiden.

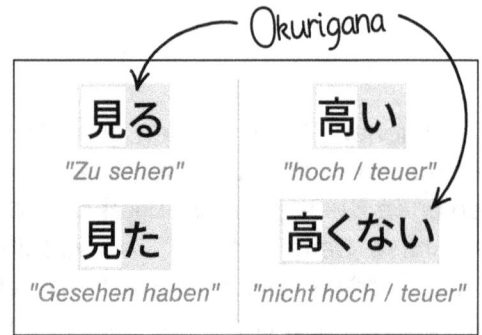

Jukugo

Jukugo ist der Begriff für eine Art zusammengesetztes Wort, das aus zwei oder mehr Kanji besteht, die zu neuen Wörtern kombiniert werden. Die Bedeutung der einzelnen Kanji in einem Jukugo trägt in der Regel zur neueren Gesamtbedeutung und Aussprache bei, was es einfacher macht, neue und unbekannte Vokabeln zu verstehen und zu verstehen, wie sie ausgesprochen werden:

Jukugo	Bedeutung + Bedeutung	Gesamtbedeutung
子犬	Kind + Hund	= Welpe
不良	Nicht + Gut	= Böse
旅行者	Reise + Gehen + Jemand	= Tourist, Reisender
歯医者	Zahn + Medizin + Jemand	= Zahnarzt

Als Faustregel gilt: Ein Kanji ohne Okurigana ist normalerweise ein Substantiv. Ein Jukugo mit Okurigana ist in der Regel ein Verb.

Verben

Sie können erkennen, welche Kanji Verbwörter sind, indem Sie sich die folgenden Kana ansehen. Verben enden entweder mit る (ru) oder Hiragana, die う (u)-Laute darstellen, z. B. く *(ku)*, す *(su)* oder ぬ *(nu)* usw.

Kanji Verbs	Bedeutung + '-u'-Laut	Neue Bedeutung
言う	sagen + 'u'-Laut	= zu sagen
学ぶ	studieren + 'bu'-Laut	= studieren, lernen
目覚める	Auge + wach + 'ru'-Laut	= aufwachen, erwachen

Welche Lesung?

Es ist relativ einfach, anhand von Wortarten zu bestimmen, welche Lesart für ein Kanji zu verwenden ist. Wir können aus allgemeinen Mustern, die wir in alltäglichen Begriffen sehen, einige grundlegende "Regeln" bilden. Sie werden nicht immer in jedem Fall zutreffen, aber sie sollten Ihnen den Einstieg erleichtern, oder wenn Sie nicht weiterkommen und nicht sicher sind, welche Sie verwenden sollen:

Art des Wortes	Art des Lesens	Beispiele
Kanji für sich allein	Kun'yomi	猫 (Katze), 力 (Macht)
Jukugo (nur Kanji)	On'yomi	記者 (Journalist)
Kanji mit Okurigana	Kun'yomi	辛い (würzig)
Jukugo mit Okurigana	Kun'yomi	落ち着き (sich beruhigen)

Auf den folgenden Seiten werden die "Lektüren" ausführlicher behandelt, mit Abschnitten, in denen unregelmäßige Arten von Lektüre und deren Verwendung beschrieben werden.

Über Lesungen

In den meisten Fällen gibt es bei Kanji, die mit mehreren Lesungen verbunden sind, nur eine oder zwei, die häufig nützlich sind. Auf lange Sicht können Sie viel Zeit sparen, wenn Sie für jedes neue Zeichen, das Sie lernen wollen, nur eine gute Lesung lernen.

Es ist viel einfacher, wenn Sie die Bedeutung *(und die Formen)* eines Kanji nur mit einer einzigen, wertvollen Lesung in Verbindung bringen. Sie können jederzeit ein weiteres Kanji lernen, wenn es später auftaucht. Nachdem Sie mehr Kanji in kürzerer Zeit gelernt haben, können Sie früher mit dem Vokabelstudium beginnen - und stoßen dabei ganz natürlich auf die anderen, etwas weniger hilfreichen Lesarten.

Dieser Ansatz entspricht vielleicht nicht den bevorzugten Lernmethoden eines jeden Schülers, aber vielleicht lässt sich das Konzept an Ihre Ziele anpassen.

Wie & Wann (ungefähr)

Nähere Angaben zur Verwendung der einzelnen Lesungen:

Wort	Art	Lesung	Bedeutung
人	(Kun)	ひと	Person
手	(Kun)	て	Hand
心	(Kun)	こころ	Herz
一	(On)	いち	ein
本	(On)	ほん	Buch
文	(On)	ぶん	Satz

Viele Wörter mit eigenständigen Kanji verwenden Kun'yomi-Lesungen, aber nicht zu 100%. Zu den Begriffen mit einzelnen Kanji gehören Substantive, und der Einfachheit halber gehören sie normalerweise zu den ersten Zeichen, die wir lernen. Es gibt viele Wörter, die On'yomi erfordern, einschließlich einstelliger Kanji-Zahlen:

Ein Jukugo hat in der Regel eine On-Lesung und sieht dem Chinesischen sehr ähnlich *(nur Kanji, eines nach dem anderen)*.

Wort	Art	Lesung	Bedeutung
東京	(On)	とうきょう	Tokio
先生	(On)	せんせい	Lehrer
最高	(On)	さいこう	beste
場合	(Kun)	ばあい	Gehäuse
虫歯	(Kun)	むしば	Hohlraum
朝日	(Kun)	あさひ	Morgensonne

Sie können manchmal Kun- Lesungen haben, aber diese sind selten. Diese beziehen sich oft auf *Naturthemen* oder die *Himmelsrichtungen*:

Praktisch alle Kanji, die mit Okurigana geschrieben werden, haben eine kun-Lesung. *Das Vorhandensein von okurigana zeigt oft an, dass ein Wort ein Verb oder ein Adjektiv ist, aber einige können auch Substantive sein.*

Wort	Art	Lesung	Bedeutung
食べる	(Kun)	たべる	zum Essen
行く	(Kun)	いく	zum Mitnehmen
大きい	(Kun)	おおきい	groß

Gemischte Herkunft Lesungen

Zusammengesetzte Wörter können Kanji mit beiden Lesarten enthalten, und wir sprechen einen Teil des Wortes mit einem On'yomi aus, während der andere Teil ein Kun'yomi hat - **es gibt zwei Arten: On/Kun und Kun/On.** Sie können jederzeit auf eine dieser beiden Arten von *"jukugo"* stoßen, denn einige der Vokabeln, die sie darstellen, sind nicht ungewöhnlich.

Lesungen gemischten Ursprungs haben ihre eigenen Namen, die von einem Beispiel der betreffenden Wortart abgeleitet sind:

	Wort	Lesung			Bedeutung
Yutō-yomi 湯桶読み sind zusammengesetzte Wörter, bei denen das erste Kanji als Kun- und das zweite als On- gelesen wird:	湯桶	ゆ + トウ	=	ゆとう	*Heißwasser Eimer*
	夕刊	ゆう + カン	=	ゆうかん	*Abendzeitung Zeitung*
	手帳	て + チョウ	=	てちょう	*Notizbuch*
Jūbako-yomi 重箱読み funktionieren in umgekehrter Weise, wobei das erste Kanji ein On- und das zweite ein Kun'yomi ist:	重箱	ジュウ + ばこ	=	じゅうばこ	*verschachtelte Boxen*
	役場	ヤク + ば	=	やくば	*Rathaus*
	金色	キン + いろ	=	きんいろ	*Gold (Farbe)*

Ateji - Kanji, die leihen

Ateji sind in der Regel Fremdwörter, die mit Kanji dargestellt *(buchstabiert)* werden. Die Zeichen wurden nach ihren Lauten *(Lesungen)* ausgewählt und zu einem entsprechenden phonetischen Wort kombiniert. Nur selten gab es eine Korrelation zwischen den zugrunde liegenden Kanji-Bedeutungen und dem Wort, das sie buchstabierten. Mit anderen Worten, wir können die Bedeutung von ateji in der Regel nicht entschlüsseln, indem wir ihre Teile untersuchen.

In der Meiji-Periode *(1868-1912)* begannen die Japaner schließlich, Fremdwörter in Katakana zu schreiben, aber man trifft auch heute noch auf Ateji. Dabei handelt es sich in der Regel um ältere, archaische Wörter, die manchmal wegen ihres "traditionellen" Aussehens bei bestimmten Anwendungen, *z. B. bei Beschilderungen, bevorzugt werden.* Ateji wurden oft für ausländische Ortsnamen oder Länder verwendet, später vereinfacht und dann mit Katakana geschrieben:

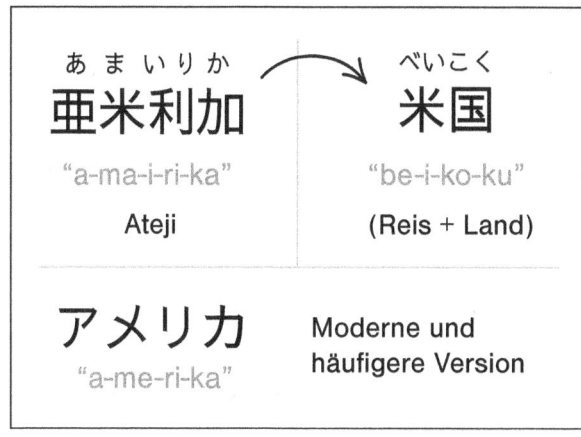

Gairaigo - Lehnwörter

Gairaigo ist das japanische Wort zur Beschreibung ausländischer *"Lehnwörter"*. Wörtlich übersetzt bedeutet gairaigo *"Wörter, die von außerhalb kommen" (oder so ähnlich)* und bezeichnet Ideen und Objekte, für die es im Japanischen keine Entsprechung gibt. Sie werden mit Katakana geschrieben und klingen oft ähnlich wie das ursprüngliche Wort: *phonetisch gesehen haben sie einen eindeutig japanischen Einschlag.*

Gairaigo, das aus Ihrer eigenen Sprache stammt, kann leicht zu verstehen und zu buchstabieren sein, selbst wenn Sie es zum ersten Mal hören oder lesen. Das gairaigo-Wort für *"Teilzeitarbeit"* ist ein hervorragendes Beispiel:

アルバイト
(arubaito)
Bedeutung: Teilzeitarbeit

Die meisten gairaigo stammen aus dem Englischen, wie z. B. *"dry cleaning" (Chemische Reinigung)* oder das in jüngerer Zeit entstandene Wort für *"Fake News" (gefälschte Nachrichten)*. Es gibt noch viele andere, die den Französisch-, Italienisch- oder Portugiesischsprechern bekannt vorkommen werden.

ドライクリーニング
(dorai kuriiningu)

フェイクニュース
(feiku-nyuusu)

Einige Lehnwörter können auch eine bestehende Idee anders ausdrücken. Es gibt viele Wörter, die dieselbe Bedeutung ausdrücken, aber wir werden einige in mehr oder weniger formellen Situationen verwenden. In einem anderen Beispiel *(rechts)* drückt jeder der Begriffe eine ähnliche Idee aus; der obere ist die sino-japanische Version *(chinesische)*, die wir in formellen Kontexten verwenden, und das gairaigo-Wort unten ist besser für eine zwanglosere Umgebung geeignet:

会議
(kaigi) Konferenz

打ち合わせ
(uchiawase)
Geschäftstreffen

ミーティング
(miitingu) Meeting

Bestimmte gairaigo können einem Kanji-Zeichen zugeordnet und in die Liste der zugehörigen kun'yomi-Lesungen aufgenommen werden. Diese gairaigo haben keine gemeinsamen Bedeutungen oder Lesungen mit den zugehörigen Kanji und werden daher nicht als ateji betrachtet. In der Regel handelt es sich um gebräuchliche Wörter *(z. B. metrische Maßeinheiten)*, die wahrscheinlich einfacher und schneller zu schreiben sind:

米 (メートル)
(meetoru)
Bedeutung: Meter
(von französisch 'mètre')

Gikun - Kontextuelle Lesungen

Gikun ist die Bezeichnung für unregelmäßige Lesungen, die wir den Kanji zuweisen, indem wir sie in den Raum einfügen, der *normalerweise für Furigana* verwendet wird. In der Regel assoziieren sie ein Kanji-Wort mit einer anderen Bedeutung, die wahrscheinlich nicht mit diesem Kanji verbunden ist. Sie gelten nur im Kontext der jeweiligen Publikation, in der sie zu finden sind, und werden oft in *Comicroman* verwendet, um fiktive Lesungen für erfundene Begriffe oder Soundeffekte hinzuzufügen.

Nanori - Lesen von Namen

"Nanori" ist der Begriff für unregelmäßige Lesungen von Kanji-Zeichen, die nur verwendet werden, wenn sie Teil eines Namens sind. In vielen Namen werden noch normale Kanji mit normaler Lesung verwendet, aber viele Namen enthalten unregelmäßige Lesungen und seltene Zeichen, die wir im Alltagsjapanisch einfach nicht verwenden.

Wenn man sich in Japan gegenseitig anspricht, steht der Familienname in der Regel vor dem Vornamen. Nachnamen bestehen oft aus Kanji, die mit *"Naturthemen"* verbunden sind. Eines der häufigsten Beispiele ist wahrscheinlich 鈴木 (すずき) oder *"Suzuki"*, wobei 鈴 *"Glocke"* bedeutet und 木 *"Baum"* oder *"Holz"*. In der japanischen Kultur ist es üblich, dass ein Vorname Kanji enthält, die positive oder nützliche Eigenschaften ausdrücken, wie z. B. 歩美 (あゆみ) oder *"Ayumi"*, wobei 歩 *"Fortschritt"* bedeutet und 美 die Vorstellung von *"Schönheit"* ausdrückt, zum Beispiel.

Nanori kann gelegentlich dasselbe sein wie On- oder Kun- eines Kanjis, aber es handelt sich dabei um eine ganz besondere Art der Lesung, die man nicht immer in Wörterbüchern findet.

Um zu veranschaulichen, wie verwirrend nanori sein kann, können Sie versuchen, die Kanji-Lesungen des Namens einer berühmten japanischen Person zu überprüfen: Der 124. Kaiser von Japan, der von 1926 bis 1989 regierte, war unter seinem persönlichen Namen 裕仁 (ひろひと) bekannt, gelesen als Hirohito.

(Kaiser Hirohito wird posthum als Kaiser Shōwa bezeichnet)

Namen können mit Dutzenden von verschiedenen Kanji in Verbindung gebracht werden. Mit anderen Worten: Verschiedene Personen mit demselben Namen schreiben ihren Namen mit einem ganz anderen Kanji. Der Unisex-Name *"Akira"* (あきら), der *"hell"* oder *"klar"* bedeutet, ist eines von vielen Beispielen. Die Liste der Schreibweisen für *"Akira"* (rechts) ist nicht vollständig:

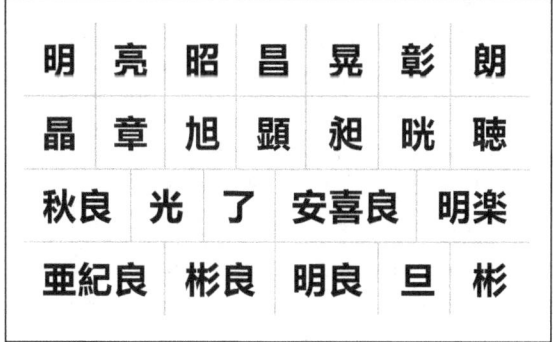

Im Zusammenhang mit dem Erlernen des Lesens, Schreibens und Sprechens der japanischen Sprache ist es nicht notwendig, nanori auswendig zu lernen. Sie sind so zahlreich, dass man wahrscheinlich ein ganzes Leben damit verbringen könnte, sie zu lernen. Nanori kann man auf natürliche Weise lernen, indem man Leute, die man trifft, einfach fragt, wie sie ihren Namen aussprechen.

Kokuji - Einheimisches Kanji

Obwohl Japan sein Schriftsystem ursprünglich aus China importiert hat, haben die Japaner dennoch Hunderte von einheimischen Kanji aus denselben Komponenten geschaffen. Diese sind als kokuji oder *"nationale Zeichen"* bekannt und beschreiben Kanji, die die Japaner in Japan geschaffen haben.

Interessanterweise kann ein Kanji nicht als Kokuji eingestuft werden, wenn es zufällig ein früheres chinesisches Kanji gibt, das genauso aussieht - selbst wenn die beiden nicht miteinander verwandt sind und ihre visuelle Gestaltung reiner Zufall ist. Kokuji muss zuerst in Japan produziert und veröffentlicht worden sein.

	Lesung		Bedeutung
鴫	しぎ	shigi	Schnepfe (Fisch)
鯒	こち	kochi	Flachkopf (Fisch)
鯰	なまず	namazu	Wels (Fisch)
鱩	はたはた	hatahata	Sandfisch (Fisch)
鰯	いわし	iwashi	sardine (fisch)
鱈	たら	tara	kabeljau (fisch)
鯱	しゃち	shachi	Orca (Fisch)
笹	ささ	sasa	bambusgras
榊	さかき	sakaki	Cleyera japonica (Baum)
樫	かし	kashi	Eiche (baum)

	Lesung		Bedeutung
凧	たこ	tako	Drachen
俥	くるま	kuruma	Rikscha
饂	うどん	udon	Udon-Nudeln
橡	とち	tochi	Rosskastanie
辻	つじ	tsuji	Kreuzung
垈	ぬた	nuta	Sumpf, Feuchtgebiete
籾	もみ	momi	ungeschälter Reis
莚	ござ	goza	Matte, Matten
鑓	やり	yari	Speer, Wurfspeer
叺	かます	kamasu	Strohsack

Oben: Kokuji wurden für Objekte und Konzepte geschaffen, für die es damals keine Entsprechung im Chinesischen gab - die meisten Kokuji stellen die einheimische japanische Flora und Fauna dar.

Die meisten kokuji brauchen Sie wahrscheinlich nicht zu lernen, aber es gibt neun in der offiziellen Liste der *Jōyō-Kanji*. Die Jōyō-Kanji bestehen aus 2136, die den Japanern während ihrer Zeit im nationalen Bildungssystem beigebracht werden, und daher sind sie die Kanji, die man kennen muss, um als "gebildet" zu gelten.

	Lesung		Bedeutung
畑	はたけ	hatake	bewirtschaftetes Feld von Feldfrüchten
腺	せん	sen	Drüse
峠	とうげ	tōge	Gebirgspass
枠	わく	waku	Rahmen
塀	へい	hei	ein Zaun oder eine Mauer
搾(る)	しぼ(る)	shibo(ru)	auspressen
働(く)	はたら(く)	hatara(ku)	arbeiten
込(む)	こ(む)	ko(mu)	überfüllt sein
匂(う)	にお(う)	nio(u)	riechen, wohlriechend sein

Wie zu erwarten, haben die japanischen kokuji im Allgemeinen nur einheimische kun'yomi-Lesungen, aber einige haben beide und in einigen wenigen Fällen gibt es kokuji, die nur on'yomi-Lesungen haben.

Interpunktionszeichen

Die Zeichensetzung ist ein relativ neuer Bestandteil der japanischen Sprache. Abgesehen vom Punkt, der aus China stammt, wurde in Japan kaum Interpunktion verwendet, bis das Bildungsministerium sie 1946 zur Pflicht machte. Die Zeichensetzung ist heute ein wichtiger Bestandteil unserer modernen Sprache und wird in digitalen Formaten ausgiebig verwendet.

Die japanische Zeichensetzung, **約物 (やくもの)** oder Yakumono, besteht aus allen Zeichen, die nicht als Kana, Kanji oder Ziffern klassifiziert sind. Einige werden Ihnen bekannt vorkommen, aber es gibt auch einige einzigartige Zeichen, die es in westlichen Sprachen nicht gibt. Dieser Überblick über die Zeichen kann Ihnen helfen, wenn Sie anfangen, die Sprache zu lesen und zu schreiben:

Breite und Abstände

Zunächst eine Anmerkung zu Breite und Abstand der Schriftzeichen: Japanische Schriftzeichen werden als *"vollbreit"* eingestuft, d. h. sie nehmen in der Regel einen Raum ein, der in Höhe und Breite gleich groß ist *(ein Quadrat)*. Deutsche *(lateinische)* Buchstaben hingegen sind *"halbbreit"*, was, wie Sie wahrscheinlich erraten können, bedeutet, dass jedes Zeichen halb so breit wie hoch ist.

Dieser Abstand gilt auch für Satzzeichen und *"Leerzeichen"*, da beide im Japanischen die doppelte Breite einnehmen. Ein *"Leerzeichen"* ist doppelt so breit wie im Deutschen, und während sich die Zeichen in ihrem Aussehen oder ihrer Größe nicht wesentlich unterscheiden, haben Kommas und Punkte einen zusätzlichen, in das Zeichen integrierten Abstand. Das Aussehen variiert ein wenig von Gerät zu Gerät, von Buch zu Buch und von Handschrift zu Handschrift:

Punkt 。

Ein kleiner Kreis (。) wird anstelle eines Punktes am Ende eines Satzes verwendet. Seine Hauptfunktion besteht darin, Sätze zu trennen, damit leichter zu erkennen ist, wo ein Satz endet und ein anderer beginnt. Für einen isolierten Satz wird es nicht benötigt. Das Zeichen wird **句点 (くてん)** *Kuten*, oder **丸 (まる)** *Maru* genannt. Bei der Eingabe von japanischem Text ist in diesem Zeichen ein *"halbes Leerzeichen"* eingebaut, so dass Sie zwischen den Wörtern nicht die Leertaste drücken müssen.

Komma 、

Das japanische Komma hat eine ähnliche Funktion und wird zum Trennen von Sätzen oder für Listen verwendet. Es nimmt dieselbe Position in einer Zeile ein, zeigt jedoch nach rechts. Der japanische Name ist **読点 (とうてん)** oder Touten. Dieses Zeichen enthält automatisch ein zusätzliches halbes Leerzeichen (、).

Ausrufezeichen ！

Auch bekannt als 感嘆符 (かんたんふ) oder *Kantanfu*, wird es als Mittel zur Betonung, Lautstärke und Emotion verwendet. Sie sind in formellen Texten nicht üblich, werden aber sehr häufig in zwanglosen Nachrichten und in sozialen Medien verwendet. Das getippte Zeichen steht in der Mitte eines *"breiten"* Raums, so dass es zwischen den Wörtern zu schweben scheint.

Fragezeichen ？

Im Japanischen zeigt 疑問符 (ぎもんふ), oder *Gimonfu*, immer noch an, wenn eine Frage gestellt wird, aber es ist fast überflüssig wegen der Fragepartikel か - verwendet, um eine Frage durch Grammatik zu markieren. Dennoch wird es in weniger formellen Texten verwendet.

Gewellten Gedankenstrich (Tilde) 〜

Dieser gewellte Gedankenstrich ist als 波ダッシュー (なみだっしゅ) oder *Namidashu* bekannt. Er wird oft in der gleichen Weise verwendet wie ein gerader Gedankenstrich. Nicht zu verwechseln mit dem *"Vokalverlängerer"* (wie im Namen, siehe oben).

Er kann verwendet werden, um einen Zahlenbereich zu kennzeichnen, z. B. Öffnungszeiten oder Bürozeiten (z. B. **9時〜5時**). Es wird auch verwendet, um Vokallaute zu betonen und zu verändern, wie z. B. in der Phrase おはよ〜！ *(ohaiyooo!)*, die "Guten Morgen!" bedeutet. *(siehe auch chōonpu, Seite 194).*

Interpunkt ・

Dieses Interpunktionszeichen wird verwendet, um in Katakana geschriebene Wörter zu trennen, und gilt normalerweise für ausländische Namen:

Die Interpunkt, oder 中黒 (なかぐろ) *Nakaguro*, wird als allgemeines Mittel zur Trennung von Wörtern verwendet, um Mehrdeutigkeit zu vermeiden, z. B. bei Einträgen in einer Liste oder zur Trennung eines Titels von einem Namen. Es funktioniert auch als Schrägstrich zwischen Wörtern und als Dezimalpunkt in Zahlen:

> **アンジェリーナ・ジョリー**
> *(anjerīna・jorī)*
> Angelina Jolie
>
> **中学・高校**
> (ちゅうがく・こうこう)
> Mittelstufe/Gymnasium

Auslassungspunkte ・

Die japanische Auslassungspunkte, 点線 (てんせん), oder *Tensen*, sitzt näher an der Mitte als am unteren Rand einer Zeile. Dieses Zeichen besteht in der Regel aus drei Punkten, kann aber auch aus zwei bis sechs Punkten bestehen. Es wird gewöhnlich verwendet, um eine Auslassung oder ein Zögern anzuzeigen, und gelegentlich sogar als *"tenten"* ausgesprochen.

Klammern 【 】+ { } + 〈 〉+ [ ]

Es gibt viele verschiedene Klammern, 括弧 (かっこ) oder *Kakko*:

Linsenförmige Klammern, bekannt als 角付き括弧 (すみつきかっこ), oder *Sumitsukikakko*, 【 】, sind ein weiteres einzigartiges japanisches Satzzeichen. Sie heben die meisten Dinge hervor oder betonen sie und werden im Allgemeinen verwendet, um die Aufmerksamkeit auf wichtige Sätze oder Punkte zu lenken.

角括弧 (かくがっこ) oder *Kakukakko* sind die sogenannten "eckigen" Klammern [ ]. Sie werden in Formeln und Gleichungen in den eher akademischen Bereichen der Wissenschaft oder Mathematik verwendet.

Gewellte Klammern wie { } werden 波括弧 (なみかっこ) oder *Namikakko* genannt und haben in der allgemeinen Sprache keine besondere Funktion. Sie werden in der Mathematik verwendet und können innerhalb eines Paares eckiger Klammern erscheinen (siehe oben).

〈 〉 sind 山括弧 (やまがっこ), oder *Yamakakko*, was wörtlich "Berg"-Klammern bedeutet. Sie betonen den Text, sind aber nicht mit den < >-Symbolen zu verwechseln.

Runde Klammern ( )

丸括弧 (まるかっこ), oder Marukakko, werden oft verwendet, um Kanji-Lesungen als *"in Zeile-Furigana"* darzustellen *(wie in der Zeile oben)*, funktionieren aber ansonsten so, wie Sie es erwarten würden.

Anführungsstriche 「 」 + 『 』

Das erste Paar, 「 」 werden 鈎括弧 (かぎかっこ) oder *Kagikakko* genannt und ist als einfache Anführungszeichen bekannt. Sie werden für Dialoge oder Zitate verwendet und sind wahrscheinlich am häufigsten zu sehen.

Doppelte Anführungszeichen 『 』 sind 二重鈎括弧 (にじゅうかぎかっこ), oder *Nijukagikakko*. Sie werden viel seltener und meist für Zitate innerhalb eines anderen Zitats verwendet, wobei man sie wie 「『 』」 anordnet.

Doppelpunkt ：

Dieses Satzzeichen ist nicht japanisch, daher schreiben wir seinen allgemeinen Namen in Katakana als **コロン** *(koron) - vom englischen Wort "colon"*. Sie werden es wahrscheinlich verwenden, um die Uhrzeit zu schreiben, wie im Westen, z. B. **5:04**, anstelle von **5時4分** *(wobei* 時 *für Stunden und* 分 *für Minuten steht)*. Wir können ihn auch verwenden, um anzuzeigen, dass etwas, das nach dem Doppelpunkt geschrieben wird, das, was davor steht, erklärt oder erweitert. Diese Verwendung ist jedoch in der Regel auf akademische Texte beschränkt.

Vokalverlängerer ー

Der *"Vokalverlängerer"* zeigt doppelte Vokale in der Katakana-Schrift. Er heißt 長音符 , oder *Chōonpu* (ちょうおんぷ) auf Japanisch, was "langes phonetisches Zeichen" bedeutet. Es ist nicht zu verwechseln mit einem Gedankenstrich oder Bindestrich, die beide durch die Tilde oder den *"gewellten Gedankenstrich"* dargestellt werden. Der *"Vokalverlängerer"* kann zu Nicht-Katakana-Wörtern hinzugefügt werden, um Ausdrücken ein Gefühl von Begeisterung und Aufregung zu verleihen.

Diakritische Zeichen ゛+ ゜

Dakuten und handakuten wurden bereits im Abschnitt *"Zusätzliche Laute"* besprochen. Obwohl sie technisch gesehen keine Satzzeichen sind, sehen sie wie solche aus und sind daher eine kurze Zusammenfassung in diesem Abschnitt wert. Diese kleinen Zeichen werden zu einigen Grund-Kana hinzugefügt, um anzuzeigen, dass ihre Aussprache verändert *(stimmhaft)* ist.

Kleiner Tsu っ + ッ

Wenn ein kleines "tsu"-Zeichen zwischen normal großen Kana-Zeichen steht, wird der Konsonantenlaut der folgenden Silbe verdoppelt *(z. B. ろっく , ausgesprochen als "ro-k-ku", nicht als "ro-tsu-ku")*. Auch keine Interpunktion - nur eine Erinnerung!

Der Kleine ヶ

Es sieht genauso aus wie das Katakana ケ *(ke)*, aber das kleine ヶ ist nicht verwandt. Es ist eine Abkürzung für das Kanji 箇 *(ausgesprochen か, oder "ka")*, das zum Zählen von "Gegenständen" verwendet wird. Das kleine ヶ ist aus einem Teil des Radikals 竹 *(Bambus)* entstanden, allerdings in der abweichenden Form ⺮. Das kleine ヶ ist auch eine verkürzte Version des Partikels が *(ga)*.

Der 々 Symbol

Das so genannte "noma"-Zeichen, das aussieht, als seien die Katakana für *"no"* und *"ma"* kombiniert worden *(ノ + マ = 々)*, ist das Kanji-Iterationszeichen. Dieses Zeichen wird nicht als Kanji klassifiziert und erscheint nicht in Wörterbüchern, es ist also eher ein Satzzeichen.

Im Wesentlichen wird das Symbol 々 nur in Verbindung mit Kanji verwendet und dupliziert ein einzelnes Zeichen, das ihm vorausgeht. Die Lesung wird nicht immer dupliziert, so dass das zweite, duplizierte Kanji eine etwas andere Aussprache haben kann.

Kanji	Lesung		Bedeutung
山	やま	*yama*	Berg
山山 = 山々	やまやま	*yamayama*	Berge
人	ひと	*hito*	Mensch
人人 = 人々	ひとびと	*hitobito*	Menschen

Diese Zusammenfassung soll nur verhindern, dass der Leser *"noma"* mit einem Kanji- oder Kana-Zeichen verwechselt. Eine vollständige Erklärung, wie und wann dieses Zeichen verwendet (oder nicht verwendet) wird, wäre für ein Anfängerbuch zu komplex.

Yen-Symbol ¥

Dieses Zeichen ist kein Interpunktionszeichen, sondern hervorgehoben, damit Sie es nicht mit Kana oder Kanji verwechseln. Das ¥ ist das Zeichen für den japanischen *"Yen"*, oder 円 als Kanji (**えん**), die Währung Japans. Sie können entweder das ¥-Zeichen oder das Kanji 円 wählen - niemals beides! Das ¥-Zeichen steht vor den Zahlen (Währungsbetrag), aber das Kanji 円 kommt nach den Zahlen (z. B. **¥ 123** *or* **123 円**). Verwenden Sie das ¥-Zeichen genauso wie andere Währungen, *z. B. das US-Dollar $, oder das Euro €.*

Poststempel 〒 + ㊒

Diese Zeichen sind normalerweise auf Briefen, Postkarten und Briefkästen zu finden. Die Version ohne Kreis hebt Postleitzahlen hervor, zum Beispiel **〒105-0011** *(die Postleitzahl von Tokyo Tower)*. Die zweite Version (innerhalb eines Kreises) ist das Symbol, mit dem die Lage von Postämtern auf Karten gekennzeichnet wird.

Musik Note ♪

Gelegentlich findet man Texte mit Musiknoten. Sie zeigen dem Leser, dass bestimmte Sätze Liedtexte sind oder dass jemand diese Worte singt (z. B. **うさぎおひし♪ かのやま♪**)

Das Rollenwechselzeichen 〽

Das "Rollenwechselzeichen" heißt **庵点** (**いおりてん**), oder *ioriten*, und zeigt an, wann ein Lied beginnt oder wann ein bestimmtes Instrument oder ein Sänger seinen Part im Lied übernimmt. Es ist unwahrscheinlich, dass Ihnen dieses Symbol begegnet, da es in der Regel beim professionellen Songwriting oder der Musikkomposition verwendet wird. Wenn doch, dann wissen Sie zumindest, was es bedeutet.

Kaomoji

Kaomoji ist der Name für einen besonderen Stil japanischer Emoticons, bei dem Bilder durch die Kombination verschiedener Buchstaben, Zeichen und Satzzeichen gezeichnet werden. **顔文字** (**かおもじ**), oder Kaomoji, was *"Gesichtsbuchstaben"* bedeutet, ist fast eine Kunstform für sich. Das bekanntere Äquivalent von Kaomoji besteht aus einfachen Smiley-Gesichtern, *z. B.* :-)   :(*oder* :D , usw.

Um den Abschnitt über Zeichensetzung abzurunden, finden Sie hier eine kleine Auswahl von Kaomoji aus einigen gängigen Kategorien:

Positive Emotionen	Negative Emotionen	Aktionen	Tiere
(●_●)	(┛ °口°)┛	ε=ε=ε= ┌(;・_・)┘	/\\/\\ ,(⚈ ͜ʟ⚈)ㄟ/\\/\\
ヽ(o^▽^o)ノ	ℓ((#Φ益Φ#))9	(っ ˘ ̯ ˘ ς)	U・ﻌ・U
(ー‿‿ー)	(つ ͡ ͜ ʖ ͡)つ	(∪｡∪)｡｡｡zzZ	ヽ(ˋ(I)´)ノ
(*^‿^*)	ψ(▼ヘ▼メ)〜→	┌|≧▽≦|┘	/(^×^)\
(・ω・) ♡	(πωπ)	(￣▽￣)/♬ .•*¨*•.¸¸♪	< ・)))><<
(/●ヮ●)/*:･ﾟ✧	▓▓▓▓(˚‿˚)▓▓▓▓	┌|ω·)/	ヾ(◇)ノ "
ヽ(^∀^)メ(^∀^)ノ	ϛ(๏̯͡๏ ϛ)	(/>ω<)/ :｡･:*:･ﾟ'★	(^=●ﻌ●=^)

TEIL 6

Über den JLPT

Der "Japanese Language Proficiency Test" (Prüfung der japanischen Sprachkompetenz), oder 日本語の能力試験 auf Japanisch *(Nihongo no nouryoku shiken)*, ist ein System von standardisierten Prüfungen, mit denen die Japanischkenntnisse einer Person ermittelt werden.

Eine formale Zertifizierung ist für diejenigen hilfreich, die in Japan studieren oder arbeiten möchten. Potenzielle Arbeitgeber und Universitäten verlangen unter Umständen, dass eine Person eine Grundqualifikation vorweisen kann, bevor sie eine Bewerbung einreichen kann. Sie ist auch bei Lernenden sehr beliebt, um den persönlichen Fortschritt in der Sprache zu bestätigen oder zu überprüfen.

Die Prüfungen finden zweimal jährlich im Juli und Dezember statt, entweder in Japan oder im Ausland, in speziellen Prüfungszentren in bestimmten Ländern.

Der *JLPT* entspricht dem TOEFL *(Test of English as a Foreign Language)* oder dem IELTS *(International English Language Testing System)*, allerdings für die japanische Sprache. Er besteht aus fünf Stufen, beginnend mit N5 *(der einfachsten Stufe)*, die ein grundlegendes Verständnis und die Anwendung der Sprache bescheinigt. Um die schwierigste Stufe N1 zu erreichen, muss man die Sprache fließend beherrschen:

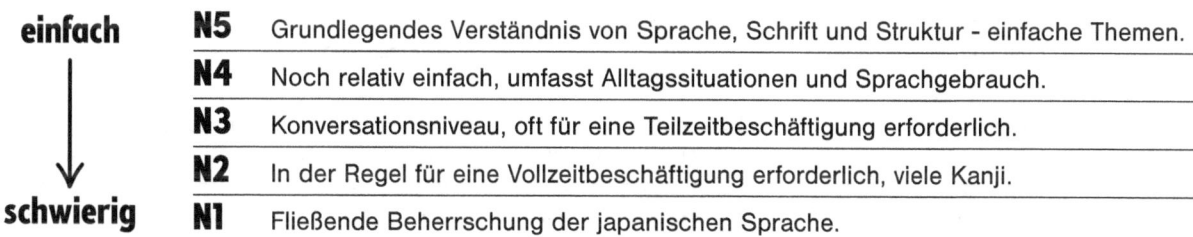

einfach	**N5**	Grundlegendes Verständnis von Sprache, Schrift und Struktur - einfache Themen.
↓	**N4**	Noch relativ einfach, umfasst Alltagssituationen und Sprachgebrauch.
	N3	Konversationsniveau, oft für eine Teilzeitbeschäftigung erforderlich.
schwierig	**N2**	In der Regel für eine Vollzeitbeschäftigung erforderlich, viele Kanji.
	N1	Fließende Beherrschung der japanischen Sprache.

Es ist erwähnenswert, dass das Bildungsministerium und die *Japan Educational Exchanges and Services* (JEES) seit 2010 keine "Test Content Specifications" mehr veröffentlichen und dass vom Lernen anhand von Vokabellisten oder Kanji abgeraten wird. Stattdessen finden Sie auf der JLPT-Website eine allgemeine Zusammenfassung der für die einzelnen Stufen erforderlichen Kompetenzen:

N5	Die Fähigkeit, einige Grundkenntnisse der japanischen Sprache zu verstehen.
Lesen	Man ist in der Lage, typische Ausdrücke und Sätze in Hiragana, Katakana und einfachen Kanji zu lesen und zu verstehen.
Anhören	Sie sind in der Lage, Gesprächen über Themen, die im täglichen Leben und im Klassenzimmer üblich sind, zuzuhören und sie zu verstehen und die notwendigen Informationen aus kurzen, langsam gesprochenen Gesprächen zu entnehmen.

(Quelle: http://www.jlpt.jp/e/about/levelsummary.html - Oktober 2022)

Es kann nützlich und interessant sein, die Anforderungen und Bewertungsmethoden für das JLPT N5-Niveau zu verstehen, unabhängig davon, ob Sie eine formale Qualifikation anstreben oder nicht.

Auch wenn dies in der Übersichtstabelle nicht angegeben ist, werden Kenntnisse des Wortschatzes und der Grammatik vorausgesetzt, um die Anforderungen im Lesen und Hören zu erfüllen. Der JLPT-Begriff hierfür lautet "Sprachkenntnisse". Die Tabelle "Zusammensetzung der Prüfungsaufgaben" *(unten)* zeigt, wie die N5-Prüfung aufgebaut ist, welche Anforderungen in den einzelnen Abschnitten gestellt werden und wie diese bewertet werden:

		Prüflinge	Zweck
Sprachwissen 20 Minuten	**Wortschatz**	Kanji lesen	Test des Lesens von in Kanji geschriebenen Wörtern
		Rechtschreibung	Testen Sie Kanji und Katakana für in Hiragana geschriebene Wörter
		Kontextuell definierte Ausdrücke	Test von Wörtern mit durch den Kontext definierten Bedeutungen
		Paraphrasen	Wörter und Ausdrücke mit ähnlicher Bedeutung testen
Sprachwissen (Lesen) 40 Minuten	**Grammatik**	Satzgrammatik 1 (Auswahl der Grammatikform)	Urteilsvermögen über Grammatikformate, die zu Sätzen passen, testen
		Satzgrammatik 2 (Satzbau)	Prüft das Verständnis von syntaktisch korrektem und sinnvollem Satzbau
		Textgrammatik	Testurteil über die Eignung von Sätzen für den Textfluss
	Lesen	Verstehen (kurze Passagen)	Testen Sie Ihr inhaltliches Verständnis, indem Sie einfache Originaltexte mit ca. 80 Zeichen lesen - Themen und Situationen aus Alltag, Studium und Beruf.
		Verstehen (mittelgroße Passagen)	Testen Sie Ihr inhaltliches Verständnis, indem Sie einfache Originaltexte von ca. 250 Zeichen lesen - Themen und Situationen aus dem täglichen Leben
		Informationsabfrage	Testen Sie die Fähigkeit, die erforderlichen Informationen aus Originalmaterialien wie z. B. Notizen zu entnehmen (ca. 250 Zeichen).
Anhören 30 Minuten		Aufgabenbezogenes Verstehen	Testen des Verständnisses von Inhalten durch Hören eines kohärenten Textes *(Prüfung der Fähigkeit, die für die Lösung spezifischer Probleme notwendigen Informationen zu entnehmen und geeignete Maßnahmen zu verstehen)*
		Verstehen der wichtigsten Punkte	Prüfung des Verständnisses von Inhalten durch Hören eines kohärenten Textes *(Prüfung der Fähigkeit, Punkte auf der Grundlage notwendiger, im Voraus präsentierter Informationen einzugrenzen)*
		Verbale Ausdrücke	Testen Sie die Fähigkeit, geeignete verbale Ausdrücke auszuwählen, indem Sie Umstände anhören und sich Abbildungen ansehen.
		Schnelle Antwort	Test der Fähigkeit, durch Zuhören auf kurze Äußerungen wie Fragen angemessene Antworten auszuwählen

(www.jlpt.jp/e/guideline/pdf/n5_e_revised.pdf - 10.2022)

Die Prüfung besteht aus drei Teilen: Der erste Teil prüft Ihre Wortschatzkenntnisse, einschließlich der Kanji-Wörter; der zweite Teil prüft Ihr Verständnis der Grammatikregeln und testet Ihre Fähigkeit, Japanisch zu lesen und zu verstehen; und der dritte Teil prüft eine Kombination aus allen Wissensbereichen, wobei Audioaufnahmen anstelle von Text verwendet werden.

Um das JLPT N5-Zertifikat zu erhalten, müssen Sie mindestens 80 von maximal 180 möglichen Punkten erreichen. Der Leseteil ist doppelt so viele Punkte wert wie der Hörteil.

Außerdem gibt es jetzt eine Mindestpunktzahl für jeden der beiden Hauptabschnitte, was bedeutet, dass eine niedrige Punktzahl in einem der beiden Abschnitte unabhängig von der Gesamtpunktzahl des Teilnehmers zu einem Nichtbestehen führt.

	Pkt. Verfügbar für Sektion	Erforderliche Mindestpunkte
Sprachwissen (Wortschatz/Grammatik) - Lesen	0 - 120	38 / 120
Sektion Zuhören	0 - 60	19 / 120

Verfügbare Gesamtpunkte	0 - 180
N5 bestanden (Minimum)	80 / 180

(www.jlpt.jp/e/guideline/results.html - 10.2022)

Vorbereitung für JLPT N5

Die Organisatoren des Japanese Language Proficiency Test haben früher lange Listen mit bestimmten Vokabeln, Kanji und Grammatikpunkten veröffentlicht, aus denen alle möglichen Prüfungsfragen zusammengestellt wurden. Diese Praxis wurde vor kurzem eingestellt, so dass online nur noch *"inoffizielle" Listen* zu finden sind. Diese Listen gehen davon aus, dass alle JLPT N5-Fragen und -Antworten aus einem Pool von etwa **800 Vokabeln** und etwas **mehr als 100 Kanji** erstellt werden. Diese Zahlen sind groß und übersteigen die Anforderungen einer einzigen N5-Prüfung - sie stellen lediglich ein *"sicheres"* Mindestmaß an Wissen dar.

Glücklicherweise handelt es sich bei den Vokabeln und Kanji in diesen Listen um einfaches, alltägliches, umgangssprachliches Japanisch, und sie repräsentieren einige der am häufigsten verwendeten Wörter und Themen, z. B. Zahlen, Daten, Tage und Zeit, Familie und Freunde sowie gebräuchliche Verben *(wie: gehen, sprechen, lesen, schreiben usw.)*.

Die Anforderungen an die Grammatik können ebenfalls variieren, umfassen jedoch das Verständnis und die Verwendung gängiger Partikel wie は *(wa)*, が *(ga)* und を *(wo)* sowie die Konjugation von Verben in der Vergangenheit oder im Präsens (sowohl für die höfliche als auch die informelle Sprache).

Anfänger ohne Vorkenntnisse müssen unter Umständen bis zu 500 Stunden lernen, um die N5-Prüfung zu bestehen, was weniger als 3 Stunden pro Tag über einen Zeitraum von sechs Monaten bedeutet.

Da die Prüfungen aus Multiple-Choice-Fragen und -Antworten bestehen, schlagen manche vor, Zeit zu sparen, indem man nicht lernt, etwas auf Japanisch zu schreiben. Das ist Unsinn! Schreibübungen sind ein wesentlicher Bestandteil aller guten Langzeitstrategien und eine unglaublich wertvolle und nützliche Fähigkeit. Es dauert nicht lange, bis man die Kana beherrscht, und das Schreiben hilft beim Lernen und Memorieren von Informationen.

Es ist erwähnenswert, dass das Prüfungsverfahren derzeit auch keine mündliche Prüfung erfordert, so dass es möglich ist, ein Zertifikat zu erwerben, ohne ein einziges Mal zu sprechen! Gespräche sind jedoch eine weitere gute Möglichkeit, Japanisch zu lernen und zu üben, und sollten nicht völlig außer Acht gelassen werden. *Außerdem, was nützt es, eine neue Fremdsprache zu lernen, wenn man sie nicht anwenden will?*

Lernen der Kanji

Der folgende Abschnitt des Arbeitsbuchs enthält eine Reihe von Studienseiten für jedes der Kanji der Stufe N5. Ein Beispiel für deren Layout und wichtige Merkmale finden Sie unten:

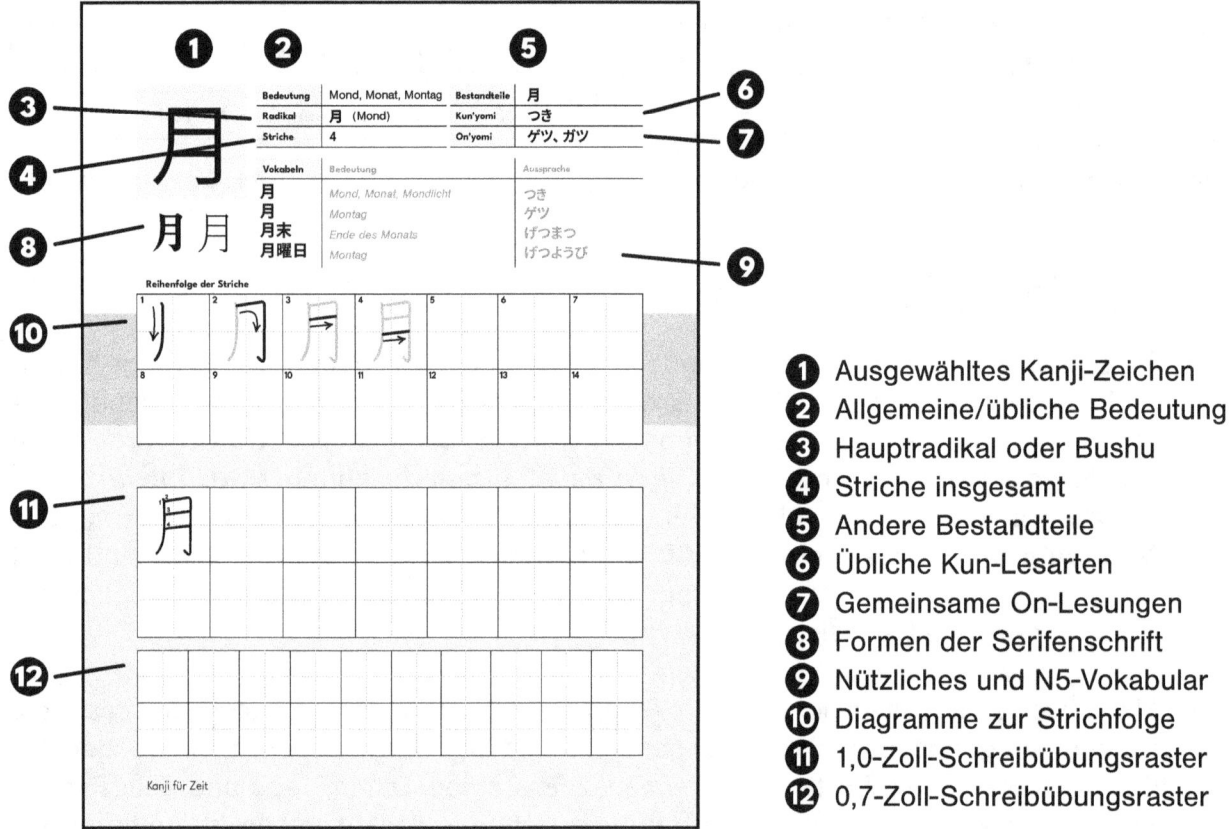

1. Ausgewähltes Kanji-Zeichen
2. Allgemeine/übliche Bedeutung
3. Hauptradikal oder Bushu
4. Striche insgesamt
5. Andere Bestandteile
6. Übliche Kun-Lesarten
7. Gemeinsame On-Lesungen
8. Formen der Serifenschrift
9. Nützliches und N5-Vokabular
10. Diagramme zur Strichfolge
11. 1,0-Zoll-Schreibübungsraster
12. 0,7-Zoll-Schreibübungsraster

Wenn Sie sich einem neuen Kanji nähern, sollten Sie seine Aussprache üben und sich merken, für welche Art von Vokabeln es steht. Mit zunehmender Kenntnis können Sie neue Kanji mit denen verknüpfen, die Sie bereits gelernt haben. Der Wissensaufbau über Kanjis dauert länger als das Auswendiglernen von Kanjis - ganz einfach, weil es für jedes Zeichen mehr zu merken gibt.

Jede Kanji-Gruppe endet mit einem Wiederholungsteil, der Ihr Wissen über die bis dahin gelernten Kanji überprüft. Die Fragen auf diesen Überprüfungsseiten werden schwieriger, je weiter Sie mit dem Arbeitsbuch fortschreiten. Wenn sie zu schwierig werden, sollten Sie einen Schritt zurücktreten - es ist wichtig, dass Sie sich die grundlegenden Informationen einprägen, bevor Sie mit vielen neuen Kanji weitermachen. Regelmäßige Pausen können beim Auswendiglernen sehr hilfreich sein - versuchen Sie, zwischen den Kanji einer bestimmten Gruppe vor- und zurückzuspringen, und testen Sie dann Ihr Gedächtnis. Wenn Sie eine Pause vom Kanji-Wissen brauchen, aber weiterhin motiviert sind, mehr über Japanisch zu lernen, können Sie sich auch mit den grammatikbezogenen Themen in den späteren Kapiteln beschäftigen.

Tipp: Das Umschreiben oder Übertragen von Kanji-Informationen in ein anderes leeres Lernbuch kann helfen. Jedes Notizbuch ist dafür geeignet, aber ich habe auch einen "Kanji Study Companion" (Studienbegleiter) für genau diesen Zweck entwickelt - organisiertes Lernen ist effektiver!

N5-Stufe Kanji

Es ist sinnvoll, diese N5-Kanji zuerst zu lernen, da sie zu den am häufigsten vorkommenden gehören, wenn man Vokabeln lernt oder beginnt, japanische Texte zu lesen. Viele von ihnen sind Radikale und müssen unabhängig voneinander gelernt oder auswendig gelernt werden. *Radikale sind die grundlegenden Teile, oft mit einfacheren Formen, aus denen alle Kanji zusammengesetzt sind.*

Das Erlernen der Radikale mag schwierig erscheinen, wenn man mit wenig oder gar keinem Wissen beginnt, aber wie bereits in diesem Arbeitsbuch erwähnt, sollte das Erlernen der Radikale das spätere Erlernen fortgeschrittener oder komplexer Kanji erleichtern.

Auf den nächsten Seiten sind die Kanji, die Sie lernen werden, nach allgemeinen Themen gruppiert, z. B. Zahlen, Zeit, Dinge, Orte usw. Es kann einfacher sein, sich ein Zeichen zu merken und zu lernen, wenn es mit einem anderen, verwandten Wort verbunden ist.

Zahlen

Die Romaji-Zahlen von 1 bis 10 werden in Japan sehr häufig verwendet, aber die Kanji müssen noch gelernt werden. Zum Glück haben sie einige der einfachsten Formen! Achten Sie darauf, das Kanji 千 nicht mit dem Katakana チ (chi) zu verwechseln, da es gleich klingt:

N5 Kanji	Grundbedeutung	N5 Wortschatz	
一	eins, 1	一人	eine Person, allein
二	zwei, 2	二人	zwei Personen, Paar
三	drei, 3	三日	3. Tag des Monats
四	vier, 4	四日	4. Tag des Monats
五	fünf, 5	五日	5. Tag des Monats
六	sechs, 6	六日	6. Tag des Monats
七	sieben, 7	七日	7. Tag des Monats
八	acht, 8	八日	8. Tag des Monats
九	neun, 9	九日	9. Tag des Monats
十	zehn, 10	十日	10. Tag des Monats
百	hundert	百万円	1 Million Yen
千	tausend	千万円	10 Millionen Yen
万	zehntausend	万年筆	Füllfederhalter
円	Yen, Kreis, rund	円い	rund

Menschen und Dinge

Achten Sie in dieser Gruppe besonders auf die Kanji, die für natürliche Elemente wie Erde, Feuer und Wasser stehen. Die japanische Kultur misst der Natur seit langem große Bedeutung bei, und diese primitiven Begriffe verleihen vielen anderen Wörtern ihre Bedeutungen. Diese Kanji haben mehr Lesarten als andere und kommen in einer Vielzahl von anderen Vokabeln und Kanji vor.

Bestimmte Kanji dieser Gruppe werden auch in verschiedenen Situationen unterschiedlich gelesen, haben aber dieselbe Bedeutung - wie 母 und 父. Man würde sie als "ha-ha" und "chi-chi" aussprechen, wenn man sich auf seine Eltern bezieht, aber als "kaa (wie in お母さん) und "tou" (wie in お母さん), wenn man sie direkt anspricht. Bei den Namen anderer Verwandter ändert sich die Aussprache wieder und muss leider individuell erlernt werden.

N5 Kanji	Grundbedeutung	N5 Wortschatz	
人	Person	人々	Menschen
男	Mann, Junge, männlich	男の子	Junge
女	Frau, Mädchen, weiblich	女の子	Mädchen
子	Kind	子供	Kind
母	Mutter	母	Mutter
父	Vater	父	Vater
友	Freund	友達	Freund
火	Feuer	火曜日	Dienstag
水	Wasser	水曜日	Mittwoch
木	Baum, Holz	木曜日	Donnerstag
土	Erde, Boden	土曜日	Samstag
金	Geld, Gold	金曜日	Freitag
本	Buch, Quelle	日本語	Japanisch
川	Fluss	川	Fluss
花	Blume	花火	Feuerwerk
気	Geist	元気	gesund, Geist, gut
生	Leben, leben, wachsen	生徒	Schülerin
魚	Fisch	魚	Fisch
天	Himmel	天気	Wetter

N5 Kanji	Grundbedeutung	N5 Wortschatz	
空	Himmel, leer	空	Himmel
山	Berg	山	Berg
雨	Regen	雨	Regen
電	Strom	電気	Elektrizität
車	Auto, Fahrzeug	電車	elektrische Eisenbahn
語	Sprache, Wort, plaudern	英語	Englische Sprache
耳	Ohr	耳	Ohr
手	Hand	手紙	Buchstabe
足	Fuß, hinzufügen	足	Fuß
目	Auge	目	Auge
口	Mund	出口	Ausgang
名	Name	名前	Name

Adjektive

Die Kanji dieser Gruppe werden in der Regel für Beschreibungen als Adjektive auf der Stufe N5 verwendet und nehmen oft das Kun'yomi an. On-Lesungen werden mit anderen Kanji kombiniert, um ein beschreibendes Substantiv zu bilden.

N5 Kanji	Grundbedeutung	N5 Wortschatz	
多	viel, viele	多い	viele
少	ein wenig, wenige	少ない	wenige
古	alt	古い	alt
新	neu	新しい	neu
大	groß, viel	大きい	groß
小	wenig, klein	小さい	wenig
安	billig, Sicherheit, Frieden	安い	billig
高	teuer, hoch	高い	teuer
長	lang, Führer	長い	lang
白	weiß	白い	weiß

Zeit

Japanische Kanji, die für Zahlenwörter stehen, werden oft mit denen kombiniert, die für Zeit- und Datumsvokabeln verwendet werden, daher ist es sinnvoll, sie in diese zweite Gruppe aufzunehmen.

Der Name für jeden Mondkalendermonat (Januar, Februar usw.) wird gebildet, indem dem Kanji 月, das im Japanischen für "Monat" steht, eine Zahl vorangestellt wird. Zum Beispiel bedeutet das Wort 六月 ("6" + "Monat") "6. Monat des Mondkalenders" oder "Juni".

N5 Kanji	Grundbedeutung	N5 Wortschatz	
日	Tag, Sonne	明日	morgen
週	Woche	毎週	jede Woche
月	Monat, Mond	月曜日	Montag
年	Jahr	今年	dieses Jahr
時	Zeit, Stunde	時計	Uhr, Uhr
間	Zeitrahmen, Zeitspanne	時間	Zeit, Stunden
分	Minute, Teil, zu verstehen	三十分	dreißig Minuten
午	Mittag	午前	Morgen, A.M.
前	vor	名前	Name
後	nach, später, hinter	午後	Nachmittag, P.M.
今	jetzt	今晩	heute Abend
先	vor, voraus, zukünftig	先週	letzte Woche
来	kommen	来月	nächsten Monat
半	Hälfte, Mitte	半分	halb
毎	jeder, jede	毎日	jeden Tag
何	was, welche, wie viele	何曜日	welcher Tag der Woche

Kombiniert man das Kanji 来 mit einem anderen Zeitzeichen, entstehen Vokabeln wie "nächster Monat" (来月 = *Zukunft + Monat*). Dieses Kanji wird auch verwendet, um das unregelmäßige Verb 来る, das *"kommen"* oder *"ankommen"* bedeutet. Obwohl es eines der am häufigsten verwendeten (und zuerst erlernten) Verben ist, folgt es nicht den grundlegenden Konjugationsmustern.

Sie werden in einem späteren Kapitel mehr über die Konjugationsmuster von Verben erfahren.

Verben

Der JLPT N5 erfordert die Kenntnis der Kanji, die für gängige Verben wie *"essen"* oder *"trinken"* stehen. Diese Kanji haben mehrere Aussprachen, müssen aber nur in ihrer Kun-Lesart gelesen werden, wenn sie als Verb verwendet werden.

N5 Kanji	Grundbedeutung	N5 Wortschatz	
見	sehen, sichtbar sein, zeigen	見せる	*zeigen*
聞	hören, zuhören, fragen	聞く	*zuhören, hören*
書	schreiben	辞書	*Wörterbuch*
読	lesen	読む	*lesen*
話	sprechen, Konversation	電話	*Telefon*
買	kaufen	買い物	*einkaufen*
行	gehen, ausführen	銀行	*Bank*
出	hinausgehen, weggehen	出かける	*Ausgehen*
入	hineingehen, hineintragen	入口	*Eingang*
休	ausruhen, Pause, Urlaub	休む	*einen Tag frei nehmen*
食	essen, Nahrung	食堂	*Speisesaal*
飲	zu trinken, ein Getränk	飲み物	*Getränk*
言	sagen, Wort oder Bemerkung	言う	*sagen*
立	stehen	立つ	*stehen*
会	treffen, Gesellschaft	会社	*Firma*

Die Prüfung prüft die Beherrschung der Kanji-Verben und ihrer Kun-Lesungen, aber drei werden auch mit On-Lesungen verwendet: die Zeichen 読 *(lesen)*, 書 *(schreiben)* und 聞 *(hören)* kommen in den Anleitungen für die verschiedenen Prüfungsteile vor. Sie sollten sich die On-Lesungen unbedingt einprägen, um sicher zu sein, welchen Teil der Prüfung Sie ablegen!

Einige andere Zeichen, die in dieser Gruppe häufig als On-Lesungen vorkommen, sind: 食 *(essen)* und 会 *(Gesellschaft)*.

Wegbeschreibung & Orte

Diese Gruppe enthält gebräuchliche Kanji, die häufig in vielen Alltagswörtern verwendet werden. Es gibt einige Muster in ihrer Verwendung, wie z. B. 店, das normalerweise die Lesung on annimmt, wenn es in Verbindung mit anderen Kanji verwendet wird, aber kun-, wenn es allein verwendet wird. Diese Muster werden normalerweise mit der Zeit deutlich.

N5 Kanji	Grundbedeutung	N5 Wortschatz	
店	Shop	喫茶店	Kaffeehaus
駅	Bahnhof	駅前	vor dem Bahnhof
道	Straße, Pfad, Weg	道具	Werkzeug
社	Schrein, Gesellschaft	社長	Präsident einer Firma
国	Land	外国人	Ausländer
外	draußen	外国	ausländisches Land
学	Schule, Lernen	大学	Universität
校	Schule	学校	Schule
上	oben, oben	上着	Jacke
下	unten, unten	靴下	Socken
中	Mitte, Zentrum, zwischen	日中	tagsüber, mittags
北	Norden	北	Norden
西	Westen	西	Westen
東	Osten	東京	Tokio
南	Süden	南	Süden
右	rechts	右	rechts
左	links	左	links

Viele der Kanji in diesen Listen haben mehrere verschiedene Bedeutungen, aber der JLPT N5 verlangt nicht, dass Sie alle Details kennen. In den meisten Fällen sind die zusätzlichen Bedeutungen nicht so häufig und werden im Alltagsjapanisch nicht verwendet. Aus diesem Grund enthält jede Kanji-Lernseite nur eine kleine Auswahl der häufigsten oder nützlichsten Vokabeln.

Indem Sie nur die wichtigsten und hilfreichsten Wörter oder Details lernen, machen Sie schneller Fortschritte. Diese Methode funktioniert für die meisten Zeichen in diesen Listen. Wenn Sie sich erst einmal ein solides Fundament an grundlegenden, aber wichtigen Kenntnissen angeeignet haben, wird es Ihnen später leichter fallen, zusätzliche Lesarten und Vokabeln zu lernen.

Kana Schnellreferenztabellen

Hiragana

w	r	y	m	h	n	t	s	k	
わ wa	ら ra	や ya	ま ma	は ha	な na	た ta	さ sa	か ka	あ a
	り ri		み mi	ひ hi	に ni	ち chi	し shi	き ki	い i
*ん n	る ru	ゆ yu	む mu	ふ fu	ぬ nu	つ tsu	す su	く ku	う u
	れ re		め me	へ he	ね ne	て te	せ se	け ke	え e
を wo	ろ ro	よ yo	も mo	ほ ho	の no	と to	そ so	こ ko	お o

Katakana

w	r	y	m	h	n	t	s	k	
ワ wa	ラ ra	ヤ ya	マ ma	ハ ha	ナ na	タ ta	サ sa	カ ka	ア a
	リ ri		ミ mi	ヒ hi	ニ ni	チ chi	シ shi	キ ki	イ i
*ン n	ル ru	ユ yu	ム mu	フ fu	ヌ nu	ツ tsu	ス su	ク ku	ウ u
	レ re		メ me	ヘ he	ネ ne	テ te	セ se	ケ ke	エ e
ヲ wo	ロ ro	ヨ yo	モ mo	ホ ho	ノ no	ト to	ソ so	コ ko	オ o

Bedeutung	eine, 1, beste, erste	Bestandteile	一
Radikal	一 (eine)	Kun'yomi	ひと-、ひと.つ
Striche	1	On'yomi	イチ、イツ

Vokabeln	Bedeutung	Aussprache
一つ	eine, für eine Sache, nur, (nicht) sogar	ひとつ
一	eins, 1, am besten, zuerst, Anfang, starten	いち / イチ
一寸	ein wenig, ein bisschen, etwas, kurz, ziemlich,	ちょっと
一人	eine Person	ひとり

Reihenfolge der Striche

Übung zum Schreiben

Kanji für Zahlen

Bedeutung	zwei, 2	Bestandteile	二
Radikal	二 (zwei)	Kun'yomi	ふた、ふた.つ
Striche	2	On'yomi	ニ、ジ

Vokabeln	Bedeutung	Aussprache
二	zwei, 2	ニ / に
二日	2. Tag des Monats, 2 Tage	ふつか
二月	Februar, 2. Monat des Kalenders	にがつ
二人	zwei Personen, zwei Personen, Paar	ふたり

Reihenfolge der Striche

Übung zum Schreiben

JLPT N5

Bedeutung	drei, 3		**Bestandteile**	一 二
Radikal	一 (eine)		**Kun'yomi**	み、み.つ、みっ.つ
Striche	3		**On'yomi**	サン、ゾウ

Vokabeln	Bedeutung	Aussprache
三	drei, 3	サン / さん
三日	3. Tag des Monats	みっか
三月	März, 3. Monat des Kalenders	さんがつ
三十日	letzter Tag des Monats	みそか

Reihenfolge der Striche

Übung zum Schreiben

Kanji für Zahlen

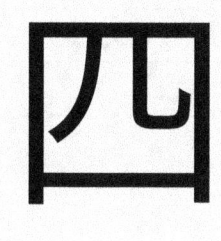

Bedeutung	vier, 4	Bestandteile	ル口
Radikal	口 (Gehäuse)	Kun'yomi	よ、よ.つ、よっ.つ
Striche	5	On'yomi	シ

Vokabeln	Bedeutung	Aussprache
四	vier, 4	シ / し / よん
四日	4. Tag des Monats	よっか
四月	April, 4. Monat des Kalenders	シガツ
四つ	vier, vier Jahre alt	よん / よっつ

Reihenfolge der Striche

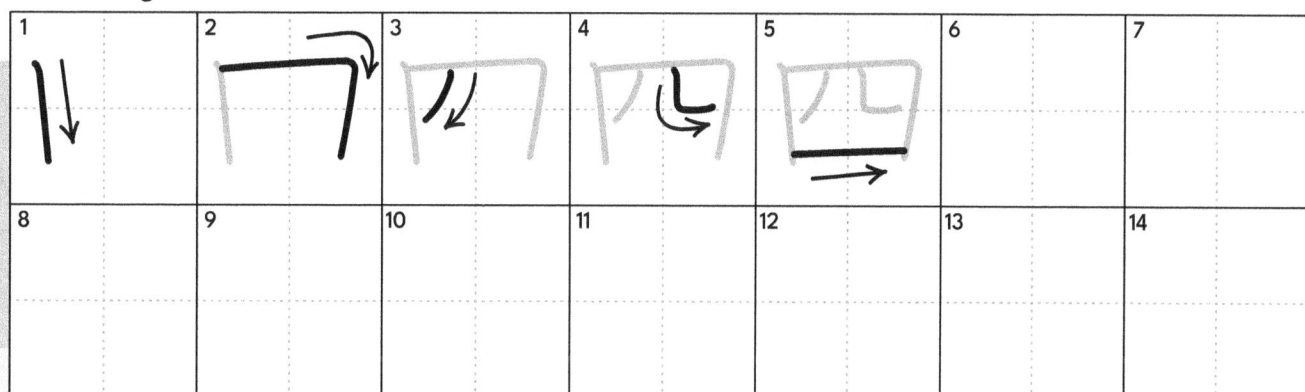

Übung zum Schreiben

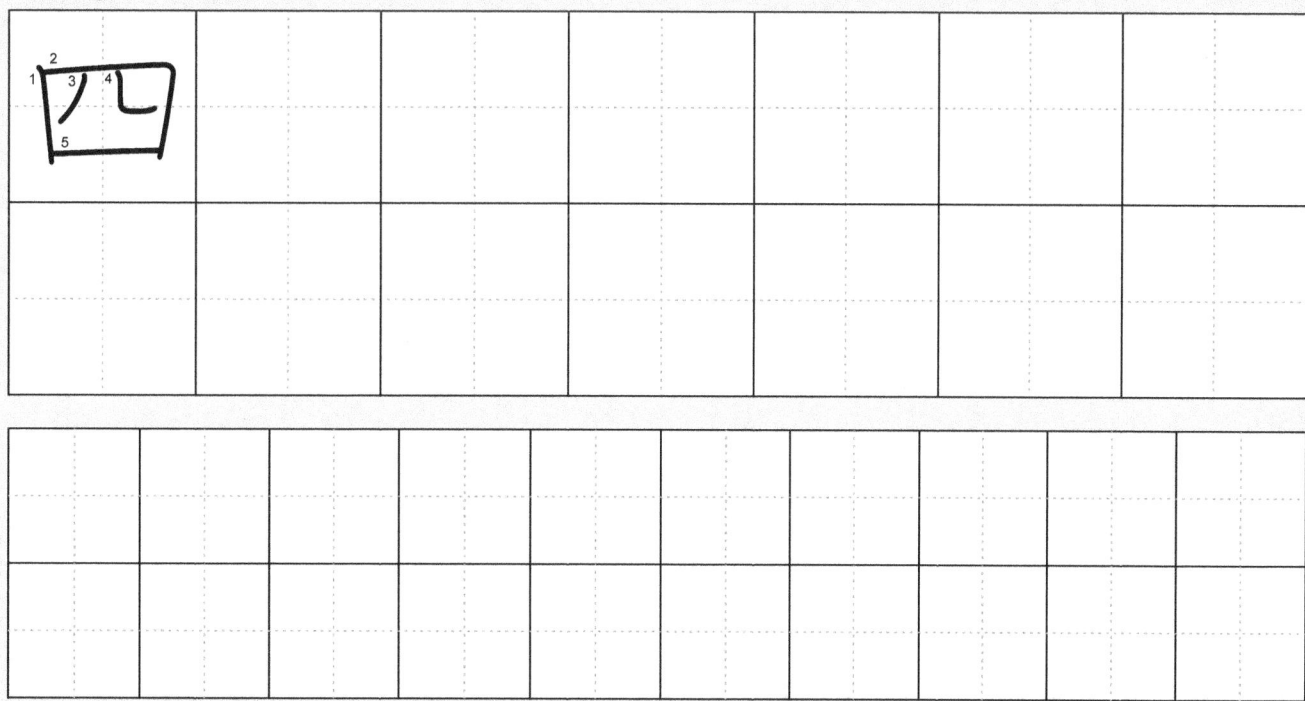

JLPT N5

五

Bedeutung	fünf, 5	Bestandteile	五
Radikal	二 (zwei)	Kun'yomi	いつ、いつ.つ
Striche	4	On'yomi	ゴ

Vokabeln	Bedeutung	Aussprache
五	fünf, 5	ゴ / ご
五日	5. Tag des Monats	いつか
五月	Mai, 5. Monat des Kalenders	ゴガツ
五つ	fünf, fünf Jahre alt	いつつ

Reihenfolge der Striche

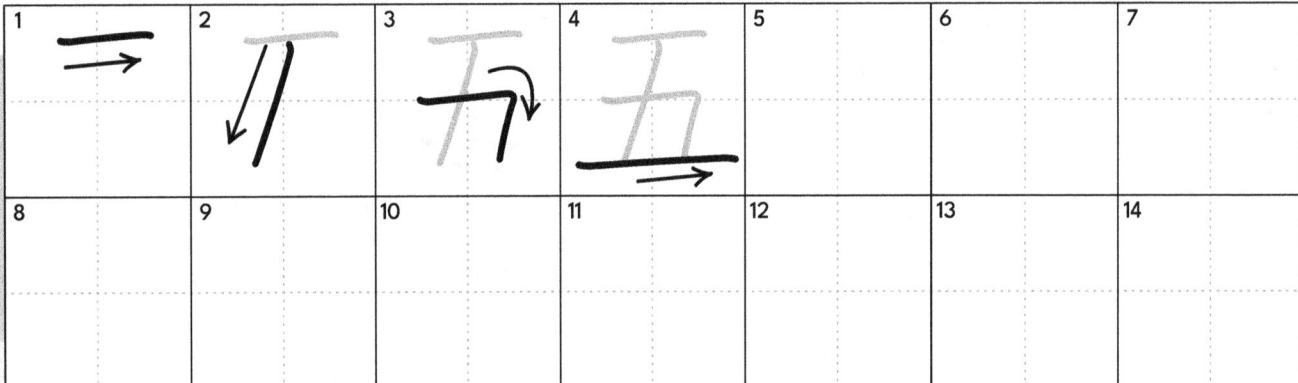

Übung zum Schreiben

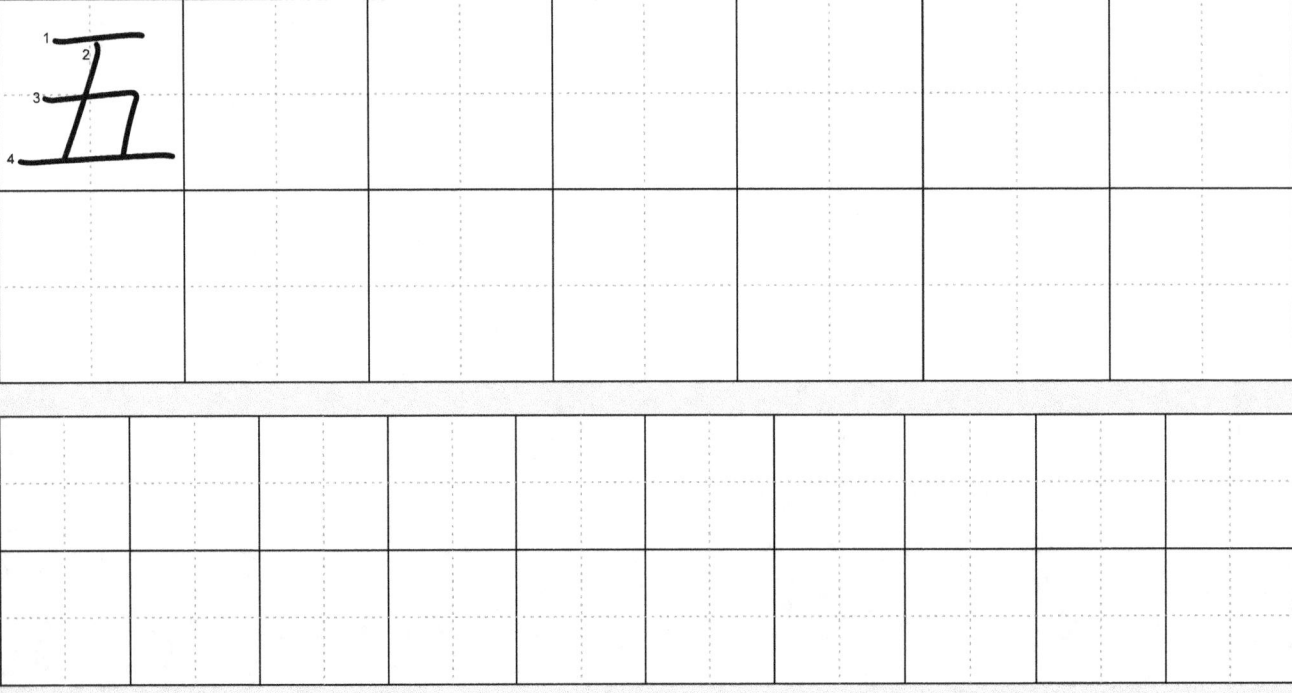

Kanji für Zahlen

Bedeutung	sechs, 6	Bestandteile	亠八
Radikal	八 (acht)	Kun'yomi	む、む.つ、むっ.つ
Striche	4	On'yomi	ロク、リク

Vokabeln	Bedeutung	Aussprache
六	sechs, 6	ロク / ろく
六日	6. Tag des Monats	むいか
六月	Juni, 6. Monat des Kalenders	ロクガツ
六つ	sechs, sechs Jahre alt	むっつ

Reihenfolge der Striche

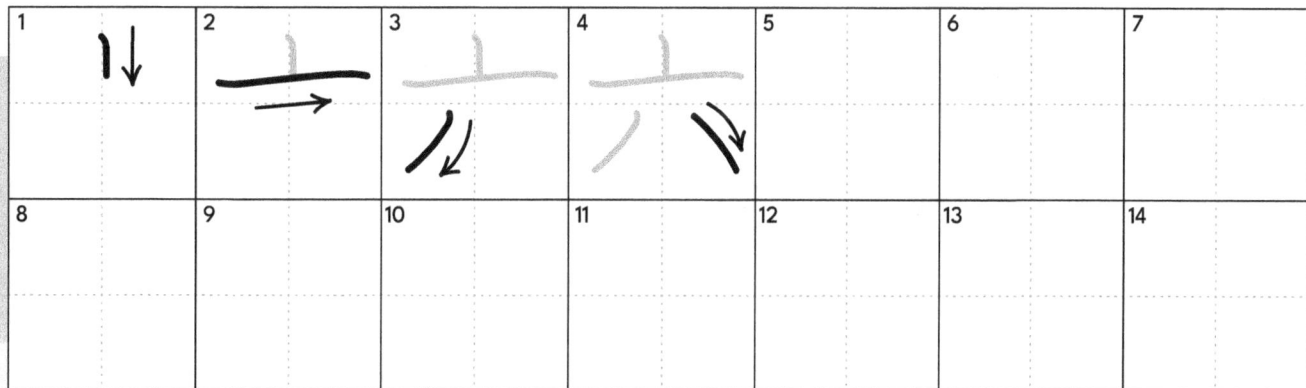

Übung zum Schreiben

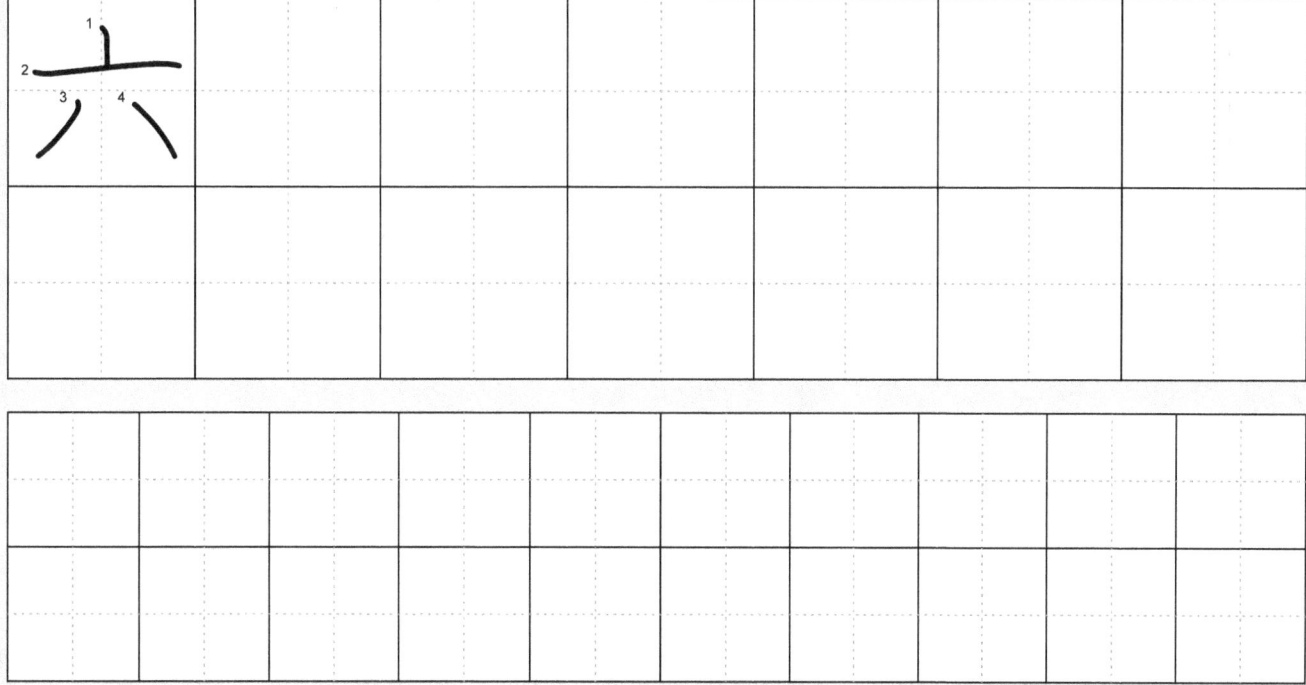

JLPT N5

Bedeutung	sieben, 7		**Bestandteile**	乙ノヒ
Radikal	一 (eine)		**Kun'yomi**	なな、なな.つ、なの
Striche	2		**On'yomi**	シチ

Vokabeln	Bedeutung	Aussprache
七	sieben, 7	シチ / しち / なな
七日	7. Tag des Monats	なのか
七月	Juli, 7. Monat des Kalenders	シチガツ
七つ	sieben, sieben Jahre alt	ななつ

Reihenfolge der Striche

Übung zum Schreiben

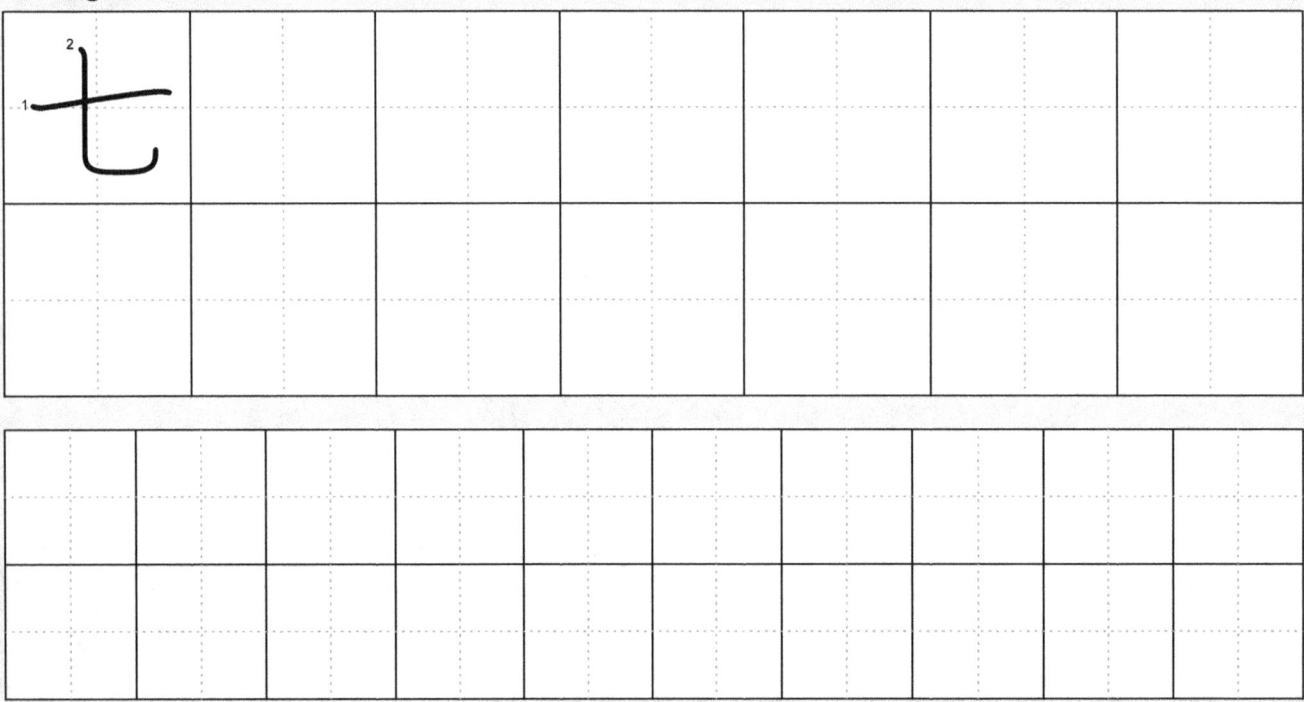

Kanji für Zahlen

Bedeutung	acht, 8	Bestandteile	八
Radikal	八 (acht)	Kun'yomi	や、や.つ、やっ.つ
Striche	2	On'yomi	ハチ、ハツ

Vokabeln	Bedeutung	Aussprache
八	acht, 8	ハチ / はち
八日	8. Tag des Monats	ようか
八月	August, 8. Monat des Kalenders	だす
八つ	acht, acht Jahre alt	やっつ

Reihenfolge der Striche

Übung zum Schreiben

JLPT N5

Bedeutung	neun, 9	Bestandteile	九
Radikal	ㇲ (zweite)	Kun'yomi	ここの、ここの.つ
Striche	2	On'yomi	キュウ、ク

Vokabeln	Bedeutung	Aussprache
九	neun, 9	キュウ / きゅう
九日	9. Tag des Monats	ここのか
九月	September, 9. Monat des Kalenders	クガツ
九つ	neun, neun Jahre alt	ここのつ

Reihenfolge der Striche

Übung zum Schreiben

Kanji für Zahlen

Bedeutung	10, zehn Jahre alt	Bestandteile	十
Radikal	十 (zehn)	Kun'yomi	とお、と、そ
Striche	2	On'yomi	ジュウ、ジッ、ジュッ

Vokabeln	Bedeutung	Aussprache
十	zehn, 10, zehn Jahre alt	じゅう / ジュウ
十日	10. Tag des Monats	とおか
十回	zehnmal	ジッカイ
十分	genug, ausreichend, viel, angemessen	じゅうぶん

Reihenfolge der Striche

Übung zum Schreiben

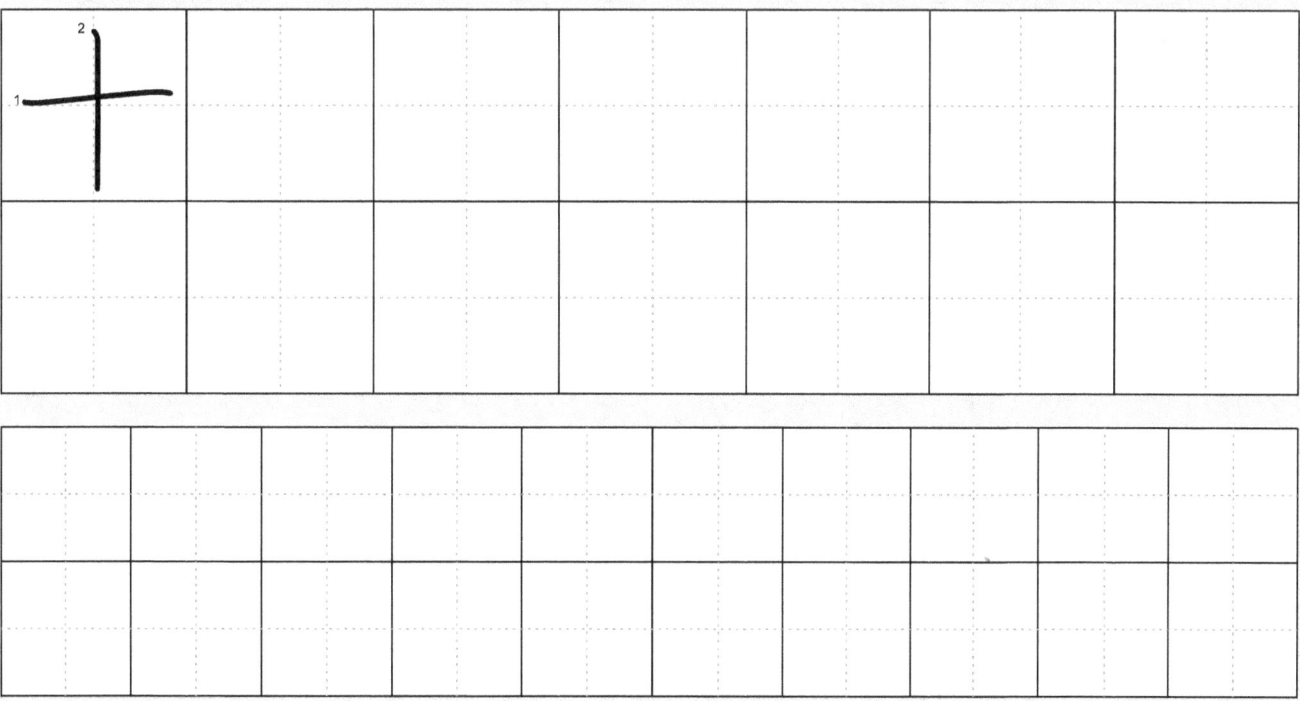

JLPT N5

Bedeutung	hundert, 100	**Bestandteile**	一 白
Radikal	白 (weiß)	**Kun'yomi**	もも
Striche	6	**On'yomi**	ヒャク、ビャク

Vokabeln	Bedeutung	Aussprache
百	hundert, 100	ヒャク
百	hundert, 100, (sehr) viele	もも
百貨店	Kaufhaus	ひゃっかてん
百万円	1 Million Yen (100万円)	ひゃく まん えん

Reihenfolge der Striche

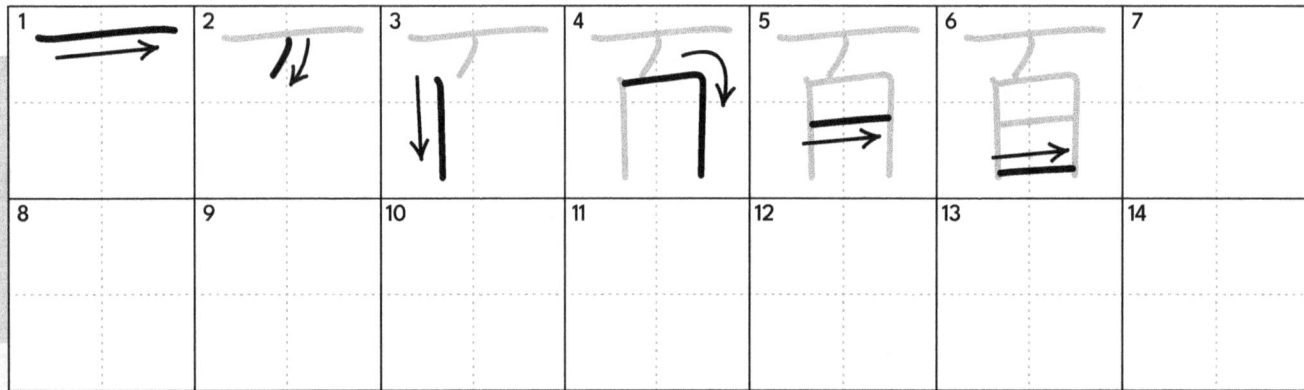

Übung zum Schreiben

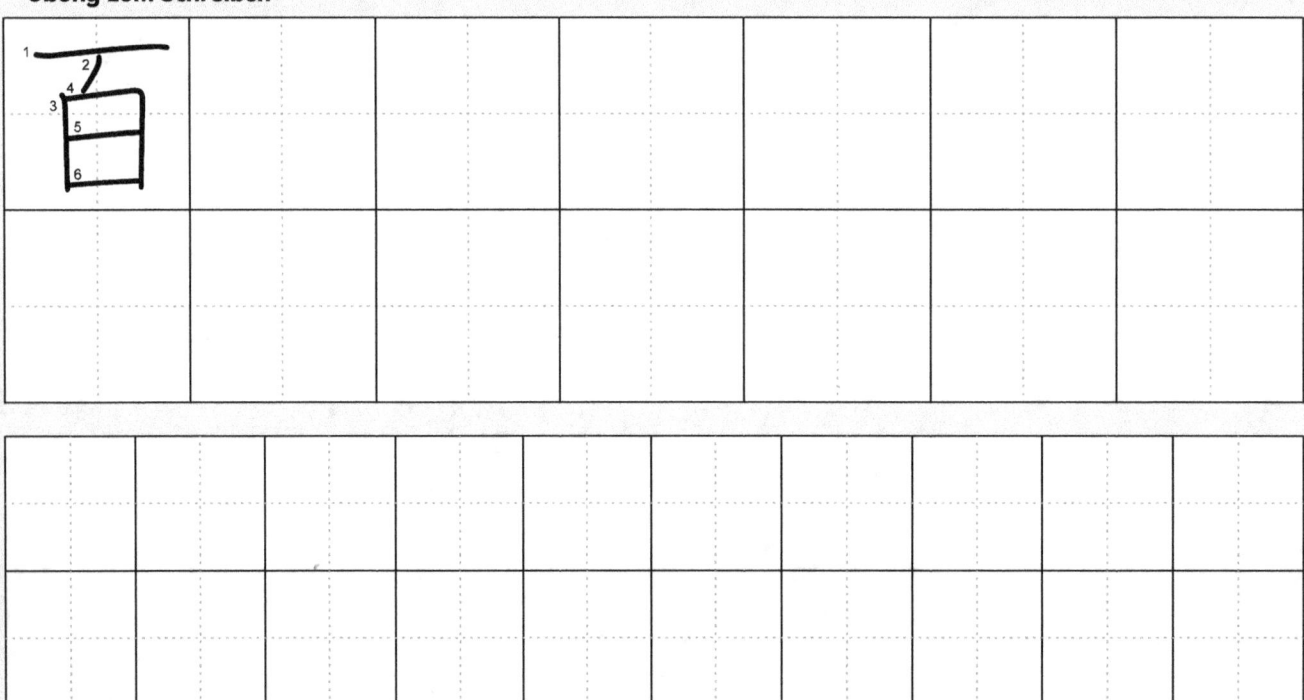

Kanji für Zahlen

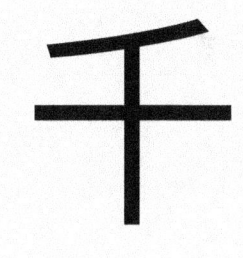

Bedeutung	1.000, tausend	Bestandteile	ノ十
Radikal	十 (zehn)	Kun'yomi	ち
Striche	3	On'yomi	セン

Vokabeln	Bedeutung	Aussprache
千	1000, tausend	セン
千	1000, tausend	せん
百千	große Anzahl, alle Arten	ひゃくせん
千万円	10 Millionen Yen (1000t万円)	いっせん まんえん

Reihenfolge der Striche

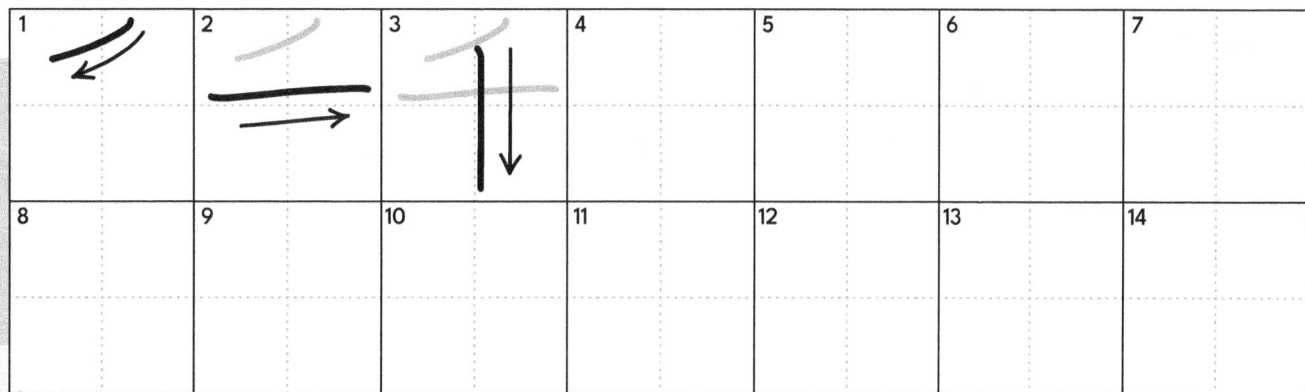

Übung zum Schreiben

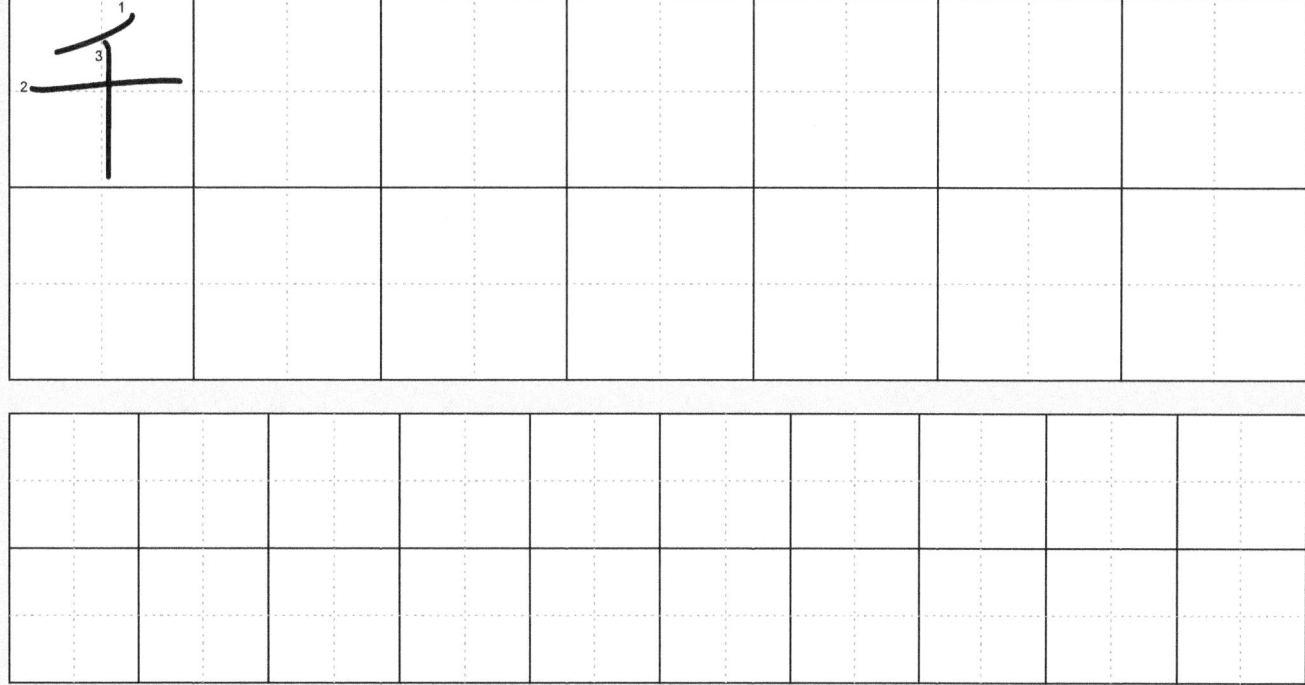

JLPT N5

万

Bedeutung	10.000, zehntausend	**Bestandteile**	一 ｜ ノ
Radikal	一 (eine)	**Kun'yomi**	よろず
Striche	3	**On'yomi**	マン、バン

Vokabeln	Bedeutung	Aussprache
万	10.000, Myriade, alles, alle, verschiedene	マン
万	10.000, Myriade, alles, alle, verschiedene	いく
万能	allseitig, nützlich, universell	ばんのう
万年筆	Füllfederhalter	まんねんひつ

Reihenfolge der Striche

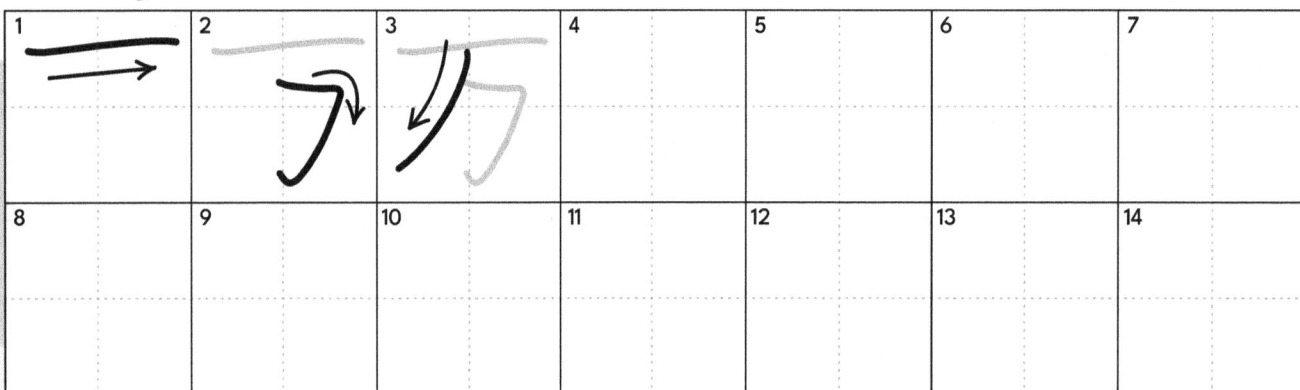

Übung zum Schreiben

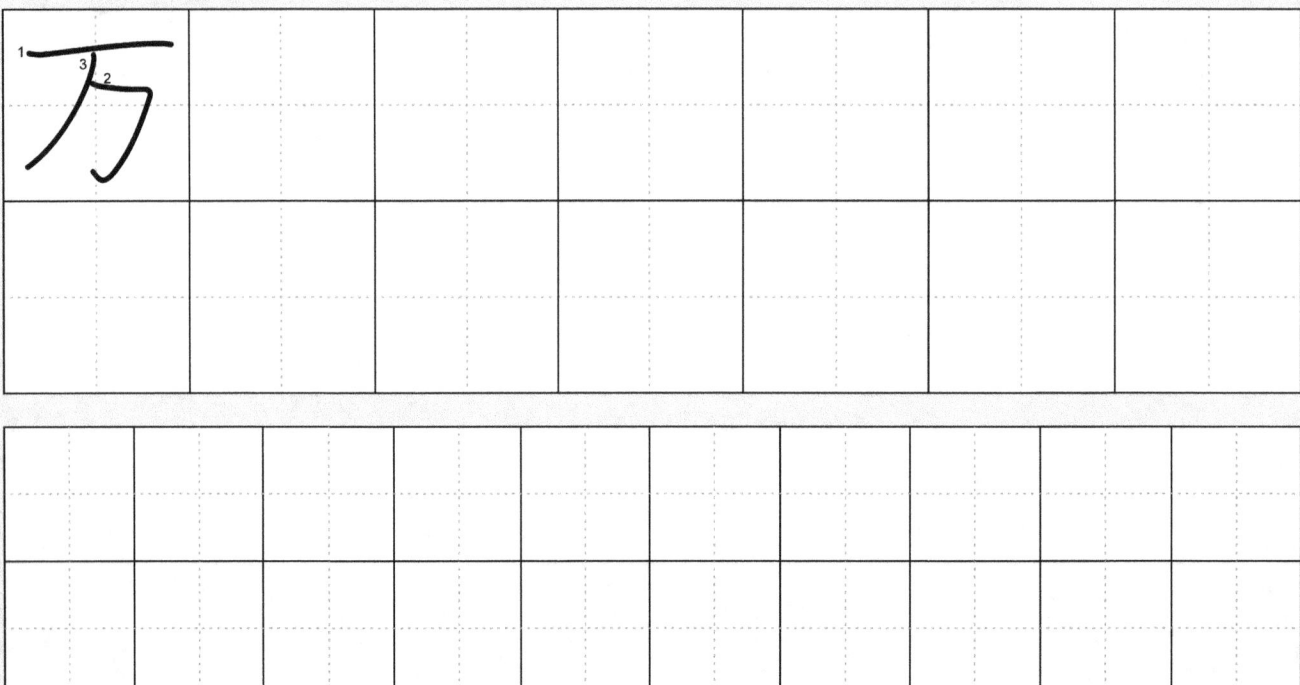

Kanji für Zahlen

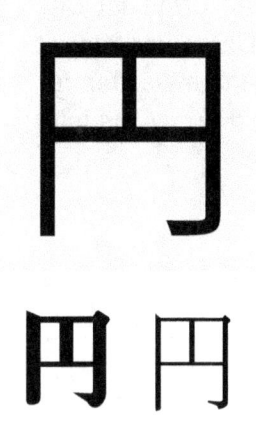

Bedeutung	Yen, Kreis, rund	Bestandteile	一 丨 亠 冂
Radikal	冂 (offen)	Kun'yomi	まる.い、まる、まど
Striche	4	On'yomi	エン

Vokabeln	Bedeutung		Aussprache
円い	rund, kreisförmig, kugelförmig		まるい
円	Yen (japanische Währungseinheit), Kreis		エン
円滑	glatt, ungestört, ununterbrochen		エンカツ
円か	rund, ruhig, zufrieden, entspannt		まどか

Reihenfolge der Striche

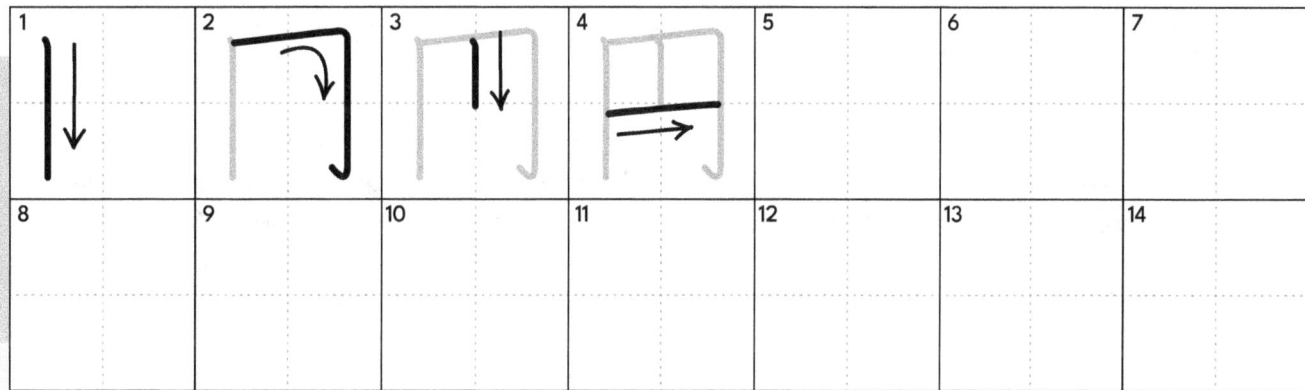

Übung zum Schreiben

JLPT N5

Mehr Zahlen

In der japanischen Sprache werden zwei Zahlensysteme verwendet - das erste ist das einheimische System, das hauptsächlich für kleine Zahlen und besondere Daten verwendet wird, und das zweite ist chinesischen Ursprungs. Chinesisch-japanische Zahlen werden für die meisten Dinge verwendet und oft mit Zählvokabeln oder 助数詞 (じょすうし / josūshi) kombiniert, um Objekte, Ereignisse oder Handlungen zu zählen.

#	Sino-Japanisch		Einheimische		#	Sino-Japanisch		Einheimische	
1	一	いち ichi	一つ	ひとつ hitotsu	6	六	ろく roku	一つ	むっつ muttsu
2	二	に ni	二つ	ふたつ futatsu	7	七	なな nana	二つ	ななつ nanatsu
3	三	さん san	三つ	みっつ mittsu	8	八	はち hachi	三つ	やっつ yattsu
4	四	よん yon	四つ	よっつ yottsu	9	九	きゅう kyuu	四つ	ここのつ kokonotsu
5	五	ご go	五つ	いつつ itsutsu	10	十	じゅう juu	五つ	とう tou

Die Zahlen 4 und 9 gelten in Japan als Unglückszahlen, weil ihre Aussprache einigen negativen Wörtern sehr ähnlich ist. Ausgesprochen als し/shi, klingt die Zahl 4 ähnlich wie das Kanji 死 (bedeutet Tod), und als く/ku, ist die Zahl 9 ähnlich wie 苦 (bedeutet Leiden). Sie werden gewöhnlich als よん/yon und きゅう/kyu ausgesprochen. Die Zahl 7 bringt Glück, wird aber oft als なな/nana ausgesprochen, weil die andere Lesart, しち/shi-chi, auch ein し (死 /Tod) enthält!

Auch wenn wir dazu neigen, die westlichen/Romaji-Zahlen anstelle der Kanji-Zeichen zu verwenden (z. B. 1, 2, 10, 100 usw.), verwenden wir dennoch die japanische Aussprache. Wenn Sie die Kanji-Zahlen in diesem Kapitel lernen, werden Sie in der Lage sein, praktisch alle Zahlen zu lesen und auszusprechen. Wie viele andere Teile der japanischen Sprache folgen auch die Zahlen bestimmten Mustern, die sich wiederholen, wodurch sie leichter zu erkennen, zu verstehen und zu verwenden sind.

Es gibt keine "–zehn"-Ausdrücke für Zahlen zwischen 12 und 20, also werden Zahlen gebildet, indem man die Zahl 10 und eine weitere Zahl direkt danach schreibt und ausspricht. Als Formel würde das etwa so aussehen: **(10) + n**

Die Zahlen nach 19 werden als Vielfache von zehn geschrieben und ausgesprochen, gefolgt von dem Wort für den "Rest". In einer Formel ausgedrückt, würde dies wie folgt aussehen: **(N x 10) + n**

Sie können dasselbe Muster auf alle Zahlen bis 99 anwenden, indem Sie Vielfache von 10 bilden und das Wort für eine Endziffer (1-9) hinzufügen, wenn es eine gibt:

11	十一 (10) + 1	じゅう いち / jū i-chi
20	二十 (2 x 10)	に じゅう / ni jū
22	二十二 (2 x 10) + 2	に じゅう に / ni jū ni
30	三十 (3 x 10)	さん じゅう / san jū
33	三十三 (3 x 10) + 3	さん じゅう さん / san jū san

Das Muster ändert sich ein wenig, wenn wir die Zahl 100 erreichen, und abgesehen von gelegentlichen Änderungen in der Aussprache funktioniert es im Wesentlichen auf die gleiche Weise. Die Zahlen von 101 bis 110 ähneln denen im Bereich 11-19, und als Formel würde es so aussehen: **(100) + n.**

Nach der Zahl 111 beginnen wir mit Vielfachen von 100, gefolgt von Vielfachen von 10 und fügen schließlich das Wort für den Rest hinzu.

101	百一 (100) + 1	ひゃく hyaku	いち i-chi	
110	百十 (100)+10	ひゃく hyaku	じゅう jū	
120	百二十 (100)+(2x10)	ひゃく hyaku	に ni	じゅう jū
122	百二十二 (100)+(2x10)+2	ひゃく hyaku	に ni	じゅう jū	に ni

Zahlen jenseits von 9.999 werden in Einheiten von Zehntausend unterteilt, anstatt wie im Westen in Tausend. *Ein Beispiel: 100.000 (hunderttausend) wird als "zehn Zehntausend" geschrieben und ausgesprochen. In Kanji wäre dies* **10万**, **十万** *oder* **十萬** *und wird ausgesprochen als* じゅう まん *(jū man)*

Bonus-Kanji

Dieses Zeichen ist normalerweise nicht in den JLPT N5-Listen enthalten, aber es kann nützlich sein, es zu kennen. Es sieht komplexer aus als die anderen in dieser Gruppe, also machen Sie sich keine Gedanken darüber, wie Sie es jetzt schreiben sollen. Nutzen Sie den zusätzlichen Platz im hinteren Teil des Buches, um später zu üben.

Bedeutung	Null, überlaufen	**Bestandteile**	一 个 卩 雨
Radikal	雨 (Regen)	**Kun'yomi**	ぜろ、こぼ.す、こぼ.れる
Striche	13	**On'yomi**	レイ

Vokabeln	Bedeutung		Aussprache
零	*null, null*		レイ
0	*null, 0, null, null, nichts, zilch*		ゼロ
零す	*fallen lassen, (Tränen) vergießen, klagen*		こぼす
零れる	*verschütten, herausfallen, überlaufen*		こぼれる

Reihenfolge der Striche

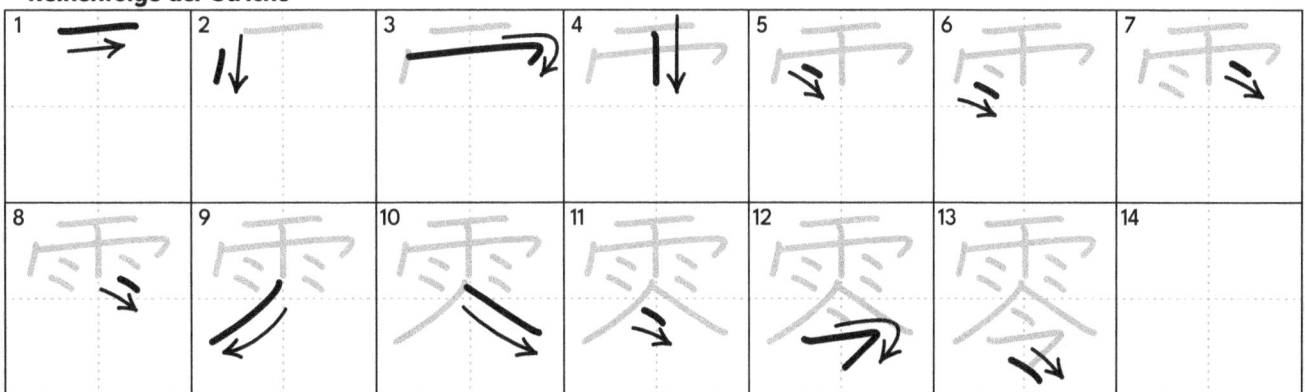

Revision: Zahlen

Du hast gerade deine ersten Kanji-Zeichen gelernt! Jetzt ist es an der Zeit, zu überprüfen, wie viel Sie sich gemerkt haben und wo Sie noch arbeiten müssen. Dieser erste Abschnitt mag einfach erscheinen, aber der Rest wird schwieriger, je mehr Kanji Sie lernen.

F.01 Welches dieser Kanji steht für die **Zahl 4**?

A. 五　　B. 六　　C. 四　　D. 七　　E. 万

F.02 Welches dieser Kanji steht für die **Zahl 8**?

A. 四　　B. 八　　C. 十　　D. 九　　E. 百

F.03 Welches dieser Kanji steht für die **Zahl 5**?

A. 百　　B. 万　　C. 円　　D. 五　　E. 千

F.04 Welches dieser Kanji steht für die **Zahl 6**?

A. 六　　B. 十　　C. 八　　D. 千　　E. 七

F.05 Welches dieser Kanji steht für die **Zahl 2**?

A. 八　　B. 二　　C. 千　　D. 三　　E. 万

F.06 *Welche Zahl fehlt* in der Reihenfolge: 一二三四五六七八十?

A. 5　　B. 8　　C. 7　　D. 9　　E. 4

F.07 Wie wird die **Zahl 1** richtig ausgesprochen?

A. san　　B. ni　　C. go　　D. ichi　　E. shi

F.08 Wie schreibt man **1.000** in japanischen Kanji?

A. 九　　B. 百　　C. 万　　D. 円　　E. 千

F.09 Welches dieser Kanji wird als はち ausgesprochen?

- A. 六
- B. 七
- C. 八
- D. 九
- E. 十

F.10 Welches dieser Kanji wird als さん ausgesprochen?

- A. 一
- B. 二
- C. 三
- D. 四
- E. 五

F.11 Wie spricht man die Zahl **1000** auf Japanisch aus?

- A. sen
- B. shi
- C. san
- D. ni
- E. yon

F.12 Wie schreibt man die **Zahl 100** auf Japanisch?

- A. 万
- B. 百
- C. 円
- D. 九
- E. 十

F.13 Wie viele Striche sind nötig, um die **Zahl 四** zu schreiben?

- A. 2
- B. 3
- C. 4
- D. 5
- E. 6

F.14 Welcher Monat des Jahres wird als 七月 geschrieben?

- A. März
- B. April
- C. Mai
- D. Juni
- E. Juli

F.15 Welches Kanji-Wort hat die Bedeutung von **"genug"** oder **"viel"**?

- A. 分十
- B. 九日
- C. 円か
- D. 十分
- E. 十回

F.16 Wie viele Striche braucht man, um die **Zahl 百** zu schreiben?

- A. 7
- B. 6
- C. 8
- D. 5
- E. 4

F.17 Wie wird die **Zahl 6** richtig ausgesprochen?

- A. ku
- B. kyu
- C. roku
- D. go
- E. juu

F.18 Welches dieser Kanji steht für **die Währung Japans**?

- A. 九
- B. 百
- C. 万
- D. 円
- E. 千

Bedeutung	Tag, Sonne, Japan	Bestandteile	日
Radikal	日 (Tag, Sonne)	Kun'yomi	ひ、-び、-か
Striche	4	On'yomi	ニチ、ジツ

Vokabeln	Bedeutung	Aussprache
日	Tag/Tage, Sonne, (der) Tag, Tageszeit	ひ
日	Sonntag, Tag (des Monats), Tage zählen, Japan	いく
あくる日	nächster Tag, folgender Tag	あくるひ
明日	morgen, nahe Zukunft	あした

Reihenfolge der Striche

Übung zum Schreiben

Kanji für Zeit

Bedeutung	Woche	Bestandteile	冂込口土
Radikal	辵 (Spaziergang)	Kun'yomi	(keine)
Striche	11	On'yomi	シュウ

Vokabeln	Bedeutung		Aussprache
週	Woche		シュウ
前週	letzte Woche, die Woche davor		ゼンシュウ
毎週	jede Woche		マイシュウ
隔週	jede zweite Woche, alle zwei Wochen		カクシュウ

Reihenfolge der Striche

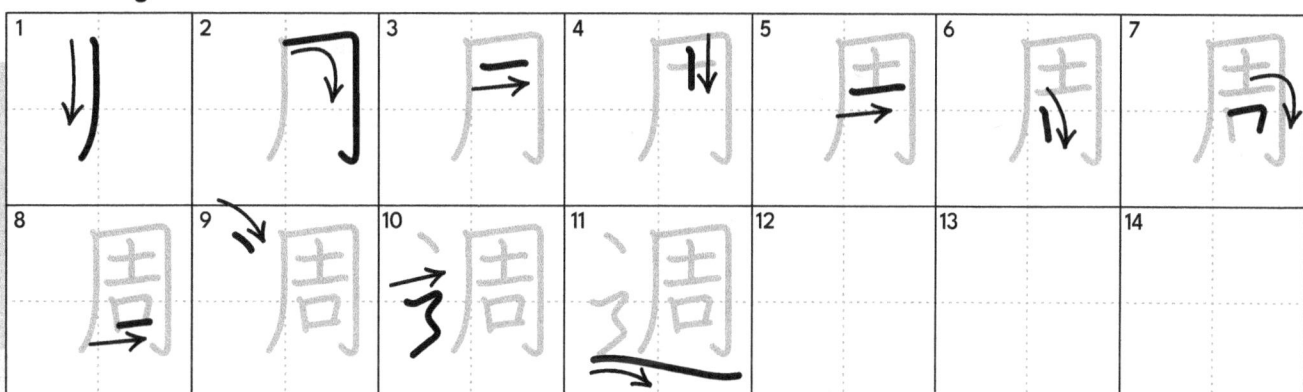

Übung zum Schreiben

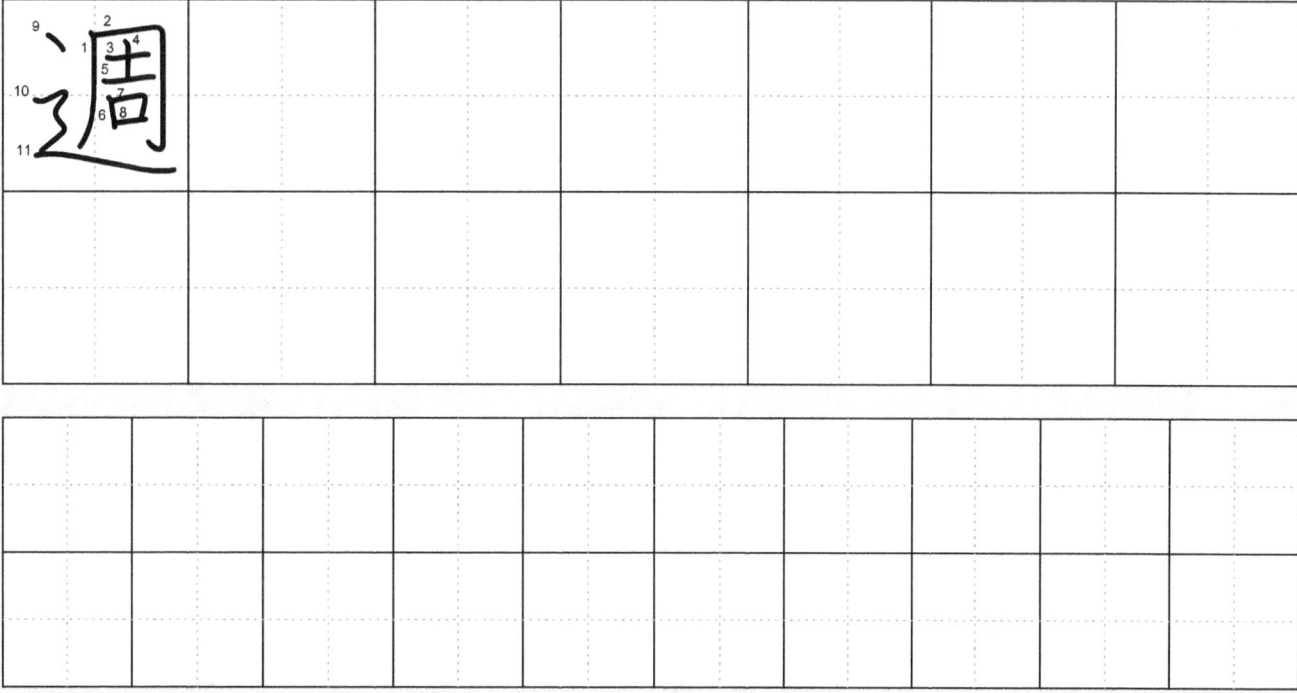

JLPT N5

Bedeutung	Mond, Monat, Montag	Bestandteile	月
Radikal	月 (Mond)	Kun'yomi	つき
Striche	4	On'yomi	ゲツ、ガツ

Vokabeln	Bedeutung	Aussprache
月	Mond, Monat, Mondlicht	つき
月	Montag	ゲツ
月末	Ende des Monats	げつまつ
月曜日	Montag	げつようび

Reihenfolge der Striche

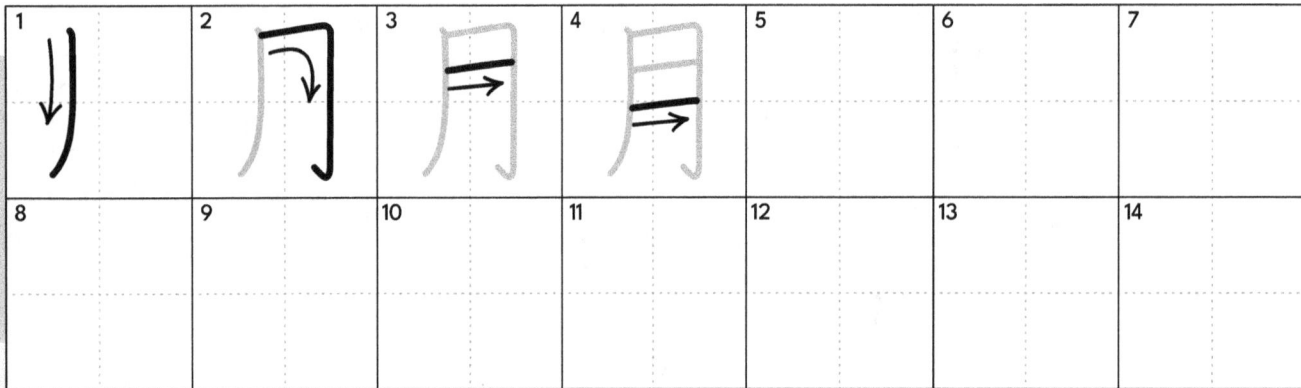

Übung zum Schreiben

Kanji für Zeit

Bedeutung	Jahr, Zähler für Jahre	Bestandteile	一ノ干乞
Radikal	干 (Stößel)	Kun'yomi	とし
Striche	6	On'yomi	ネン

Vokabeln	Bedeutung	Aussprache
年	Jahr, Alter, Jahre	とし
年	Zähler für Jahre	ネン
今年	dieses Jahr	ことし
去年	letztes Jahr	きょねん

Reihenfolge der Striche

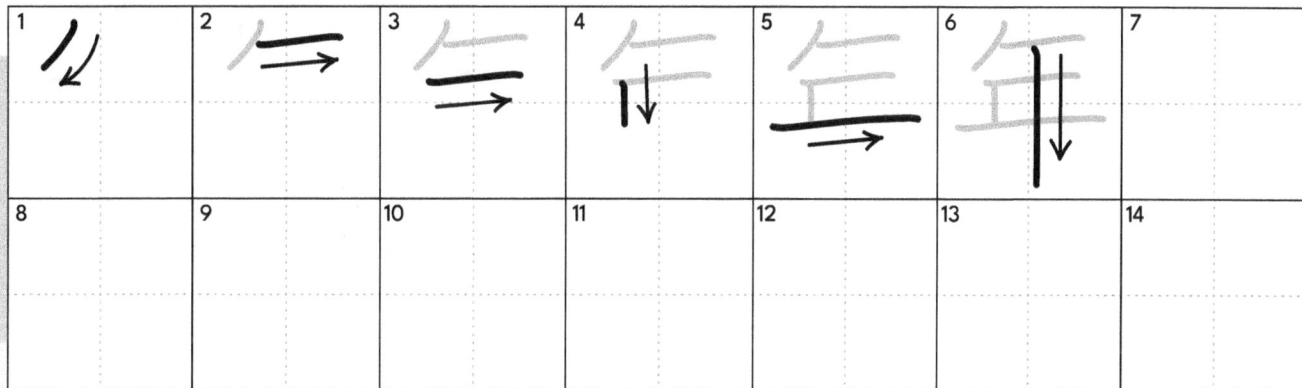

Übung zum Schreiben

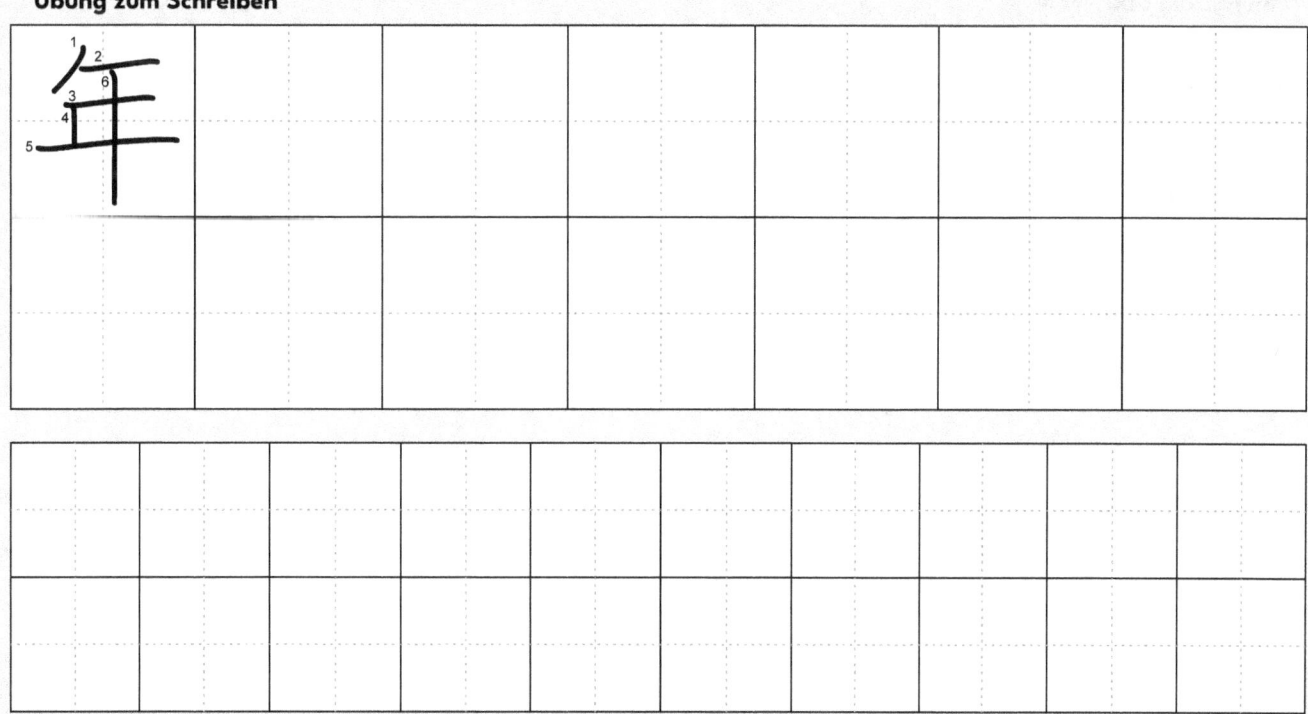

JLPT N5

Bedeutung	Zeit, Stunde	**Bestandteile**	土寸日
Radikal	日 (Sonne, Tag)	**Kun'yomi**	とき、-どき
Striche	10	**On'yomi**	ジ

Vokabeln	Bedeutung	Aussprache
時	Zeit, Stunde, Moment, Gelegenheit	とき
時	Stunde, Uhr, (bestimmte) Zeit, wenn...	ジ
時計	Uhr, Uhr, Zeitmesser	とけい
時刻表	Fahrplan, Fahrplan (öffentlicher Verkehr)	じこくひょう

Reihenfolge der Striche

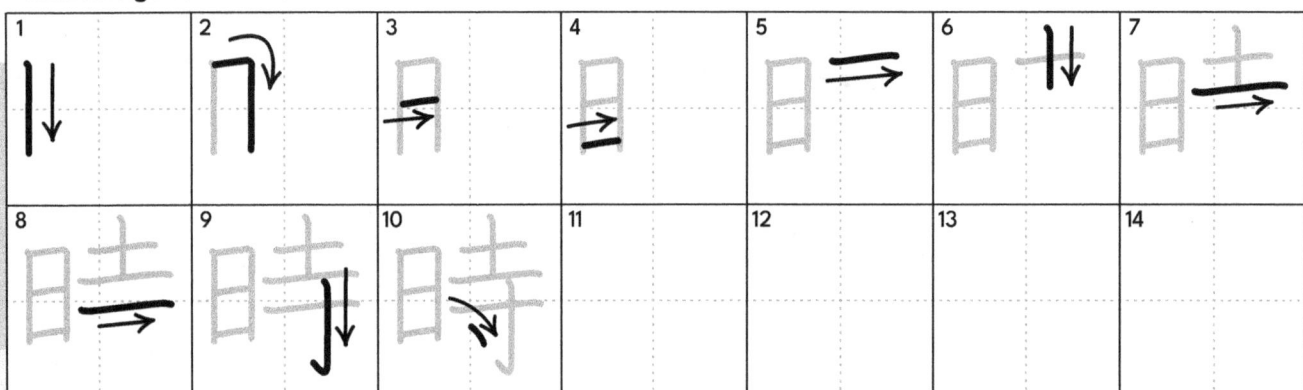

Übung zum Schreiben

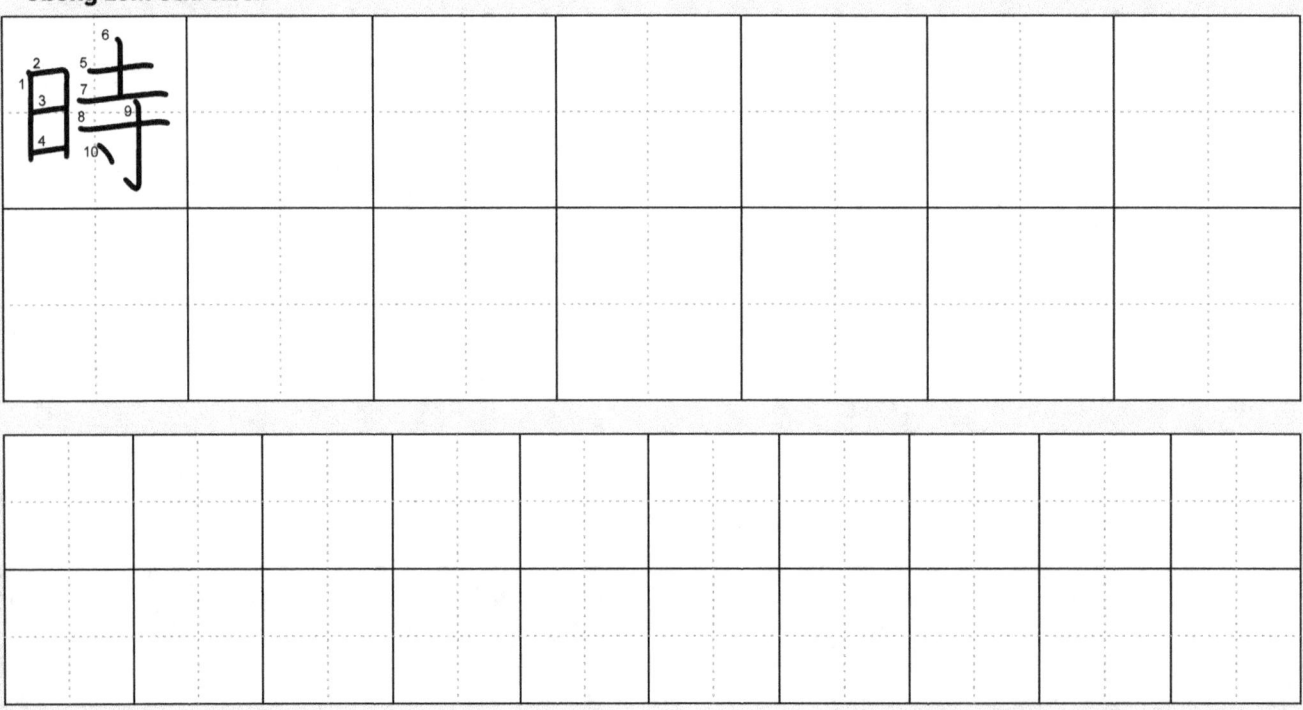

Kanji für Zeit

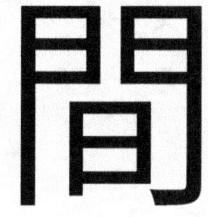

Bedeutung	Intervall, Raum	Bestandteile	日 門
Radikal	門 (Tor)	Kun'yomi	あいだ、ま、あい
Striche	12	On'yomi	カン、ケン

Vokabeln	Bedeutung		Aussprache
間	Raum (zwischen), Lücke, Abstand		あいだ
間	Intervall, Zeitspanne, unter, zwischen		カン
時間	Zeit, Stunde		じかん
間違い	Fehler, Irrtum, Unfall, Missgeschick		まちがい

Reihenfolge der Striche

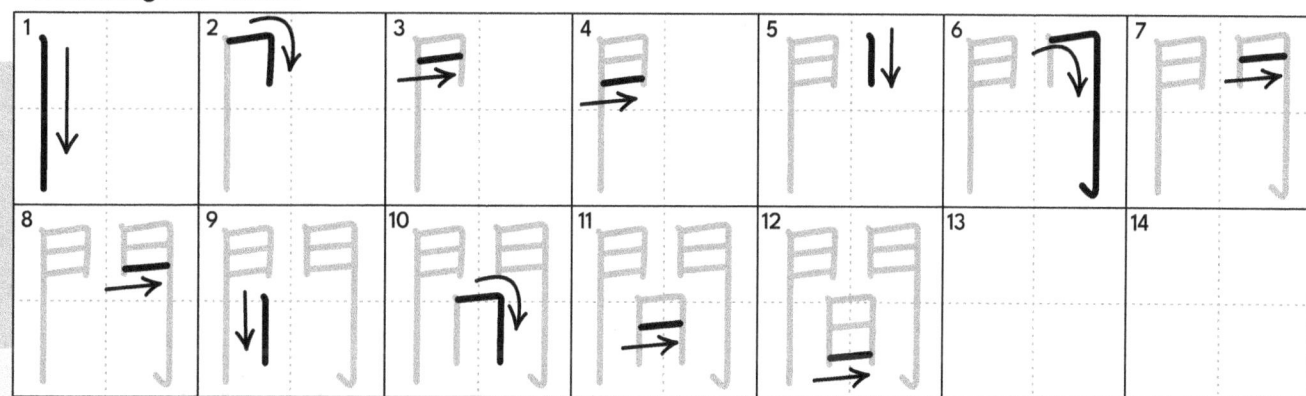

Übung zum Schreiben

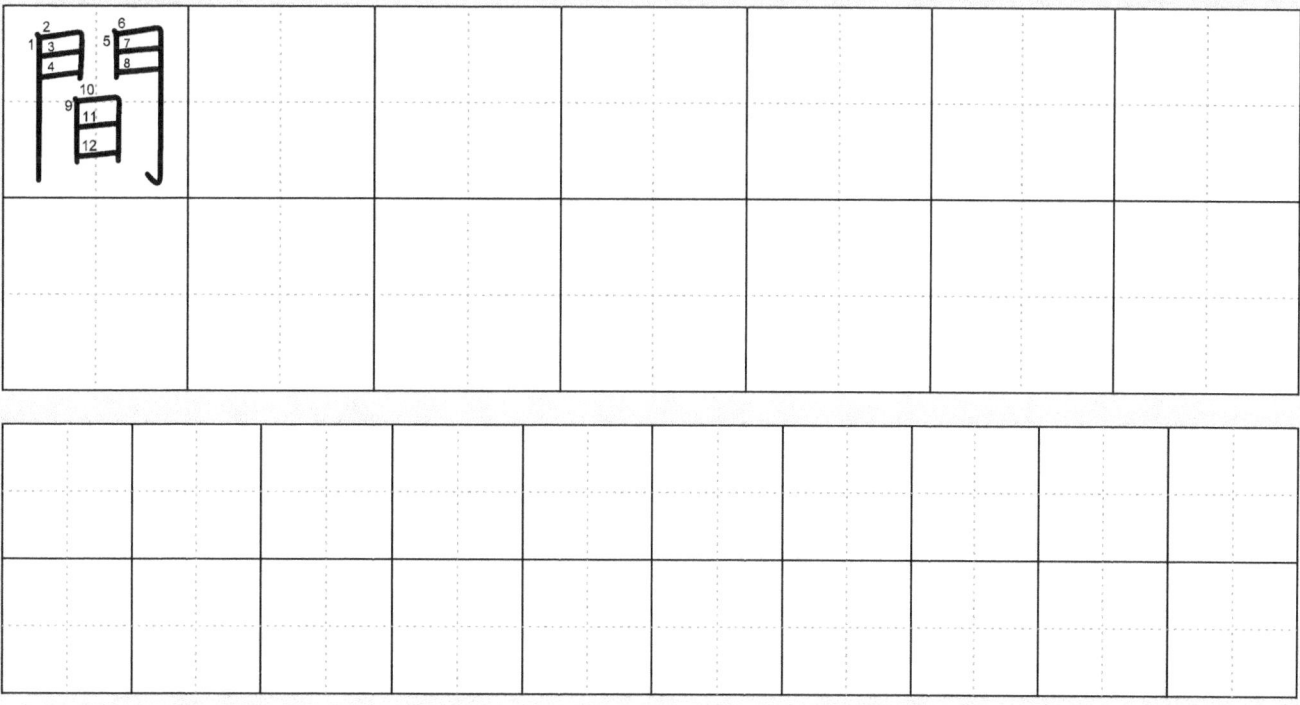

JLPT N5

分

Bedeutung	Teil, Minute, Pflicht	Bestandteile	ハ 刀
Radikal	刀 (Schwert, Messer)	Kun'yomi	わ.ける、わ.け
Striche	4	On'yomi	ブン、フン、ブ

Vokabeln	Bedeutung	Aussprache
分	Teil, Portion, Anteil, genug für...	ブン
分ける	teilen (in), spalten (in), trennen	わける
分別	Diskretion, Besonnenheit, Vernunft	フンベツ
三十分	30 Minuten (30分)	さんじゅっぷん

Reihenfolge der Striche

Übung zum Schreiben

Kanji für Zeit

Bedeutung	Mittag	Bestandteile	ノ 十 干 乞
Radikal	十 (zehn)	Kun'yomi	うま
Striche	4	On'yomi	ゴ

Vokabeln	Bedeutung	Aussprache
午後	Nachmittag, PM	ゴゴ
午前	Vormittag, AM	ゴゼン
亭午	Mittag	テイゴ
午	Zeichen des Pferdes, fünfter Kalendermonat	うま

Reihenfolge der Striche

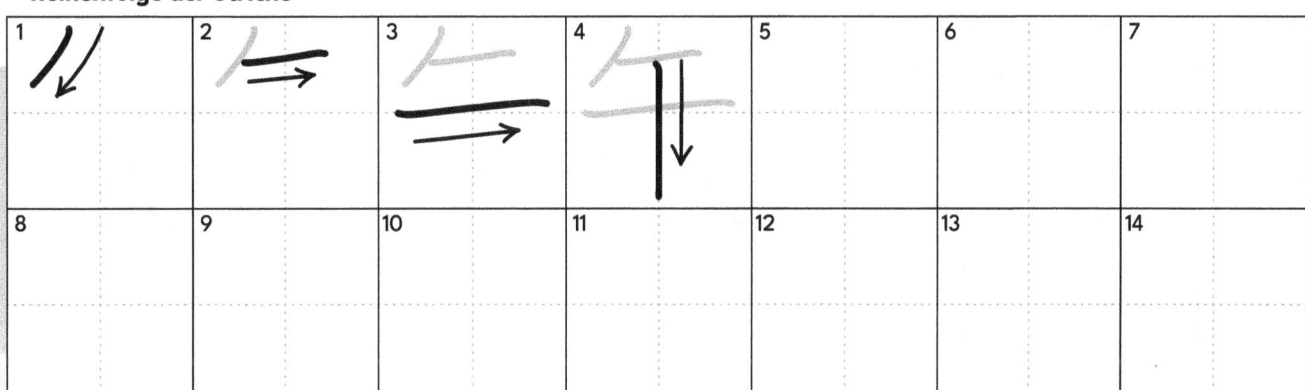

Übung zum Schreiben

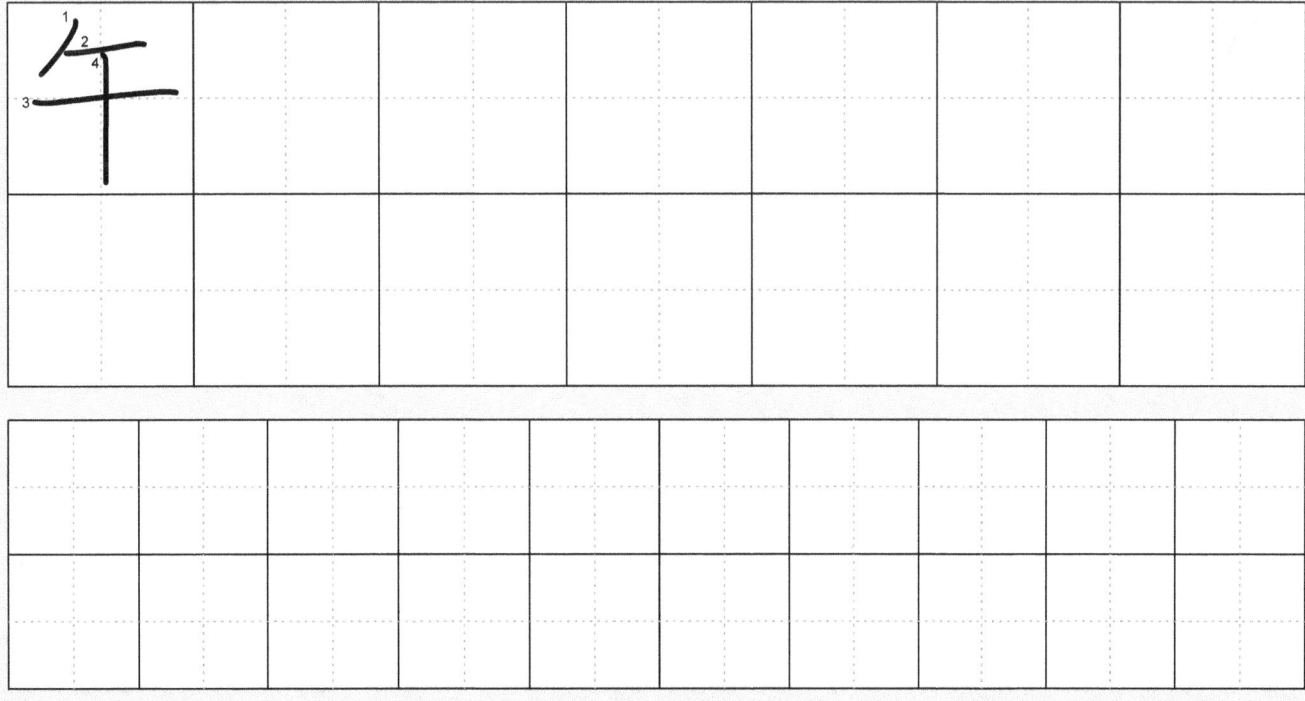

JLPT N5

Bedeutung	vor, vor	Bestandteile	一 丷 刈 月
Radikal	刀 (Schwert, Messer)	Kun'yomi	まえ、-まえ
Striche	9	On'yomi	ゼン

Vokabeln	Bedeutung	Aussprache
前	vor (vor), vor, früher, vor	まえ
名前	Name, Vorname, Vornamen	なまえ
前	letzter..., früher, ex-, früher, vor	ゼン
前売り	Vorverkauf, Buchung	まえうり

Reihenfolge der Striche

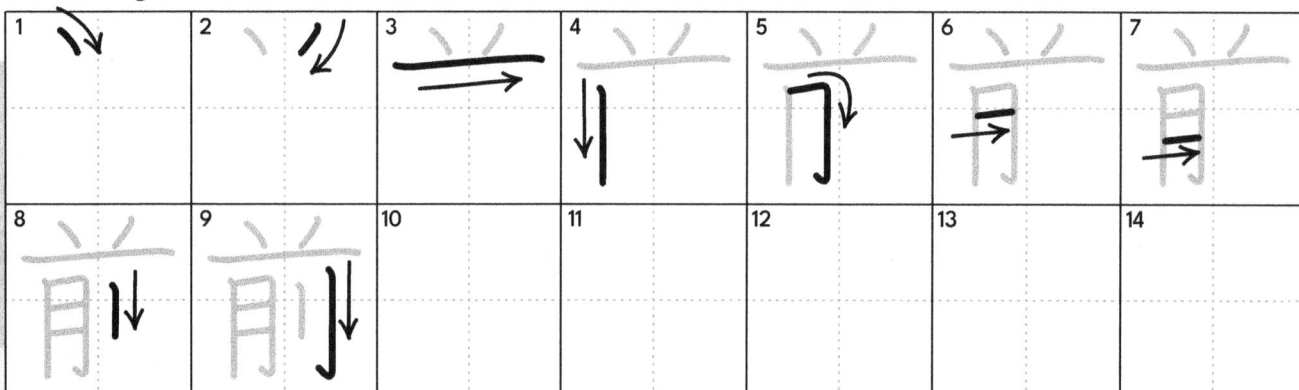

Übung zum Schreiben

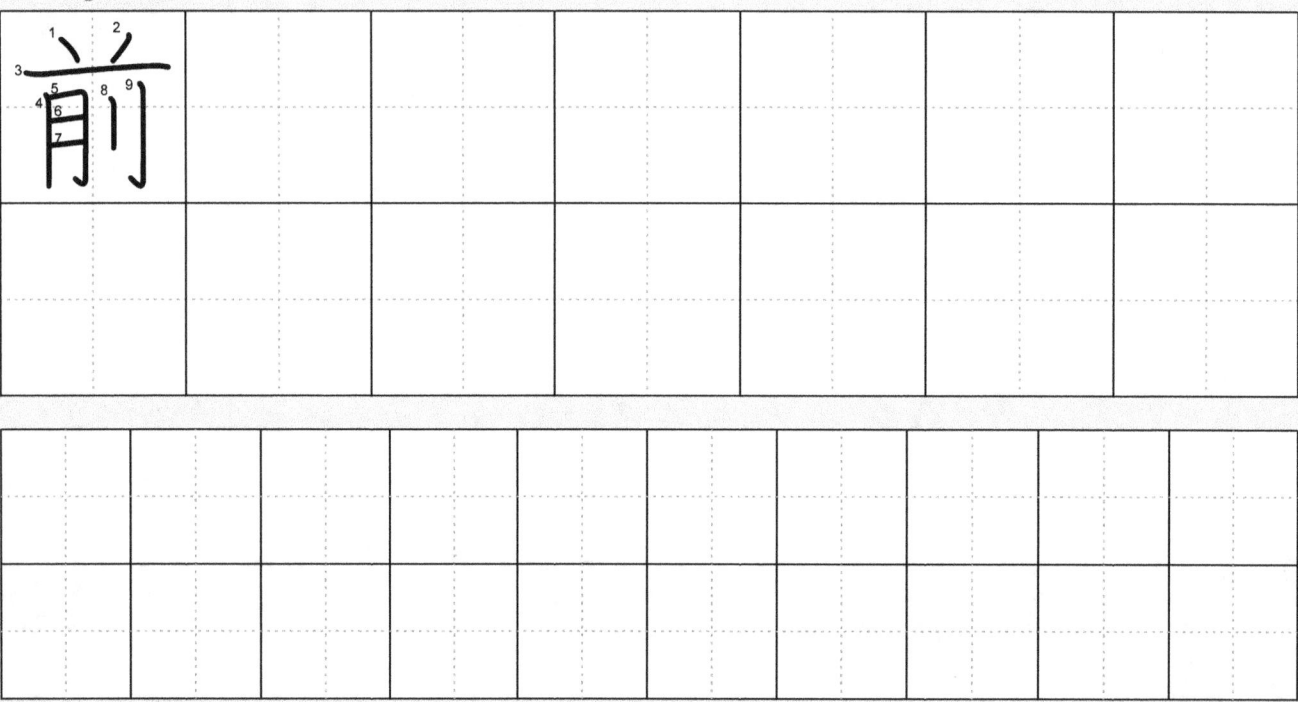

Kanji für Zeit

Bedeutung	hinter, zurück, später	Bestandteile	夂 幺 彳
Radikal	彳 (Schritt)	Kun'yomi	のち、うし.ろ、うしろ
Striche	9	On'yomi	ゴ、コウ

Vokabeln	Bedeutung	Aussprache
後	später, danach, zukünftig, Nachkomme	のち
後後 (後々)	Zukunft, ferne Zukunft	のちのち
午後	nachmittags, nachmittags	ごご
後日	in der Zukunft, an einem anderen Tag, später	ゴジツ

Reihenfolge der Striche

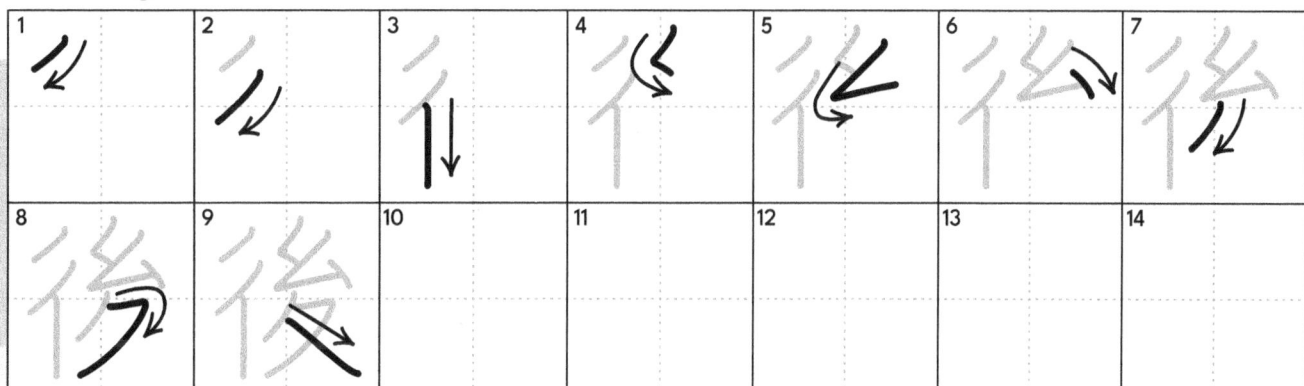

Übung zum Schreiben

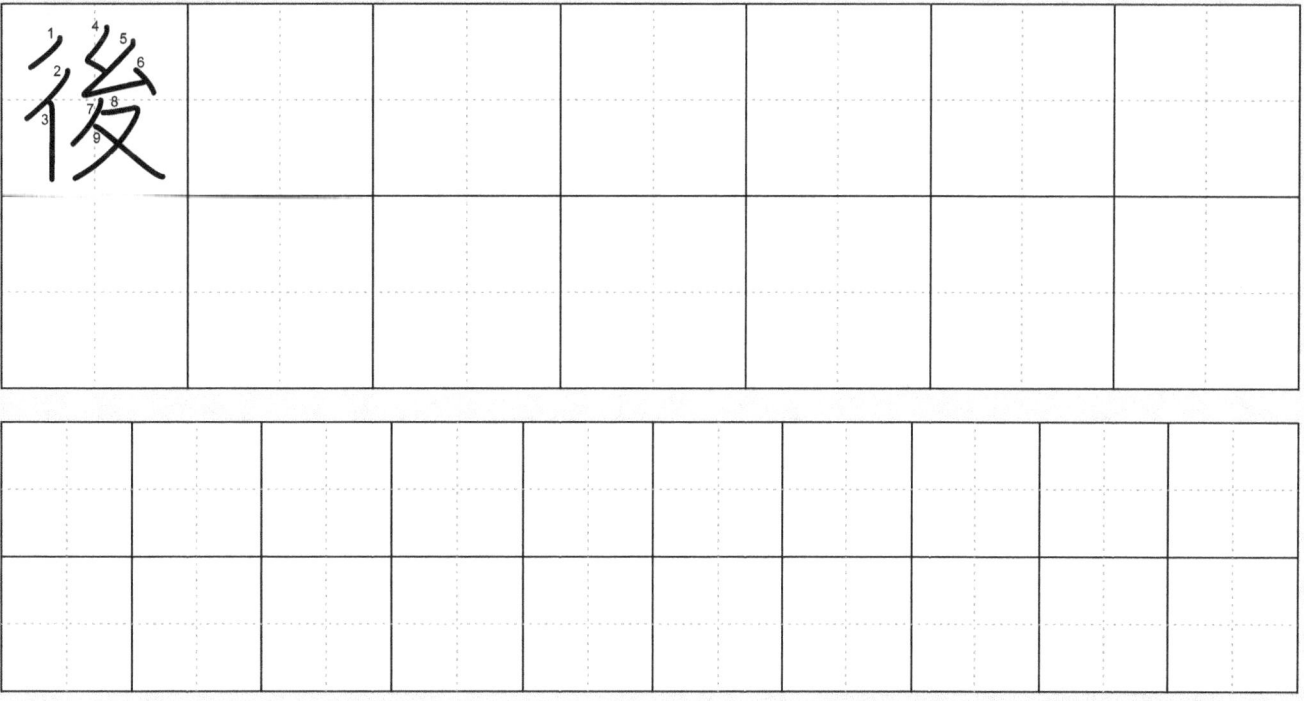

JLPT N5

Bedeutung	jetzt, dies	**Bestandteile**	一 个
Radikal	人 (イ) (Mann, Mensch)	**Kun'yomi**	いま
Striche	4	**On'yomi**	コン、キン

Vokabeln	Bedeutung	Aussprache
今	der aktuelle ..., dieser, der heutige ...	コン
今	jetzt, zur Zeit, bald, sofort	いま
今晩	heute, heute Abend	こんばん
今朝	heute Morgen	こんちょう

Reihenfolge der Striche

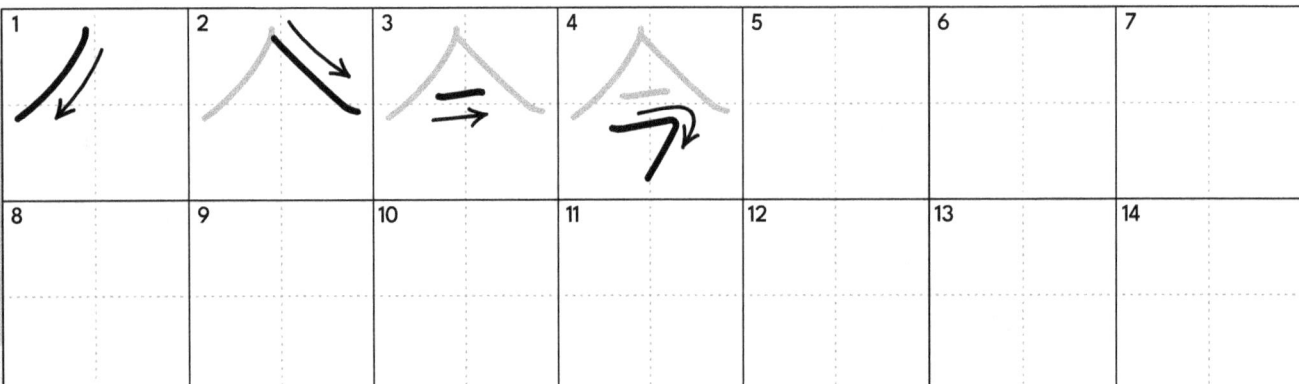

Übung zum Schreiben

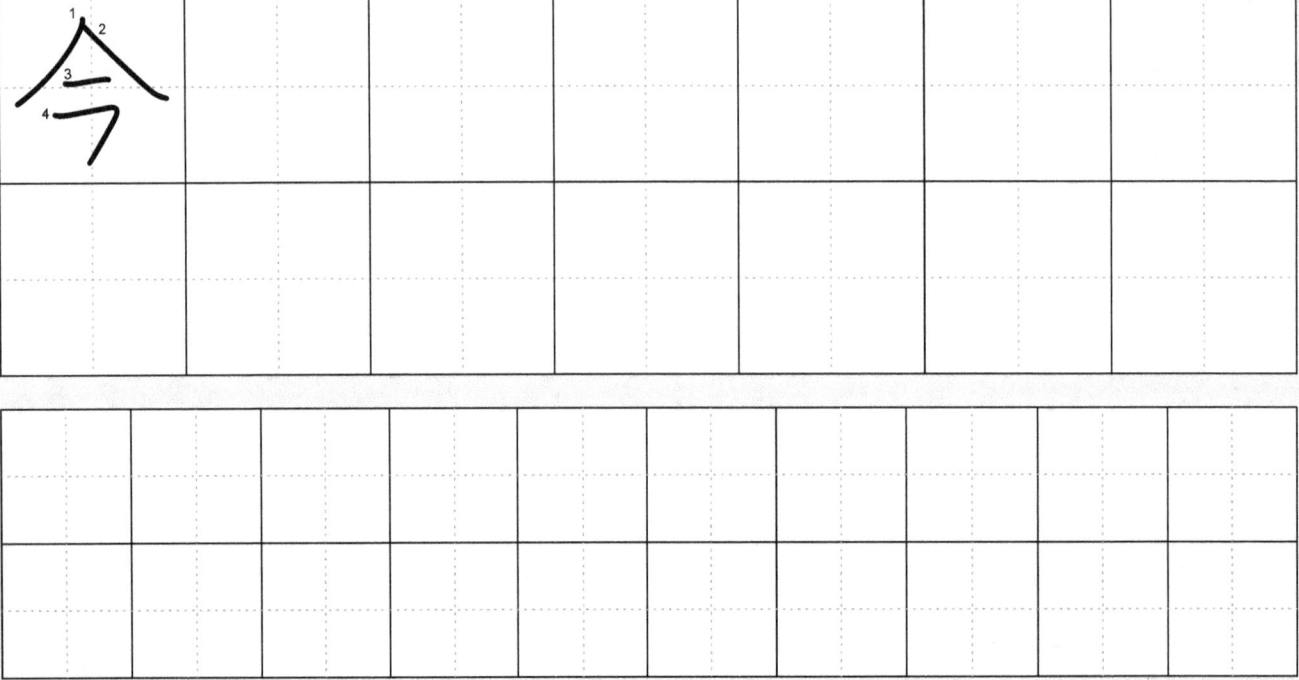

Kanji für Zeit

先

Bedeutung	vor, früher, zukünftig	Bestandteile	ノ儿土
Radikal	儿 (Beine)	Kun'yomi	さき、ま.ず
Striche	6	On'yomi	セン

Vokabeln	Bedeutung		Aussprache
先	*früher, vorher, alt*		セン
先	*Punkt, Spitze, Ende, Front, erste, vor*		さき
先週	*letzte Woche, die Woche davor*		せんしゅう
先生	*Lehrer, Ausbilder, Meister*		せんせい

Reihenfolge der Striche

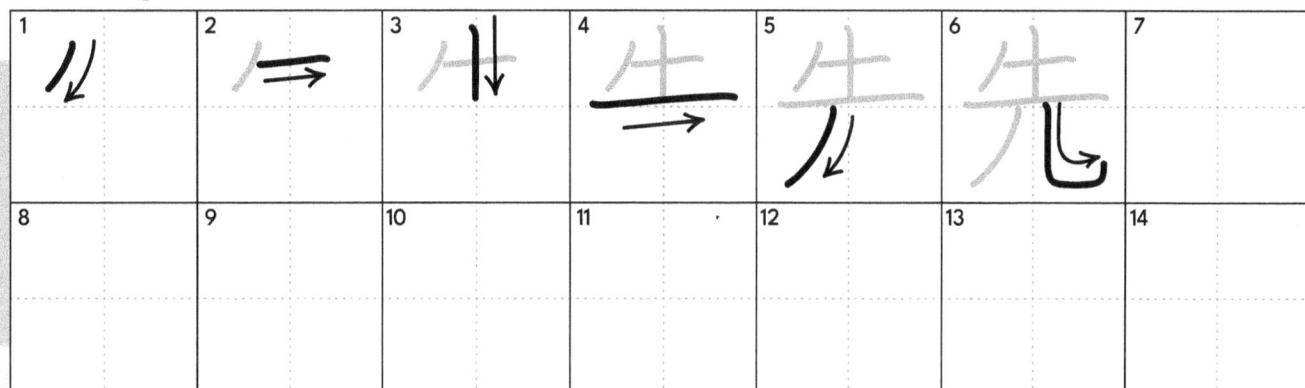

Übung zum Schreiben

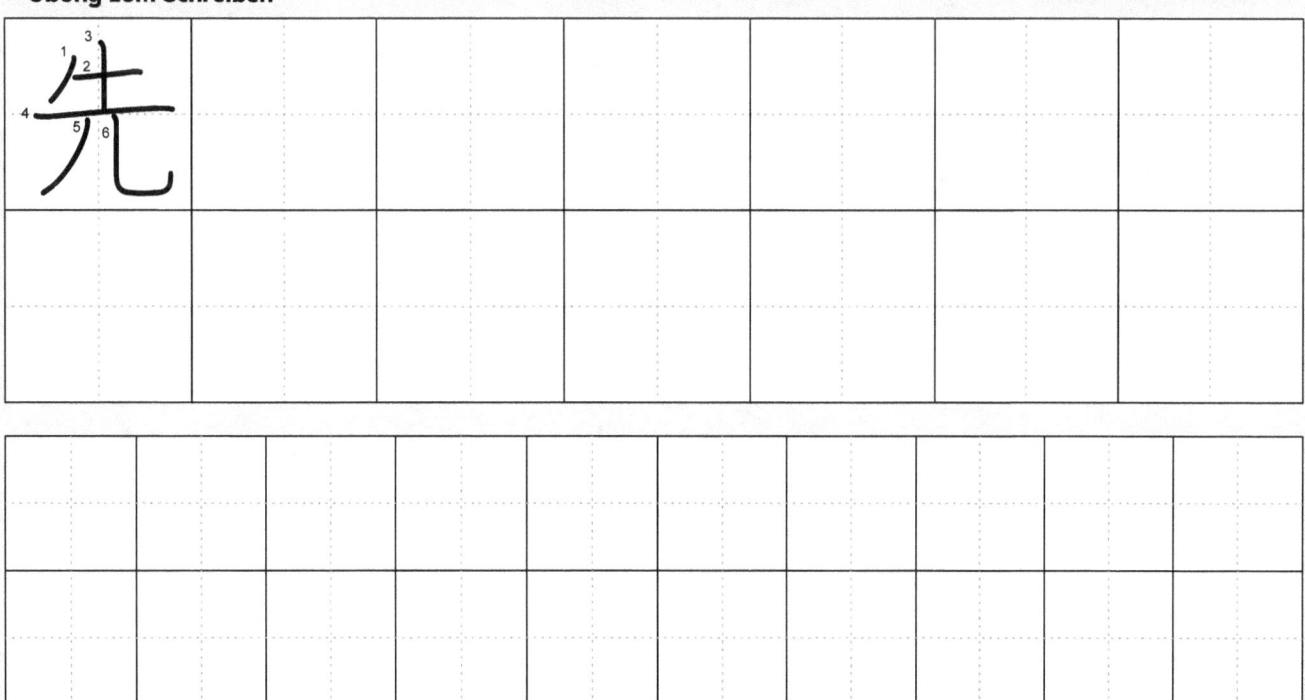

JLPT N5

Bedeutung	come, due, next, cause	**Bestandteile**	丨 二 亠 木 米
Radikal	木 (Baum)	**Kun'yomi**	く.る、きた.る
Striche	7	**On'yomi**	ライ、タイ

Vokabeln	Bedeutung	Aussprache
来	nächstes (Jahr, Frühling), kommend, seit	ライ
来月	nächsten Monat	らいげつ
来る	kommen (Ort, Zeit), sich nähern, ankommen	くる
出来る	tun können, bereit sein, gemacht werden	できる

Reihenfolge der Striche

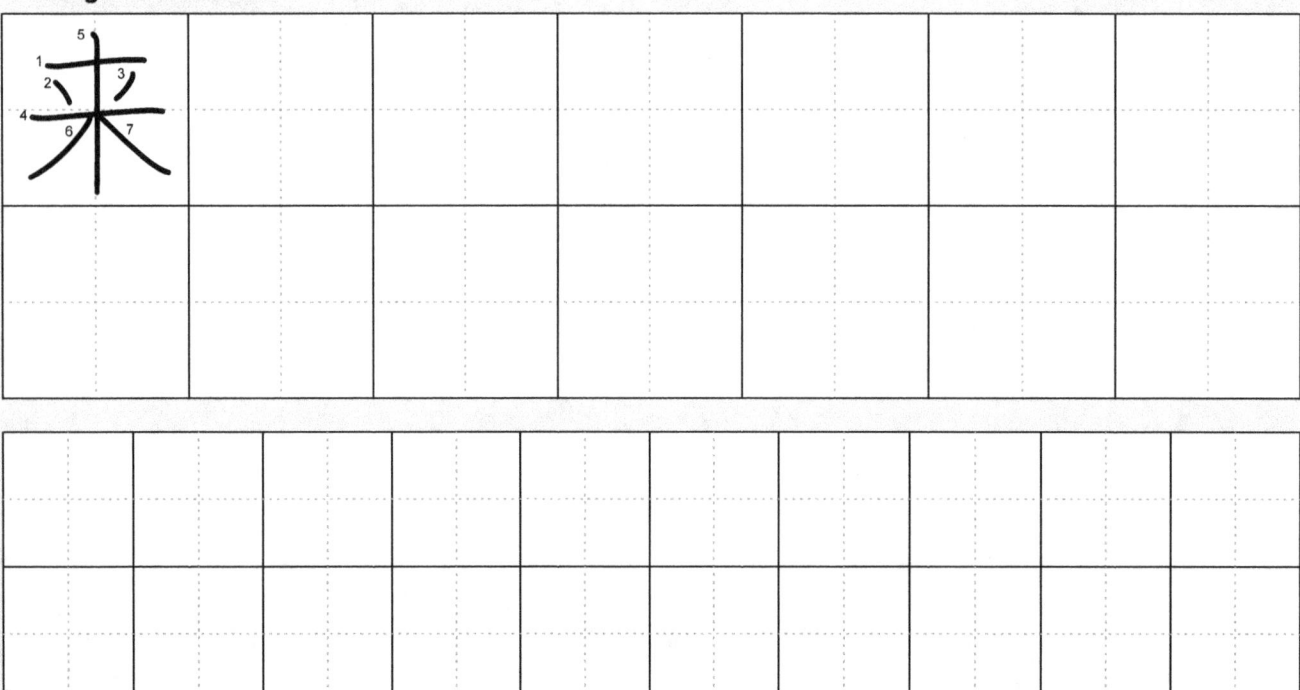

Übung zum Schreiben

Kanji für Zeit

半

Bedeutung	halb, mittel	Bestandteile	｜ 二 丼 十
Radikal	十 (zehn)	Kun'yomi	なか.ば
Striche	5	On'yomi	ハン

Vokabeln	Bedeutung		Aussprache
半	halb, halb, halb-past, ungerade Zahl		ハン
半分	halb		はんぶん
半ば	Mitte, halbwegs, halb (von), eine Hälfte		なかば
大半	Mehrheit, mehr als die Hälfte, die meisten (von)		たいはん

Reihenfolge der Striche

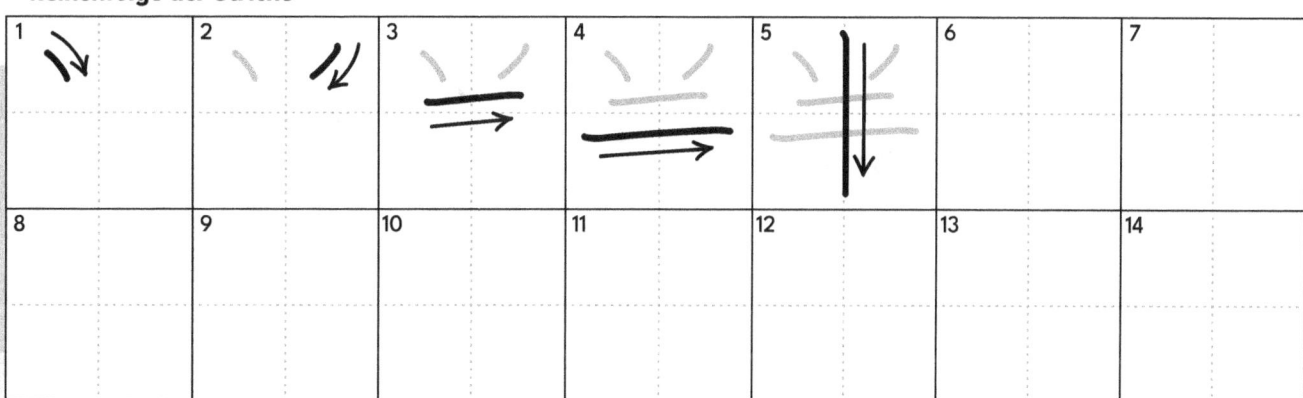

Übung zum Schreiben

JLPT N5

Bedeutung	jede	Bestandteile	毎 母 𠂉
Radikal	母 (母, 母) (Mutter)	Kun'yomi	ごと、-ごと.に
Striche	6	On'yomi	マイ

Vokabeln	Bedeutung		Aussprache
毎	jedes, jedes		ごと
毎	jedes (Ereignisse, z.B. Wochenende), jedes		マイ
毎日	jeden Tag		まいにち
毎朝	jeden Morgen		マイアサ

Reihenfolge der Striche

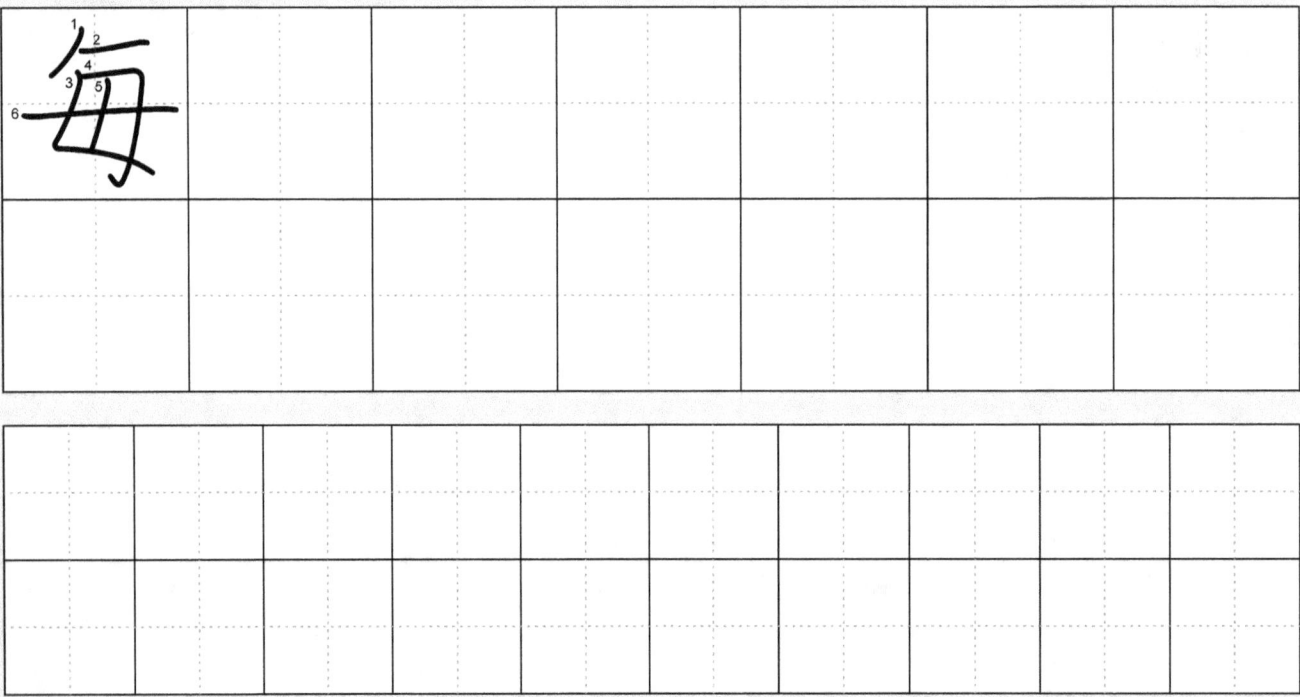

Übung zum Schreiben

Kanji für Zeit

Bedeutung	was, welche, wie viele	Bestandteile	一 亅 化 口
Radikal	人 (亻) (Mann, Mensch)	Kun'yomi	なに、なん、なに-
Striche	7	On'yomi	カ

Vokabeln	Bedeutung	Aussprache
何	*was, du weißt schon, das Ding*	なに
何	*was, wie viele, viele, eine Menge von*	なん
何か	*etwas, etwas, irgendetwas, irgendwie*	なにか
何曜日	*Welcher Tag? Welcher Wochentag?*	なんようび

Reihenfolge der Striche

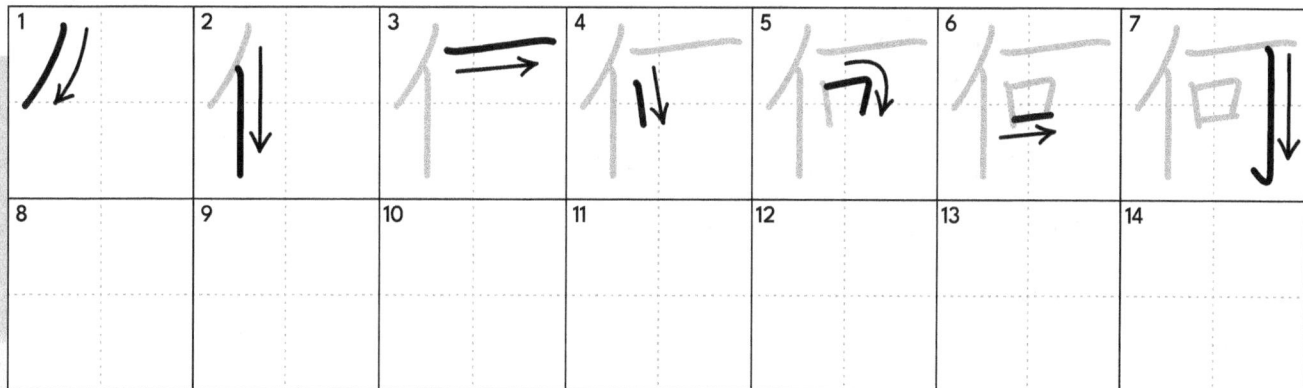

Übung zum Schreiben

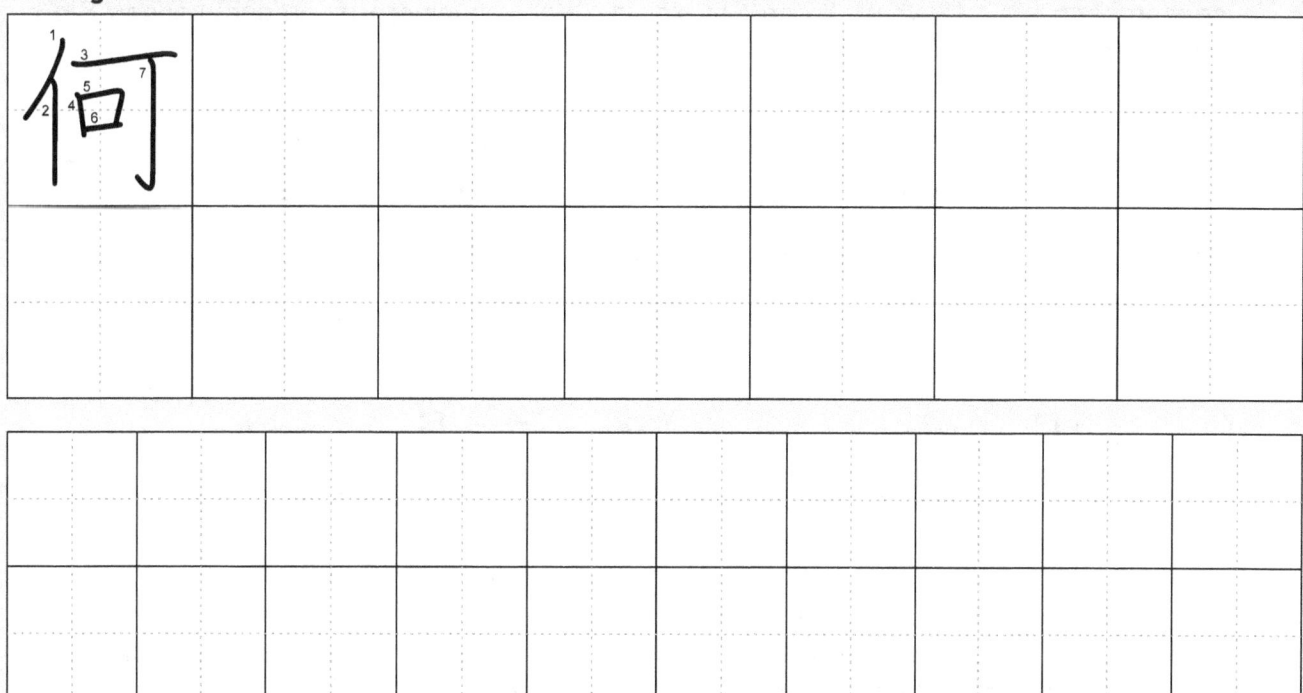

JLPT N5

Datum und Zeit

Viele gebräuchliche Wörter und Ausdrücke, die für Zeiten und Daten verwendet werden, folgen einfachen Mustern. Die Vokabelabschnitte für Kanji dieser zweiten Gruppe enthalten gelegentlich Namen für Wochentage und Monate des Jahres - die Muster sind leichter zu verstehen und zu merken, wenn man sie an einem Ort sehen kann - sehen wir uns das unten an:

Die Wochentage sind nach Himmelskörpern benannt, darunter die Sonne, der Mond und die fünf *sichtbaren* Planeten. Zu dieser Zeit waren Merkur, Venus, Mars, Jupiter und Saturn die einzigen bekannten Planeten.

Tage	Kanji Name	Aussprache	Kanji-Bedeutung	Planet/Herkunft
Montag	月曜日	げつようび getsuyōbi	月 Mond	der Mond (tsuki 月)
Dienstag	火曜日	かようび kayōbi	火 Feuer	Mars (kasei 火星)
Mittwoch	水曜日	すいようび suiyōbi	水 Wasser	Merkur (suisei 水星)
Donnerstag	木曜日	もくようび mokuyōbi	木 Holz/Baum	Jupiter (mokusei 木星)
Freitag	金曜日	きんようび kin'yōbi	金 Metall/Gold	Venus (kinsei 金星)
Samstag	土曜日	どようび doyōbi	土 Erde/Erde	Saturn (dosei 土星)
Sonntag	日曜日	にちようび nichiyōbi	日 Sonne	die Sonne (hi 日, taiyō 太陽)

Jeder Monat des Jahres hat einen Namen, der einem numerischen System folgt: Beginnend mit Januar werden ihnen die Zahlen 1-12 zugeordnet, gefolgt von dem Kanji 月 *(Monat)*, ausgesprochen げつ *("gatsu")*. Wenn Sie sich die Kanji-Nummern einprägen, kennen Sie automatisch die Namen für jeden Monat des Jahres:

Monat	Kanji	Aussprache	Monat	Kanji	Aussprache
Januar	一月	いちがつ ichigatsu	**Juli**	七月	しちがつ shichigatsu
Februar	二月	にがつ nigatsu	**August**	八月	はちがつ hachigatsu
März	三月	さんがつ sangatsu	**September**	九月	くがつ kugatsu
April	四月	よんがつ shigatsu	**Oktober**	十月	じゅうがつ jūgatsu
Mai	五月	ごがつ gogatsu	**November**	十一月	じゅういちがつ jūichigatsu
Juni	六月	ろくがつ rokugatsu	**Dezember**	十二月	じゅうにがつ jūnigatsu

Hinweis: In Japan gibt es noch andere Monatsnamen mit jahreszeitlichem Bezug, z. B. 霜月 *(November, der "Monat des Frostes")*, aber sie sind nicht gebräuchlich. Vor der Einführung des modernen gregorianischen Kalenders in den späten 1800er Jahren wurden Anfang und Ende der Monate durch den Mondzyklus bestimmt, und ein Jahr hatte nur 354 Tage!

Wenn Sie die Kenntnis der Kanji-Zahlen mit den Zeichen dieser zweiten Gruppe kombinieren, können Sie auch anfangen, die Uhrzeit auf Japanisch zu lesen, zu schreiben und zu sagen.

Sie können das Kanji 時 einfach an eine Zahl anhängen, um jemandem die Uhrzeit mitzuteilen:

Wir sprechen 時 mit der On-Lesart (ジ oder "ji") aus, so dass "2 Uhr" 二時 oder 2時 wäre und als にじ (ni ji) ausgesprochen wird. Ähnlich ist "12 Uhr" einfach 十二時 oder 12時 und wird じゅうにじ (juu ni ji) ausgesprochen.

Zeit	Kanji	Aussprache
1 Uhr	一時	いちじ ichi ji
2 Uhr	二時	にじ ni ji
3 Uhr	三時	さんじ san ji
5 Uhr	五時	ごじ go ji
10 Uhr	十時	じゅうじ juu ji

Verwenden Sie das Kanji 分 in ähnlicher Weise, um Minuten für genauere Zeiten zu quantifizieren. Die On-Lesung ist フン (ふん) und wird entweder als "fun" oder "pun" ausgesprochen.

Um "40 Minuten" zu sagen, heißt es 四十分 oder 40分 und wird wie よんじゅっぷん (yon juppun) ausgesprochen.

Zeit	Kanji	Aussprache
2 Minuten	二分	にふん
5 Minuten	五分	ごふん
10 Minuten	十分	じゅっぷん
30 Minuten	五十分	さんじゅっぷん

Auf die Frage 今何時ですか (oder いま なんじ - ima nan-ji desu ka), die "Wie spät ist es jetzt?" bedeutet, könnten Sie die beiden vorherigen Beispiele kombinieren und 二時四十分 oder 2時40分 sagen. Setzen Sie die beiden Sätze einfach zusammen und sagen Sie: にじ よんじゅっぷん (ni-ji yon-juppun).

Im Gegensatz zu anderen Sprachen gibt es im Japanischen nicht viele zusätzliche Ausdrücke für bestimmte Zeiten. Das Äquivalent zu "es ist halb drei" *(2.30 PM)* verwendet das Kanji 半 *(はん / han)* am Ende des Satzes **"Zahl + 時"**, z. B. **2時半** oder にじ はん *(ni-ji han)*, was *"dreißig Minuten nach 2 Uhr"* bedeutet.

Einige der Kanji in diesem Abschnitt sind Teil anderer zeitbezogener Terminologie, die in der täglichen Konversation nützlich sein kann:

Kanji	Bedeutung	Aussprache	Kanji	Bedeutung	Aussprache
午前	Vormittag, a.m.	ごぜん gozen	夜	Abend, Nacht	よる yoru
午后	Nachmittag, p.m.	ごご gogo	日の出	Sonnenaufgang	ひので hinode
朝	Morgen, Frühstück	あさ asa	夕方	Abend, Abenddämmerung	ゆうがた yū gata
早朝	früher Morgen	そうちょう sō chō			
日中	Tagsüber	にっちゅう nitchyuu	深夜	Mitternacht	しんや shin'ya

Revision: Zeit

Es ist wieder so weit! Versuchen Sie, diese Fragen zu beantworten, ohne auf die vorherigen Seiten zurückzublicken. Die Fragen werden dir zeigen, welche Kanji mehr Aufmerksamkeit und Übung brauchen - vielleicht findest du auch einige der Zahlen-Kanji aus der vorherigen Gruppe wieder.

F.19 Welches dieser Kanji bedeutet **"Tag"**?

A. 何　B. 月　C. 週　D. 時　E. 日

F.20 Welches dieser Kanji bedeutet **"Woche"**?

A. 毎　B. 週　C. 時　D. 月　E. 日

F.21 Welches dieser Kanji bedeutet **"Monat"**?

A. 午　B. 日　C. 年　D. 月　E. 何

F.22 Welches dieser Kanji bedeutet **"Jahr"**?

A. 月　B. 間　C. 年　D. 午　E. 今

F.23 Wie schreibt man **"die Hälfte"** oder **"die Mitte"** auf Japanisch?

A. 半　B. 来　C. 今　D. 毎　E. 年

F.24 Welches dieser Kanji bedeutet **"Minute"**?

A. 九　B. 分　C. 先　D. 円　E. 千

F.25 Welches dieser Kanji bedeutet **"Stunde"** oder **"Zeit"**?

A. 時　B. 前　C. 後　D. 間　E. 何

F.26 Welcher *Monat* wird mit 十一月 geschrieben?

A. Dezember　B. Oktober　C. November　D. September　E. August

F.27 Wie würden Sie das Kanji 時 aussprechen, *wenn Sie die Uhrzeit nennen*?

A. go   B. gi   C. ju   D. ji   E. gu

F.28 Welches dieser Kanji bedeutet **"jedes"** oder **"jeder"**?

A. 百   B. 何   C. 毎   D. 五   E. 円

F.29 Wie würden Sie 3 Uhr auf Japanisch aussprechen?

A. いちじ   B. にじ   C. さんじ   D. ごじ   E. じゅうじ

F.30 Welcher Tag der Woche ist 金曜日?

A. Montag   B. Freitag   C. Sonntag   D. Dienstag   E. Donnerstag

F.31 Wie viele Minuten entspricht 三十分?

A. 10   B. 13   C. 20   D. 23   E. 30

F.32 Welcher Tag der Woche ist 木曜日?

A. Sonntag   B. Dienstag   C. Freitag   D. Donnerstag   E. Montag

F.33 Welches dieser Kanji-Wörter bedeutet **"letztes Jahr"** oder **"voriges Jahr"**?

A. 前年   B. 前午   C. 午前   D. 年前   E. 前前

F.34 Welches Kanji wird verwendet, um **"was"**, **"welche"** oder **"wie viele"** zu fragen?

A. 何   B. 間   C. 先   D. 円   E. 来

F.35 週 Wie viele *Striche* sind nötig, um dieses Zeichen zu schreiben?

A. 10   B. 11   C. 12   D. 13

Bedeutung	Person	Bestandteile	人
Radikal	人 (亻) (Mann, Mensch)	Kun'yomi	ひと、-り、-と
Striche	2	On'yomi	ジン、ニン

Vokabeln	Bedeutung	Aussprache
人	Menschen	ひと
人	-ian, -ite, -er (z. B. Italiener, Schauspieler)	ジン
人人 (人々)	Menschen, Männer und Frauen	ひとびと
人	Zähler für Menschen	ニン

Reihenfolge der Striche

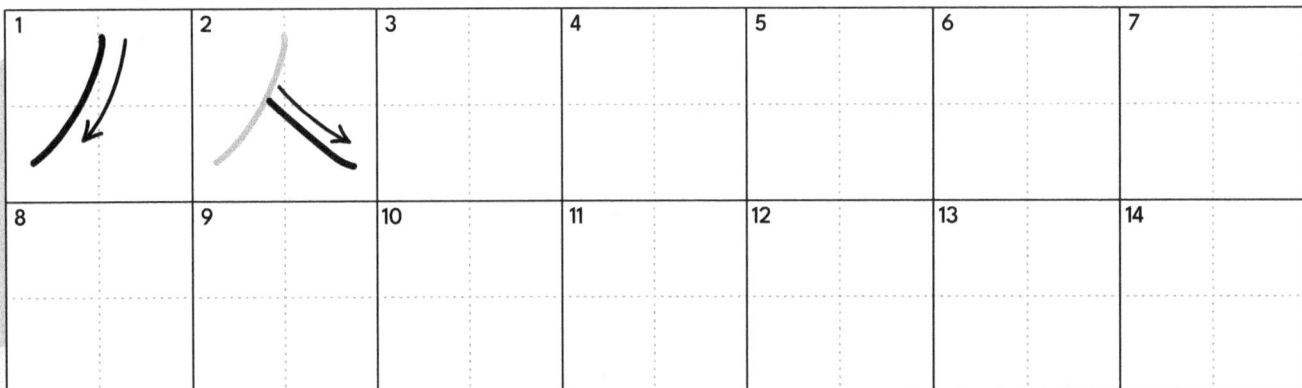

Übung zum Schreiben

Kanji für Menschen und Dinge

Bedeutung	männlich	Bestandteile	力田
Radikal	田 (Feld)	Kun'yomi	おとこ、お
Striche	7	On'yomi	ダン、ナン

Vokabeln	Bedeutung	Aussprache
男	Mann, männlich, Kerl, Kerl, Freund	おとこ
男女	Mann (Männer) und Frau (Frauen)	ダンジョ
美男	gutaussehender Mann	びなん
男の子	Junge, Sohn, kleiner Junge, junger Mann	おとこのこ

Reihenfolge der Striche

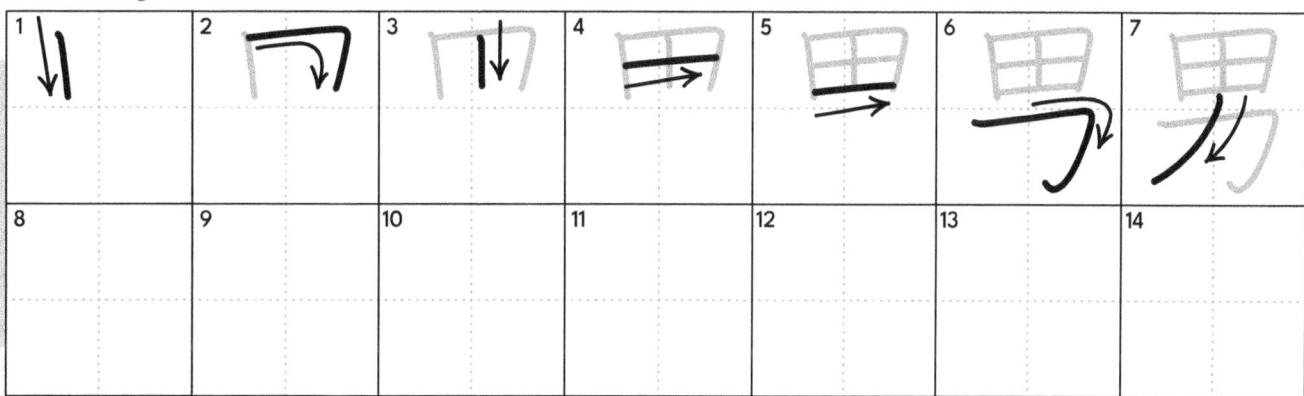

Übung zum Schreiben

JLPT N5

Bedeutung	Frau, weiblich	Bestandteile	女
Radikal	女 (Frau)	Kun'yomi	おんな、め
Striche	3	On'yomi	ジョ、ニョ、ニョウ

Vokabeln	Bedeutung	Aussprache
女	weiblich, Frau, weibliches Geschlecht, Freundin	おんな
女王	Königin, weiblicher Champion	ジョオウ
女神	Göttin, weibliche Gottheit	めがみ
女の子	Mädchen, Tochter, kleines Mädchen	おんなのこ

Reihenfolge der Striche

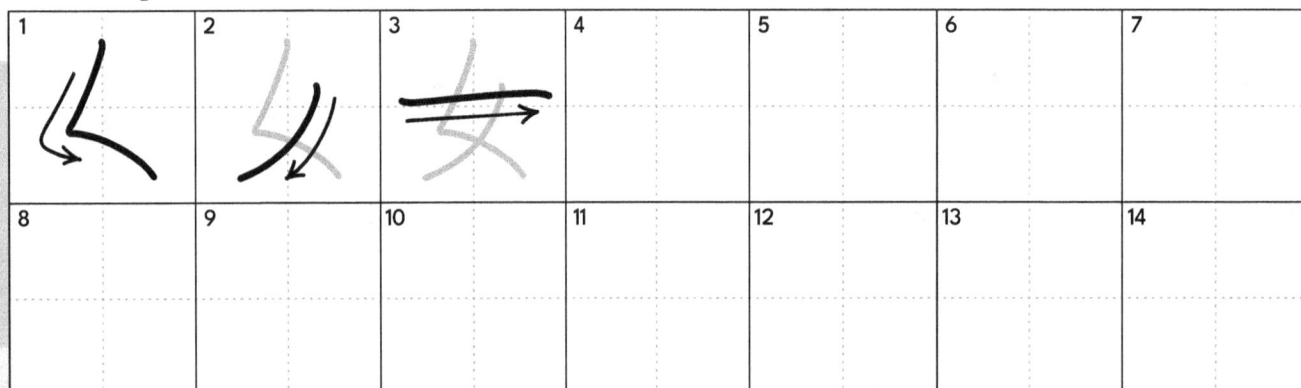

Übung zum Schreiben

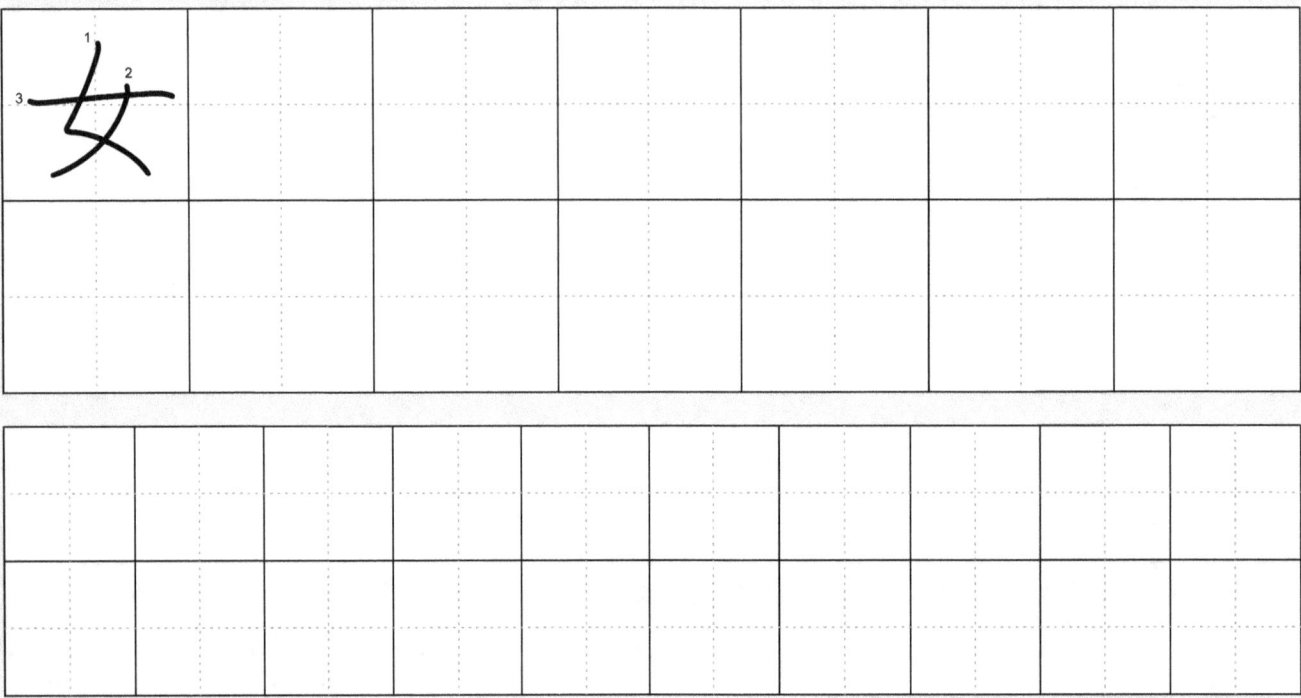

Kanji für Menschen und Dinge

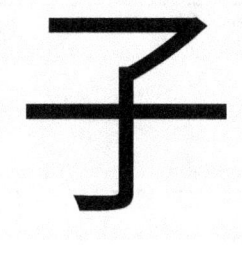

Bedeutung	Kind, Zeichen der Ratte	Bestandteile	子
Radikal	子 (Kind, Samen)	Kun'yomi	こ、-こ、ね
Striche	3	On'yomi	シ、ス、ツ

Vokabeln	Bedeutung	Aussprache
子	Kind, Kind, Teenager, Jugendlicher	こ
息子	Sohn	むすこ
子供	Kind	こども
帽子	Hut, Mütze	ぼうし

Reihenfolge der Striche

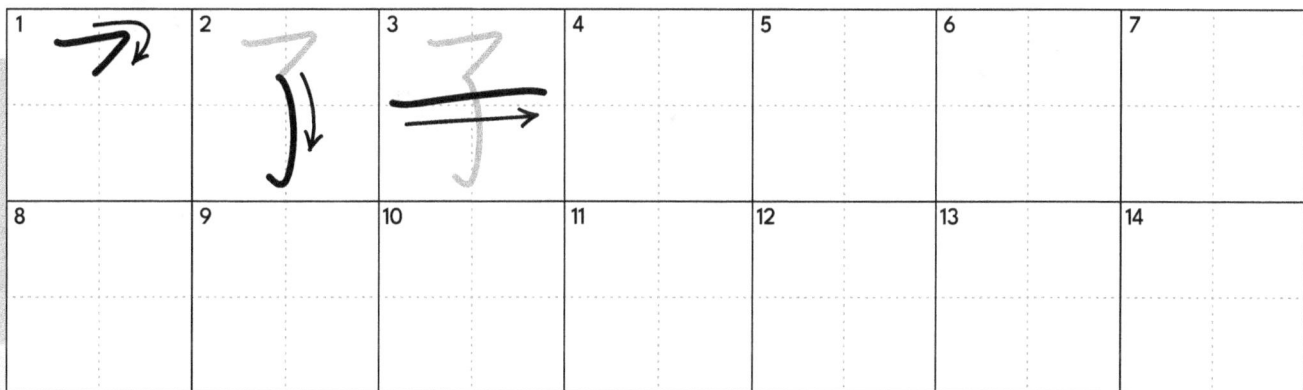

Übung zum Schreiben

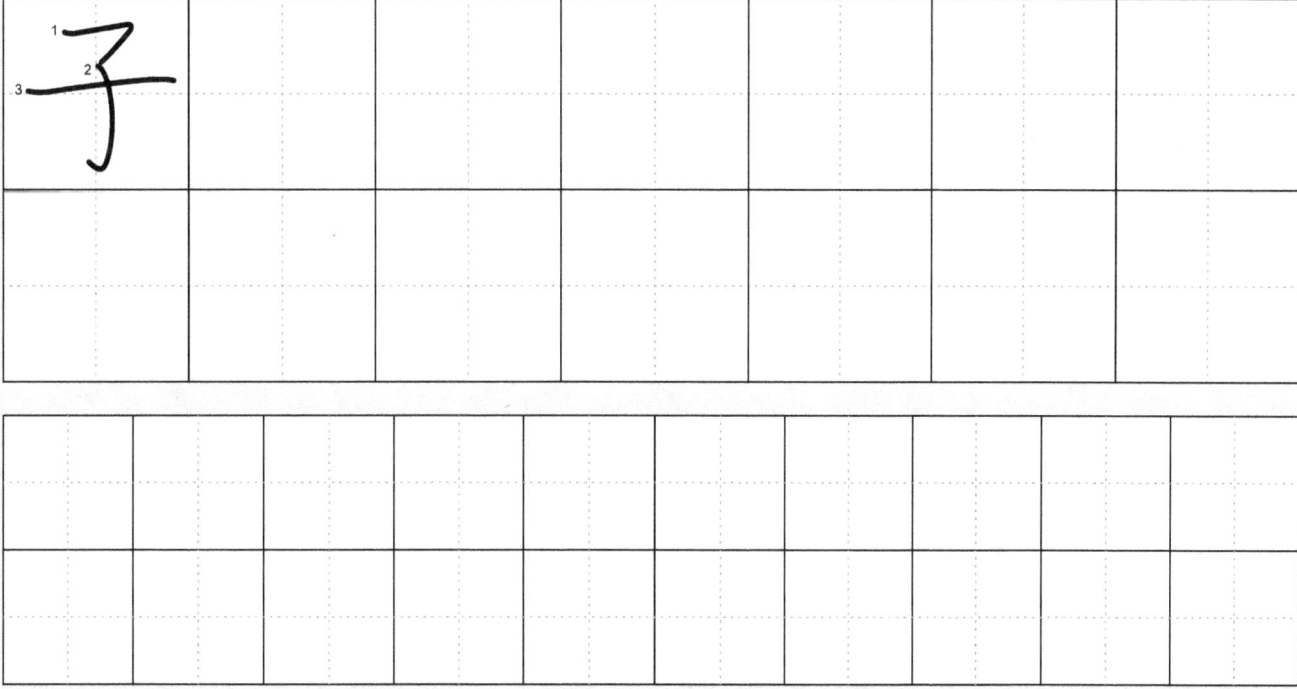

JLPT N5

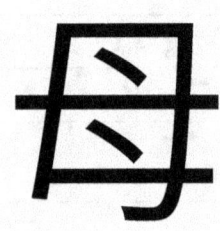

Bedeutung	Mutter	Bestandteile	毋 母
Radikal	毋 (母) (Mutter)	Kun'yomi	はは、も
Striche	5	On'yomi	ボ

Vokabeln	Bedeutung	Aussprache
母	Mutter	はは
父母	Eltern, Vater und Mutter	フボ
伯母さん	Tante	おばさん
お祖母さん	Großmutter	おばあさん

Reihenfolge der Striche

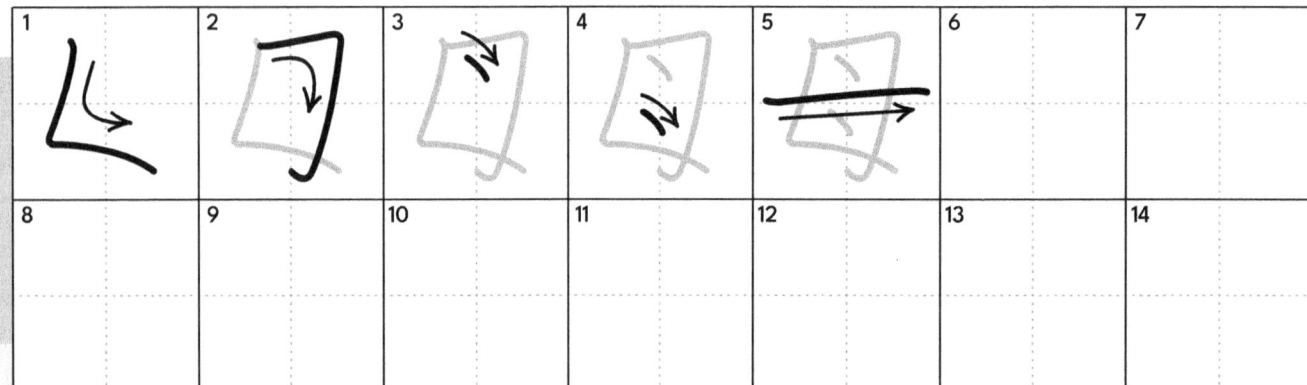

Übung zum Schreiben

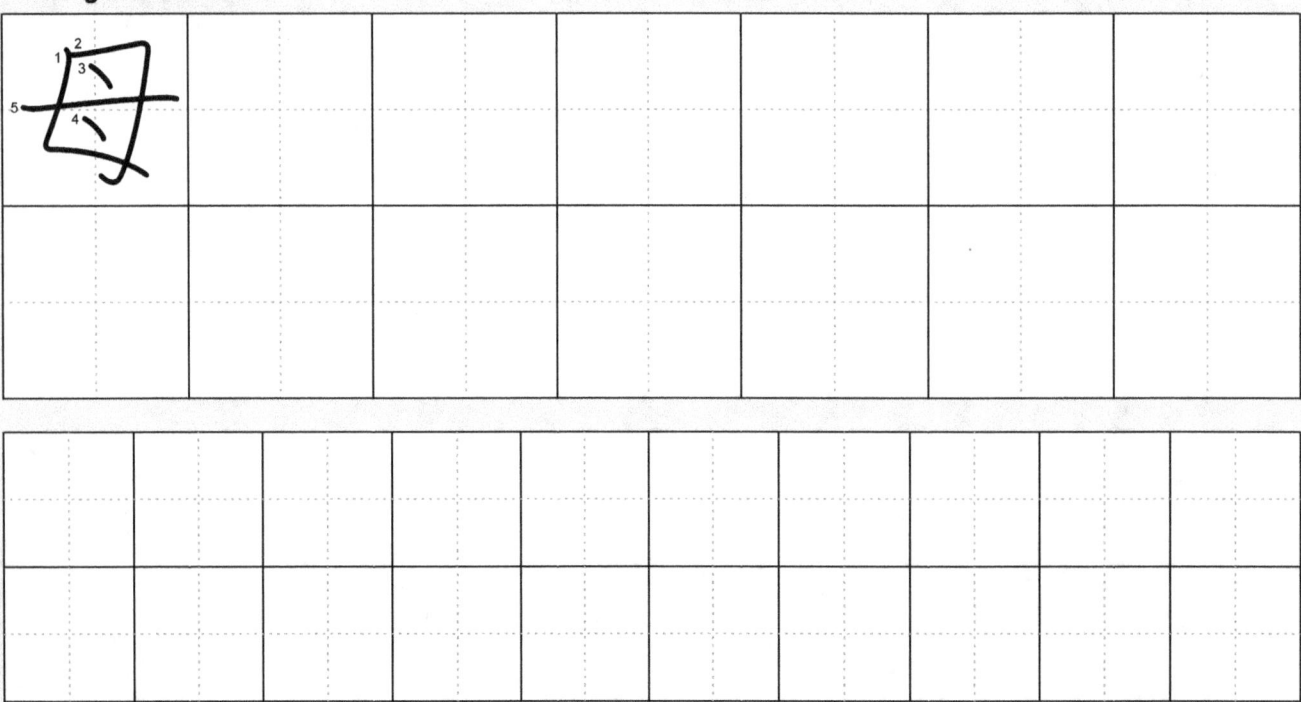

Kanji für Menschen und Dinge

Bedeutung	Vater	Bestandteile	父
Radikal	父 (Vater)	Kun'yomi	ちち
Striche	4	On'yomi	フ

Vokabeln	Bedeutung	Aussprache
父	Vater	ちち
父母	Eltern, Vater und Mutter	フボ
祖父	Großvater, alter Mann	そふ
祖父母	Großeltern	そふぼ

Reihenfolge der Striche

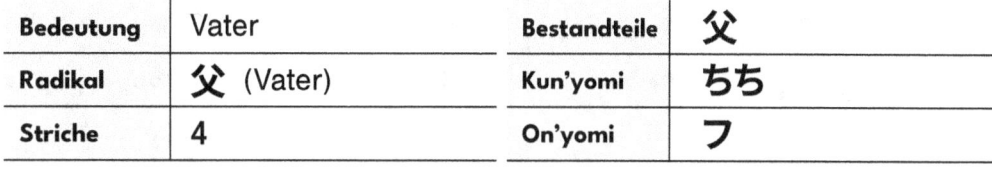

Übung zum Schreiben

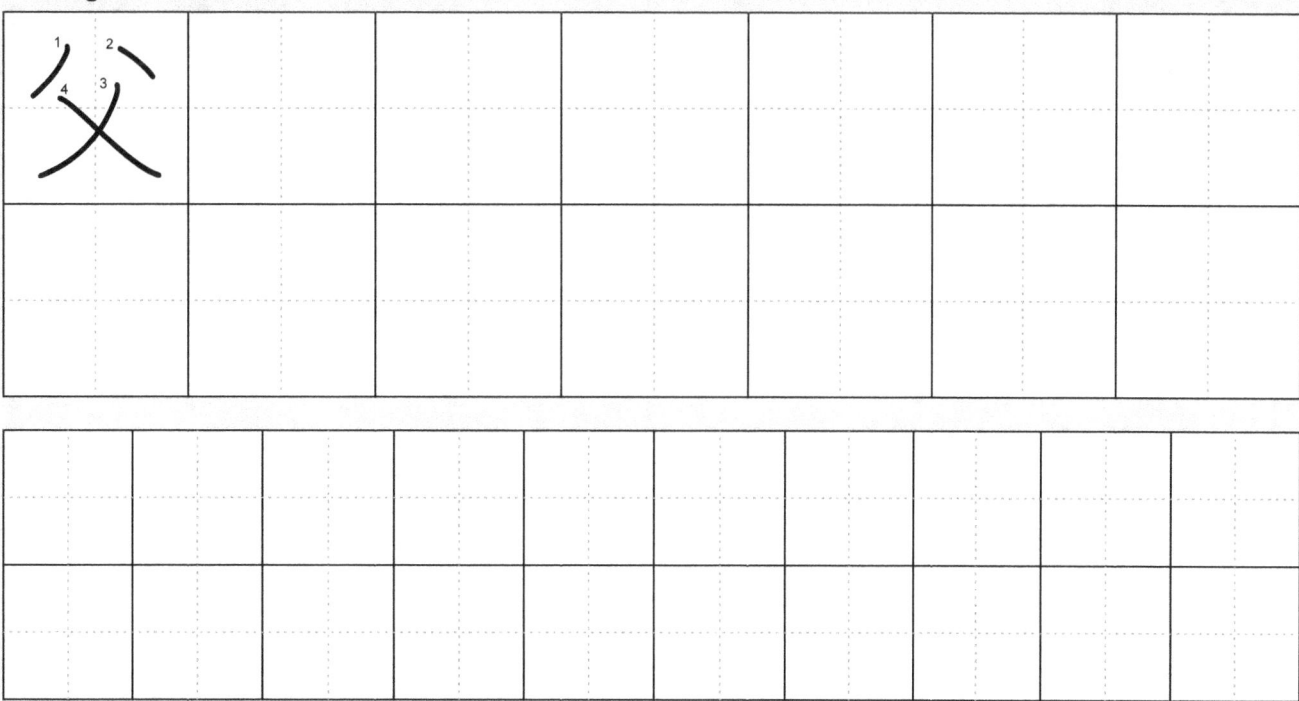

JLPT N5

Bedeutung	Freund	Bestandteile	一ノ又
Radikal	又 (rechte Hand)	Kun'yomi	とも
Striche	4	On'yomi	ユウ

Vokabeln	Bedeutung		Aussprache
友	Freund		とも
友達	Freund, Kamerad, Genosse, Kumpel		ともだち
友情	Freundschaft, Kameradschaft		ゆうじょう
友好的	freundlich, freundschaftlich		ゆうこうてき

Reihenfolge der Striche

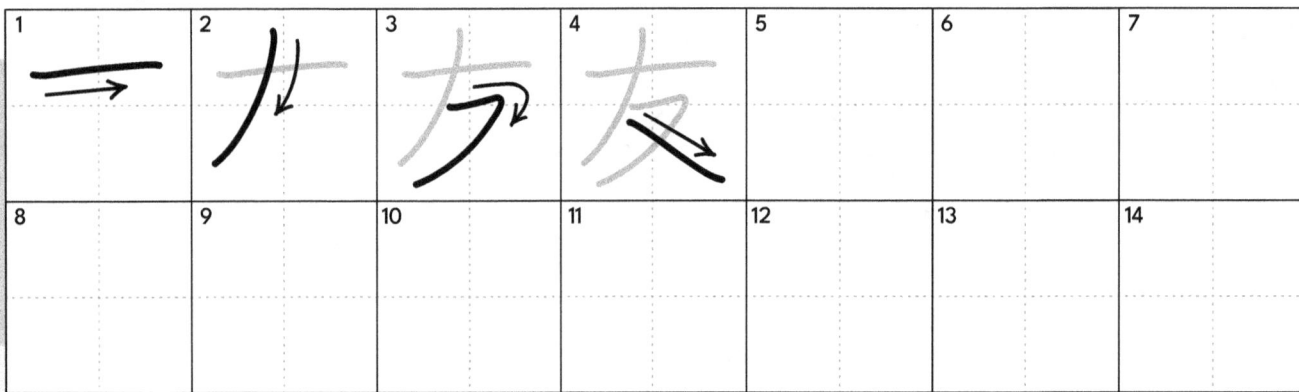

Übung zum Schreiben

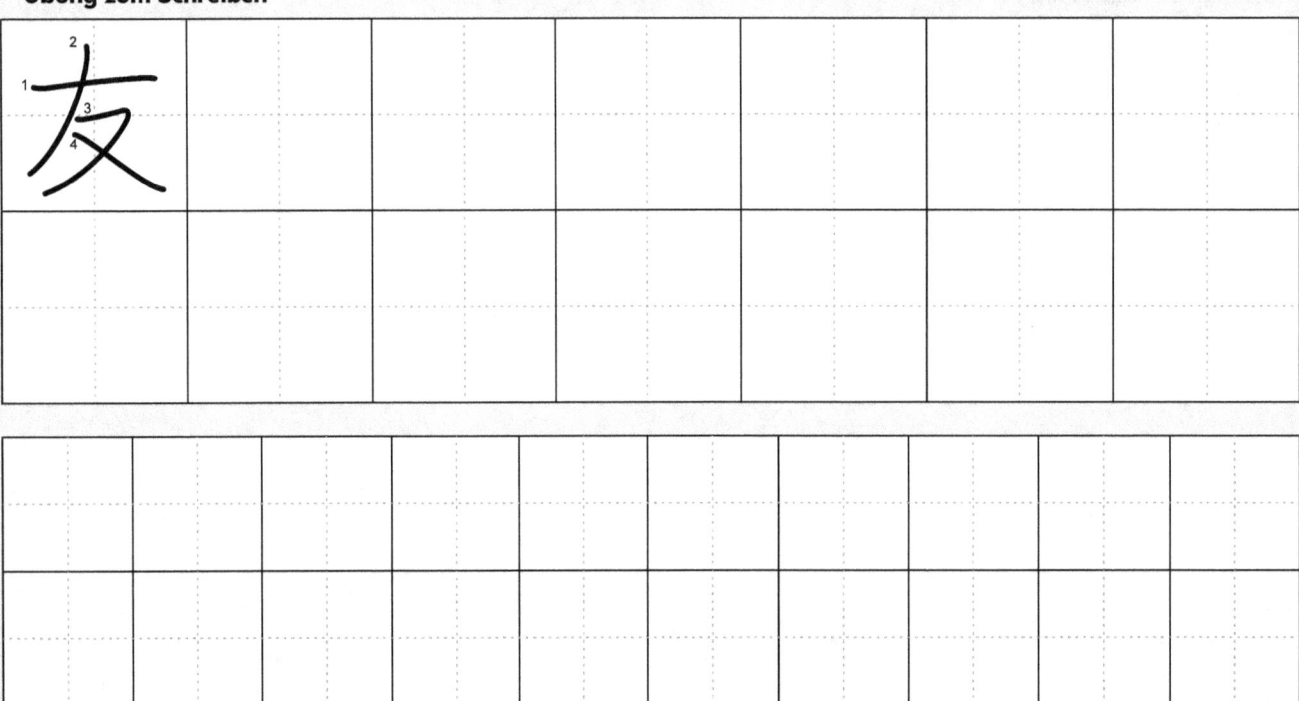

Kanji für Menschen und Dinge

Bedeutung	Feuer	Bestandteile	火
Radikal	火 (灬) (Feuer)	Kun'yomi	ひ、-び、ほ-
Striche	4	On'yomi	カ

Vokabeln	Bedeutung	Aussprache
火	Feuer, Flamme, Lohe	ひ
小火	kleines Feuer	ボヤ
花火	Feuerwerk	はなび
火曜日	Dienstag	かようび

Reihenfolge der Striche

Übung zum Schreiben

JLPT N5

Bedeutung	Wasser	Bestandteile	水
Radikal	水 (氵, 氺) (Wasser)	Kun'yomi	みず、みず-
Striche	4	On'yomi	スイ

Vokabeln	Bedeutung	Aussprache
水	Wasser (Trinkwasser), Flüssigkeit, Hochwasser	みず
浄水	sauberes Wasser, gereinigtes Wasser	ジョウスイ
水泳	Schwimmen	すいえい
水曜日	Mittwoch	すいようび

Reihenfolge der Striche

Übung zum Schreiben

Kanji für Menschen und Dinge

Bedeutung	tree, wood	Bestandteile	木
Radikal	木 (tree)	Kun'yomi	き、こ-
Striche	4	On'yomi	ボク、モク

Vokabeln	Bedeutung	Aussprache
木	*Baum, Strauch, Busch, Wald, Holz*	き
木木(木々)	*fähig sein zu*	きぎ
木材	*Schnittholz, Bauholz, Holz*	モクザイ
木曜日	*Donnerstag*	もくようび

Reihenfolge der Striche

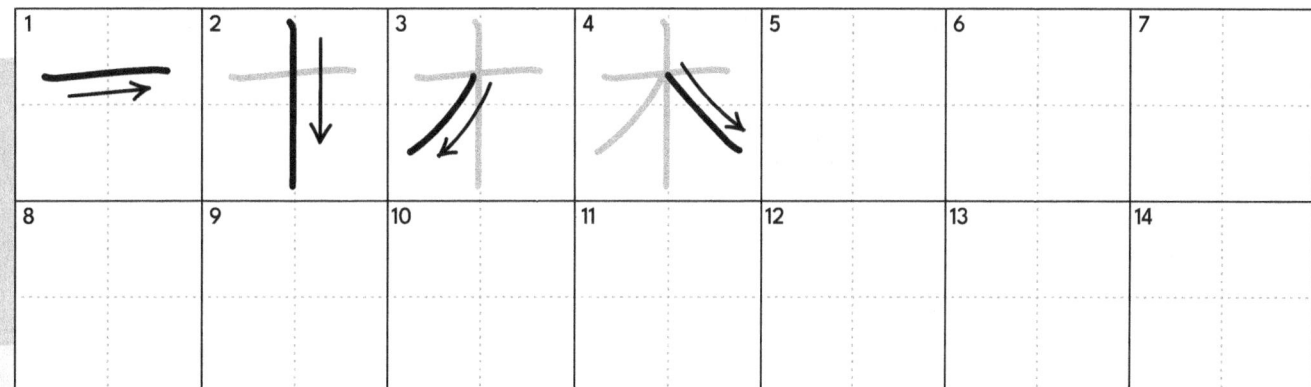

Übung zum Schreiben

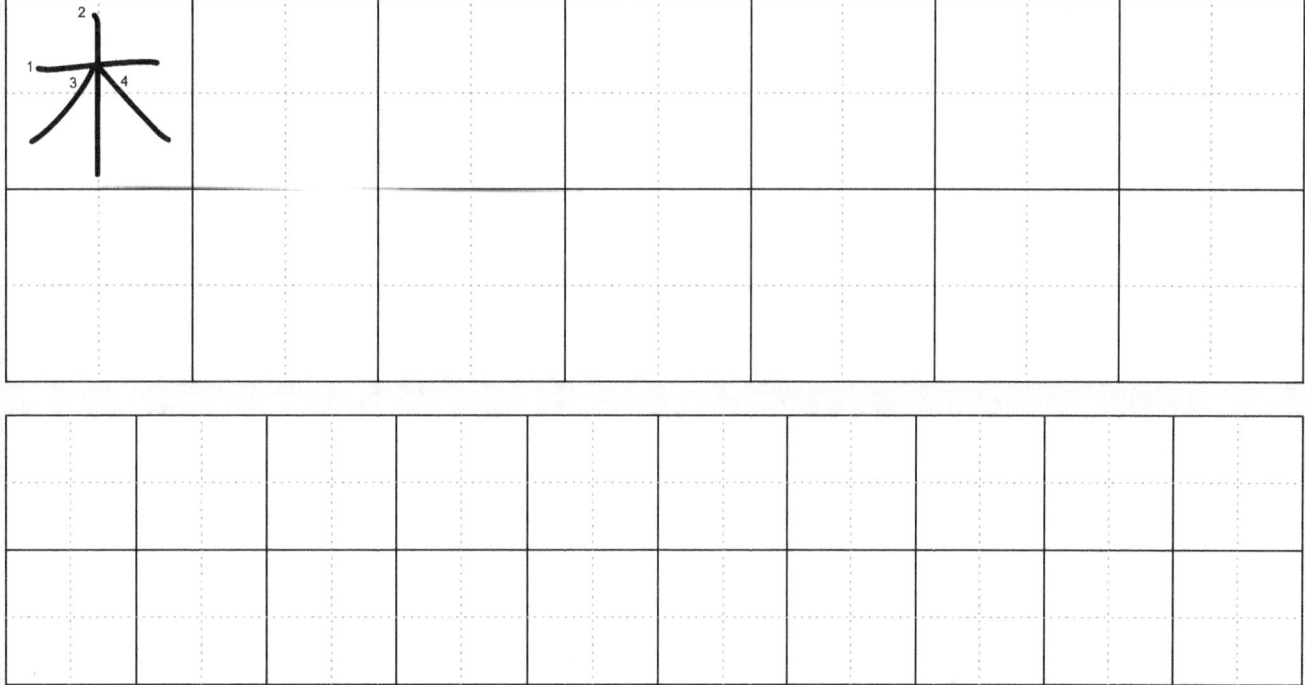

JLPT N5

Bedeutung	Boden, Erde	Bestandteile	土
Radikal	土 (Erde)	Kun'yomi	つち
Striche	3	On'yomi	ド、ト

Vokabeln	Bedeutung	Aussprache
土	Erde, Boden, Schmutz, Lehm, Schlamm	つち
土	Samstag, Schmutz, Erde, Land, Boden	ド
土地	Grundstück, Partie, Ortschaft, Region	トチ
土曜日	Samstag	どようび

Reihenfolge der Striche

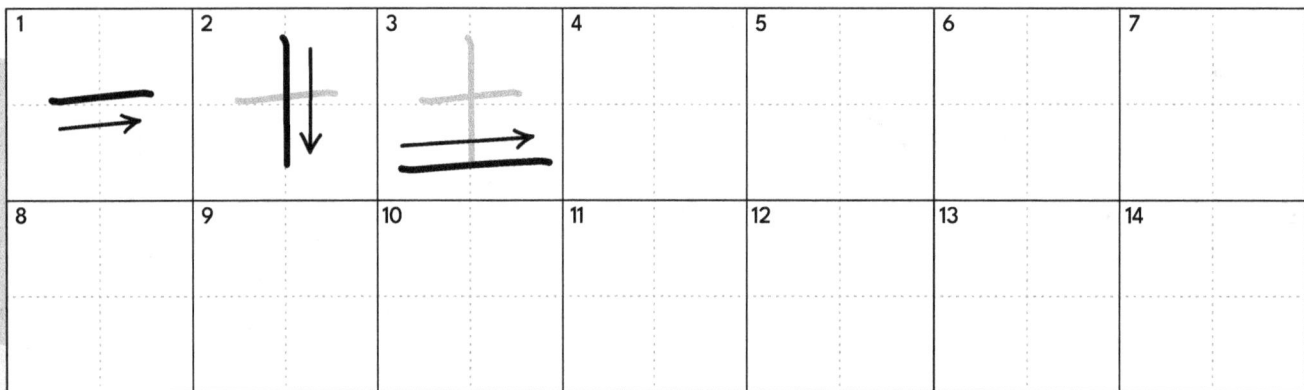

Übung zum Schreiben

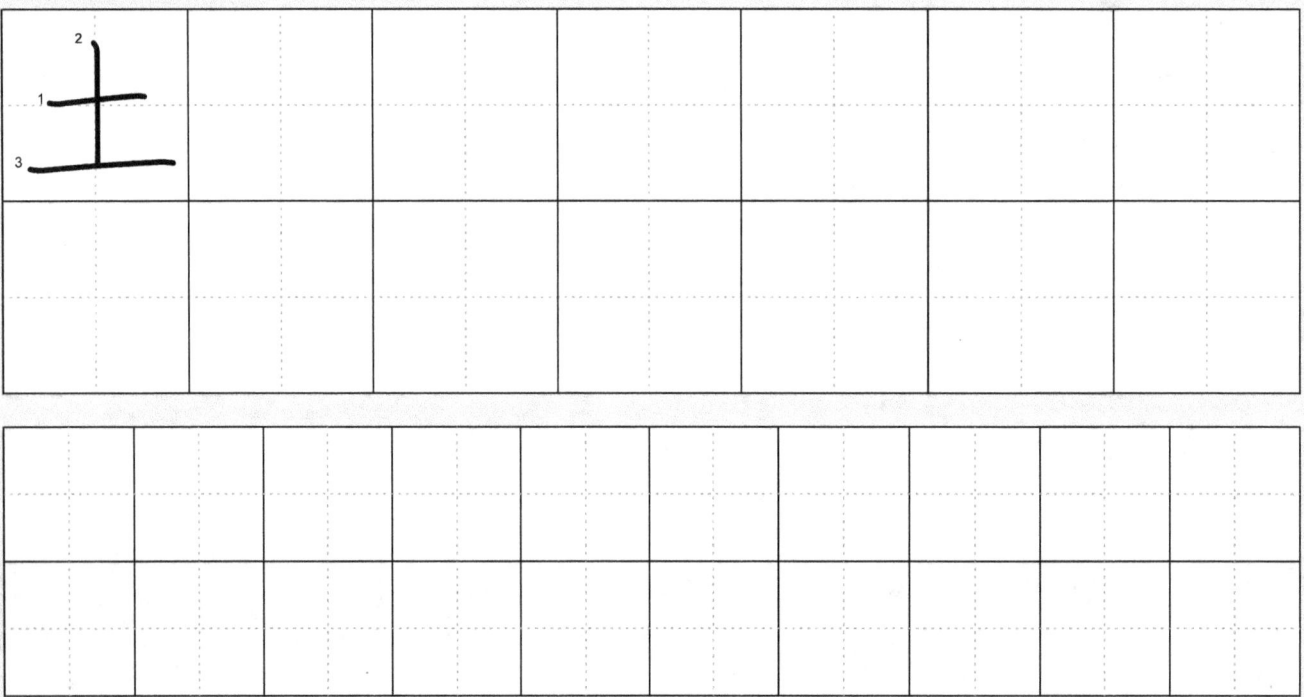

Kanji für Menschen und Dinge

Bedeutung	Gold, Geld, Metall	Bestandteile	个 ハ 井 王 金
Radikal	金 (釒) (Gold, Metall)	Kun'yomi	かね、かな-、-がね
Striche	8	On'yomi	キン、コン、ゴン

Vokabeln	Bedeutung		Aussprache
金	Geld, Metall		かね
金	Gold (Metall, Farbe, Medaille), Geld		キン
納金	Bezahlung		ノウキン
金曜日	Freitag		きんようび

Reihenfolge der Striche

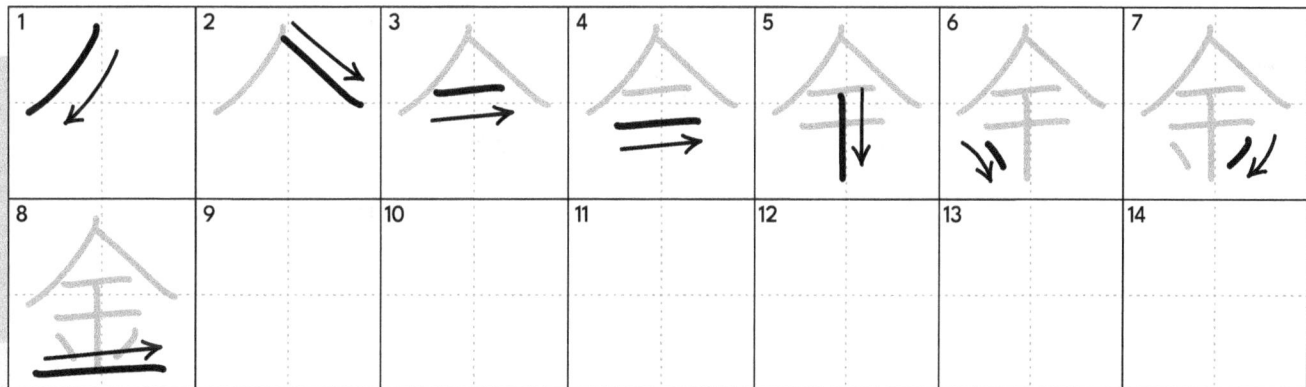

Übung zum Schreiben

JLPT N5

Bedeutung	Buch, wahr, Haupt	Bestandteile	一 木
Radikal	木 (Baum)	Kun'yomi	もと
Striche	5	On'yomi	ホン

Vokabeln	Bedeutung	Aussprache
本	*Buch, Band, Skript, dies, Geschenk*	ホン
本棚	*Bücherregal, Bücherschrank, Bücherregale*	ほんだな
大本 (元)	*Wurzel, Ursprung, Quelle, Ursache*	おおもと
日本語	*Japanisch (Sprache)*	にほんご

Reihenfolge der Striche

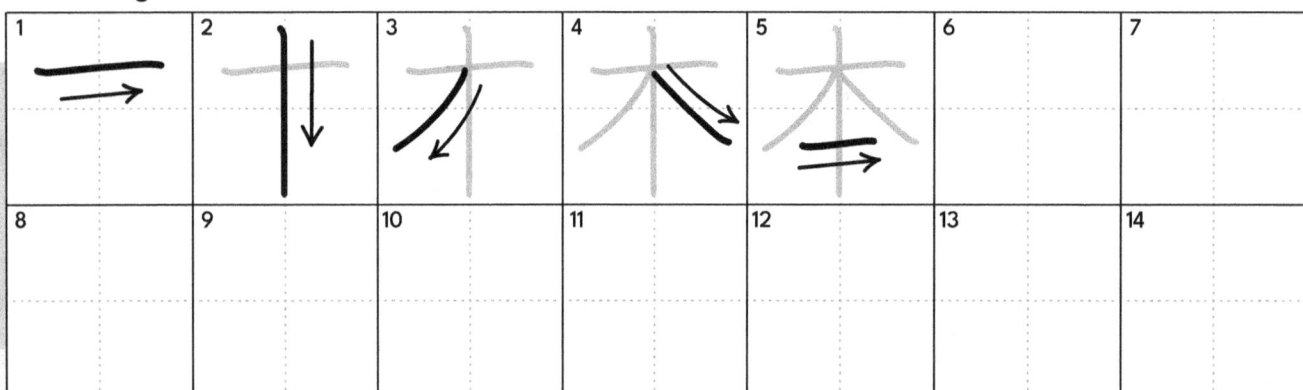

Übung zum Schreiben

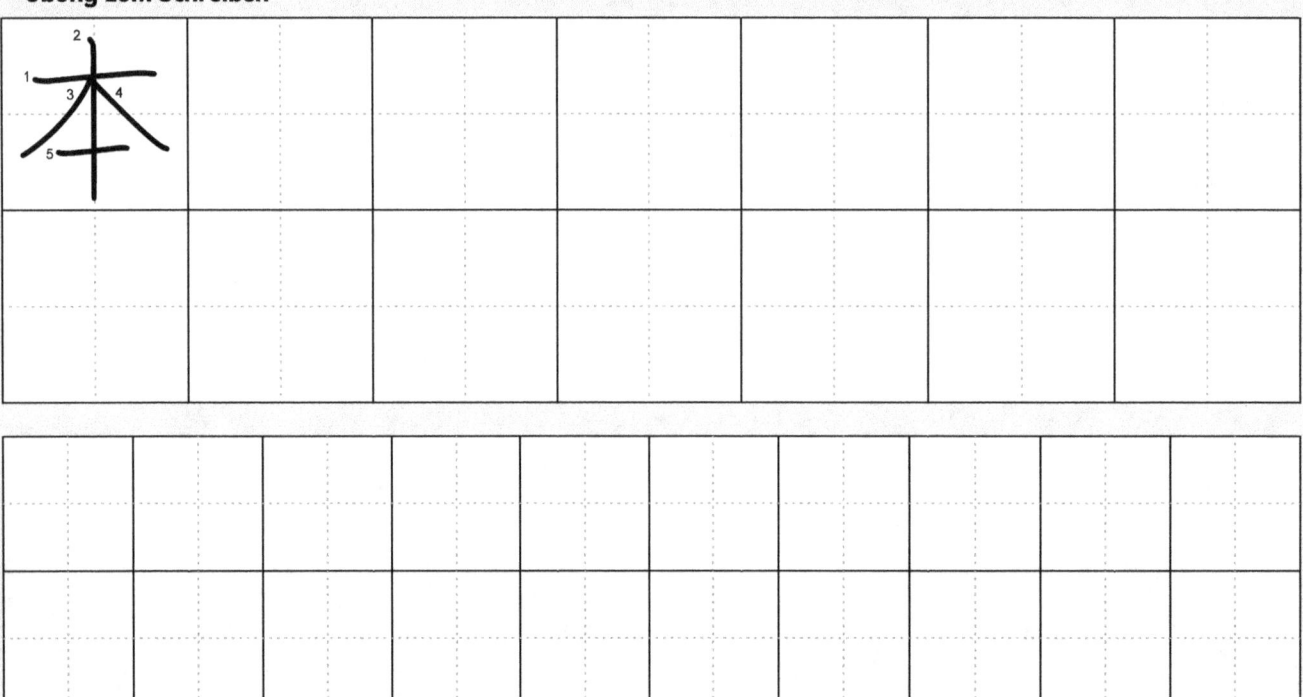

Kanji für Menschen und Dinge

Bedeutung	Strom, Fluss	Bestandteile	川
Radikal	巛 (川、巜) (Fluss)	Kun'yomi	かわ
Striche	3	On'yomi	セン

Vokabeln	Bedeutung	Aussprache
川	Fluss, Bach	かわ
山川	Berge und Flüsse	サンセン / さんせん
川岸	Flussufer, Flussufer	かわぎし
堀川	Kanal	ほりかわ

Reihenfolge der Striche

Übung zum Schreiben

JLPT N5

Bedeutung	Blume, Blüte	Bestandteile	化 ヒ 艾
Radikal	艸 (艹) (Gras)	Kun'yomi	はな
Striche	7	On'yomi	カ、ケ

Vokabeln	Bedeutung	Aussprache
花	Blume, Blüte, Blüte, Blütenblatt	はな
花見	Blume/Kirschblüte betrachten	はなみ
花形	Blumenmuster, Blüte, Ornament	ハナガタ / はながた
花火	Feuerwerk	はなび

Reihenfolge der Striche

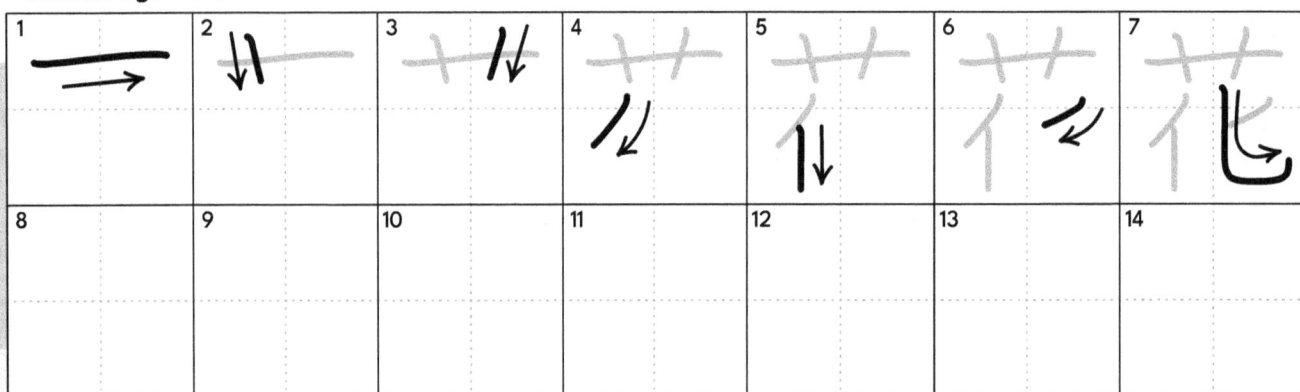

Übung zum Schreiben

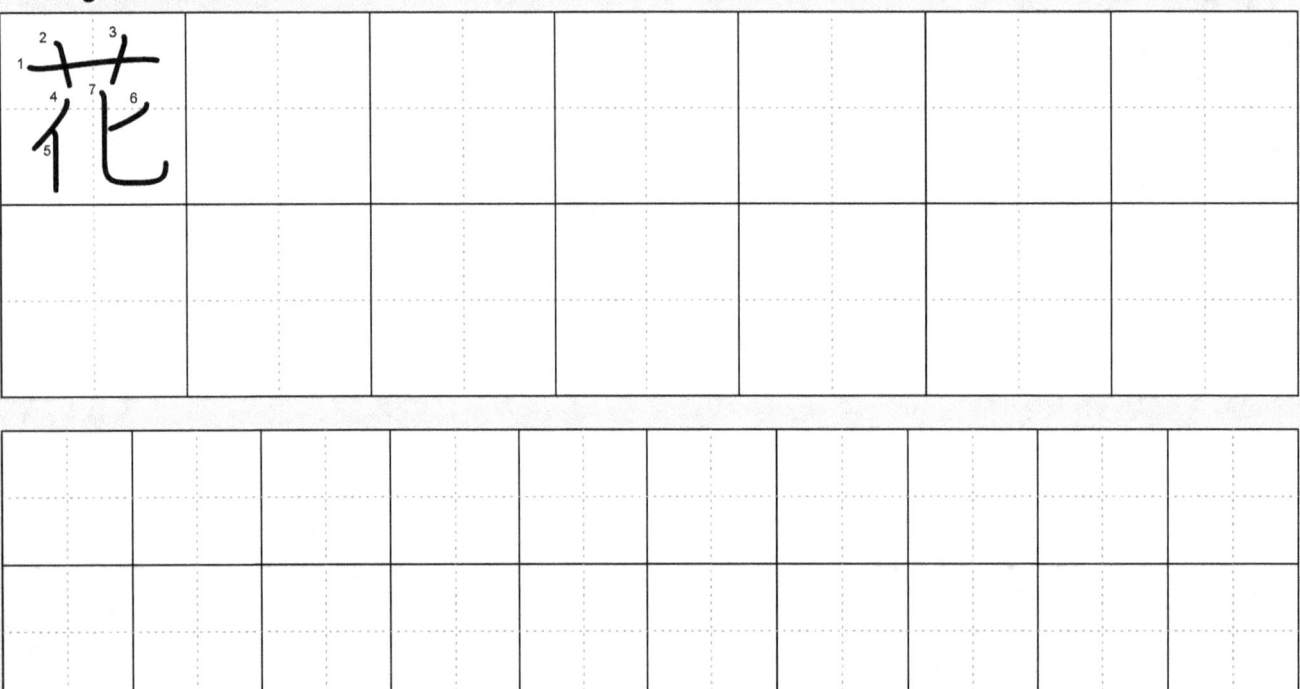

Kanji für Menschen und Dinge

Bedeutung	Geist, Verstand, Luft,	Bestandteile	丶ノ气乞
Radikal	气 (Dampf, Atem)	Kun'yomi	き
Striche	6	On'yomi	キ、ケ

Vokabeln	Bedeutung	Aussprache
気	Geist, Verstand, Herz, Natur, Motivation	き / キ
元気	lebendig, temperamentvoll, energisch	げんき
病気	Krankheit, Seuche, Gebrechen	びょうき
気合	(Kampf-)Geist, Motivation, Anstrengung	きあい / キアイ

Reihenfolge der Striche

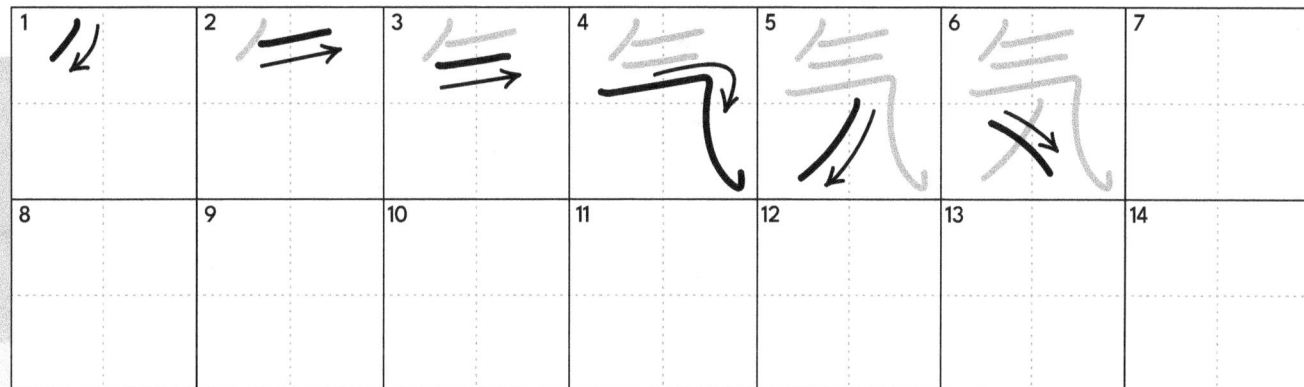

Übung zum Schreiben

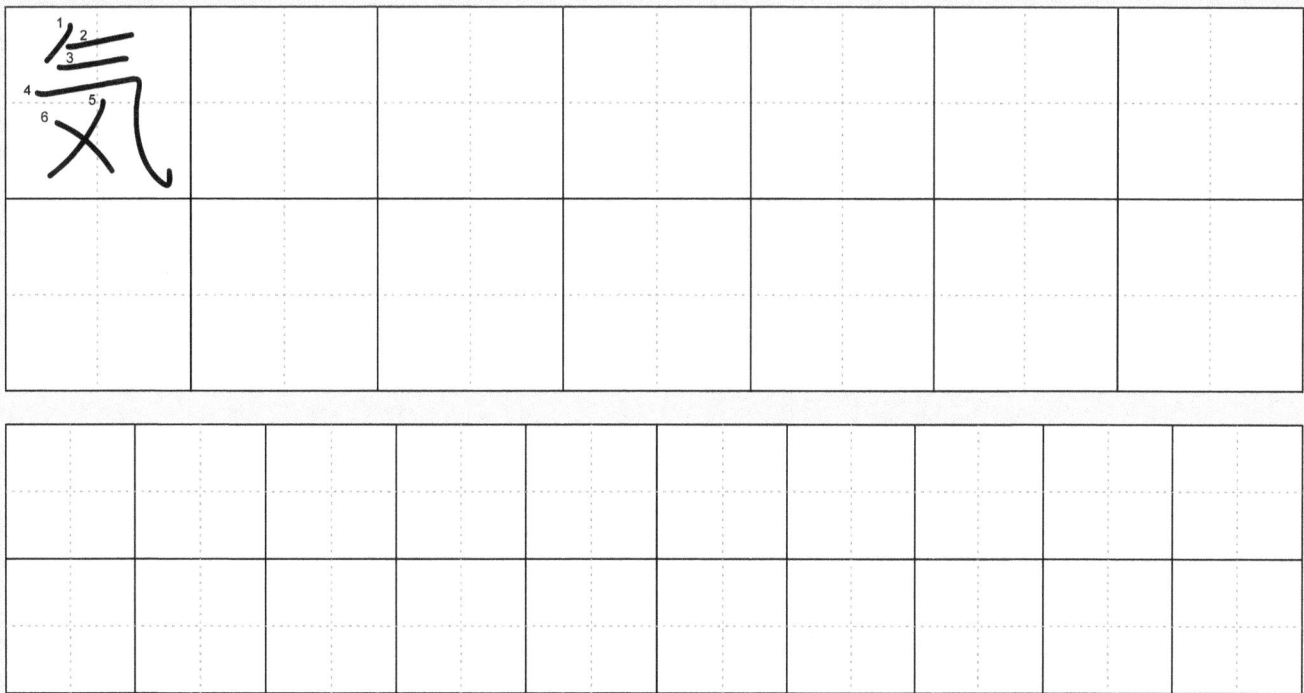

JLPT N5

生

Bedeutung	Leben, Geburt	**Bestandteile**	生
Radikal	生 (Leben)	**Kun'yomi**	い.きる、い.かす
Striche	5	**On'yomi**	セイ、ショウ

Vokabeln	Bedeutung	Aussprache
生きる	zu leben, zu existieren	いきる
生徒	Schüler, Student	せいと
生	Leben, Leben, ich, ich, mich, Schüler	セイ
先生	Sensei, Lehrer, Ausbilder, Meister	せんせい

Reihenfolge der Striche

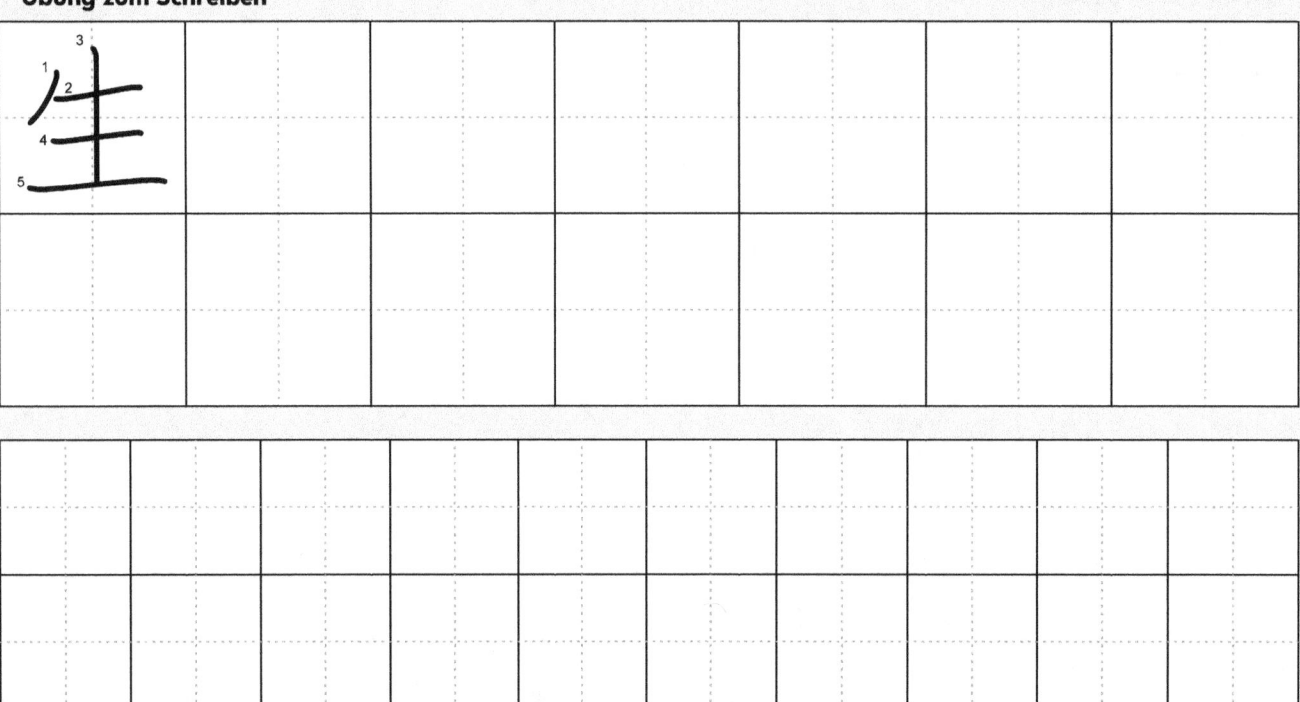

Übung zum Schreiben

Kanji für Menschen und Dinge

Bedeutung	Fisch	Bestandteile	朩田魚
Radikal	魚 (Fisch)	Kun'yomi	うお、さかな、-ざかな
Striche	11	On'yomi	ブン、モン

Vokabeln	Bedeutung	Aussprache
魚	Fisch	さかな
魚市場	Fischmarkt	うおいちば
魚類	Fisch, Fische	ギョルイ
鮮魚	frischer Fisch	センギョ

Reihenfolge der Striche

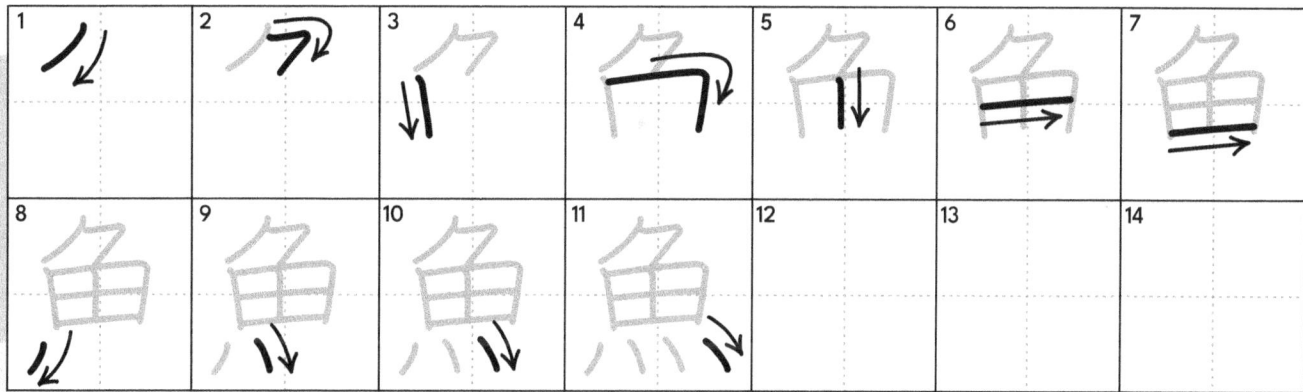

Übung zum Schreiben

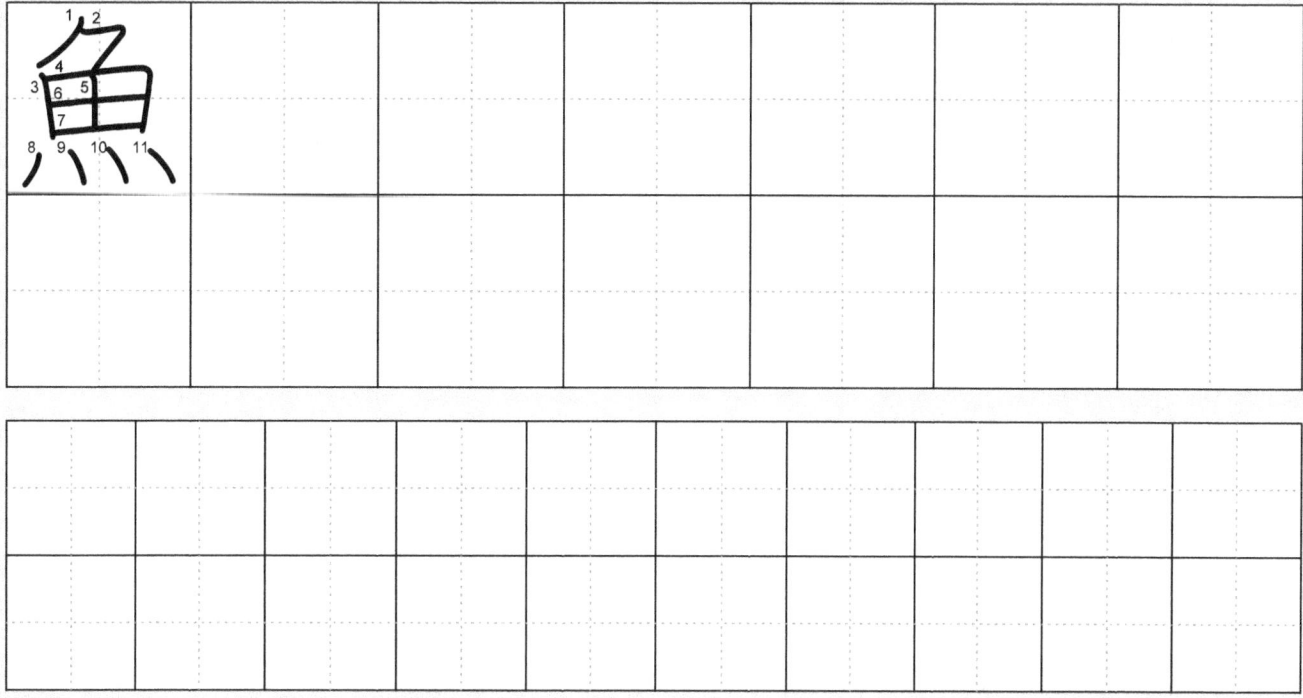

JLPT N5

Bedeutung	Himmel, kaiserlich	Bestandteile	一 二 大
Radikal	大 (groß)	Kun'yomi	あまつ、あめ、あま-
Striche	4	On'yomi	テン

Vokabeln	Bedeutung		Aussprache
天気	Wetter, die Elemente		てんき
天	Himmel, Himmel, Gott		テン
天津	himmlisch, kaiserlich		あまつ
天	Himmel		あめ

Reihenfolge der Striche

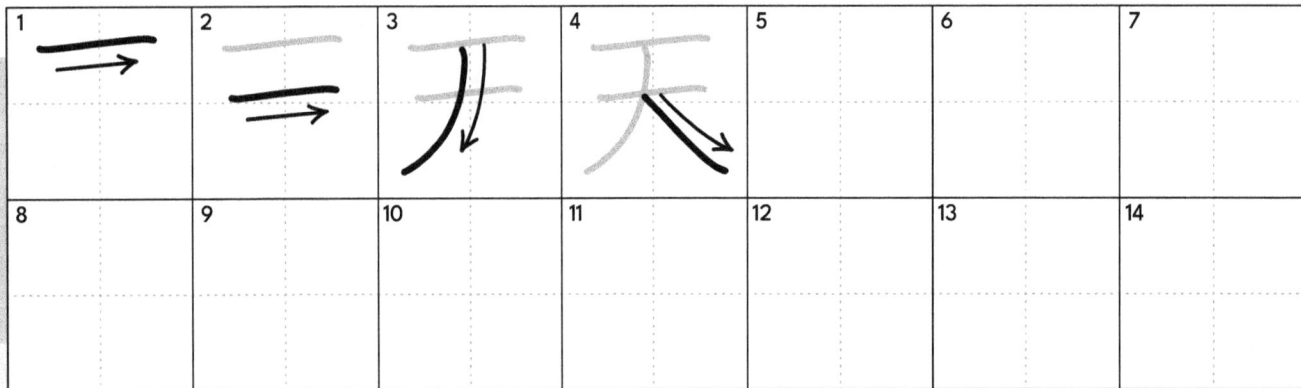

Übung zum Schreiben

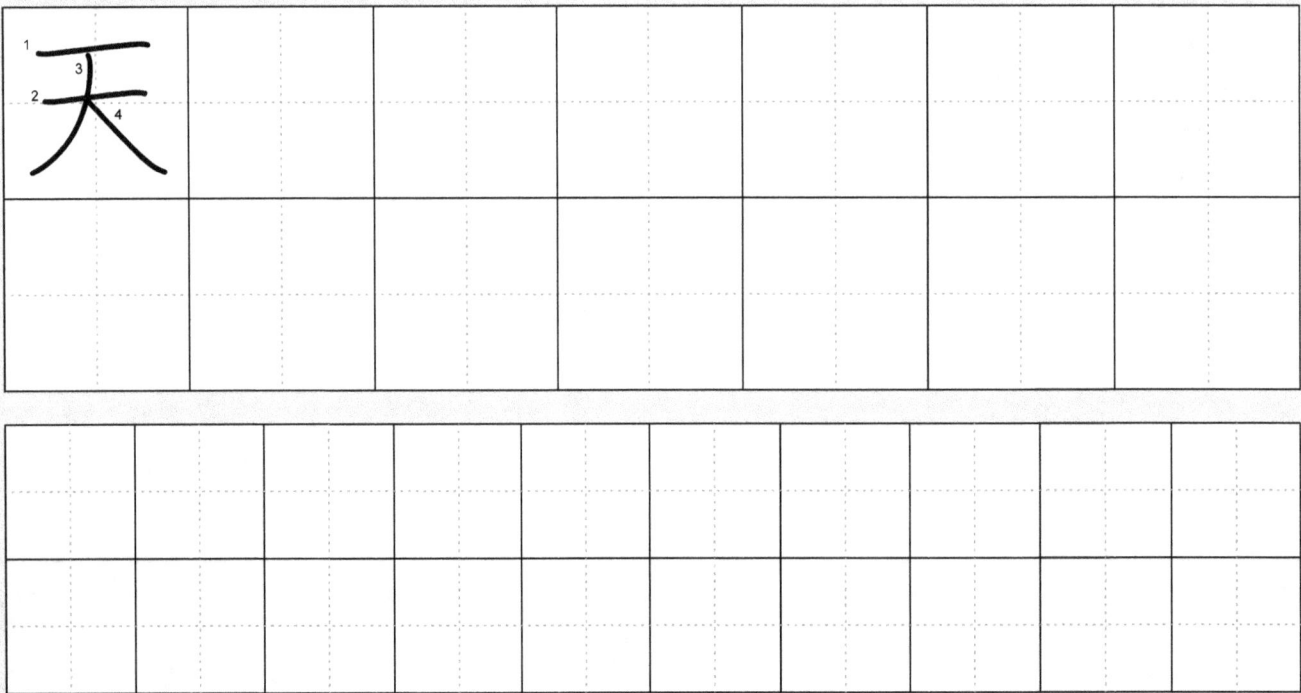

Kanji for People & Things

Bedeutung	leer, Himmel, Leere	Bestandteile	儿 宀 工 穴
Radikal	穴 (Höhle)	Kun'yomi	そら、あ.く、あ.き
Striche	8	On'yomi	クウ

Vokabeln	Bedeutung		Aussprache
空	Himmel, die Luft, der Himmel, das Wetter		そら
空	leere Luft, Himmel		クウ
空き	Raum, Zimmer, Lücke, Leerstand		あき
空港	Flughafen		くうこう

Reihenfolge der Striche

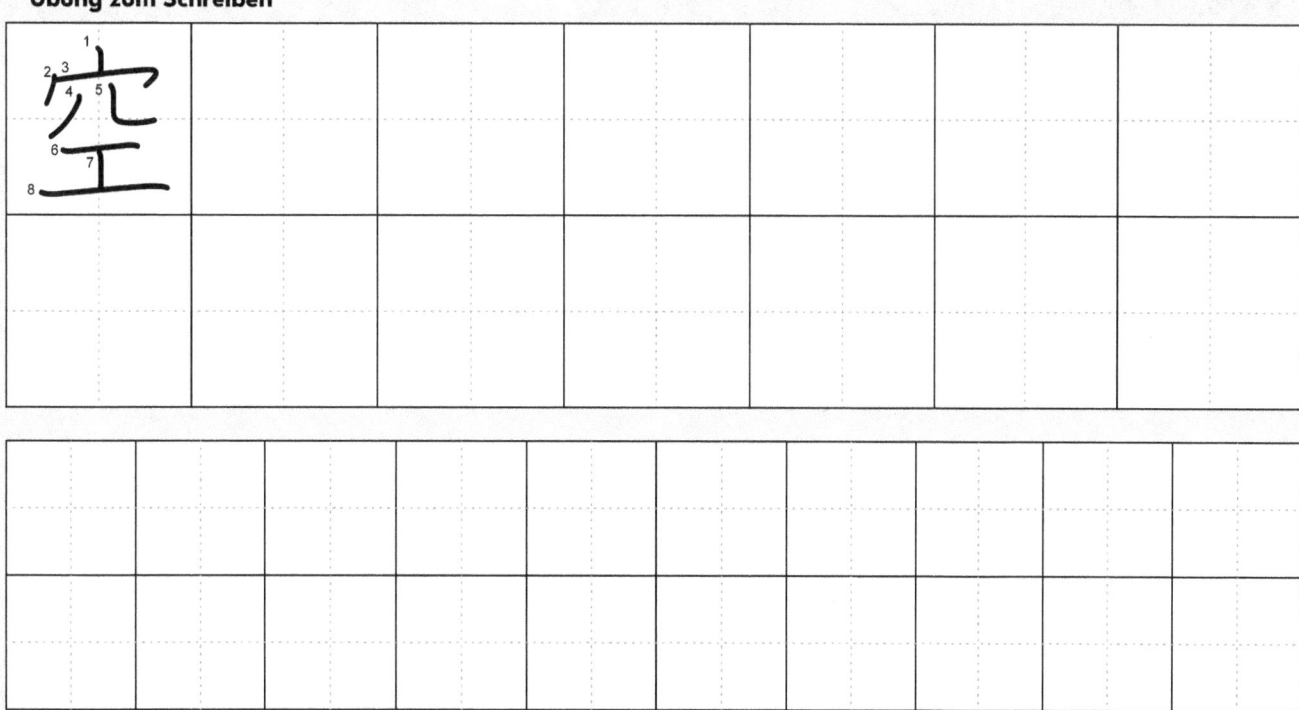

Übung zum Schreiben

JLPT N5

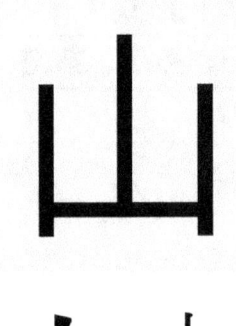

Bedeutung	Berg		Bestandteile	山
Radikal	山 (Berg)		Kun'yomi	やま
Striche	3		On'yomi	サン、セン

Vokabeln	Bedeutung	Aussprache
山	Berg, Bergwerk, Hügel	やま
山	Berg, Berg	サン
火山	Vulkan	さんみゃく
雪山	schneebedeckter Berg	セツザン

Reihenfolge der Striche

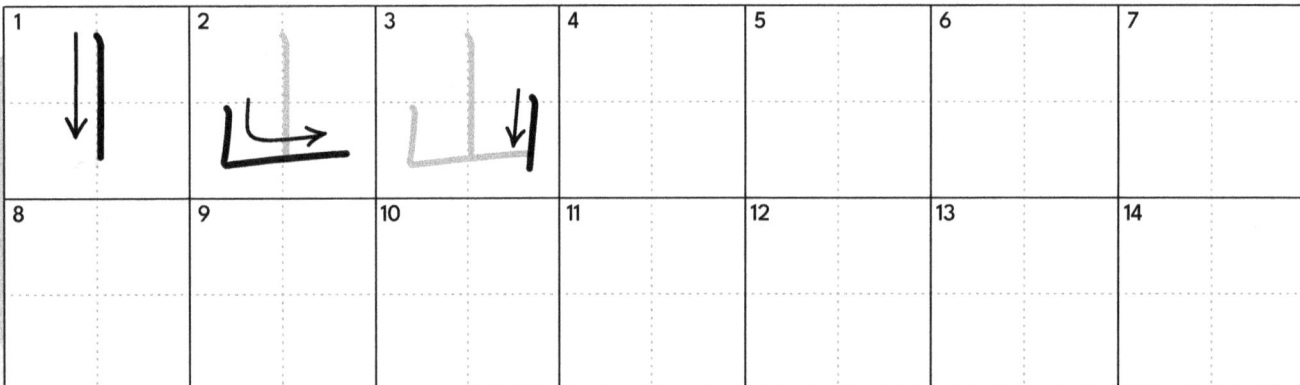

Übung zum Schreiben

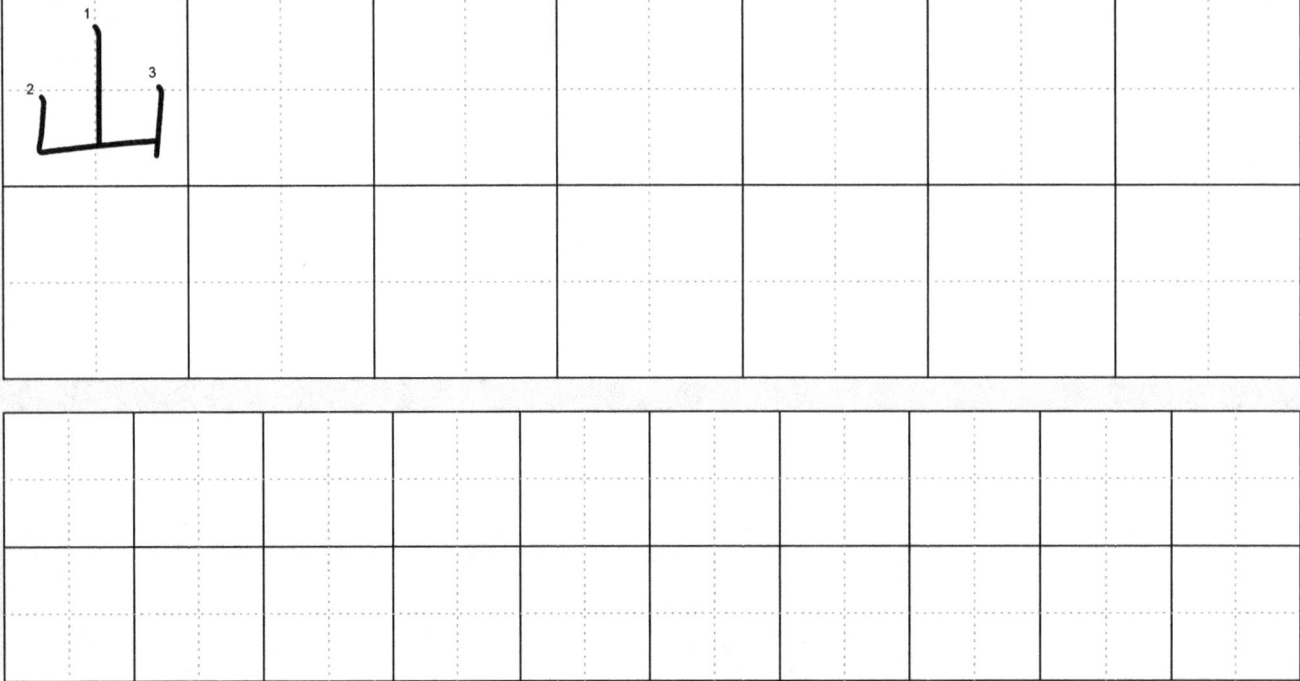

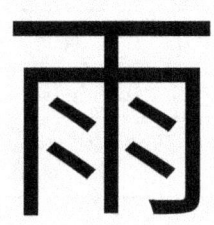

Bedeutung	Regen	Bestandteile	雨
Radikal	雨 (Regen)	Kun'yomi	あめ、あま-、-さめ
Striche	8	On'yomi	ウ

Vokabeln	Bedeutung	Aussprache
雨	regen, regentag, regenwetter	あめ
雨降り	Niederschlag, Regenwetter, regnerisch, nass	あめふり
雨季	Regenzeit	ウキ
雷雨	Gewitter	らいう

Reihenfolge der Striche

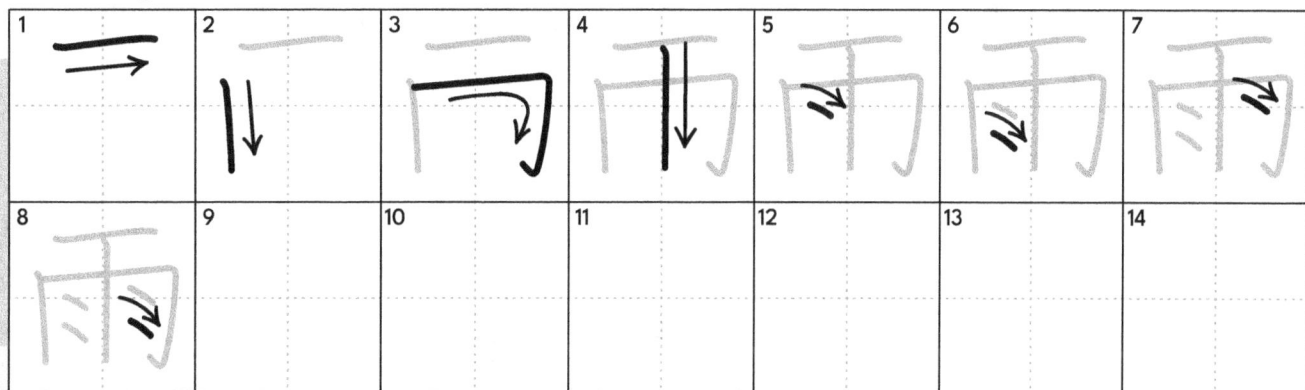

Übung zum Schreiben

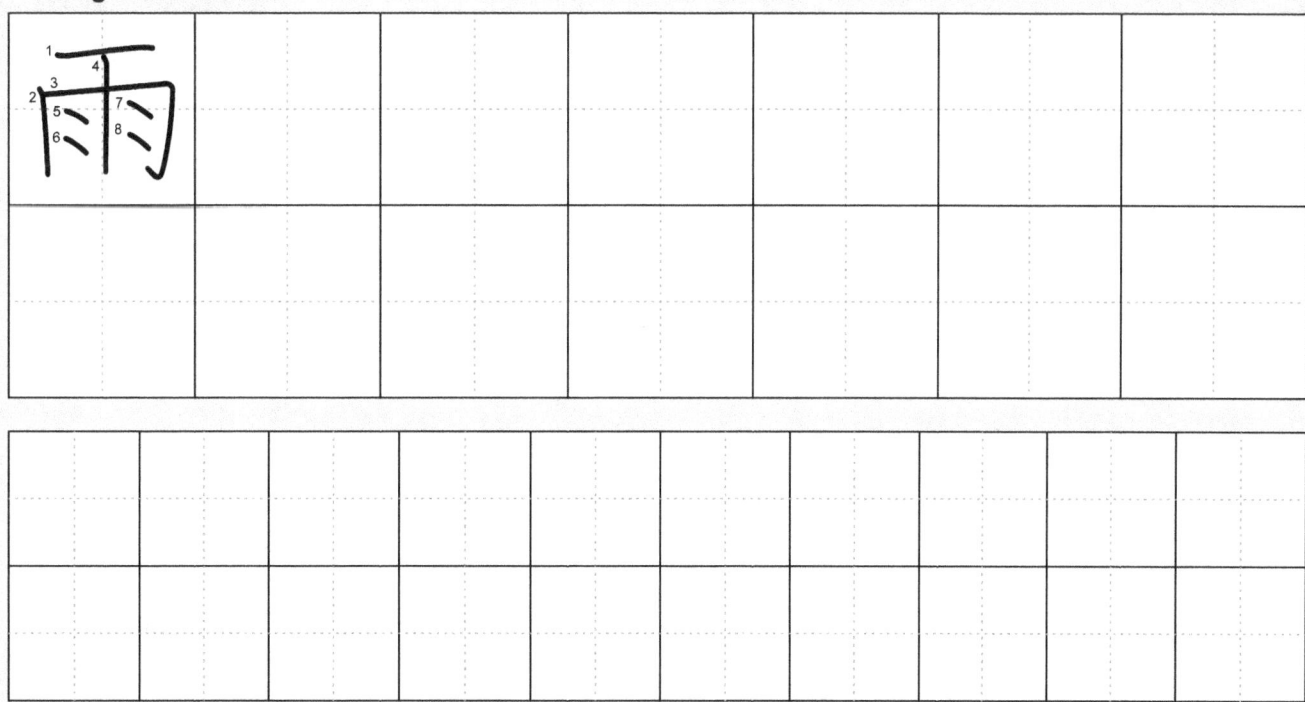

JLPT N5

Bedeutung	Elektrizität	**Bestandteile**	乙 田 雨
Radikal	雨 (Regen)	**Kun'yomi**	(keine)
Striche	13	**On'yomi**	デン

Vokabeln	Bedeutung	Aussprache
電話	Telefonanruf	でんわ
電池	Batterie, Zelle	でんち
電化	elctrification	デンカ
電気	Strom	でんき

Reihenfolge der Striche

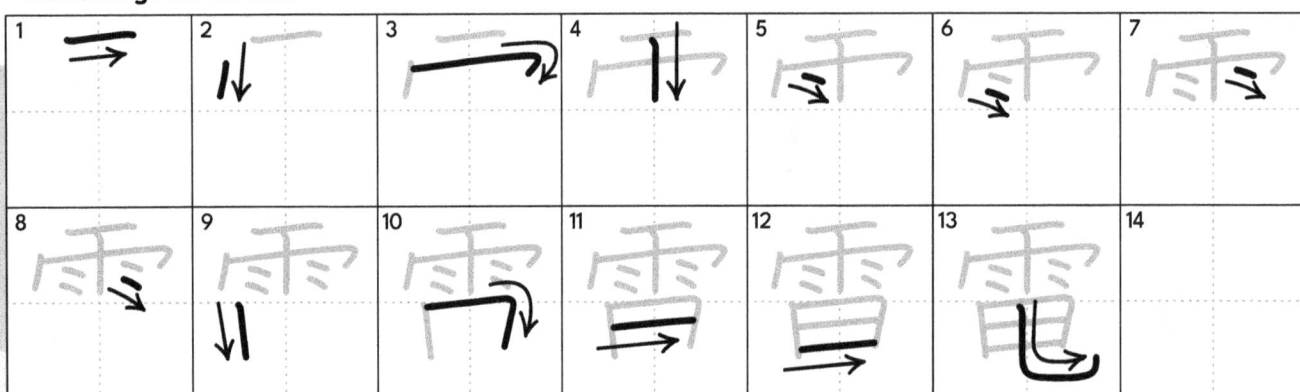

Übung zum Schreiben

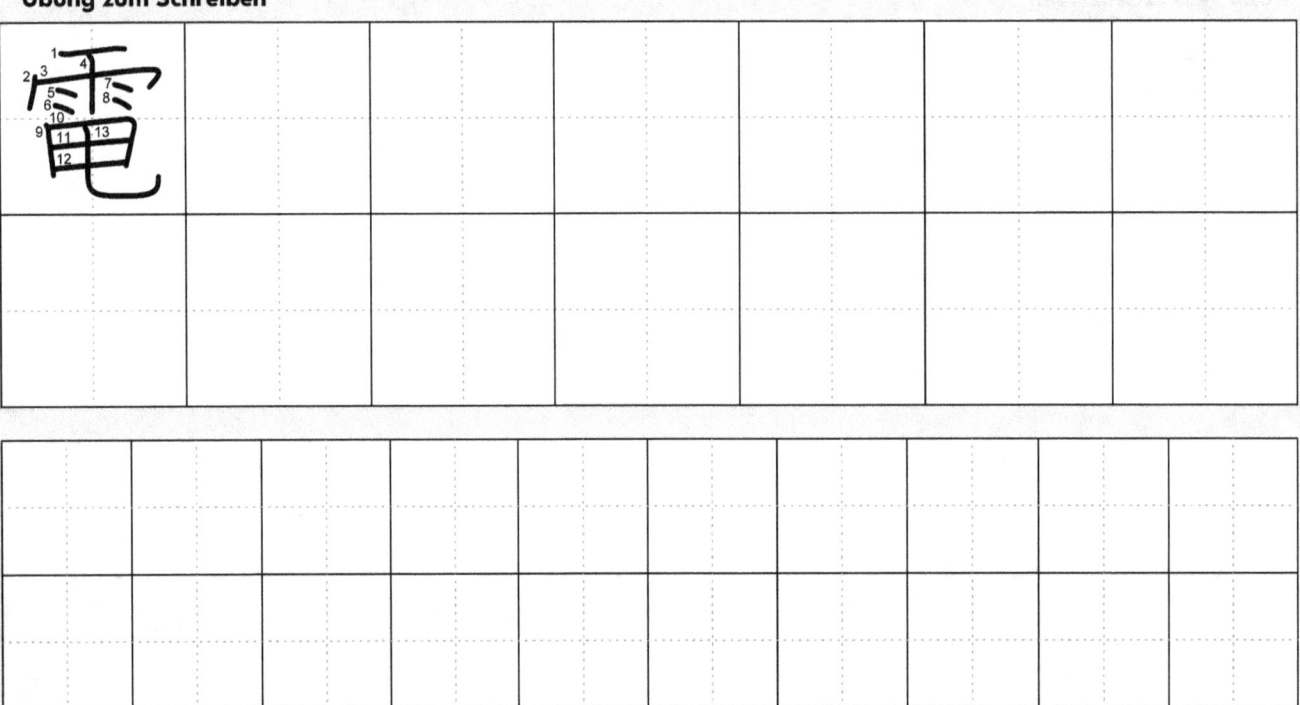

Kanji for People & Things

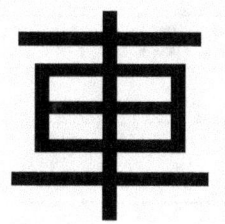

Bedeutung	Auto, Fahrzeug	Bestandteile	車
Radikal	車 (Auto, Wagen)	Kun'yomi	くるま
Striche	7	On'yomi	シャ

Vokabeln	Bedeutung	Aussprache
車	Auto, Automobil, Fahrzeug	くるま
車	Auto, Fahrzeug	シャ
車椅子	Rollstuhl	くるまいす
電車	Elektrischer Zug, Zug	でんしゃ

Reihenfolge der Striche

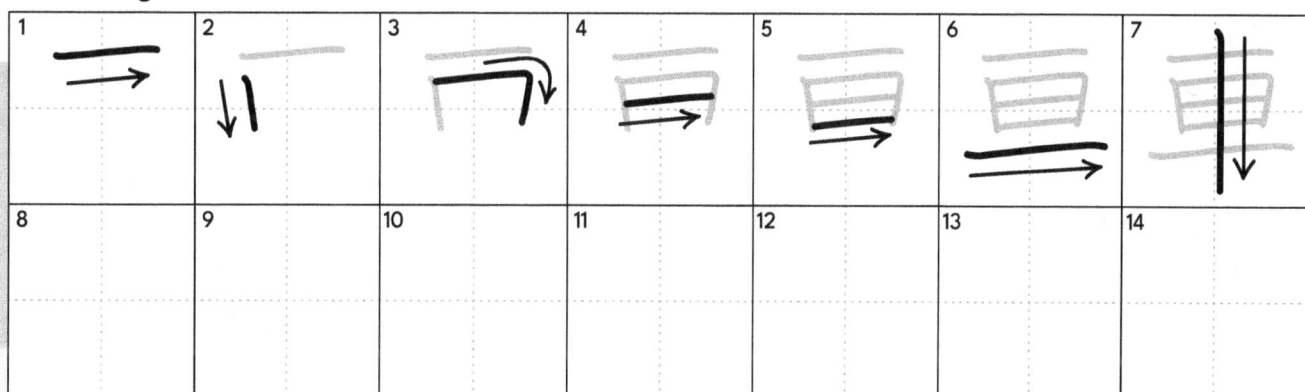

Übung zum Schreiben

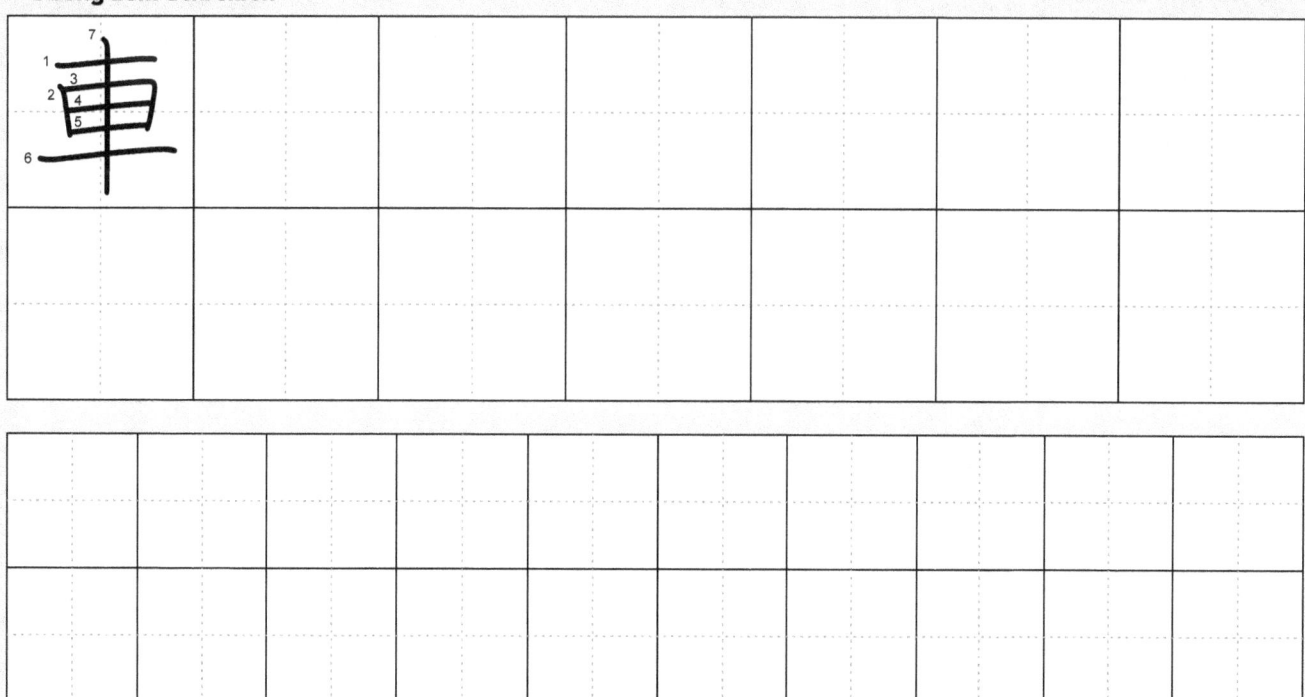

JLPT N5

Bedeutung	Wort, Sprache, Sprechen	Bestandteile	耳、
Radikal	言 (言) (Sprechen)	Kun'yomi	かた.る、かた.らう
Striche	14	On'yomi	ゴ

Vokabeln	Bedeutung	Aussprache
語	Wort, Sprache, Rede	ゴ
英語	Englisch (Sprache)	えいご
語る	darüber reden, sprechen, erzählen	かたる
語学	Studium der Fremdsprachen	ゴガク

Reihenfolge der Striche

Übung zum Schreiben

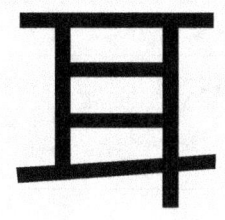

Bedeutung	Ohr	Bestandteile	耳
Radikal	耳 (Ohr)	Kun'yomi	みみ
Striche	6	On'yomi	ジ

Vokabeln	Bedeutung	Aussprache
耳	Ohr	みみ
左耳	linkes Ohr	ひだりみみ
遠耳	Scharfes Hören	とおみみ
耳障り	Beleidigend (für das Ohr)	みみざわり

Reihenfolge der Striche

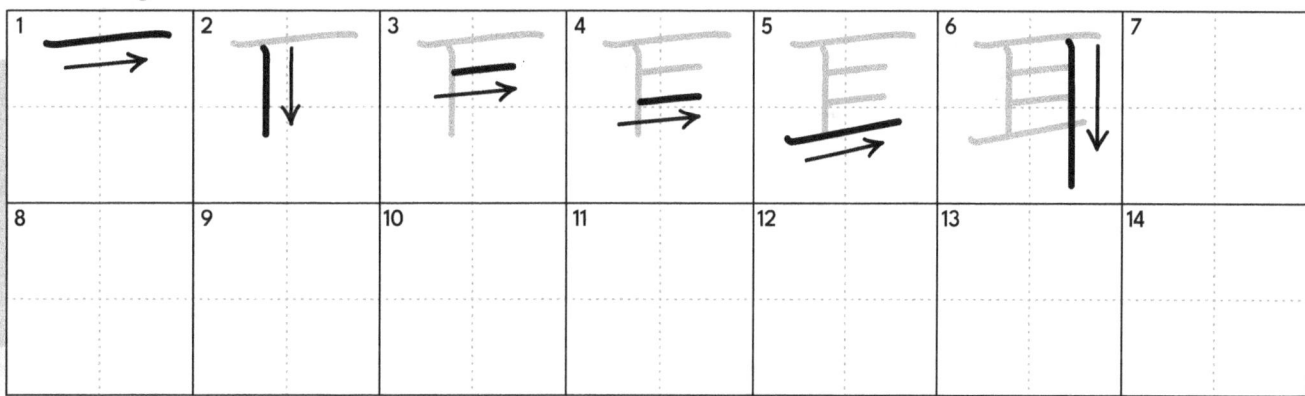

Übung zum Schreiben

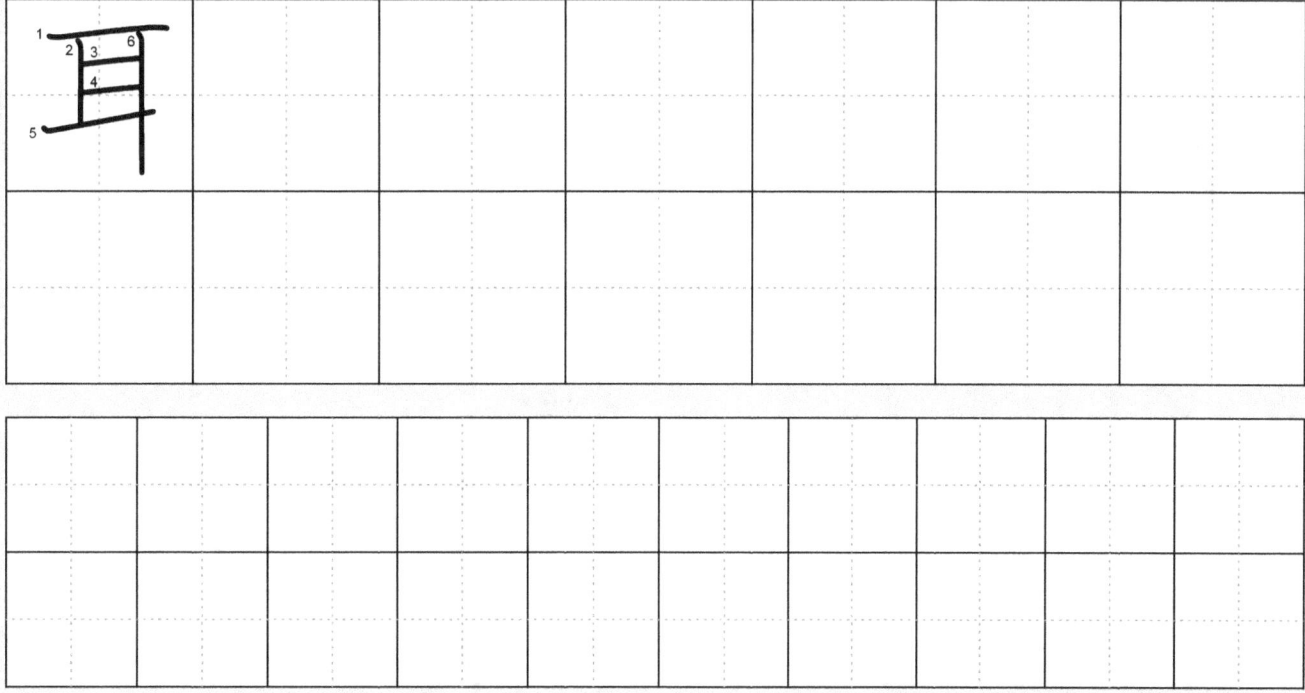

JLPT N5

Bedeutung	Hand	Bestandteile	手
Radikal	手 (扌 龵) (Hand)	Kun'yomi	て、て-、-て、た-
Striche	4	On'yomi	シュ、ズ

Vokabeln	Bedeutung	Aussprache
手	Hand, Arm, Griff	て
手紙	Brief, Notiz, Post	てがみ
手記	Notiz, Memorandum	シュキ
切手	Briefmarke (Porto)	きって

Reihenfolge der Striche

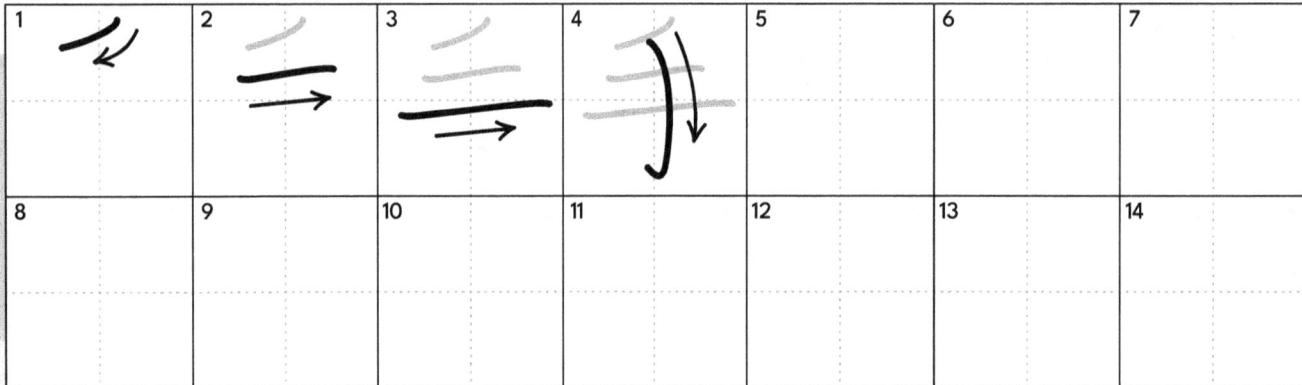

Übung zum Schreiben

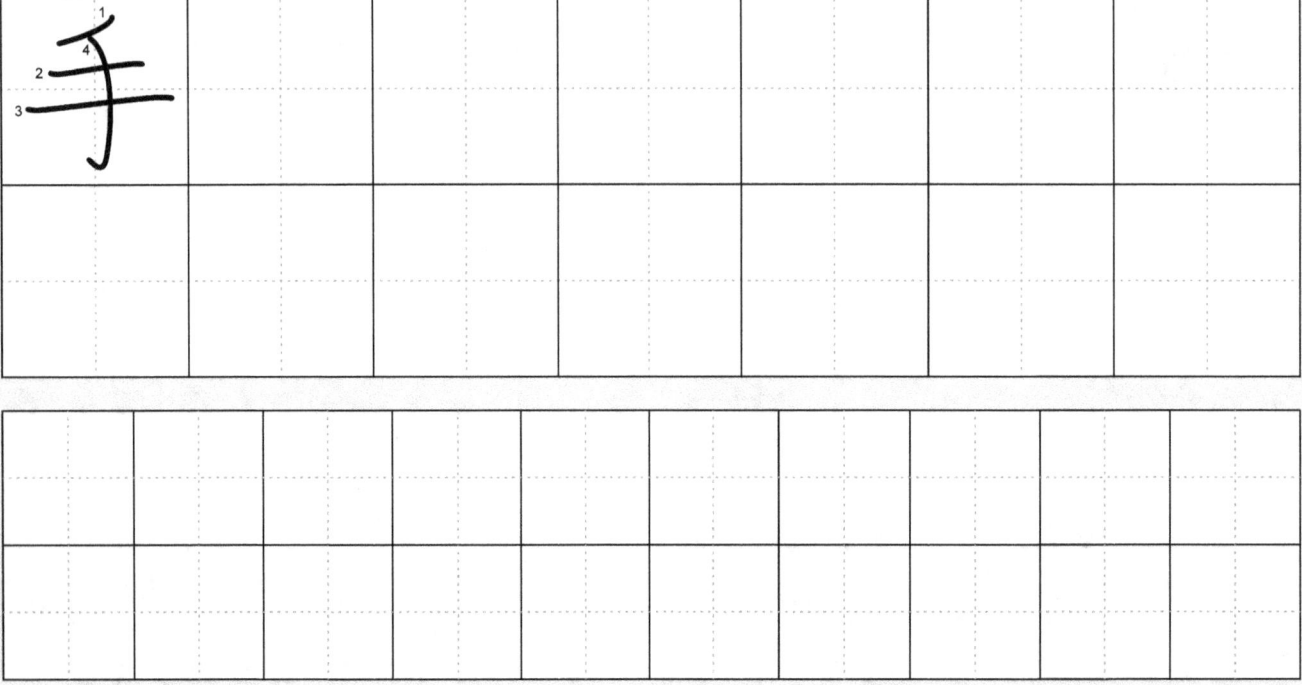

Kanji for People & Things

Bedeutung	Bein, Fuß	Bestandteile	口止足
Radikal	足 (𧾷) (Fuß)	Kun'yomi	あし、た.りる、た.る
Striche	7	On'yomi	ソク

Vokabeln	Bedeutung		Aussprache
足	*Fuß, Pfote, Bein*		あし
足す	*hinzufügen (Zahlen, etwas)*		たす
足跡	*Fußabdrücke*		あしあと
足りる	*ausreichend, genug sein*		たりる

Reihenfolge der Striche

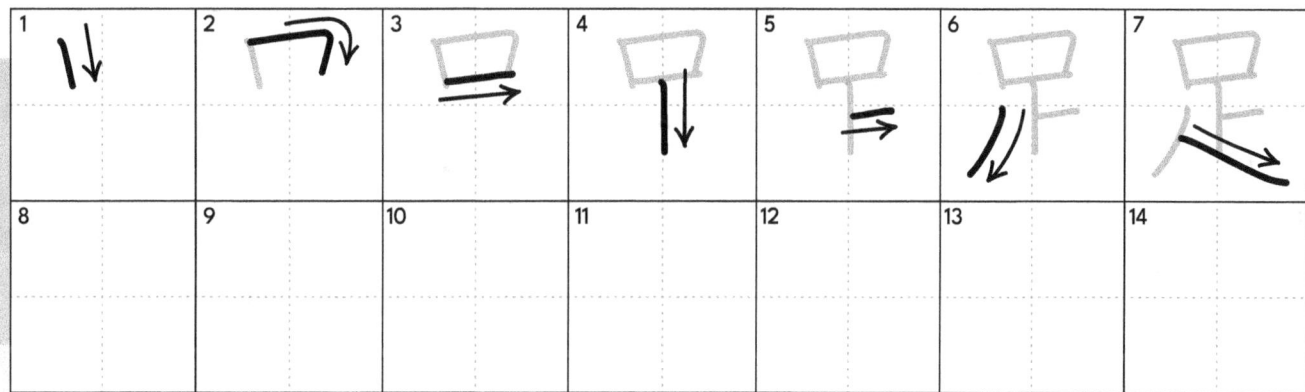

Übung zum Schreiben

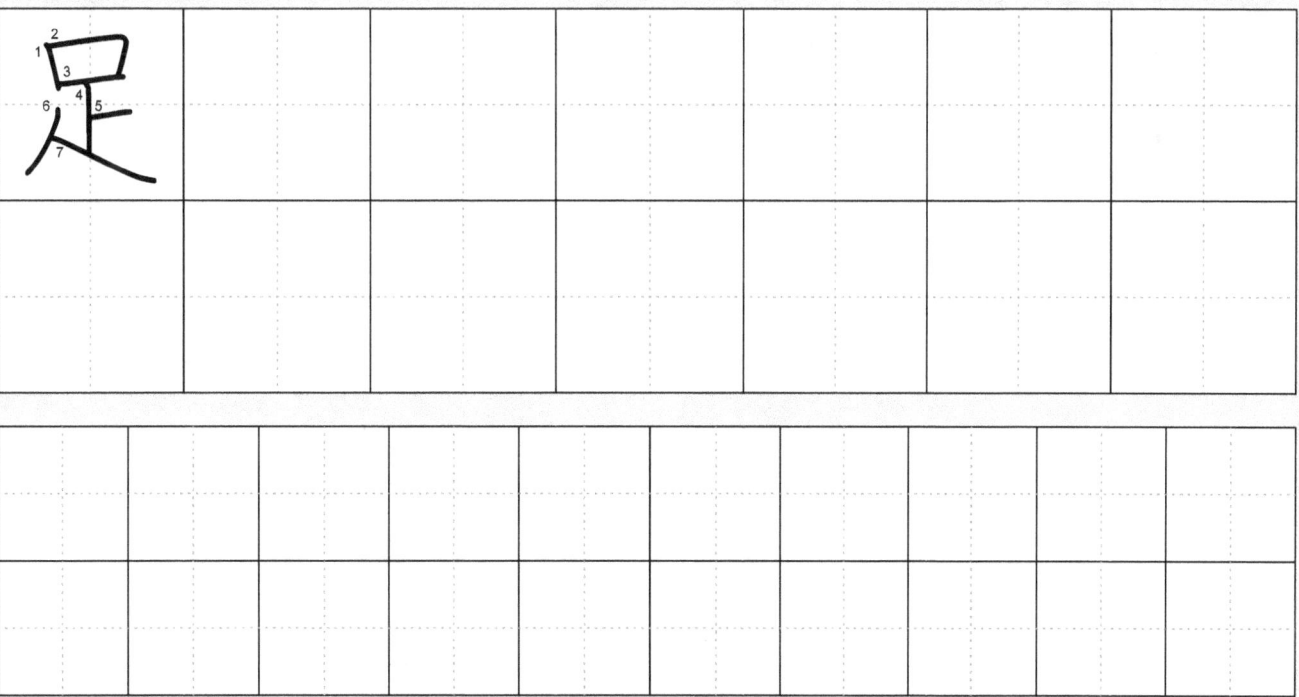

JLPT N5

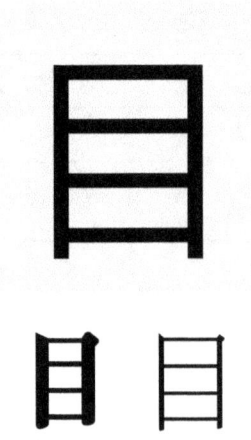

Bedeutung	Auge, Klasse, Blick	**Bestandteile**	目
Radikal	目 (Auge)	**Kun'yomi**	め、-め、ま-
Striche	5	**On'yomi**	モク、ボク

Vokabeln	Bedeutung	Aussprache
目	Auge, Augapfel, Augenlicht, Sehkraft	め
駄目	nicht gut, nutzlos, kaputt	だめ
目的	Zweck, Ziel, Zielsetzung, Ziel	もくてき
細目	Einzelheiten, Details, bestimmte Dinge	サイモク

Reihenfolge der Striche

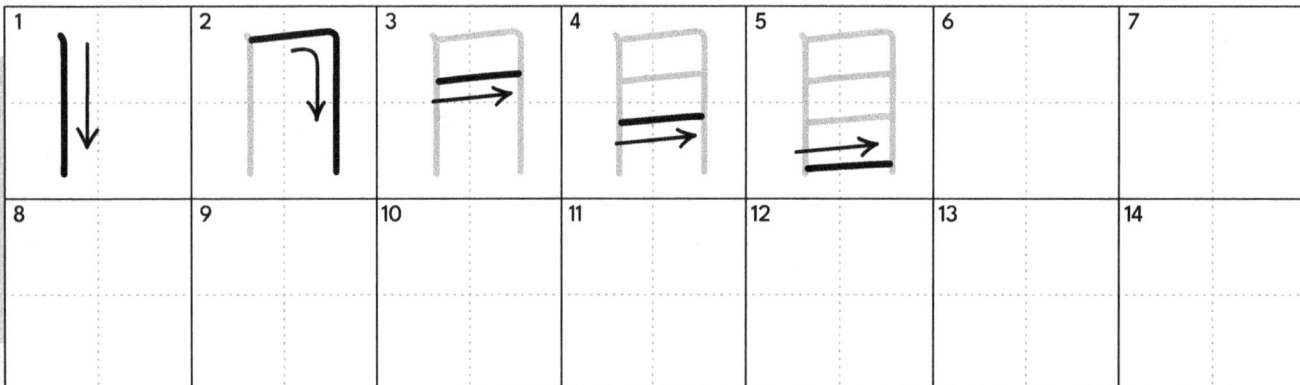

Übung zum Schreiben

Kanji for People & Things

Bedeutung	Mund, Sprechen	Bestandteile	口口
Radikal	口 (Mund)	Kun'yomi	くち
Striche	3	On'yomi	コウ、ク

Vokabeln	Bedeutung		Aussprache
口	Mund, Öffnung, Loch, Lücke, Tür		くち
出口	Ausgang, Tor, Ausweg, Ausgang		でぐち
人口	Bevölkerung, allgemeines Gerede		じんこう
大口	große Klappe, prahlerische Rede, Prahlerei		おおぐち

Reihenfolge der Striche

Übung zum Schreiben

JLPT N5

名

Bedeutung	Name, Bekanntheit, Ruf	Bestandteile	口 夕
Radikal	口 (Mund, Öffnung)	Kun'yomi	な、-な
Striche	6	On'yomi	メイ、ミョウ

Vokabeln	Bedeutung	Aussprache
名	Volkszählung, berühmt, groß, Substantiv	メイ
名前	Name, Vorname, Titel	なまえ
名画	berühmtes Bild, Meisterwerk (Gemälde)	メイガ
仮名	Alias, Pseudonym, Künstlername	かめい

Reihenfolge der Striche

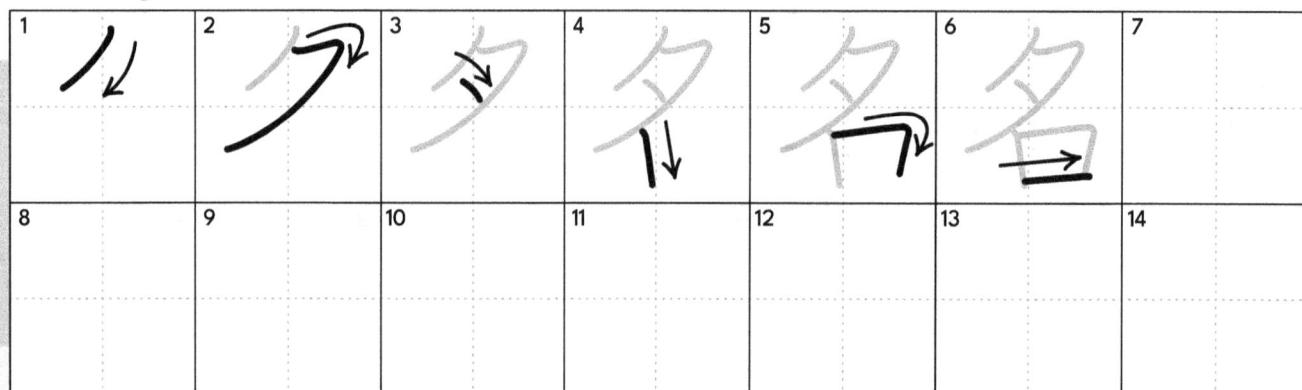

Übung zum Schreiben

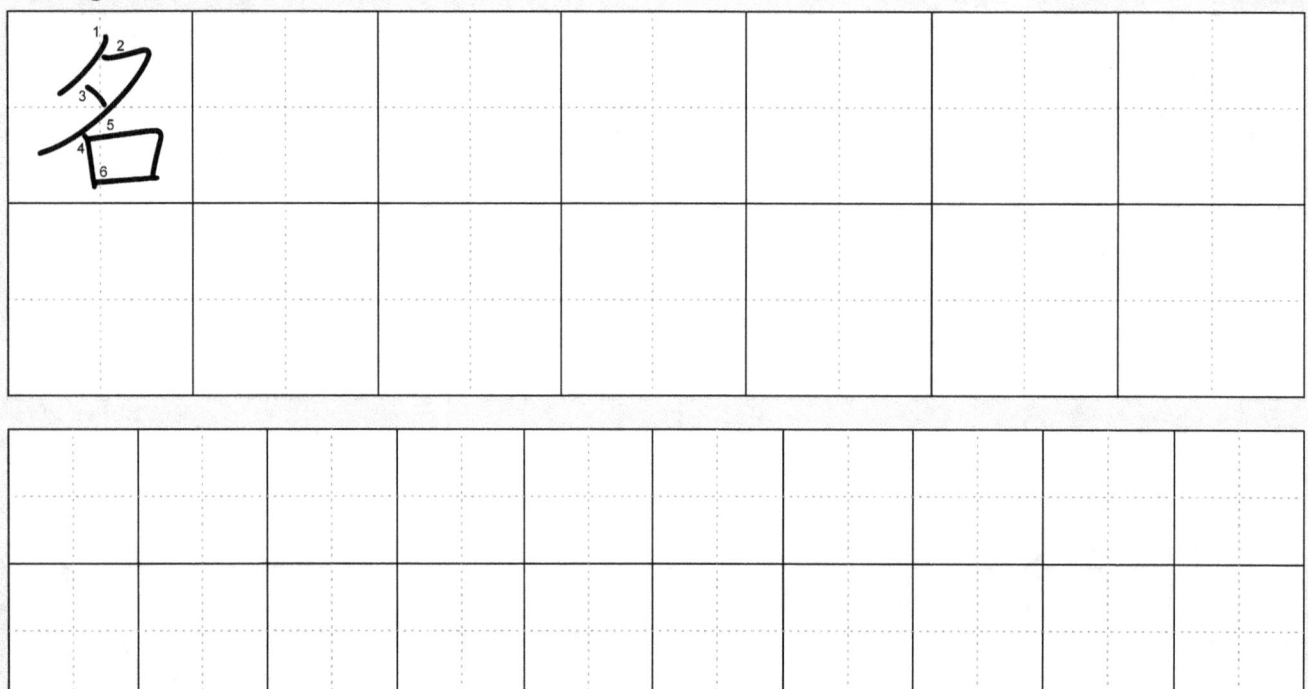

Kanji for People & Things

Familienwortschatz

Diese Gruppe von Kanji enthielt grundlegende Begriffe für Personen und Familienmitglieder, aber das Vokabular für die Anrede und die Bezugnahme auf Personen ist komplizierter. Jeder Verwandte hat in verschiedenen Situationen einen anderen Namen, je nachdem, über wen wir sprechen und mit wem wir uns unterhalten.

In der japanischen Kultur sprechen wir über unsere eigenen Familienmitglieder mit einer bescheidenen Sprache, verwenden aber respektvollere Begriffe, wenn wir uns auf die einer anderen Person beziehen *(siehe S.330 - "Sprache des Respekts")*. Es gelten andere Begriffe, wenn wir unsere eigenen Familienmitglieder direkt ansprechen, und wir verwenden auch alternative Wörter, die ältere Geschwister von jüngeren unterscheiden. Die richtige Bezeichnung kann davon abhängen, wie formell das Gespräch oder die Situation ist.

Diese Tabelle zeigt einige der Variationen, ist aber bei weitem nicht erschöpfend:

	① Mitglieder der eigenen Familie ansprechen (höflich)	② Auf die Familie eines anderen verweisen (höflich)	❸ Über Mitglieder der eigenen Familie sprechen (demütig)	Über Mitglieder der eigenen Familie sprechen (höflich)
Mutter	お母さん おかあさん okāsan	お母さん おかあさん okāsan	母 はは haha	Spalte ① oder ②
Vater	お父さん おとうさん otōsan	お父さん おとうさん otōsan	父 ちち chichi	Spalte ① oder ②
Großmutter	お婆ちゃん おばあちゃん obāchan	お祖母さん おばあさん obāsan	祖母 そぼ sobo	Spalte ① oder ②
Großvater	お祖父ちゃん おじいちゃん ojīchan	お祖父さん おじいさん ojīsan	祖父 そふ sofu	Spalte ① oder ②
Jüngerer Bruder	Vornamen verwenden	弟さん おとうとさん otōtosan	弟 おとうと otōto	Spalte ❸
Älterer Bruder	お兄ちゃん おにいちゃん onīchan	お兄さん おにいさん onīsan	兄 あに ani	Spalte ① oder ②
Jüngere Schwester	Vornamen verwenden	妹さん いもうとさん imōtosan	妹 いもうと imōto	Spalte ❸
Ältere Schwester	お姉ちゃん おねえちゃん onēchan	お姉さん おねえさん onēsan	姉 あね ane	Spalte ① oder ②

Höfliche und respektvolle Bezeichnungen für andere Menschen haben das Ehrensuffix -さん *(-san)* am Ende und sind für formellere Situationen geeignet. Dieses Suffix ist austauschbar mit -さま *(-sama)* und zeigt ein höheres Maß an Respekt für ernstere Situationen.

Im Zweifelsfall sind die höflichen Formen die sicherste Option. Es ist wichtig zu verstehen, dass der Missbrauch bestimmter Begriffe als respektlos und unhöflich angesehen werden kann - zum Beispiel die Mutter einer anderen Person mit dem bescheidenen Begriff 母 oder はは *(ha-ha)* zu bezeichnen.

Revision: Menschen und Dinge

Kanji aus dieser Gruppe sind Bestandteil vieler gängiger Wörter, daher sollten Sie sie sich gründlich einprägen. Füllen Sie das folgende Quiz aus, ohne auf Ihre Lernseiten zurückzublicken, um zu sehen, ob einige Zeichen mehr Übung brauchen.

F.36 Welches dieser Kanji steht für eine **"Frau"** und das **"weibliche"** Geschlecht?

A. 天　B. 女　C. 万　D. 土　E. 友

F.37 Welches dieser Kanji steht für einen **"Mann"** und das **"männliche"** Geschlecht?

A. 山　B. 名　C. 気　D. 男　E. 母

F.38 Welches dieser Kanji bedeutet **"Mutter"**?

A. 金　B. 土　C. 天　D. 母　E. 車

F.39 Welches dieser Kanji bedeutet **"Vater"**?

A. 父　B. 火　C. 天　D. 友　E. 千

F.40 Wie wird das Kanji 子, das **"Kind"** bedeutet, ausgesprochen?

A. ど　B. こ　C. の　D. き　E. か

F.41 Welches dieser Kanji steht für das natürliche Element **"Wasser"**?

A. 父　B. 火　C. 水　D. 木　E. 天

F.42 Welches dieser Kanji bedeutet **"Regen"** oder **"regnerisches Wetter"**?

A. 気　B. 川　C. 雨　D. 魚　E. 電

F.43 Welches dieser Kanji bedeutet **"Auge"**, **"Augenlicht"** oder **"Vision"**?

A. 母　B. 日　C. 耳　D. 口　E. 目

F.44 Welches dieser Kanji bedeutet "Auto" oder "Fahrzeug"?

- A. 車
- B. 名
- C. 足
- D. 女
- E. 語

F.45 Welches Wort bedeutet "Japanische Sprache"?

- A. 英語
- B. 三十日
- C. 日月
- D. 日時
- E. 日本語

F.46 Welche Kanji stehen für einen "Körperteil"?

- A. 花
- B. 名
- C. 手
- D. 山
- E. 生

F.47 Welche der Kanji könnten Sie *in einem Restaurant bestellen*?

- A. 足
- B. 火
- C. 人
- D. 魚
- E. 友

F.48 Welches dieser Wörter ist *etwas, das Sie nachts beobachten würden*?

- A. 木材
- B. 空港
- C. 川岸
- D. 花火
- E. 名前

F.49 Wie *spricht* man das Wort 名前 aus, das einen *Vor- oder Nachnamen bedeutet*?

- A. ままえ
- B. なまえ
- C. なまう
- D. まなえ
- E. まなう

F.50 Welches dieser Kanji bedeutet "Baum" oder "Holz"?

- A. 木
- B. 六
- C. 土
- D. 天
- E. 人

F.51 Das Zeichen 灬 ist eine *Variante* welchen Kanjis?

- A. 川
- B. 火
- C. 空
- D. 花
- E. 金

F.52 Wie spricht man das Kanji 山, das "Berg" oder "Hügel" bedeutet, aus?

- A. くや
- B. まか
- C. せい
- D. くま
- E. やま

F.53 Welche *Bedeutung* hat das Kanji 口 allgemein?

- A. Hand
- B. Mund
- C. Arm
- D. Nase
- E. Fuß

Bedeutung	Laden, Geschäft	Bestandteile	ト 口 广
Radikal	广 (Haus auf Klippe)	Kun'yomi	みせ、たな
Striche	8	On'yomi	テン

Vokabeln	Bedeutung		Aussprache
店	Geschäft, Betrieb, Restaurant		みせ
店	Laden, Geschäft, Restaurant		テン
店先	Schaufenster, Schaufenster		みせさき
書店	Buchhandlung, Buchladen		しょてん

Reihenfolge der Striche

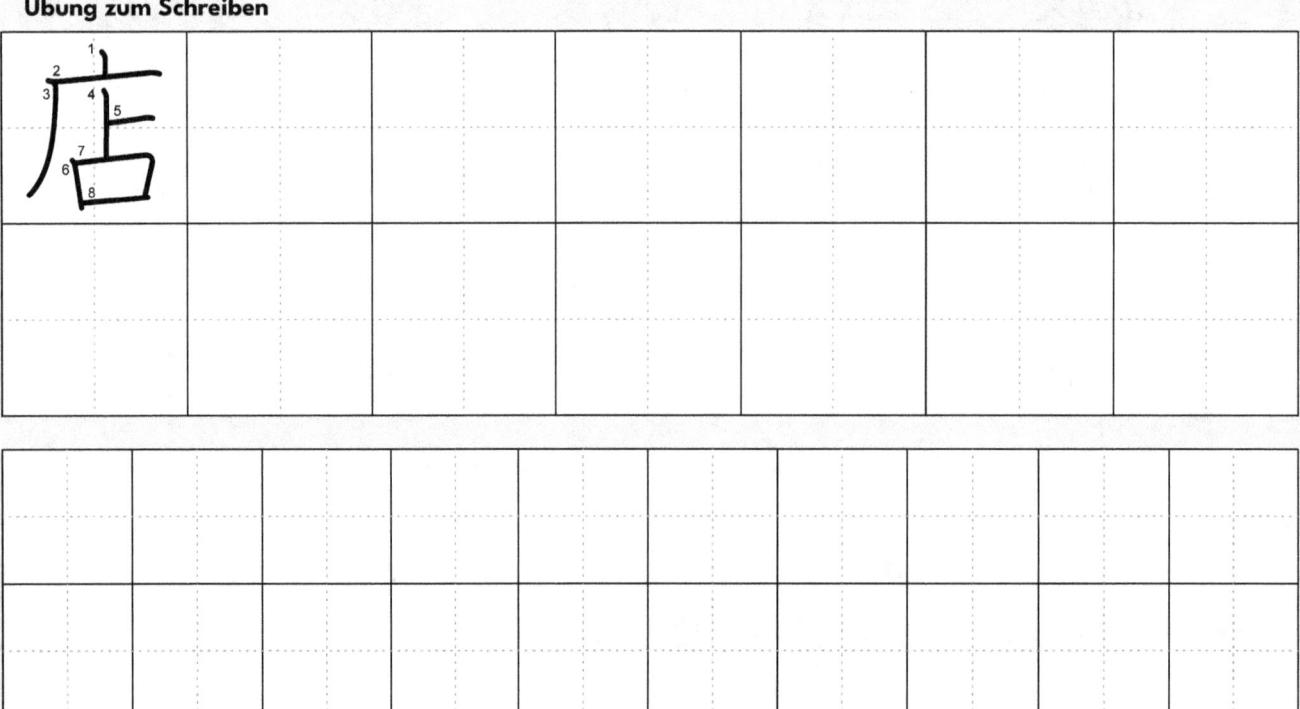

Übung zum Schreiben

Kanji für Orte & Wegbeschreibungen

Bedeutung	Bahnhof	Bestandteile	ヽ 尸 杰 馬
Radikal	馬 (Pferd)	Kun'yomi	(keine)
Striche	14	On'yomi	エキ

Vokabeln	Bedeutung		Aussprache
駅	Bahnhof, Bahnstation		エキ
駅員	(Zug-)Bahnhofsvorsteher, Angestellter		エキイン
駅前	vor einem Bahnhof		えきまえ
終着駅	hinausgehen, weggehen		シュウチャクエキ

Reihenfolge der Striche

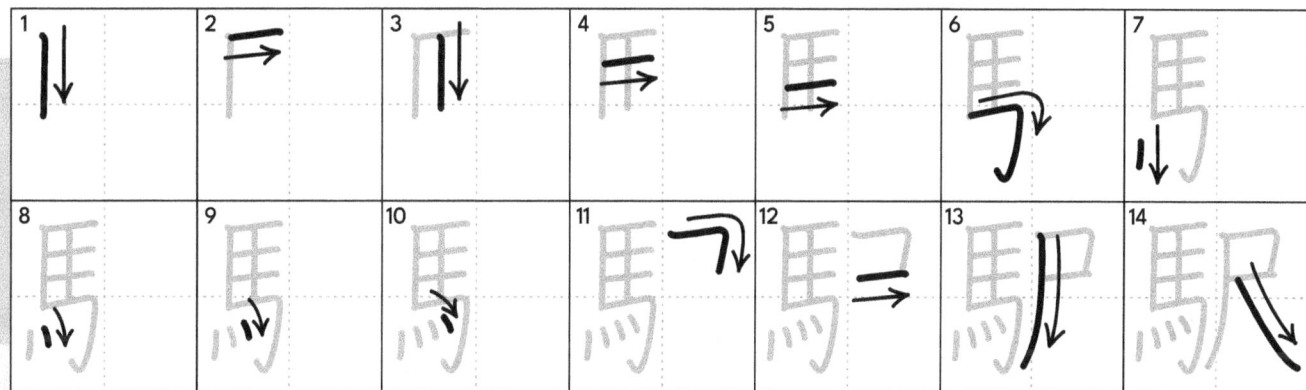

Übung zum Schreiben

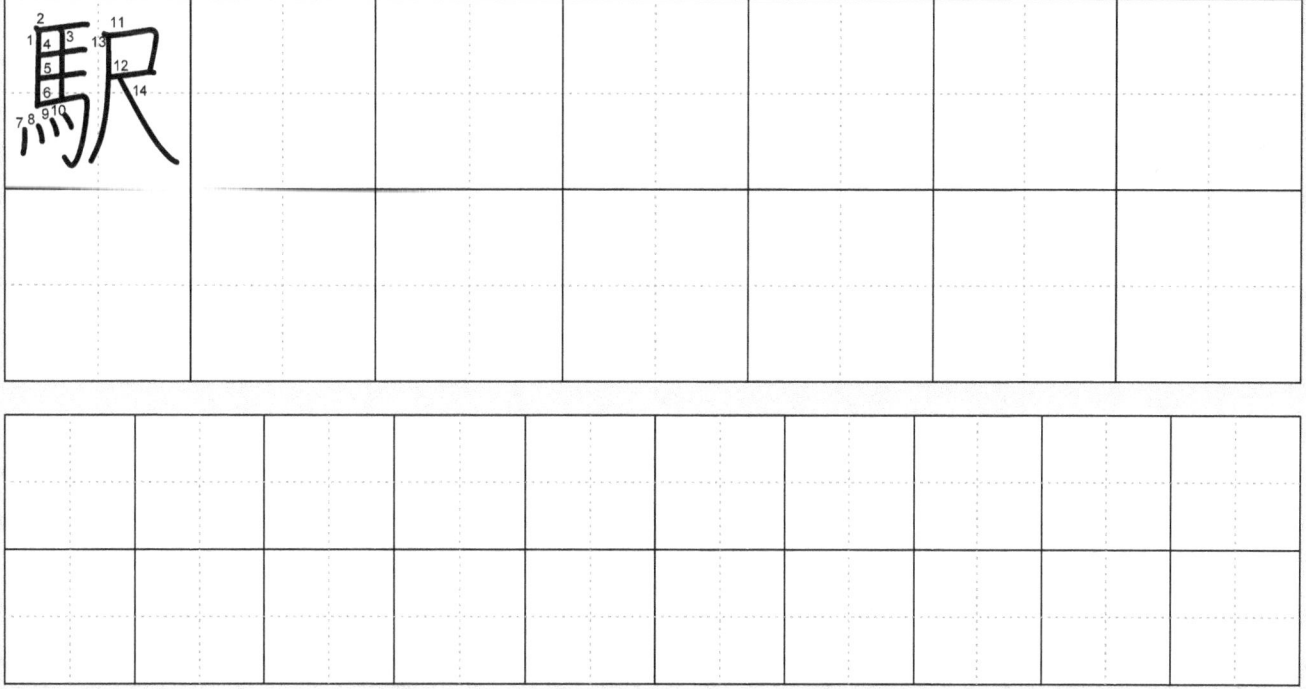

JLPT N5

Bedeutung	Straße, Pfad, Weg	Bestandteile	并込自首
Radikal	辵 Spaziergang	Kun'yomi	みち、いう
Striche	12	On'yomi	ドウ、トウ

Vokabeln	Bedeutung		Aussprache
道	Weg, Pfad, Straße, Fahrspur, Durchgang		みち
道具	Werkzeug, Gerät, Vorrichtung, Instrument		どうぐ
道筋	Pfad, Route, Wegstrecke		みちすじ
道	Straße, Weg, Straße, Route, Weg		ドウ

Reihenfolge der Striche

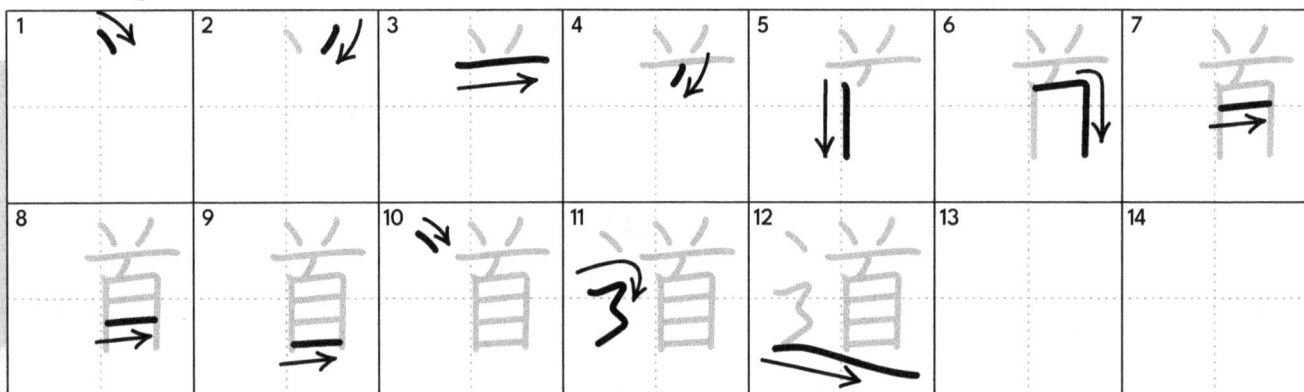

Übung zum Schreiben

Kanji für Orte & Wegbeschreibungen

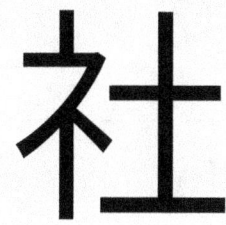

Bedeutung	Firma, Schrein, Büro	Bestandteile	土 礼
Radikal	示 (ネ) (Zeichen)	Kun'yomi	やしろ
Striche	7	On'yomi	シャ

Vokabeln	Bedeutung	Aussprache
社	(Shinto-)Schrein,	やしろ
社	Unternehmen, Verein, Gesellschaft	シャ
社長	Firmenpräsident, Manager	しゃちょう
社会	Gesellschaft, Öffentlichkeit, die Welt	しゃかい

Reihenfolge der Striche

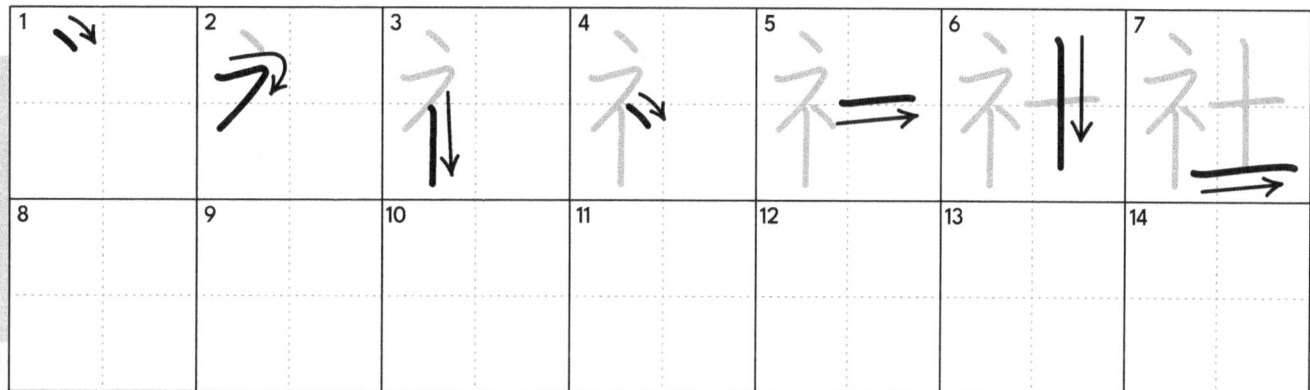

Übung zum Schreiben

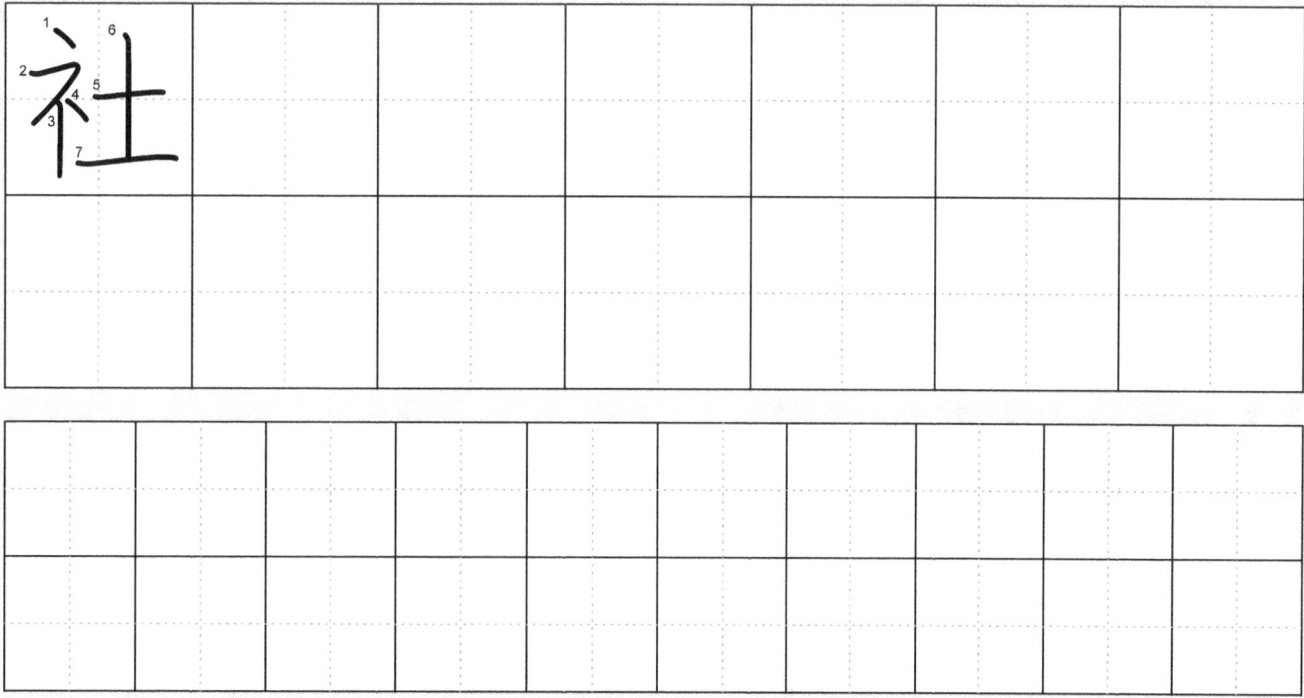

JLPT N5

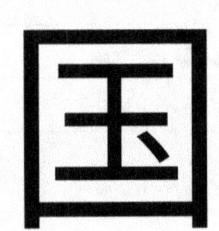

Bedeutung	Land, Staat, Region	Bestandteile	丶口王
Radikal	囗 (Beilage)	Kun'yomi	くに
Striche	8	On'yomi	コク

Vokabeln	Bedeutung	Aussprache
国	Land, Staat, Region	くに
国語	Japanisch, Landessprache	こくご
国益	nationales Interesse	コクエキ
外国人	Ausländer, ausländischer Bürger	がいこくじん

Reihenfolge der Striche

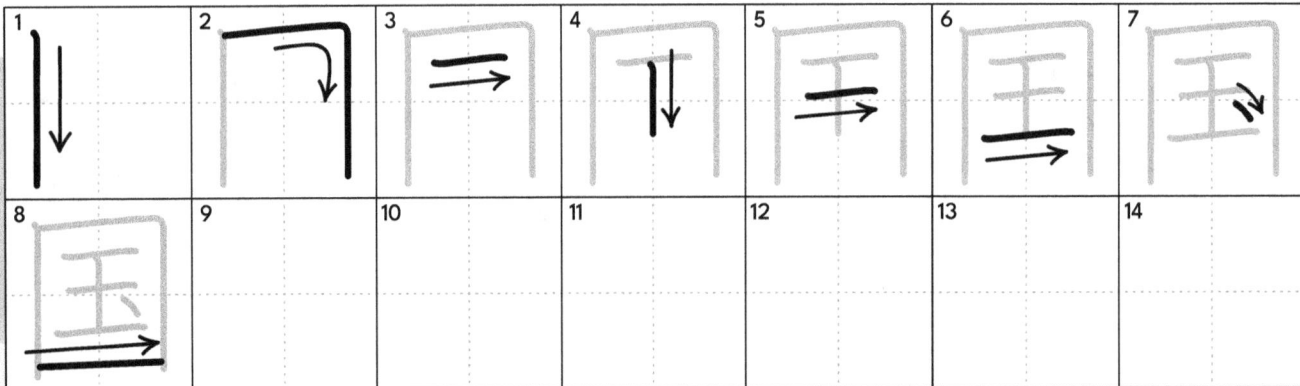

Übung zum Schreiben

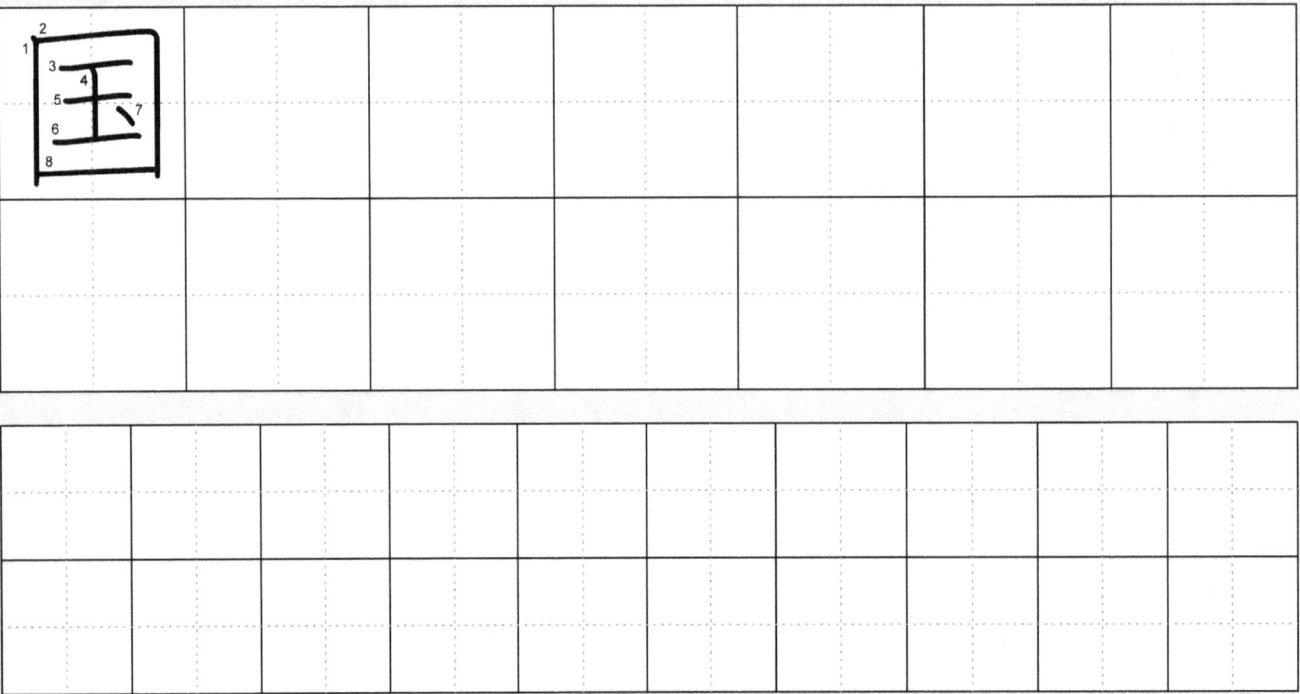

Kanji für Orte & Wegbeschreibungen

外

Bedeutung	außerhalb	**Bestandteile**	ト 夕
Radikal	夕 (Abend)	**Kun'yomi**	そと、ほか、はず.す
Striche	5	**On'yomi**	ガイ、ゲ

Vokabeln	Bedeutung	Aussprache
外	außerhalb, außerhalb, außerhalb Ihrer Gruppe	そと
外	außerhalb von, nicht abgedeckt durch	ガイ
外国	ausländisches Land	がいこく
海外	ausländisch, im Ausland, in Übersee	かいがい

Reihenfolge der Striche

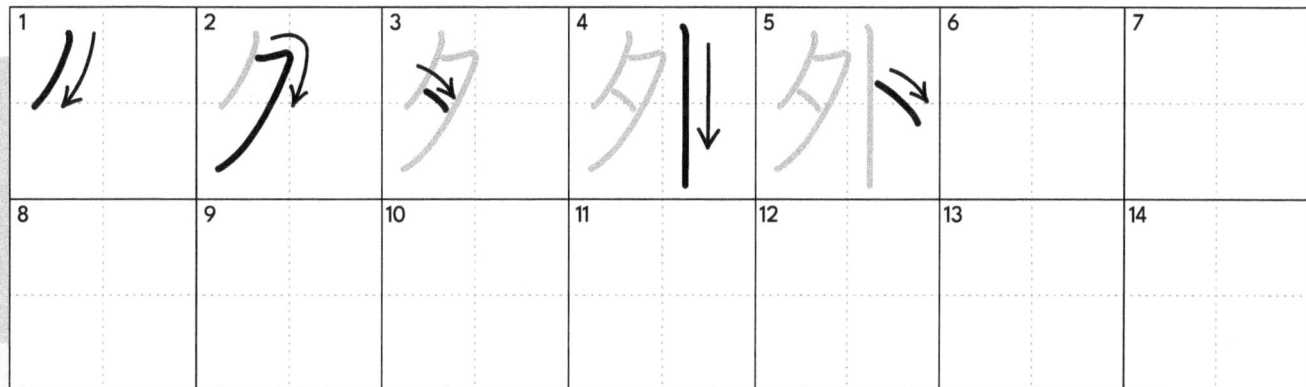

Übung zum Schreiben

JLPT N5

Bedeutung	Studium, Wissenschaft	Bestandteile	冖 子 尚
Radikal	子 (Kind, Samen)	Kun'yomi	まな.ぶ
Striche	8	On'yomi	ガク

Vokabeln	Bedeutung		Aussprache
学ぶ	studieren, lernen		まなぶ
大学	Universität, Hochschule		だいがく
学	Lernen, Stipendium		ガク
学位	(akademischer) Abschluss		ガクイ

Reihenfolge der Striche

Übung zum Schreiben

Kanji für Orte & Wegbeschreibungen

Bedeutung	Prüfung, Schule	Bestandteile	亠 木 父
Radikal	木 (Baum)	Kun'yomi	(keine)
Striche	10	On'yomi	コウ、キョウ

Vokabeln	Bedeutung	Aussprache
校	Schule	コウ
学校	Schule	がっこう
高校	Oberstufe/Hochschule	こうこう
校長	Direktor, Schulleiter	こうちょう

Reihenfolge der Striche

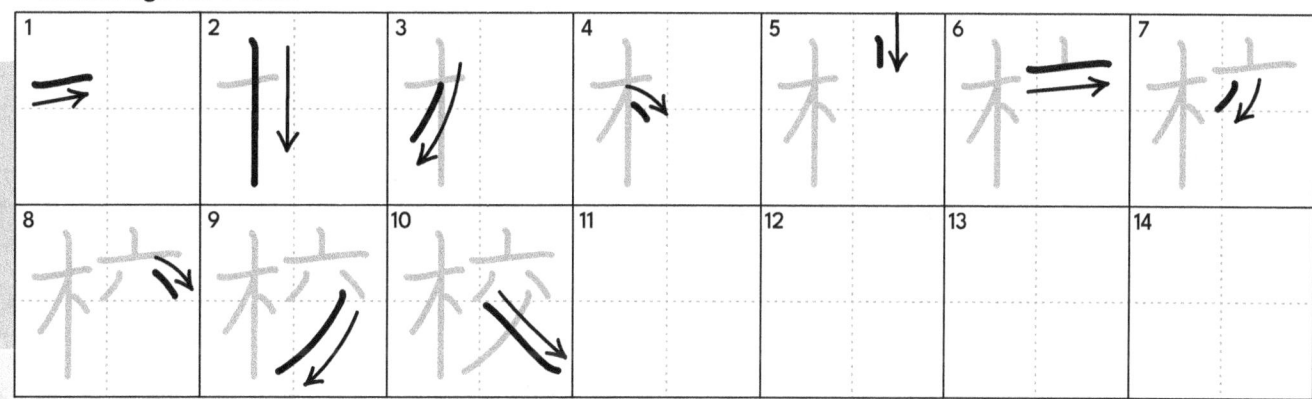

Übung zum Schreiben

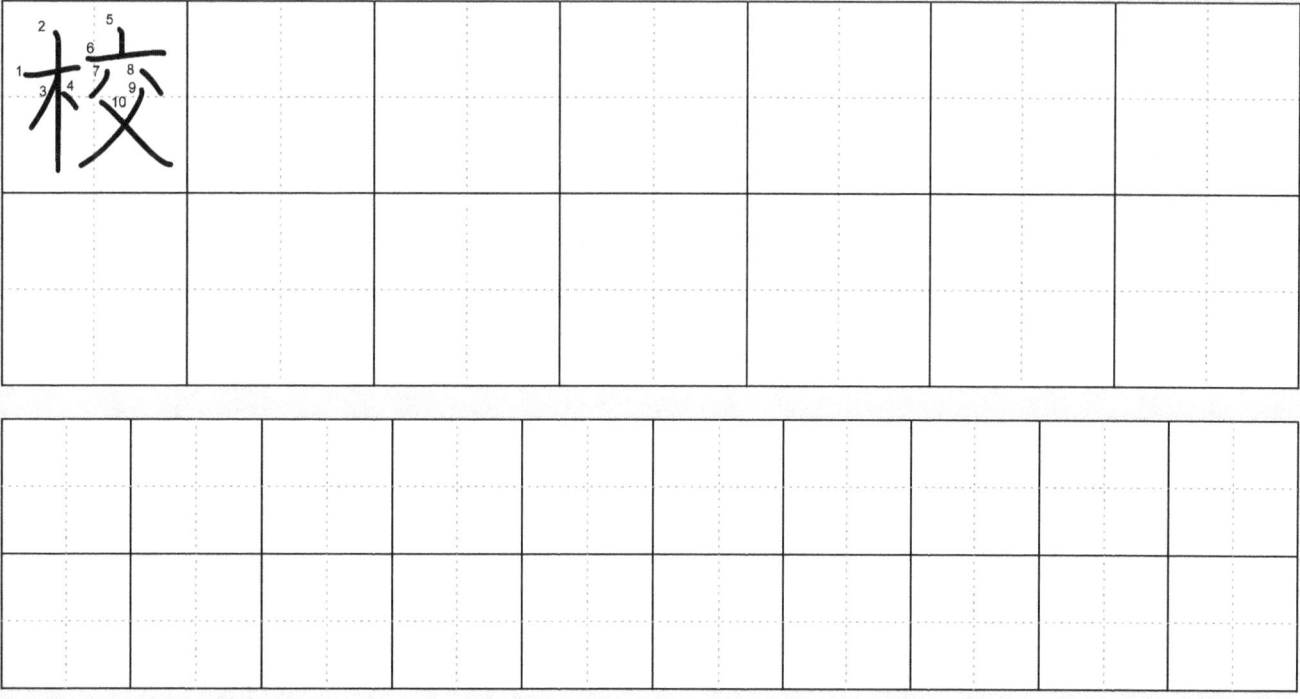

JLPT N5

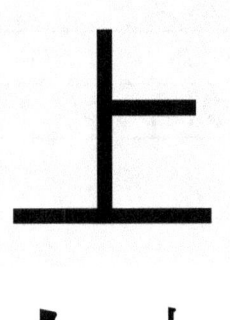

Bedeutung	oberhalb, oben	Bestandteile	一 ト
Radikal	一 (eine)	Kun'yomi	うえ、-うえ、うわ-
Striche	3	On'yomi	ジョウ、ショウ、シャン

Vokabeln	Bedeutung	Aussprache
上	über, oben, über, älter (Tochter), oben	うえ
上	in der Tat, über, auf, am, besten	ジョウ
上げる	erheben, erheben lassen	あげる
上着	Mantel, Jacke, Obergewand	うわぎ

Reihenfolge der Striche

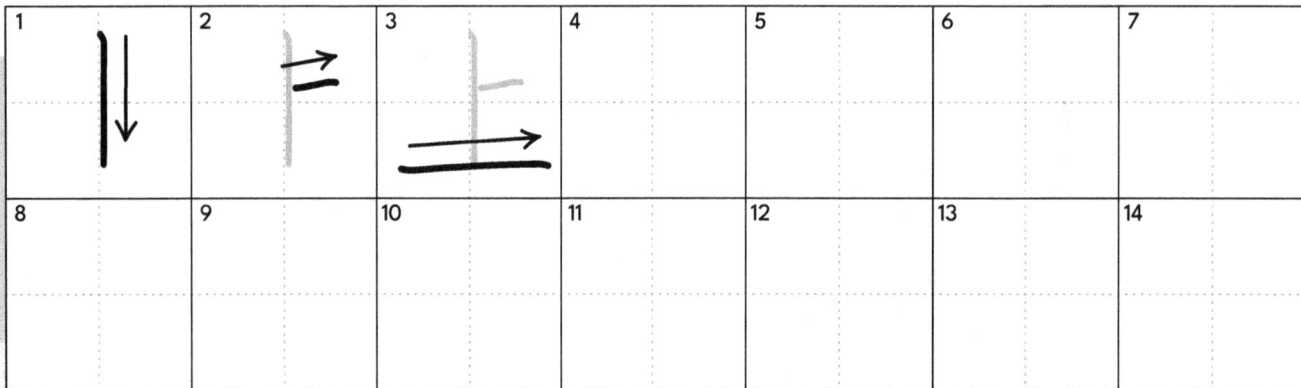

Übung zum Schreiben

Kanji für Orte & Wegbeschreibungen

Bedeutung	unten, unter	Bestandteile	一 丨 卜
Radikal	一 (eine)	Kun'yomi	した、しも、もと、くだ.さる
Striche	3	On'yomi	カ、ゲ

Vokabeln	Bedeutung	Aussprache
下	unten, unten, unter, jünger	した
靴下	Socken, Strümpfe	くつした
下る	hinabsteigen, hinuntergehen, hinunterkommen	くだる
地下鉄	U-Bahn, unterirdischer Zug	ちかてつ

Reihenfolge der Striche

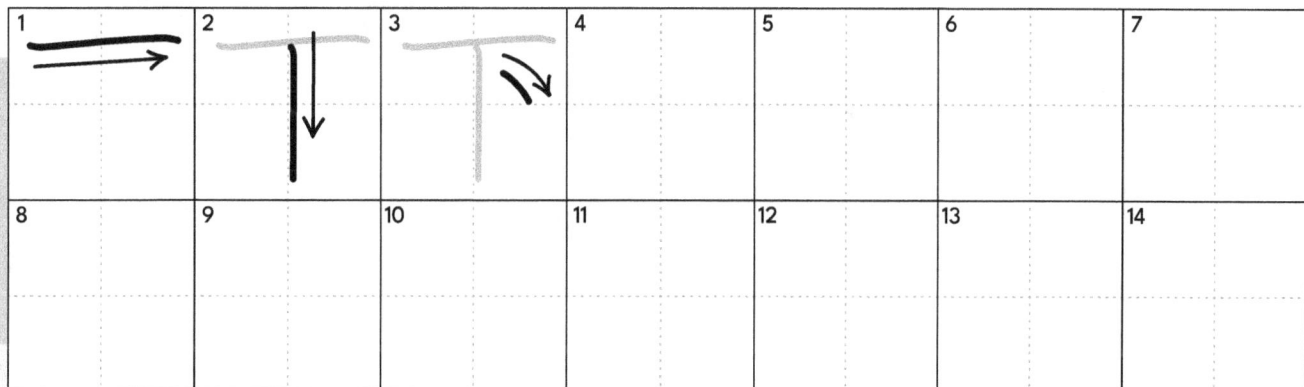

Übung zum Schreiben

JLPT N5

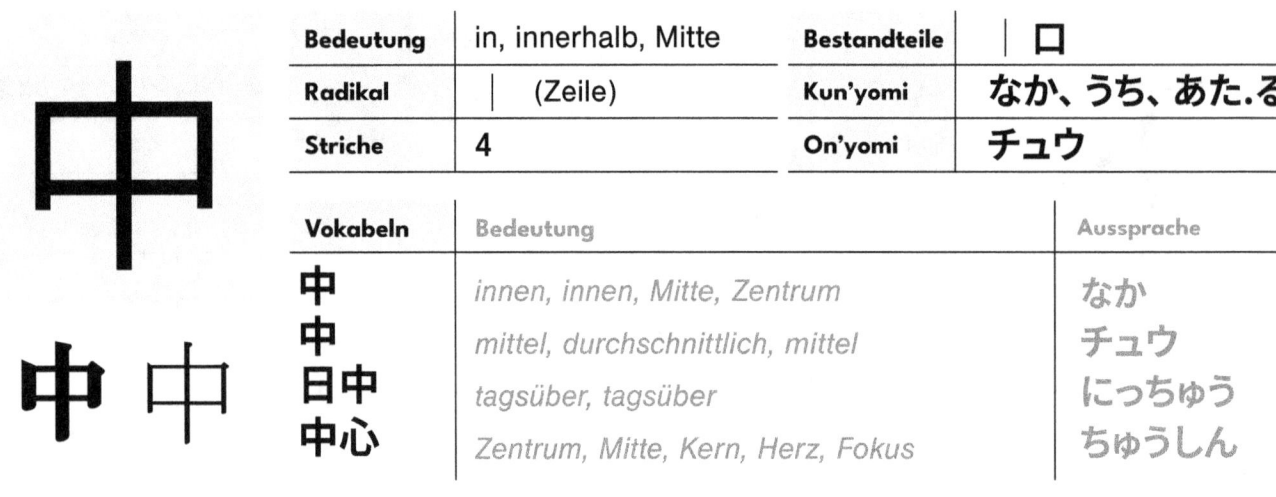

Bedeutung	in, innerhalb, Mitte	**Bestandteile**	丨口
Radikal	丨 (Zeile)	**Kun'yomi**	なか、うち、あた.る
Striche	4	**On'yomi**	チュウ

Vokabeln	Bedeutung	Aussprache
中	innen, innen, Mitte, Zentrum	なか
中	mittel, durchschnittlich, mittel	チュウ
日中	tagsüber, tagsüber	にっちゅう
中心	Zentrum, Mitte, Kern, Herz, Fokus	ちゅうしん

Reihenfolge der Striche

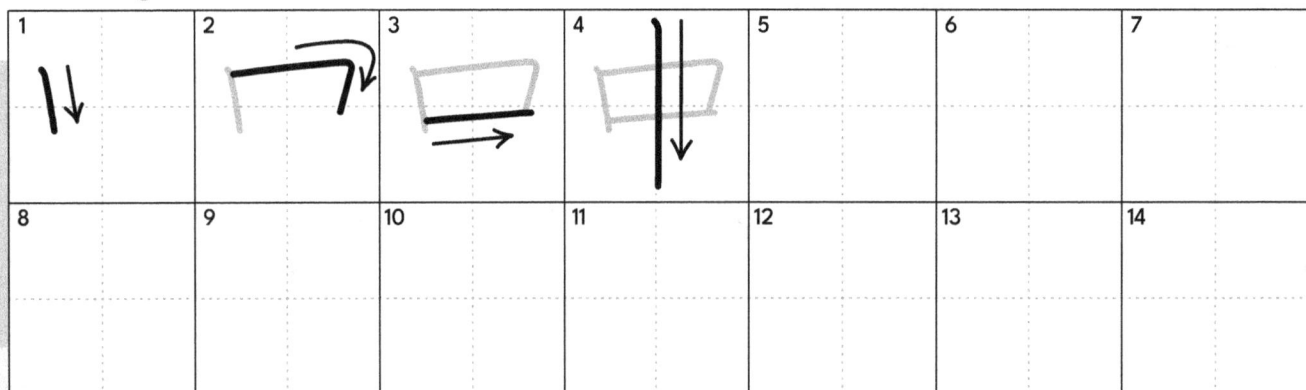

Übung zum Schreiben

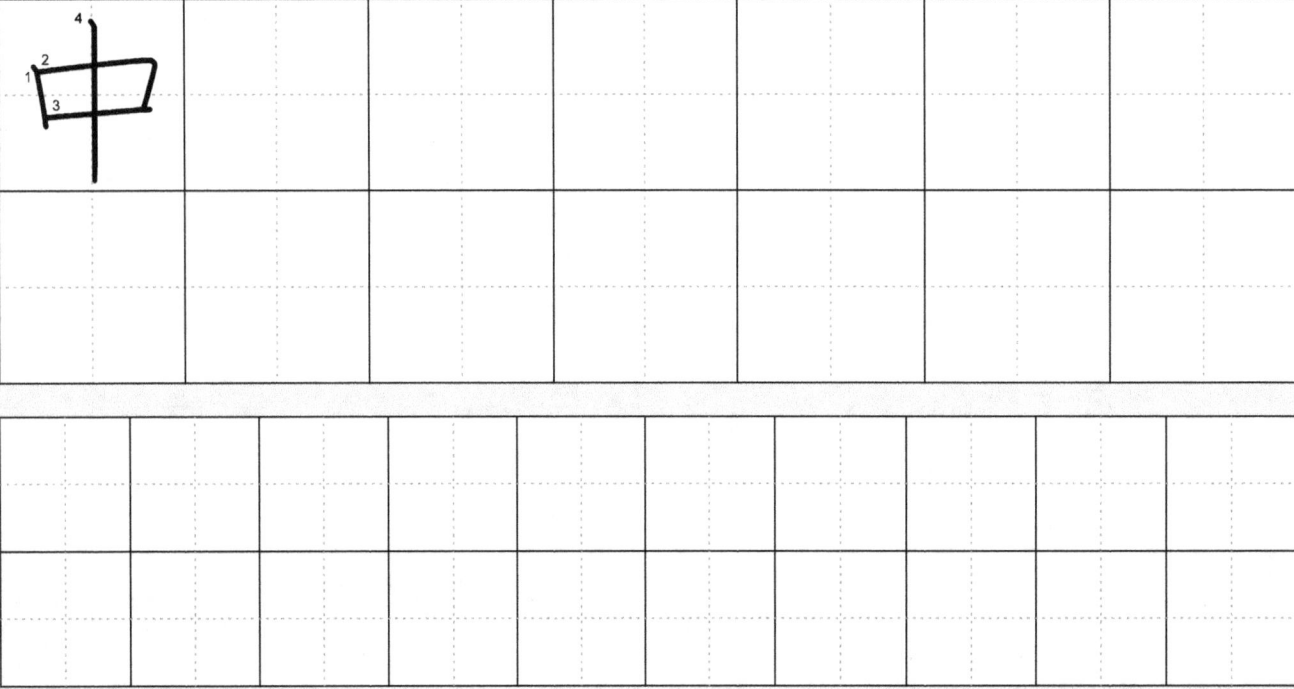

Kanji für Orte & Wegbeschreibungen

Bedeutung	Norden	**Bestandteile**	ヒ 爿
Radikal	ヒ (Löffel)	**Kun'yomi**	きた
Striche	5	**On'yomi**	ホク

Vokabeln	Bedeutung	Aussprache
北	Nord, Norden, der Norden	きた
西北	Nordwesten	せいほく / セイホク
北欧	Nordeuropa, Nordische Länder	ホクオウ
北海道	Hokkaidou (Inselpräfektur)	ほっかいどう

Reihenfolge der Striche

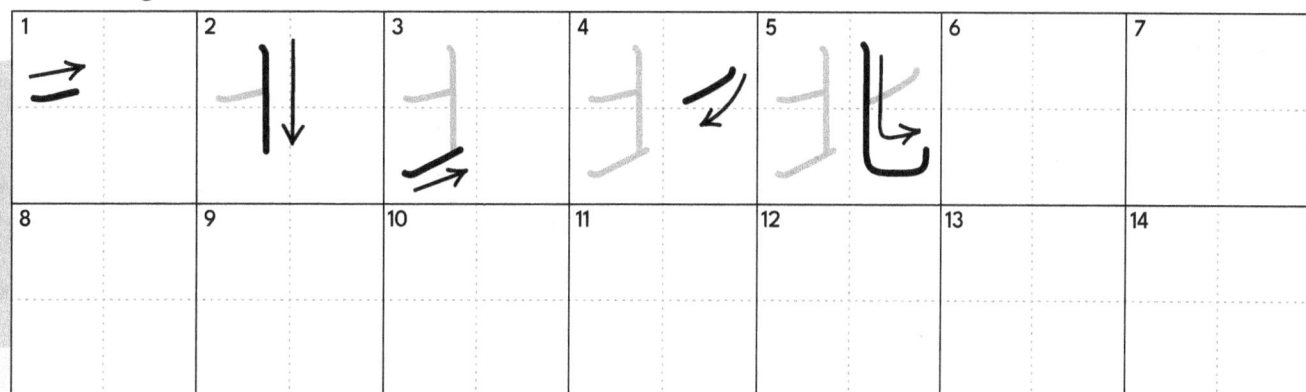

Übung zum Schreiben

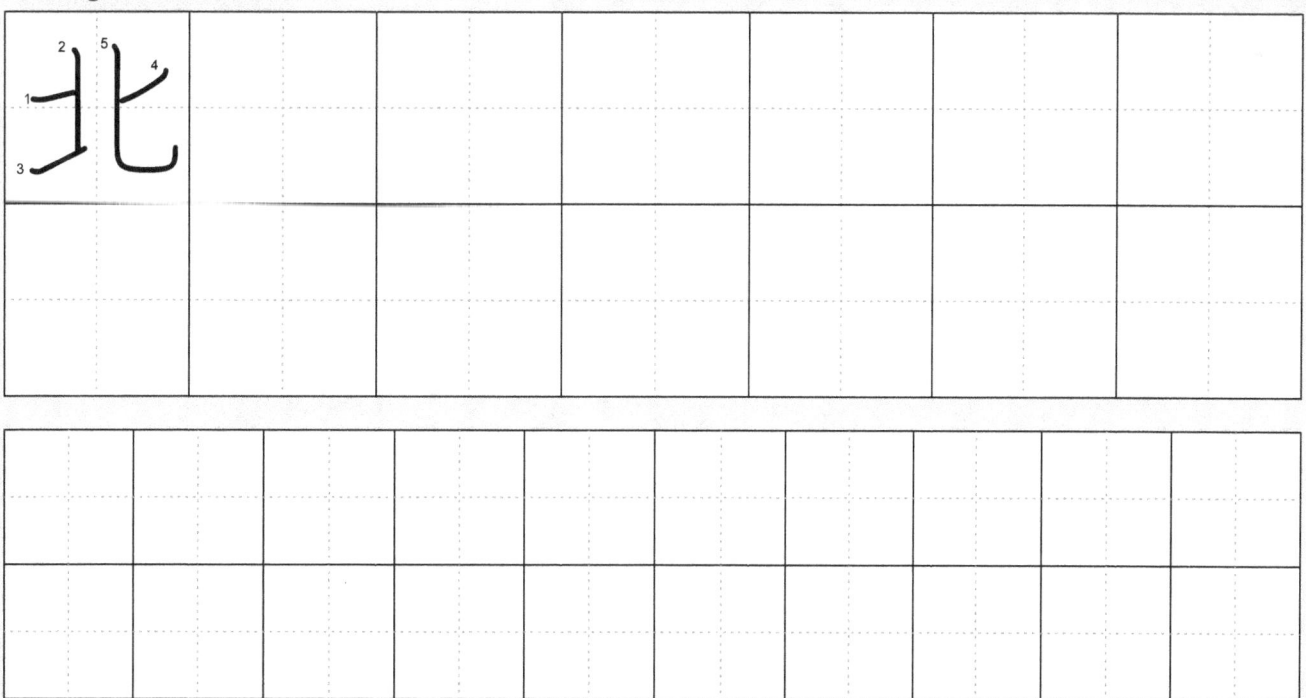

JLPT N5

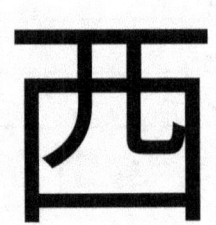

Bedeutung	Westen, Spanien	Bestandteile	西
Radikal	西 (襾, 覀) (Westen)	Kun'yomi	にし
Striche	6	On'yomi	セイ、サイ、ス

Vokabeln	Bedeutung	Aussprache
西	West, Westen	にし
西方	westliche Richtung	せいほう
西	Spanien, Spanisch (Sprache)	セイ
西洋	der Westen, westliche Länder	せいよう

Reihenfolge der Striche

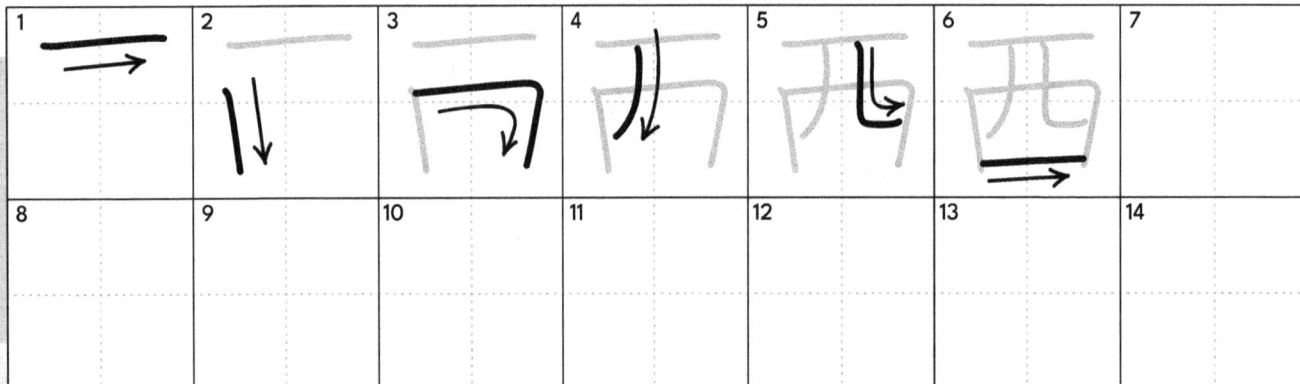

Übung zum Schreiben

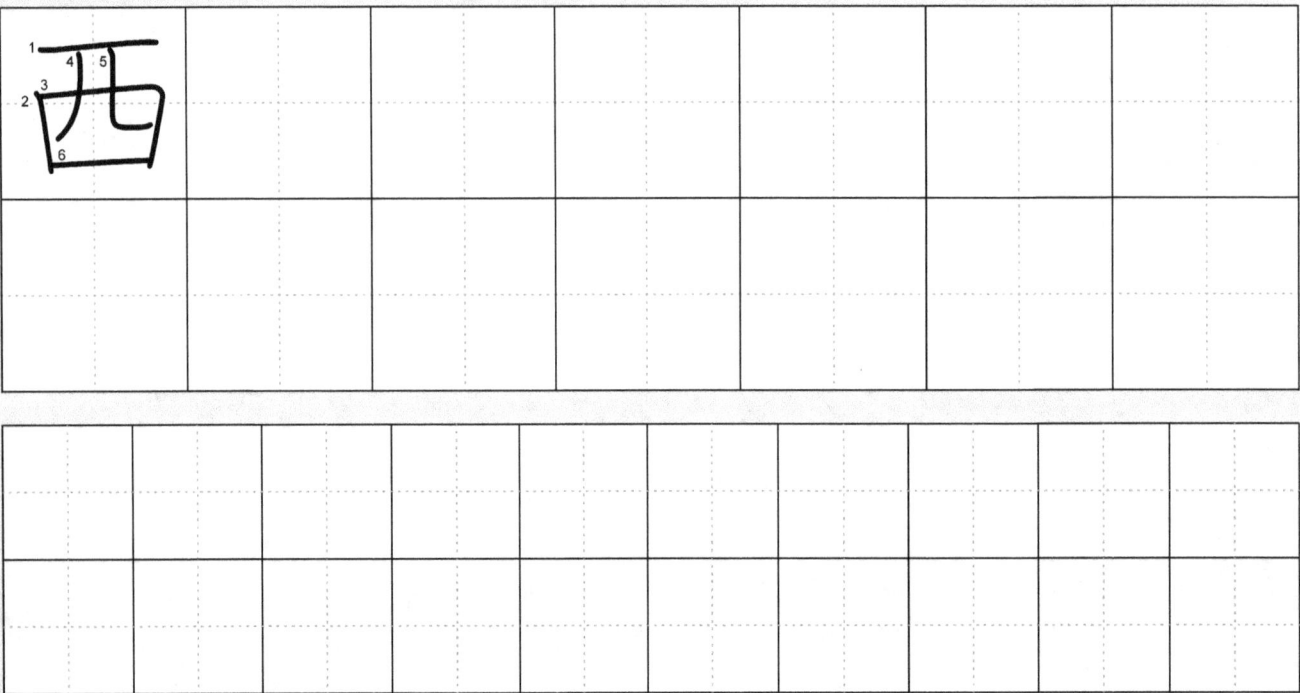

Kanji für Orte & Wegbeschreibungen

Bedeutung	Osten	Bestandteile	一｜日木田
Radikal	木 (Baum)	Kun'yomi	ひがし
Striche	9	On'yomi	トウ

Vokabeln	Bedeutung		Aussprache
東	Osten		ひがし
東京	Tokio		とうきょう
東方	östliche Richtung, der Orient		とうほう
東欧	Ost-Europa		トウオウ

Reihenfolge der Striche

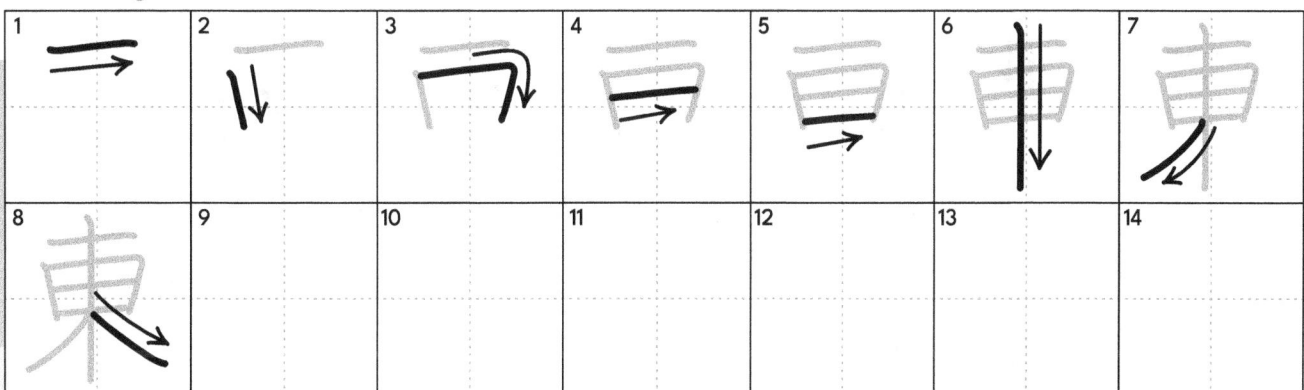

Übung zum Schreiben

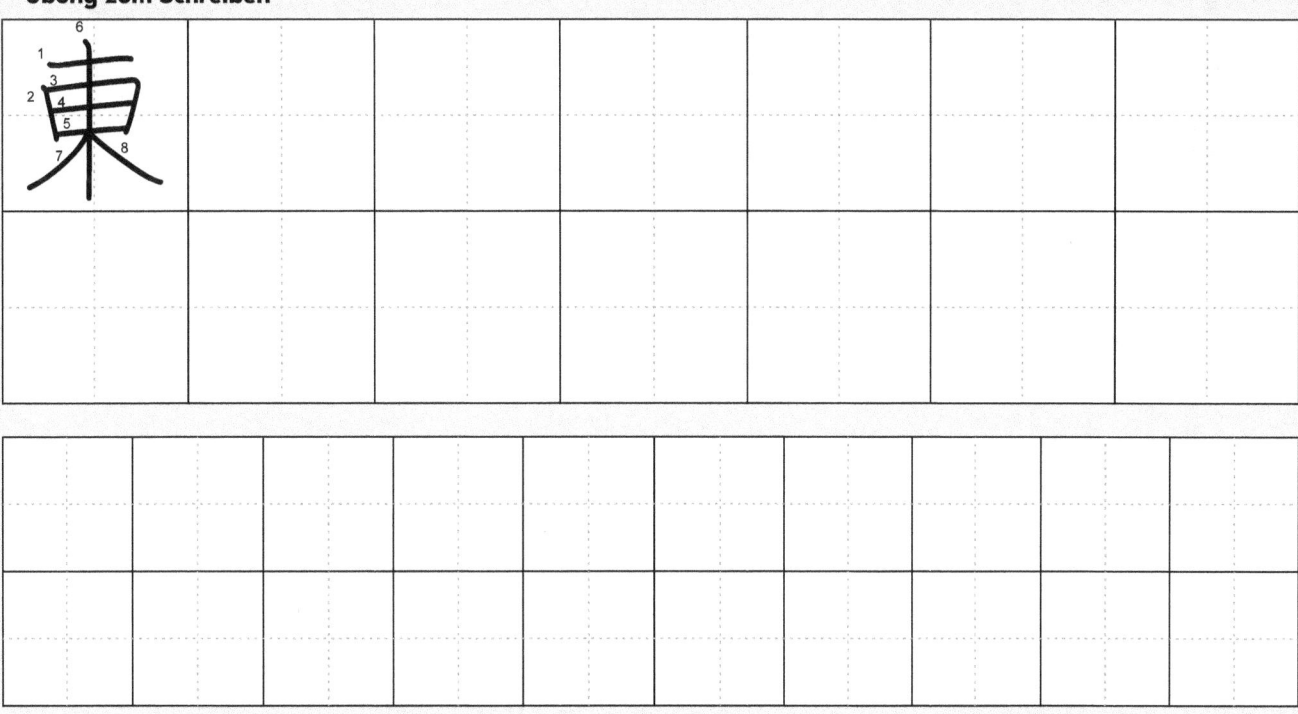

JLPT N5

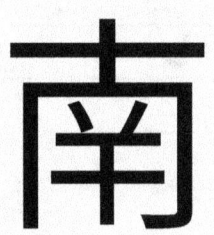

Bedeutung	Süden	Bestandteile	并冂十干
Radikal	十 (zehn)	Kun'yomi	みなみ
Striche	9	On'yomi	ナン、ナ

Vokabeln	Bedeutung	Aussprache
南	Süden	みなみ
東南	Süd-Ost	とうなん / トウナン
西南	Südwesten	せいなん / セイナン
南海	südliches Meer	ナンカイ

Reihenfolge der Striche

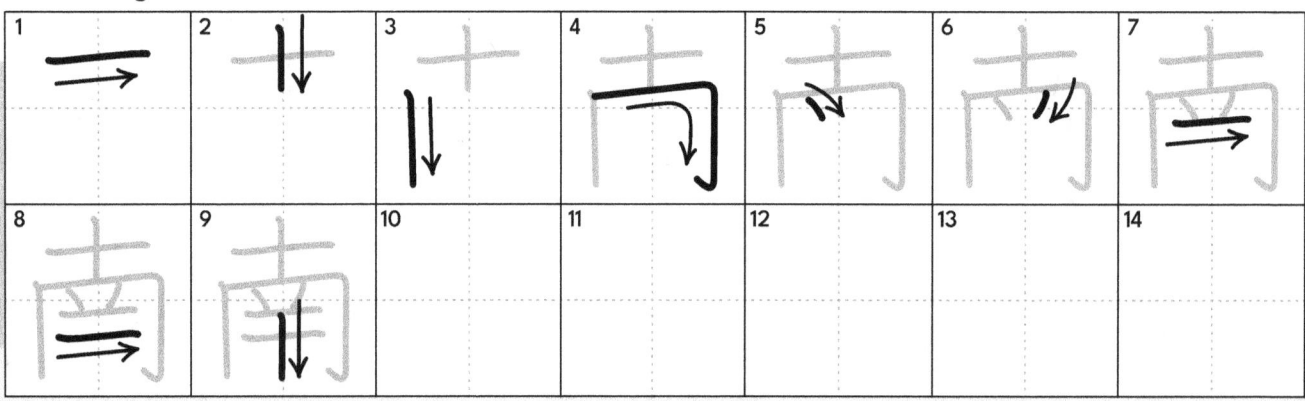

Übung zum Schreiben

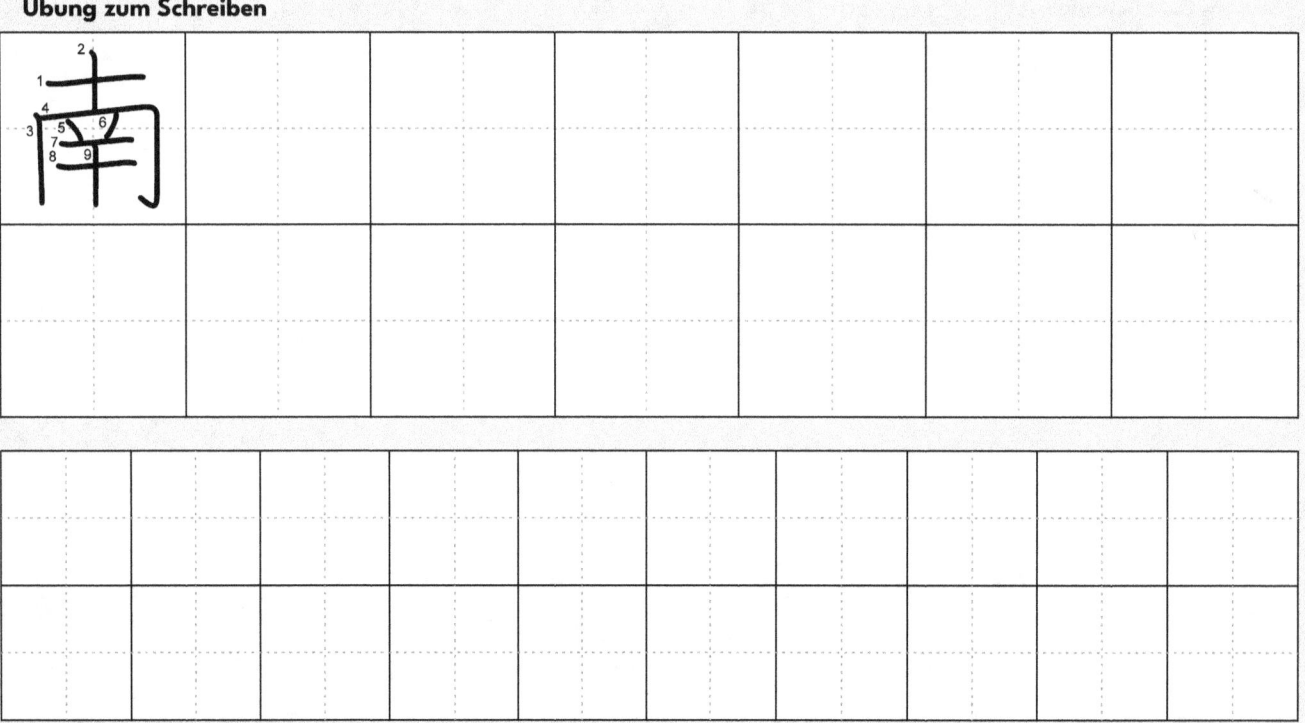

Kanji für Orte & Wegbeschreibungen

右

Bedeutung	rechts, rechte Seite	Bestandteile	一ノ口
Radikal	口 (Mund, Öffnung)	Kun'yomi	みぎ
Striche	5	On'yomi	ウ、ユウ

Vokabeln	Bedeutung	Aussprache
右	rechts, rechte Seite	みぎ
右腕	rechter Arm, Rechtshänder	みぎうで
最右	ganz rechts, ganz rechts	サイウ
左右	links und rechts	サユウ

Reihenfolge der Striche

Übung zum Schreiben

JLPT N5

Bedeutung	links, linke Seite	**Bestandteile**	一ノ工
Radikal	工 (Arbeit)	**Kun'yomi**	ひだり
Striche	5	**On'yomi**	サ、シャ

Vokabeln	Bedeutung	Aussprache
左	links, linke Seite	ひだり
左利き	Linkshänder	ひだりき
左右	links und rechts	サユウ
左手	linke Hand	ひだりて

Reihenfolge der Striche

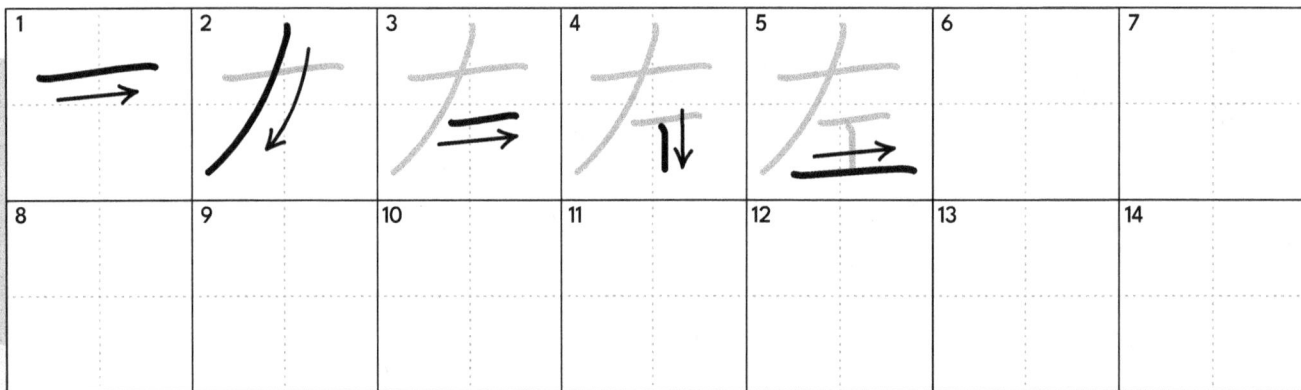

Übung zum Schreiben

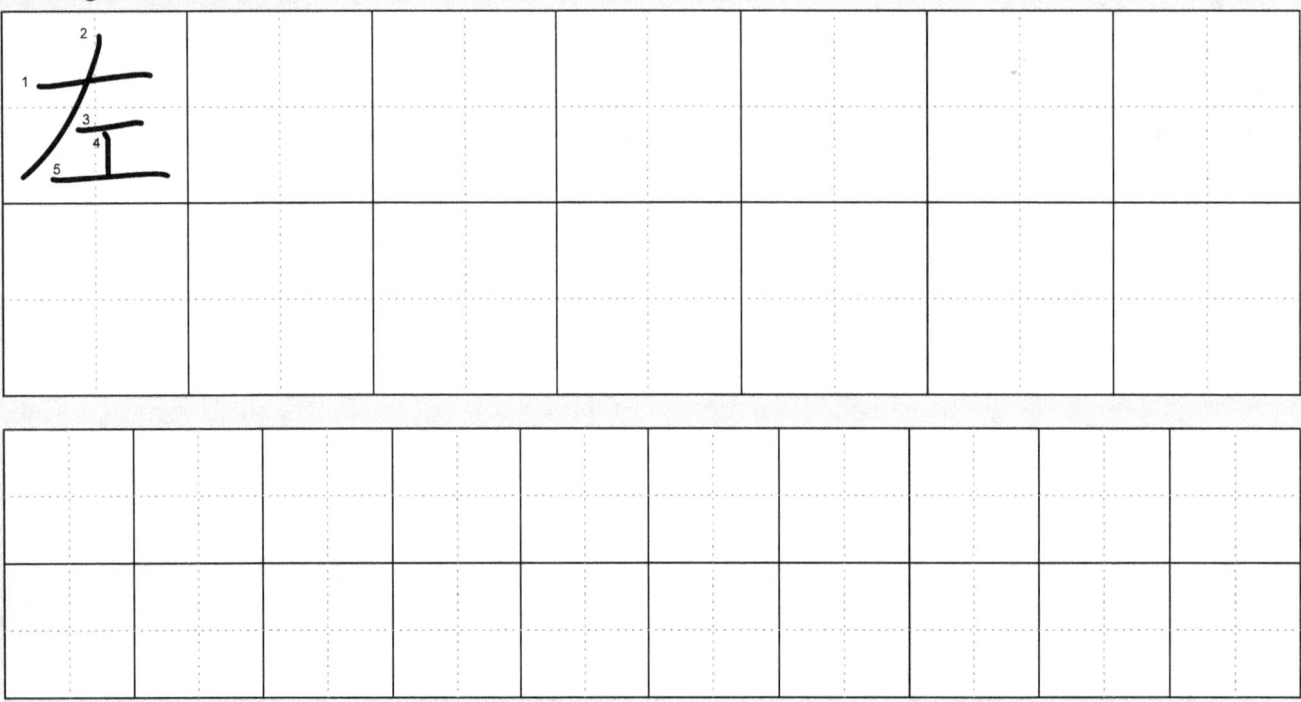

Kanji für Orte & Wegbeschreibungen

Bedeutung	Sitzung, Treffen, Party	Bestandteile	ニ 个 ム
Radikal	人 (イ) (Mann, Mensch)	Kun'yomi	あ.う、あ.わせる
Striche	6	On'yomi	カイ、エ

Vokabeln	Bedeutung		Aussprache
会社	Unternehmen, Arbeitsplatz		かいしゃ
会う	treffen, begegnen		あう
会釈	leichte Verbeugung, Nicken		エシャク
会	Treffen / Versammlung		カイ / エ

Reihenfolge der Striche

Übung zum Schreiben

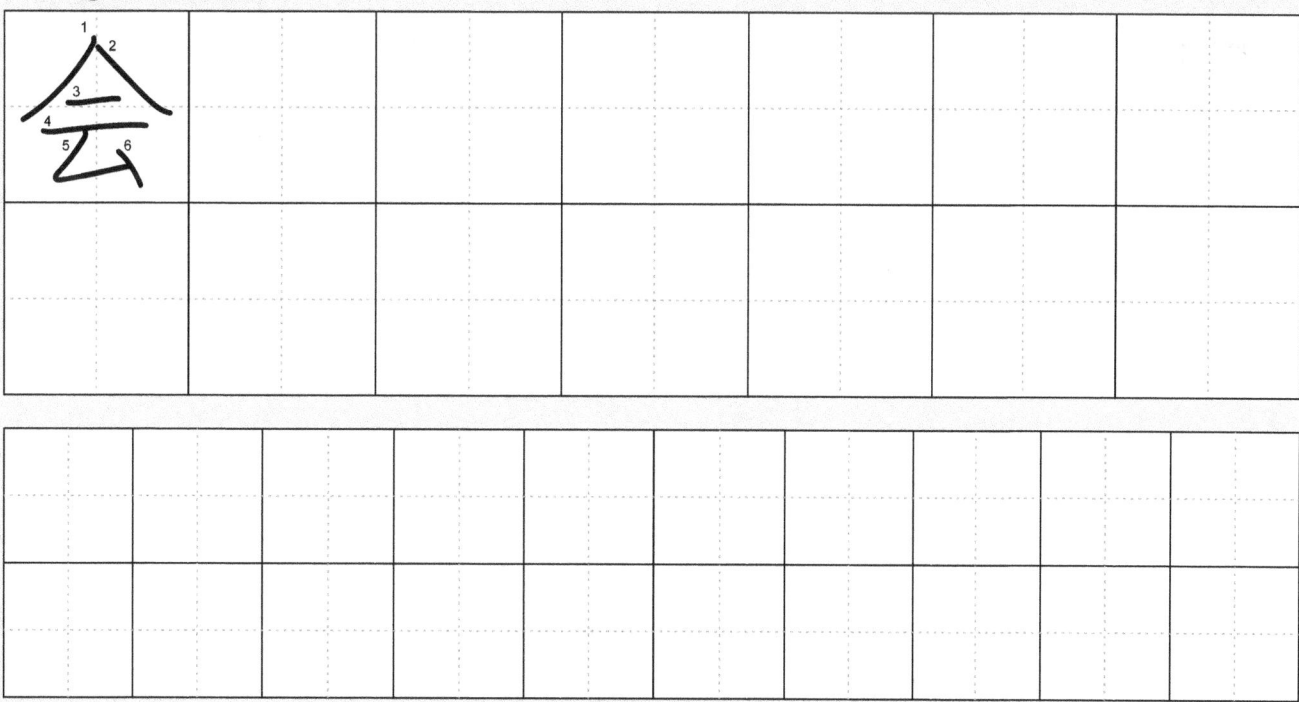

Kanji für Verben

Bedeutung	sehen, hoffen, Idee	Bestandteile	儿 目 見
Radikal	見 (sehen)	Kun'yomi	み.る、み.える、み.せる
Striche	7	On'yomi	ケン

Vokabeln	Bedeutung	Aussprache
見せる	zeigen, ausstellen	みせる
見る	sehen	みる
見解	Meinung, Sichtweise	ケンカイ
花見	Kirschblütenbesichtigung	はなみ

Reihenfolge der Striche

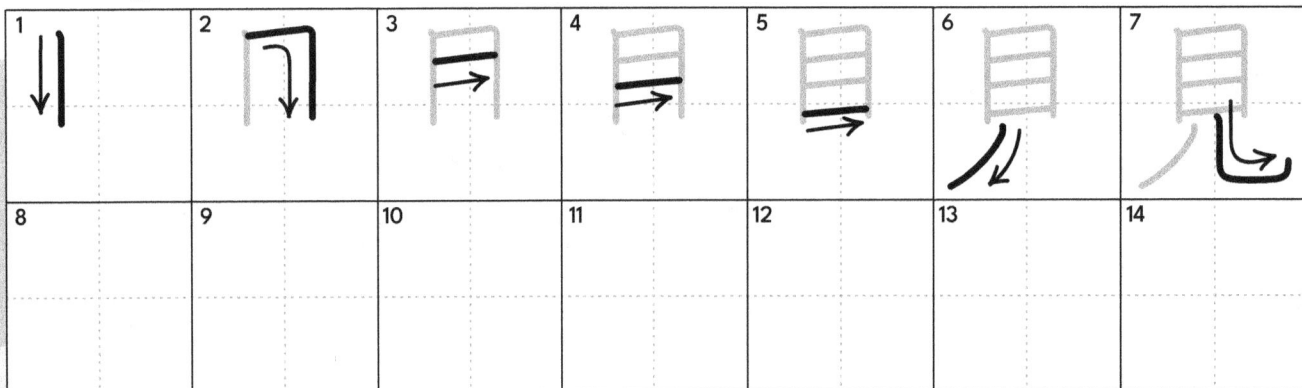

Übung zum Schreiben

Kanji für Verben

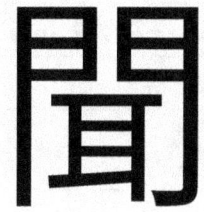

Bedeutung	zuhören, hören, fragen	Bestandteile	耳門
Radikal	耳 (Ohr)	Kun'yomi	き.く、き.こえる
Striche	14	On'yomi	ブン、モン

Vokabeln	Bedeutung	Aussprache
新聞	Zeitung	しんぶん
見聞	Information, Erfahrung, Beobachtung	けんぶん
聞く	hören, zuhören (Musik)	きく
聞こえる	gehört werden	きこえる

Reihenfolge der Striche

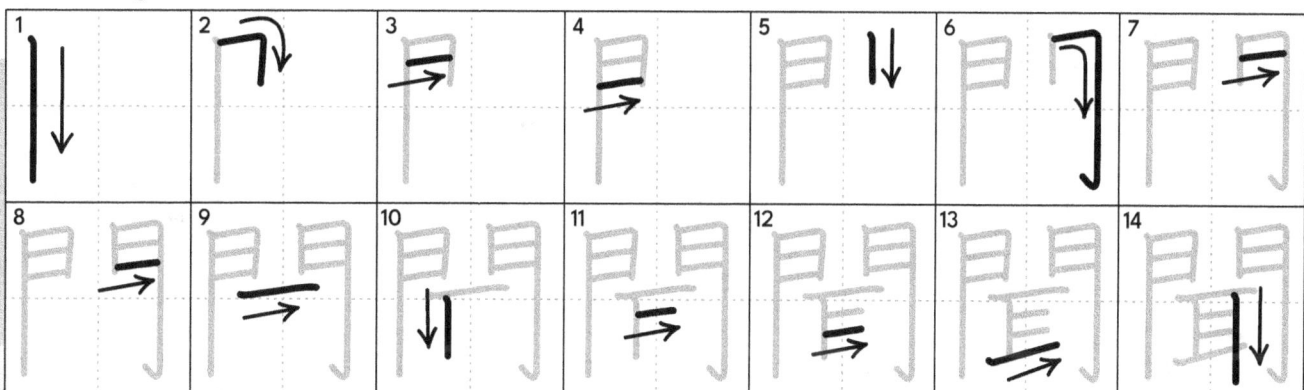

Übung zum Schreiben

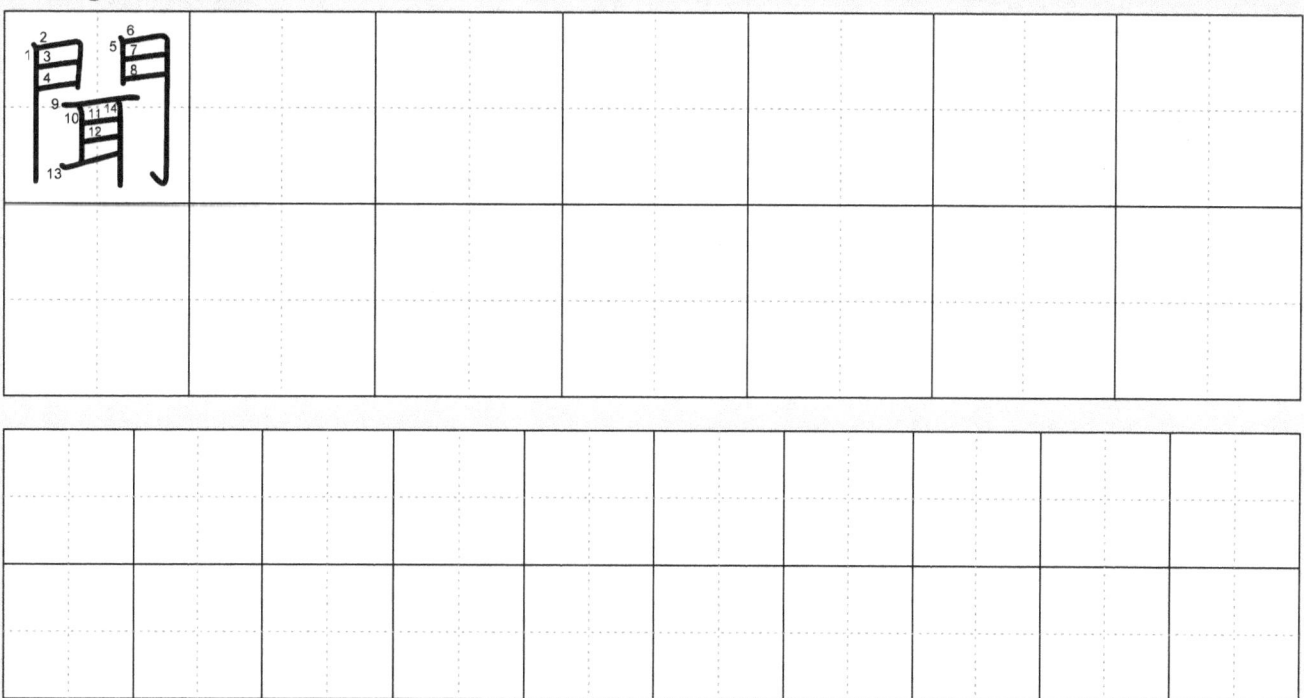

JLPT N5

Bedeutung	zu schreiben	Bestandteile	日聿
Radikal	日 (sagen)	Kun'yomi	か.く、-が.き、-がき
Striche	10	On'yomi	ショ

Vokabeln	Bedeutung		Aussprache
辞書	Wörterbuch		じしょ
書く	schreiben, zeichnen, komponieren		かく
書	Buch, Dokument		ショ
図書館	Bibliothek		としょかん

Reihenfolge der Striche

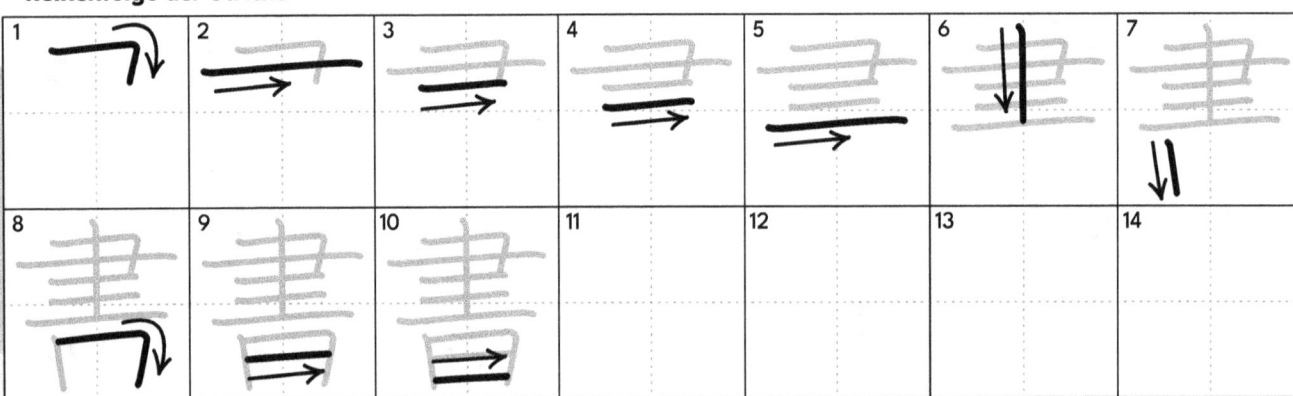

Übung zum Schreiben

Kanji für Verben

読

Bedeutung	zu lesen	Bestandteile	ル 亠 士 言
Radikal	言 (言) (Sprache)	Kun'yomi	よ.む、-よ.み
Striche	14	On'yomi	ドク、トク、トウ

Vokabeln	Bedeutung	Aussprache
読む	lesen, erraten	よむ
読者	Leser	ドクシャ
読書	Lesen (eines Buches)	ドクショ
読み方	Aussprache, Lesen	よみかた

Reihenfolge der Striche

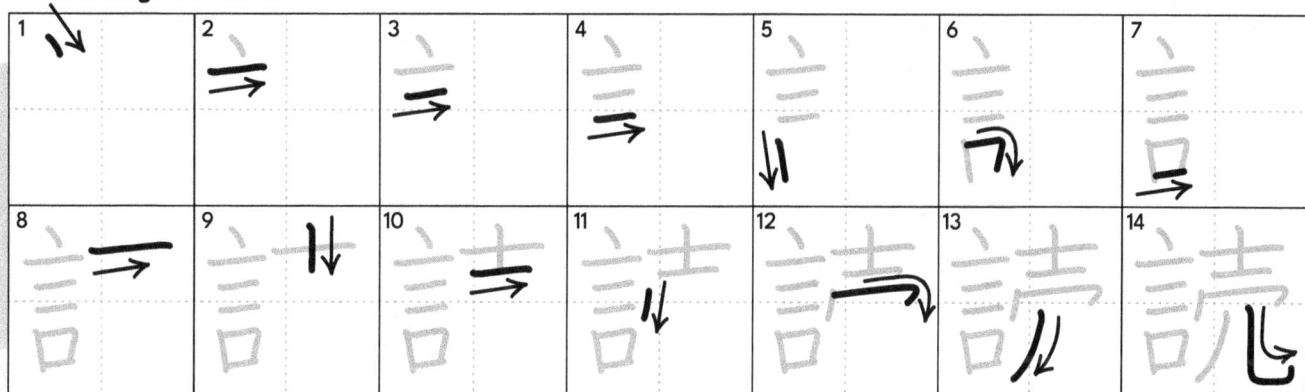

Übung zum Schreiben

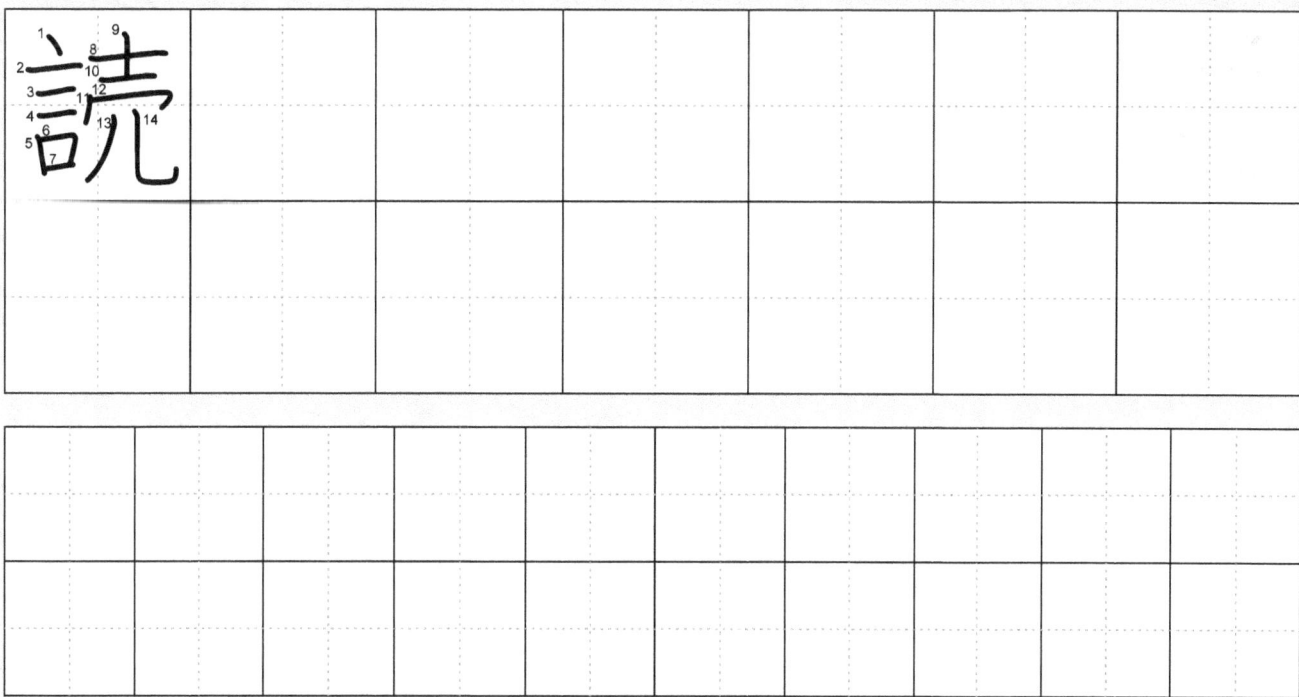

JLPT N5

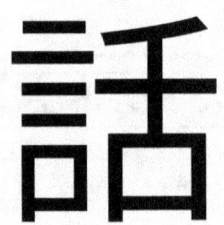

Bedeutung	zum Gespräch	Bestandteile	口 舌 言
Radikal	言 (言) (Sprache)	Kun'yomi	はな.す、はなし
Striche	13	On'yomi	ワ

Vokabeln	Bedeutung		Aussprache
話す	reden		はなす
会話	Konversation, Chat		かいわ
電話機	Telefon		でんわき
電話	Telefonat		でんわ

Reihenfolge der Striche

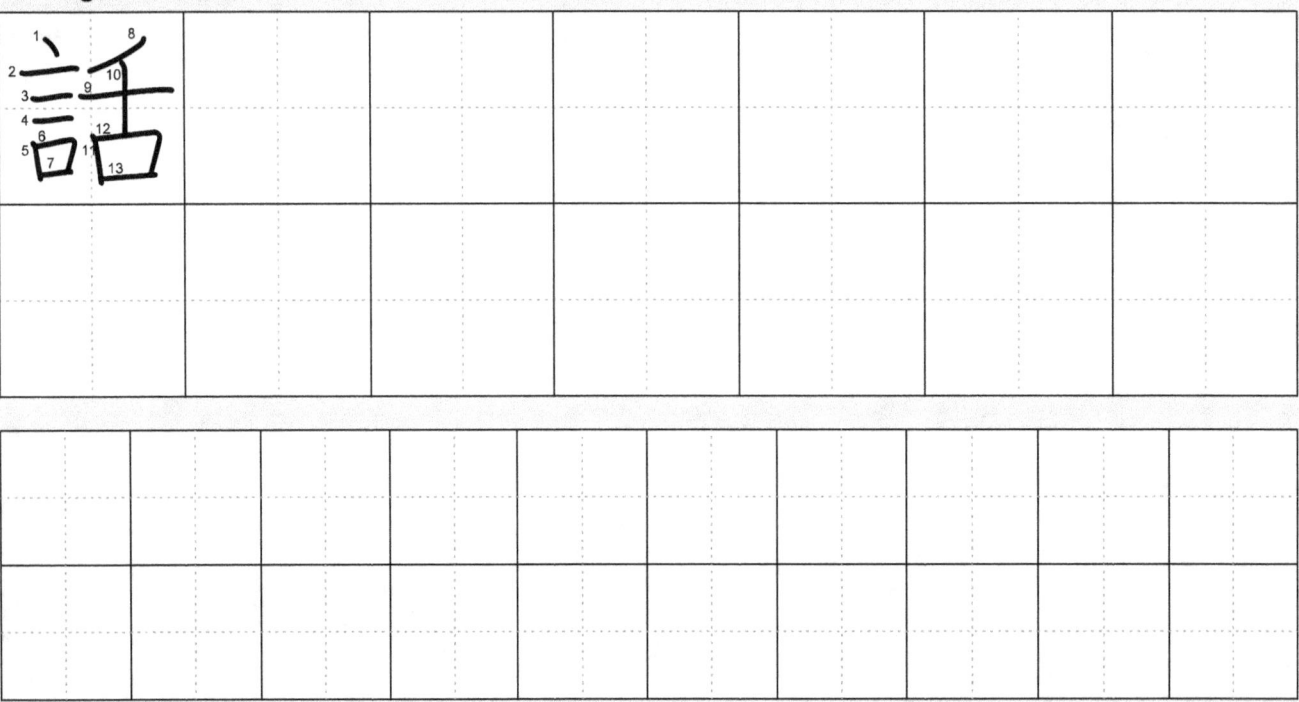

Übung zum Schreiben

Kanji für Verben

Bedeutung	zu kaufen	Bestandteile	八目買貝
Radikal	貝 (Muschel)	Kun'yomi	か.う
Striche	12	On'yomi	バイ

Vokabeln	Bedeutung	Aussprache
買い物	Einkaufen	かいもの
買う	kaufen, einkaufen	かう
不買	nicht kaufen	フバイ
買収	Erwerb, Aufkauf	バイシュウ

Reihenfolge der Striche

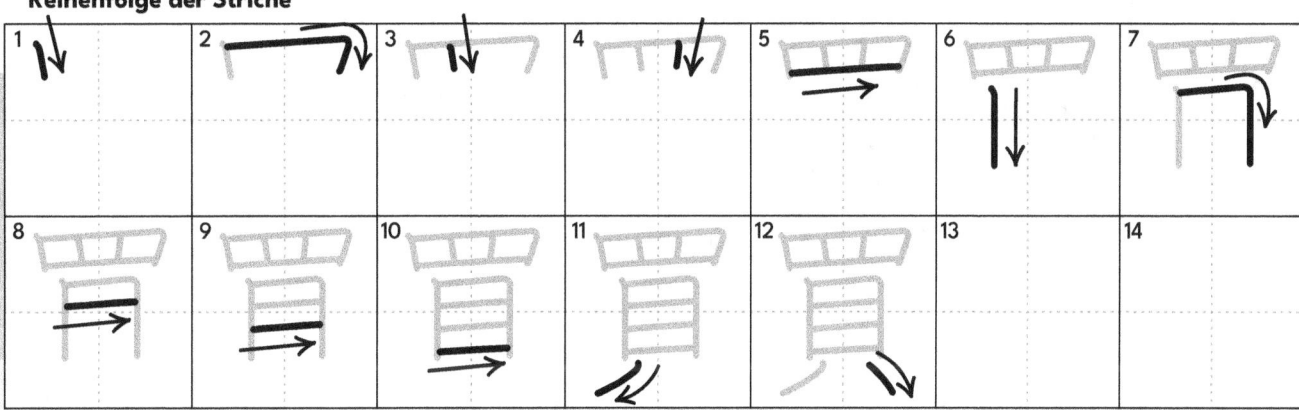

Übung zum Schreiben

JLPT N5

Bedeutung	gehen, durchführen	Bestandteile	彳 行
Radikal	行 (gehen, tun)	Kun'yomi	い.く、ゆ.く、-ゆ.き
Striche	6	On'yomi	コウ、ギョウ、アン

Vokabeln	Bedeutung		Aussprache
銀行	Bank		ぎんこう
行く	gehen, sich bewegen (in Richtung)		いく
旅行	Reise, Reise, Reise		りょこう
飛行機	Flugzeug, Flugzeug		ひこうき

Reihenfolge der Striche

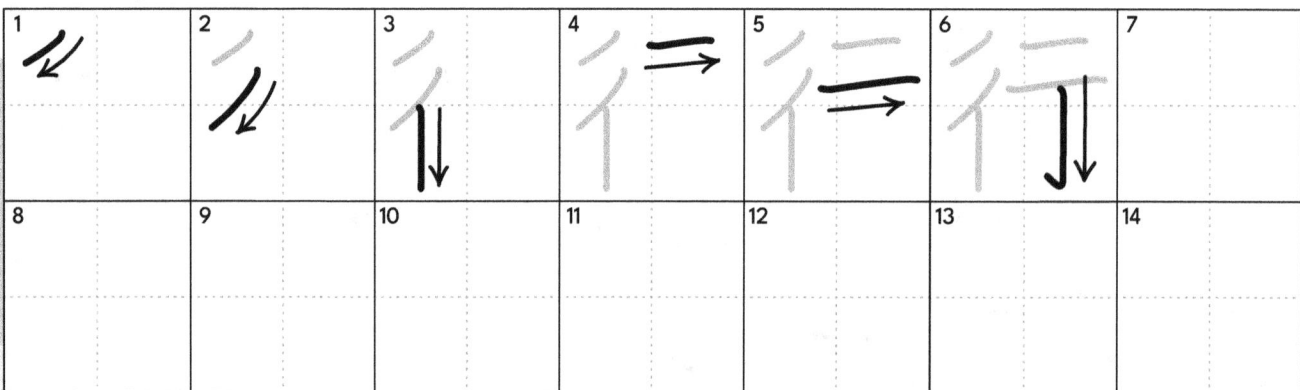

Übung zum Schreiben

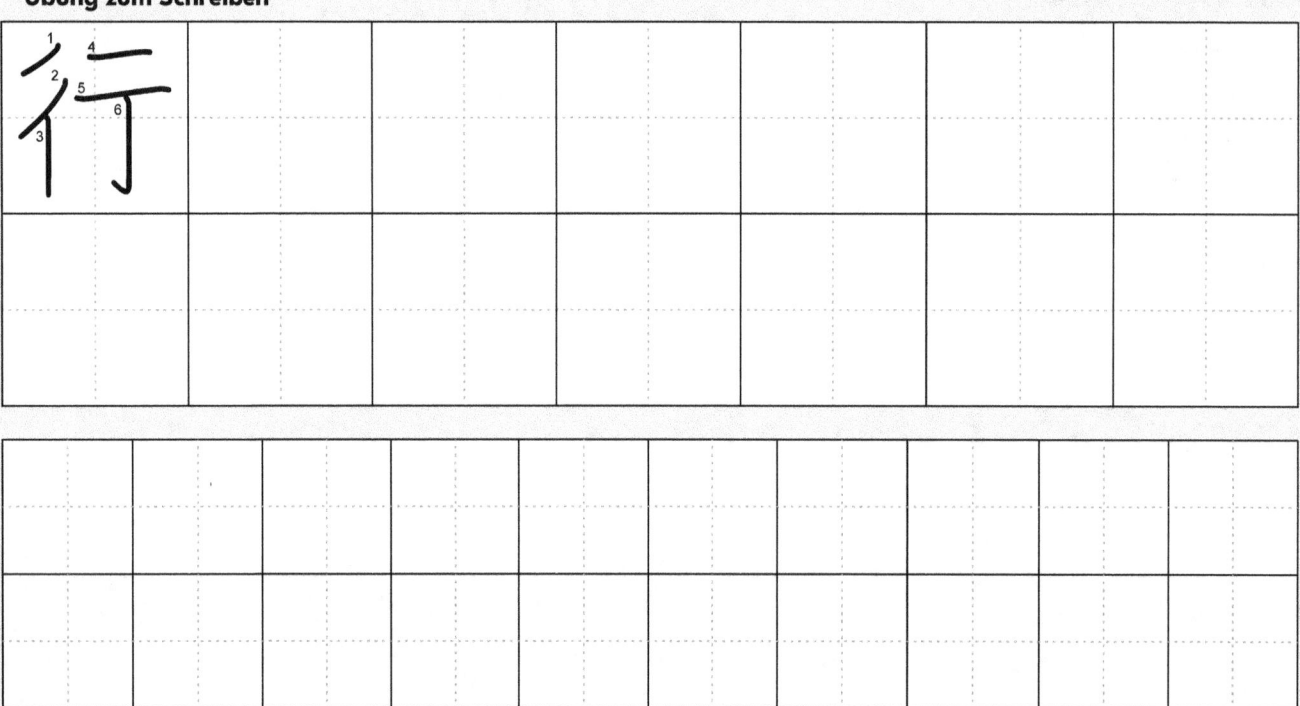

Kanji für Verben

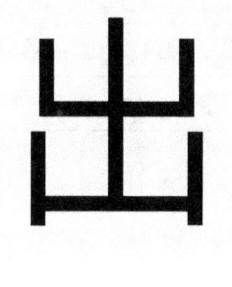

Bedeutung	verlassen, rausgehen	Bestandteile	丨 凵 山
Radikal	凵 (offener Mund)	Kun'yomi	で.る、-で、だ.す
Striche	5	On'yomi	シュツ、スイ

Vokabeln	Bedeutung	Aussprache
出る	verlassen, aussteigen, hinausgehen	でる
出来る	in der Lage sein, bereit zu sein	できる
出す	hinausgehen	だす
出かける	hinausgehen, verlassen	でかける

Reihenfolge der Striche

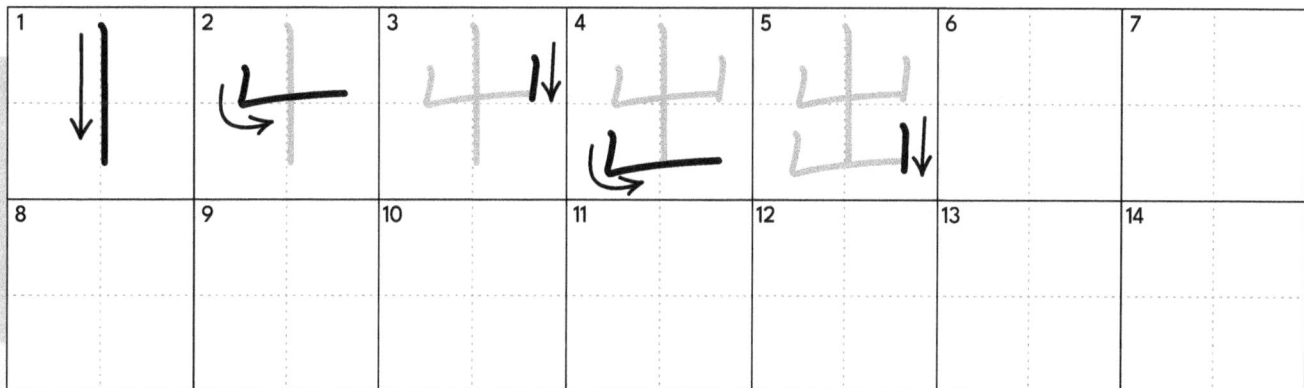

Übung zum Schreiben

JLPT N5

Bedeutung	hineingehen, eintreten	**Bestandteile**	入
Radikal	入 (eingeben)	**Kun'yomi**	い.る、-い.る、-い.り
Striche	2	**On'yomi**	ニュウ、ジュ

Vokabeln	Bedeutung	Aussprache
入口	Eingang, Eingang, Tor	いりぐち
入る	einsteigen, hineingehen	いる
押入れ	(eingebauter) Kleiderschrank, Wandschrank	おしいれ
入学	Aufnahme (Schule), Einschreibung	にゅうがく

Reihenfolge der Striche

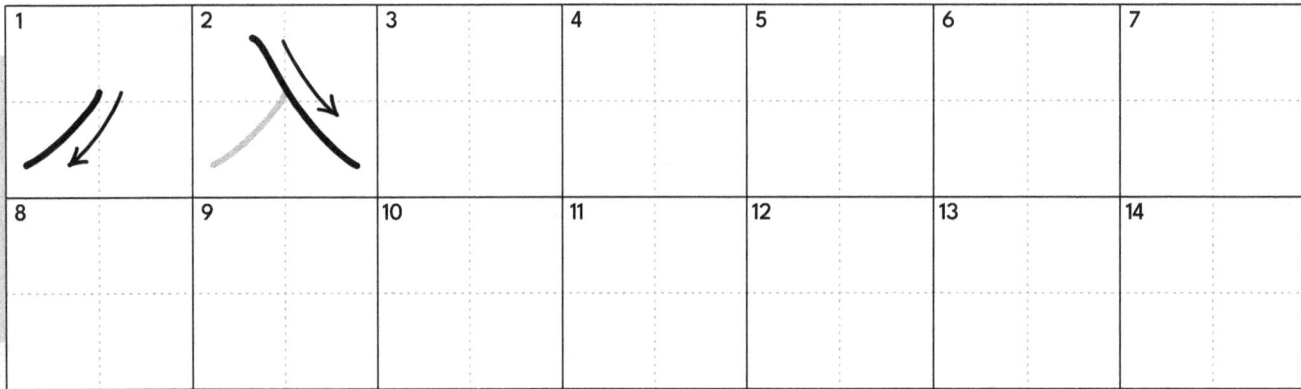

Übung zum Schreiben

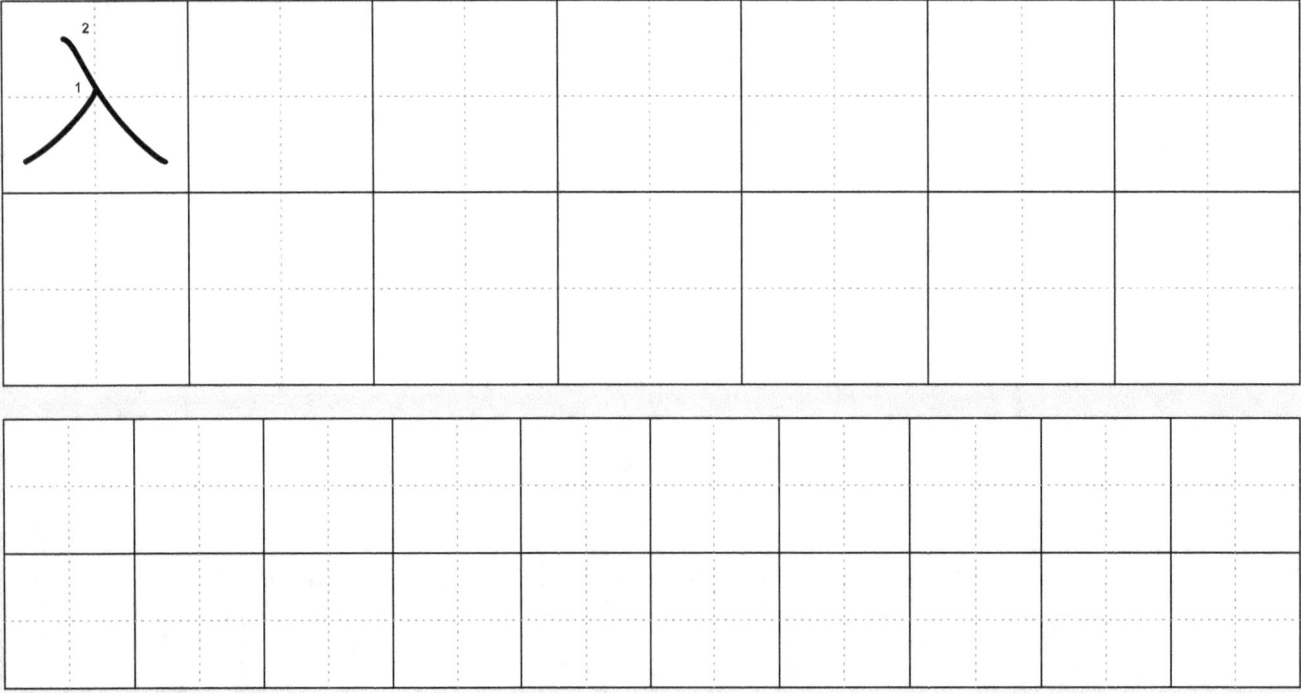

Kanji für Verben

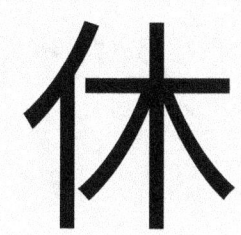

Bedeutung	Ruhe, freier Tag, Schlaf	Bestandteile	化 木
Radikal	人 (イ) (Mann, Mensch)	Kun'yomi	やす.む、やす.まる
Striche	6	On'yomi	キュウ

Vokabeln	Bedeutung		Aussprache
休む	einen Tag frei nehmen		やすむ
休暇	freier Tag, Urlaub		キュウカ
休み	ausruhen, Pause, Atempause		やすみ
休める	ausruhen, aussetzen		やすめる

Reihenfolge der Striche

Übung zum Schreiben

JLPT N5

Bedeutung	Essen, Lebensmittel	Bestandteile	食
Radikal	食 (飠) (essen)	Kun'yomi	く.う、く.らう、た.べる
Striche	9	On'yomi	ショク、ジキ

Vokabeln	Bedeutung	Aussprache
食べる	zum Essen	たべる
食堂	Speisesaal	しょくどう
食事	Mahlzeit, Abendessen	しょくじ
食	Essen	ショク

Reihenfolge der Striche

Übung zum Schreiben

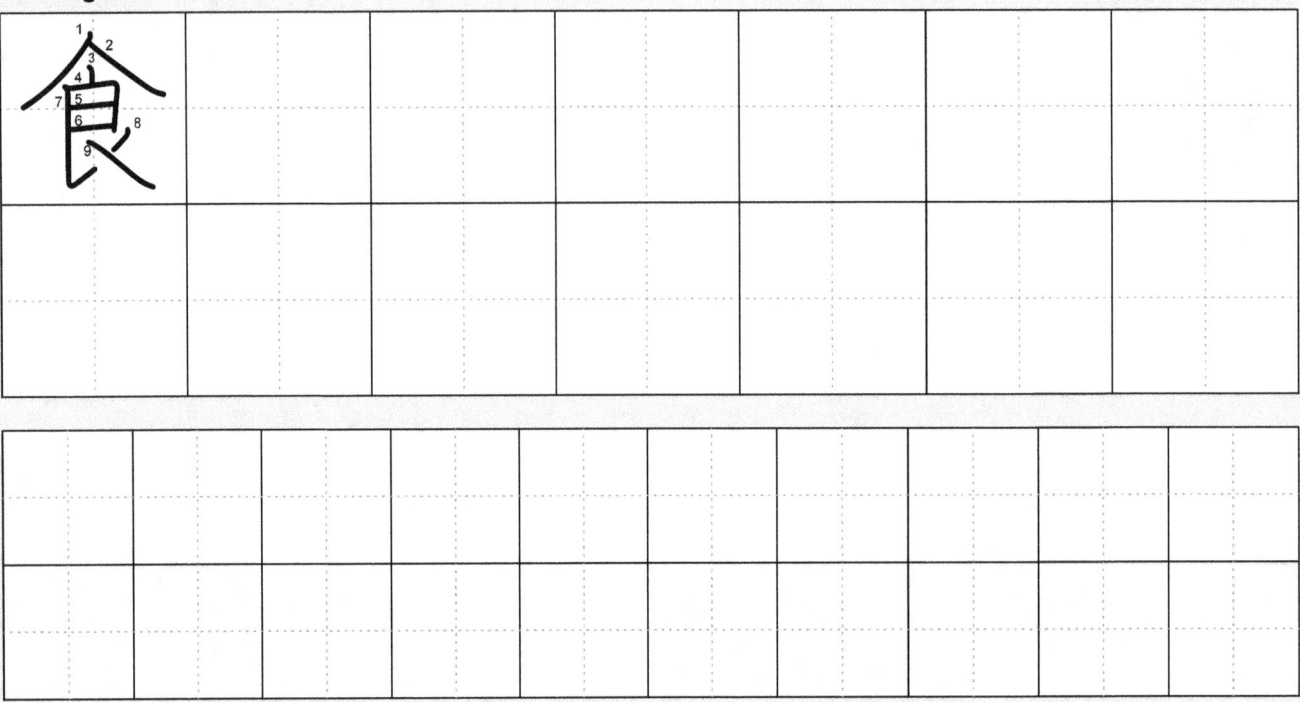

Kanji für Verben

Bedeutung	trinken, nehmen	Bestandteile	欠 食
Radikal	食 (𩙿) (essen)	Kun'yomi	の.む、-の.み
Striche	12	On'yomi	イン、オン

Vokabeln	Bedeutung	Aussprache
飲み物	Getränk, trinken	のみもの
飲む	zu trinken	のむ
飲食	Essen und Trinken	インショク
飲み屋	Bar, Kneipe, Taverne	のみや

Reihenfolge der Striche

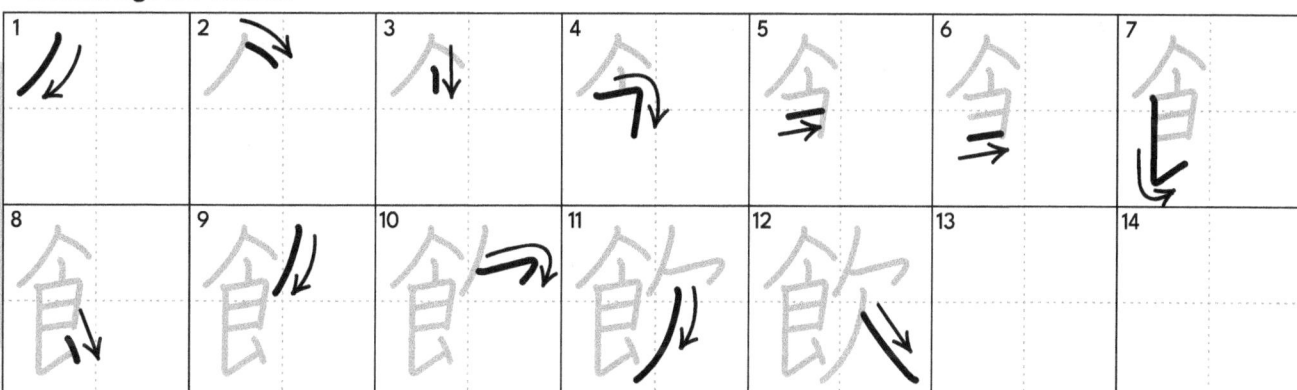

Übung zum Schreiben

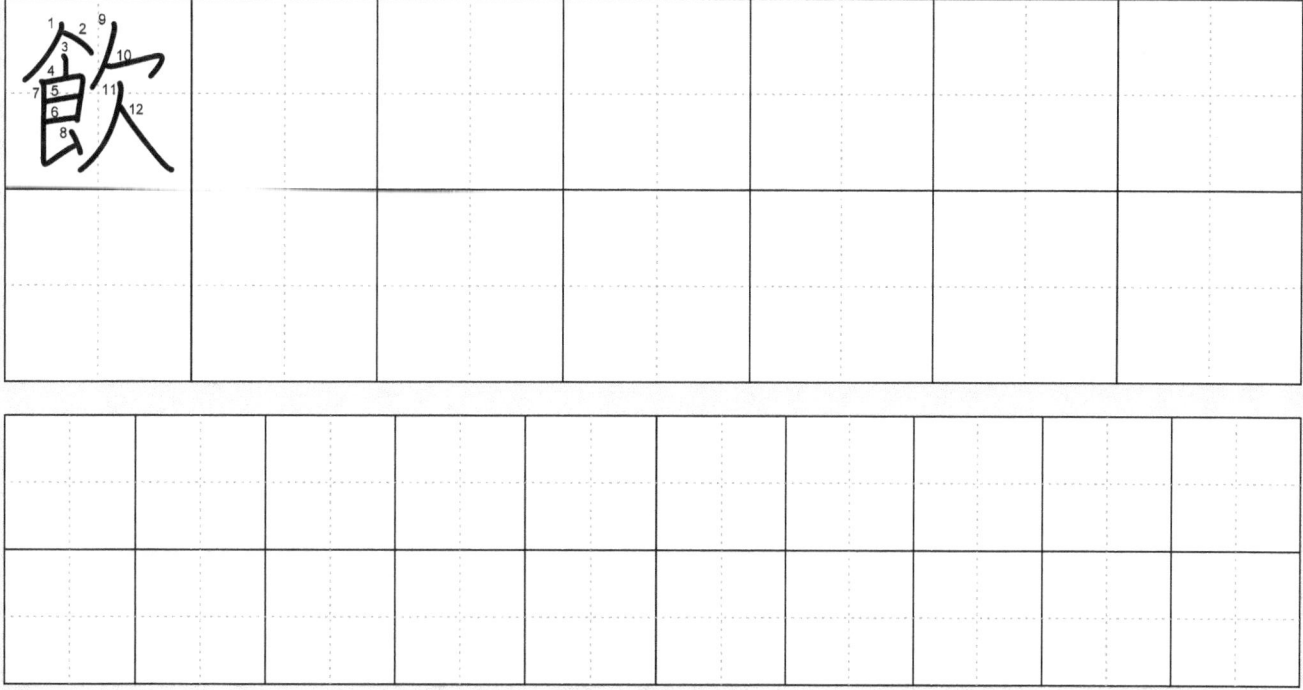

JLPT N5

	Bedeutung	zu sagen, Wort	Bestandteile	言
言	Radikal	言 (Sprache)	Kun'yomi	い.う、こと
	Striche	7	On'yomi	ゲン、ゴン

Vokabeln	Bedeutung	Aussprache
言う	zu sagen	いう
言葉	Sprache, Dialekt	ことば
過言	Übertreibung	カゴン
助言	Ratschläge, Ratschläge	じょげん

Reihenfolge der Striche

Übung zum Schreiben

Kanji für Verben

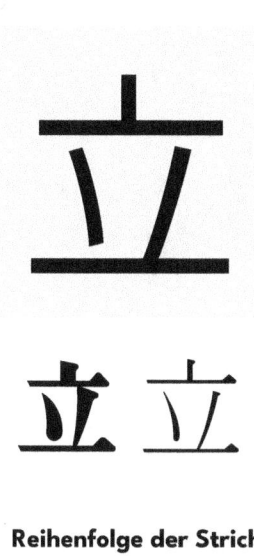

Bedeutung	stehen, aufbauen	Bestandteile	立
Radikal	立 (stehen, aufrecht)	Kun'yomi	た.つ、-た.つ、た.ち-
Striche	5	On'yomi	リツ、リュウ、リットル

Vokabeln	Bedeutung	Aussprache
立つ	aufstehen, sich erheben	たつ
独立	Unabhängigkeit	どくりつ
立派	prächtig, schön	りっぱ
役に立つ	hilfreich/nützlich sein	やくにたつ

Reihenfolge der Striche

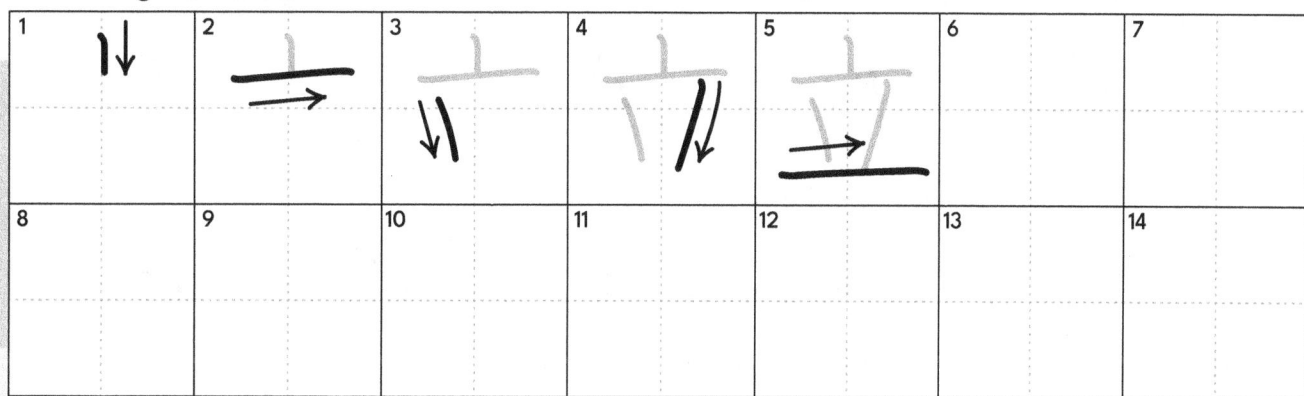

Übung zum Schreiben

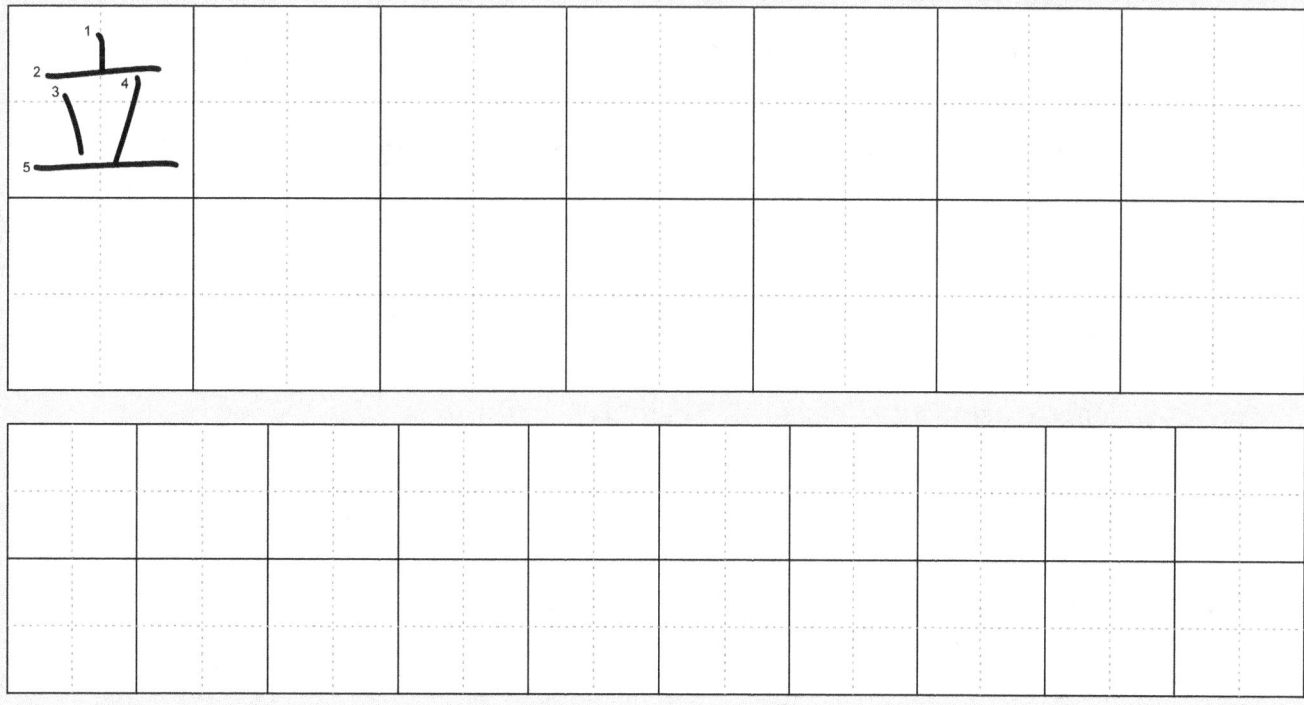

JLPT N5

Revision: Orte & Wegbeschreibungen

F.54 Welches dieser Kanji bedeutet **"Norden"**?

A. 下 B. 上 C. 南 D. 東 E. 北

F.55 Welches dieser Kanji bedeutet **"Süden"**?

A. 下 B. 上 C. 南 D. 東 E. 北

F.56 Welches dieser Kanji bedeutet **"Osten"**?

A. 国 B. 西 C. 道 D. 南 E. 東

F.57 Welches dieser Kanji bedeutet **"Westen"**?

A. 国 B. 西 C. 道 D. 南 E. 東

F.58 Welches dieser Kanji bedeutet **"links"** oder **"linke Seite"**?

A. 右 B. 北 C. 左 D. 社 E. 外

F.59 Welches dieser Kanji bedeutet **"rechts"** oder **"rechte Seite"**?

A. 右 B. 北 C. 左 D. 社 E. 外

F.60 An welchem dieser Orte würden Sie *Lebensmittel kaufen*?

A. 社 B. 店 C. 校 D. 駅 E. 学

F.61 Welches dieser Wörter bedeutet **"Tokio"**?

A. 大阪 B. 東京 C. 神戸 D. 京都 E. 岡山

F.62 Wie würden Sie **"Tokio"** auf Japanisch *aussprechen*?

A. こうべ B. なごや C. おおさか D. とうきょう

Revision: Verben

F.63 Welches dieser Kanji bedeutet **"lesen"**?

A. 飲　　B. 話　　C. 聞　　D. 読　　E. 食

F.64 Welches dieser Kanji bedeutet **"schreiben"**?

A. 書　　B. 読　　C. 食　　D. 話　　E. 飲

F.65 Welches dieser Kanji bedeutet **"sprechen"**?

A. 白　　B. 話　　C. 聞　　D. 書　　E. 食

F.66 Welches dieser Kanji bedeutet **"essen"**?

A. 食　　B. 聞　　C. 読　　D. 長　　E. 言

F.67 Welches dieser Kanji bedeutet **"trinken"**?

A. 言　　B. 見　　C. 立　　D. 聞　　E. 飲

F.68 Welches dieser Kanji bedeutet **"treffen"**?

A. 立　　B. 会　　C. 入　　D. 出　　E. 行

F.69 Welches dieser Kanji bedeutet **"eintreten"**?

A. 人　　B. 行　　C. 会　　D. 見　　E. 入

F.70 Welches dieser Kanji bedeutet **"kaufen"**?

A. 飲　　B. 食　　C. 買　　D. 休　　E. 立

Bedeutung	viele, häufig, viel	Bestandteile	夕
Radikal	夕 (Abend)	Kun'yomi	おお.い、まさ.に
Striche	6	On'yomi	タ

Vokabeln	Bedeutung		Aussprache
多い	viele		おおい
多分	vielleicht, wahrscheinlich		たぶん
滅多に	selten, selten		めったに
多彩	bunt, vielfarbig		たさい

Reihenfolge der Striche

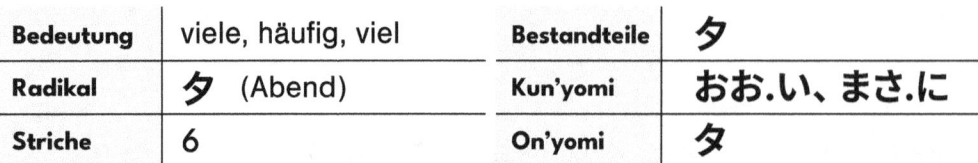

Übung zum Schreiben

Kanji für Adjektive

Bedeutung	wenige, wenig	Bestandteile	ノ小
Radikal	小 (klein)	Kun'yomi	すく.ない、すこ.し
Striche	4	On'yomi	ショウ

Vokabeln	Bedeutung		Aussprache
少ない	*wenige, ein wenig*		すくない
少年	*Junge, Bursche, Jugendlicher, juvenil*		しょうねん
少女	*Mädchen (7-17 J.), junge Dame*		しょうじょ
最小限	*minimal, am wenigsten, am wenigsten*		さいしょうげん

Reihenfolge der Striche

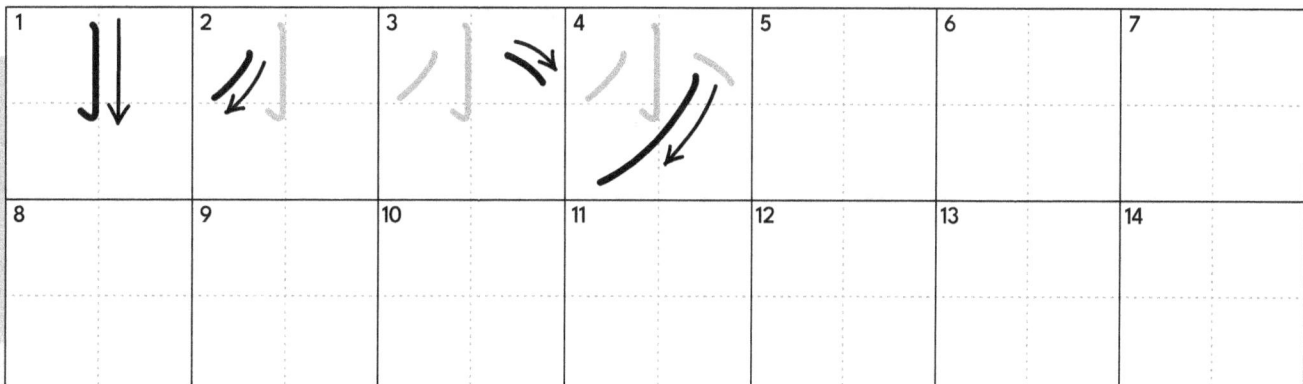

Übung zum Schreiben

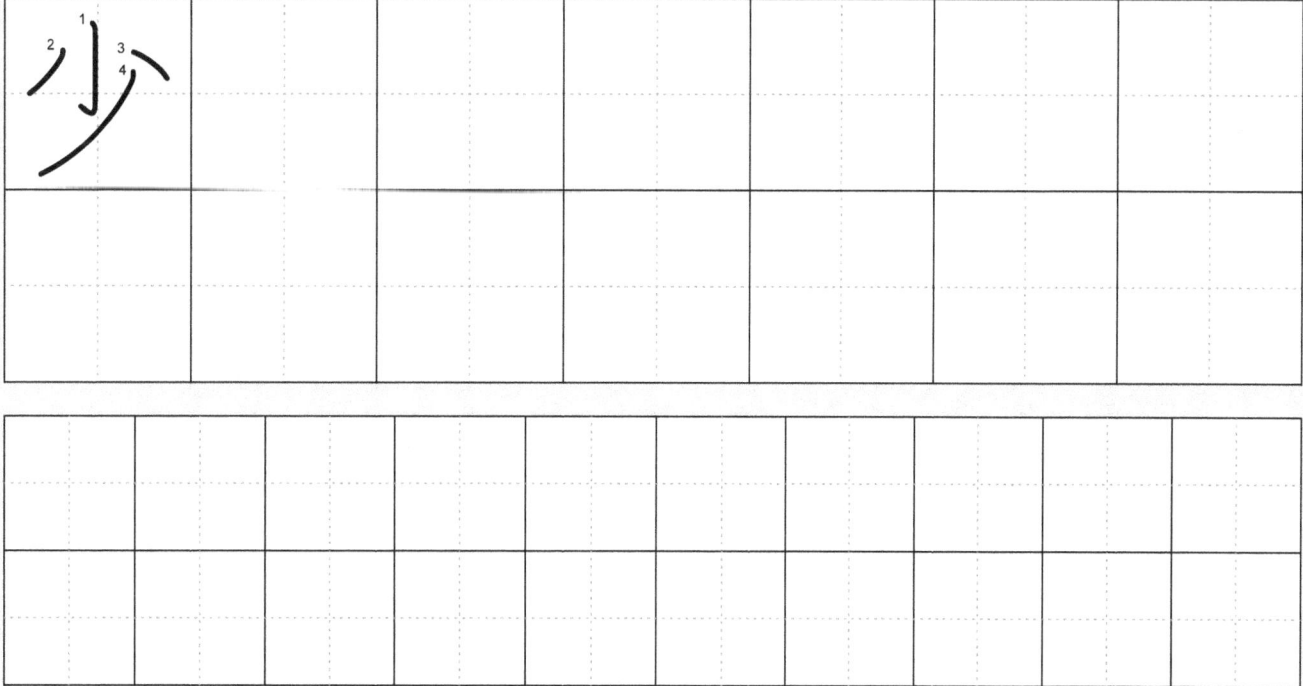

JLPT N5

Bedeutung	alt, gealtert, uralt	Bestandteile	十 口
Radikal	口 (Mund, Öffnung)	Kun'yomi	ふる.い、ふる-
Striche	5	On'yomi	コ

Vokabeln	Bedeutung	Aussprache
古い	alt	ふるい
中古	gebraucht, aus zweiter Hand	ちゅうこ
稽古	Praxis, Studium, Ausbildung	けいこ
故郷	Heimatstadt, Geburtsort	ふるさと

Reihenfolge der Striche

Übung zum Schreiben

Kanji für Adjektive

Bedeutung	neu, frisch, aktuell	Bestandteile	亠 井 斤 木 立 辛
Radikal	斤 (Axt)	Kun'yomi	あたら.しい、あら.た
Striche	13	On'yomi	シン

Vokabeln	Bedeutung		Aussprache
新聞	Zeitung		しんぶん
新しい	neu		あたらしい
新人	neues Gesicht, Neuling, neuer Rekrut		しんじん
新幹線	Shinkansen (Hochgeschwindigkeitszug)		しんかんせん

Reihenfolge der Striche

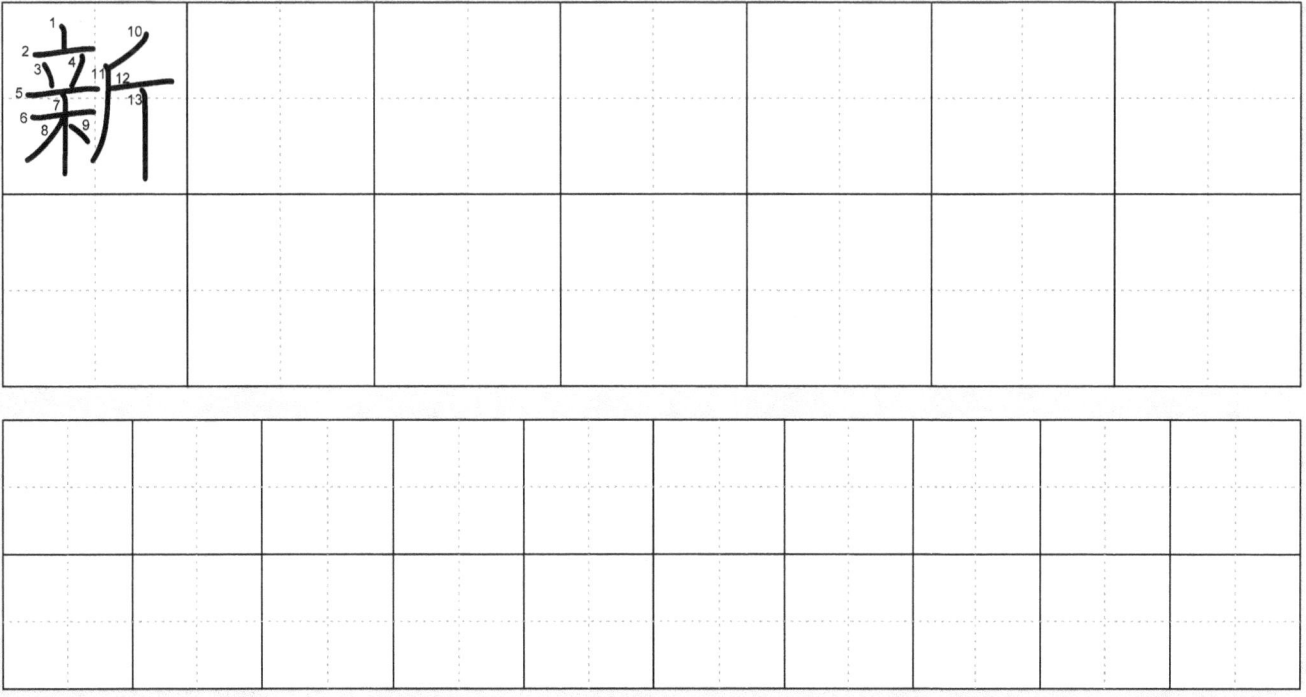

Übung zum Schreiben

JLPT N5

Bedeutung	groß, wichtig	Bestandteile	大
Radikal	大 (groß, sehr)	Kun'yomi	おお-、おお.きい
Striche	3	On'yomi	ダイ、タイ

Vokabeln	Bedeutung		Aussprache
大きい	groß, groß, laut		おおきい
大変	sehr, furchtbar, immens		たいへん
大学	Universität, Hochschule		だいがく
大事	wichtig, ernst		だいじ

Reihenfolge der Striche

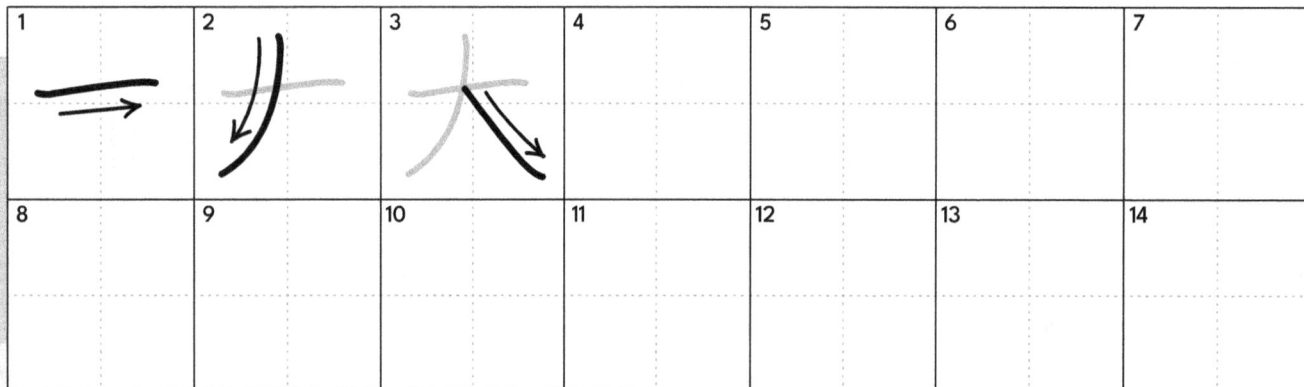

Übung zum Schreiben

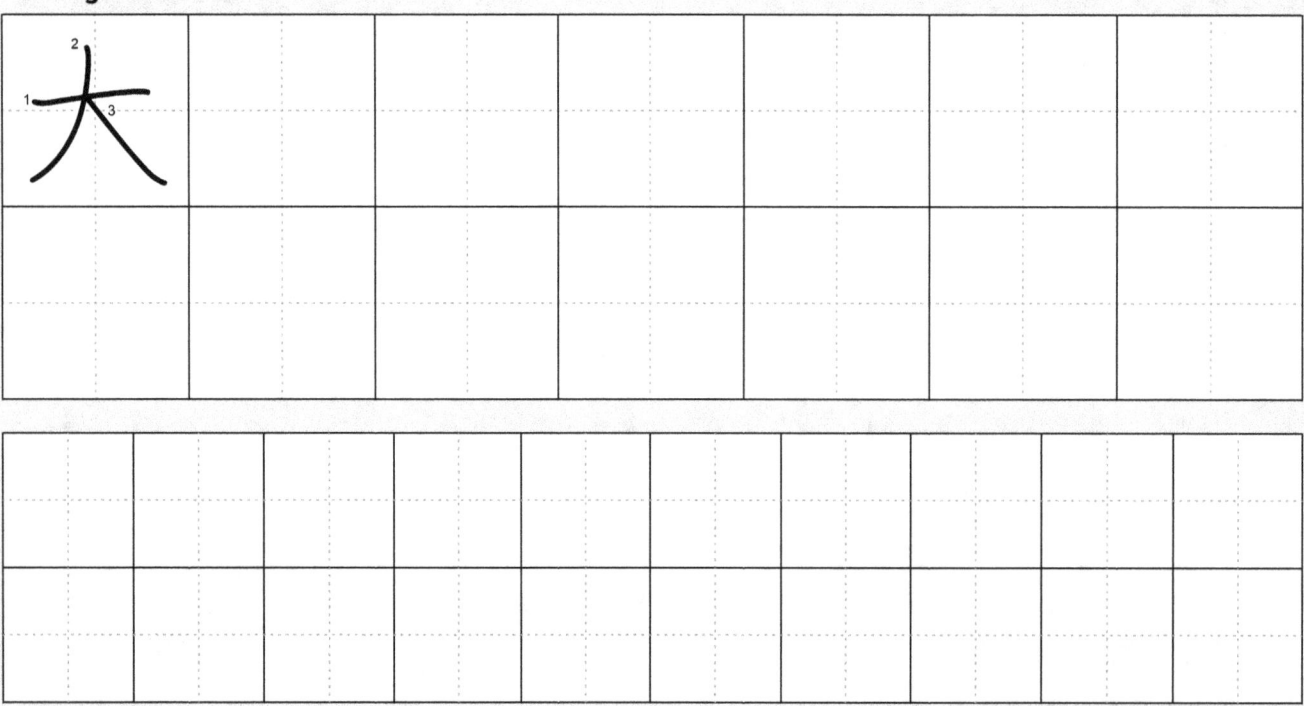

Kanji für Adjektive

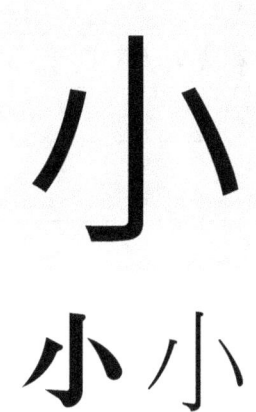

Bedeutung	wenig, klein, winzig	Bestandteile	小
Radikal	小 (klein)	Kun'yomi	ちい.さい、こ-、お-
Striche	3	On'yomi	ショウ

Vokabeln	Bedeutung		Aussprache
小さい	wenig		ちいさい
小屋	Hütte, Häuschen		こや
小指	Kleiner Finger/Leimfinger		こゆび
小学校	Volksschule		しょうがっこう

Reihenfolge der Striche

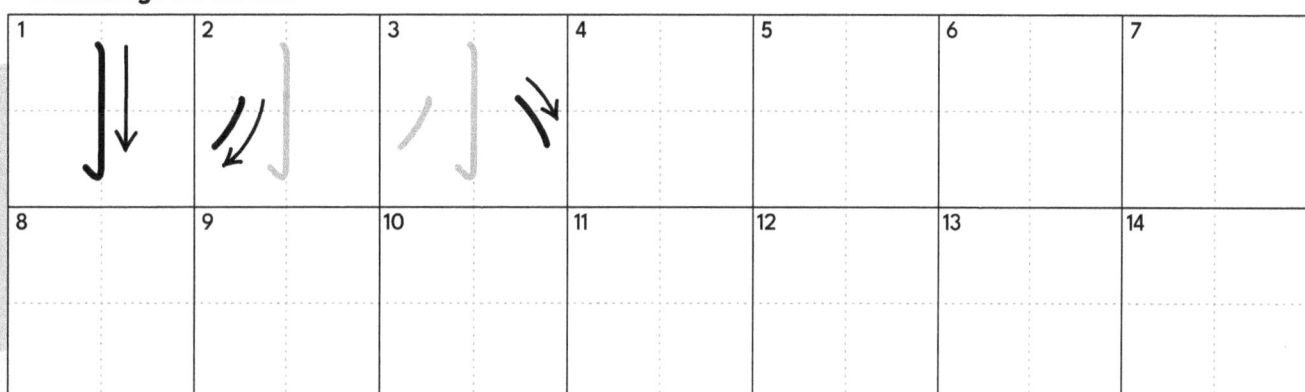

Übung zum Schreiben

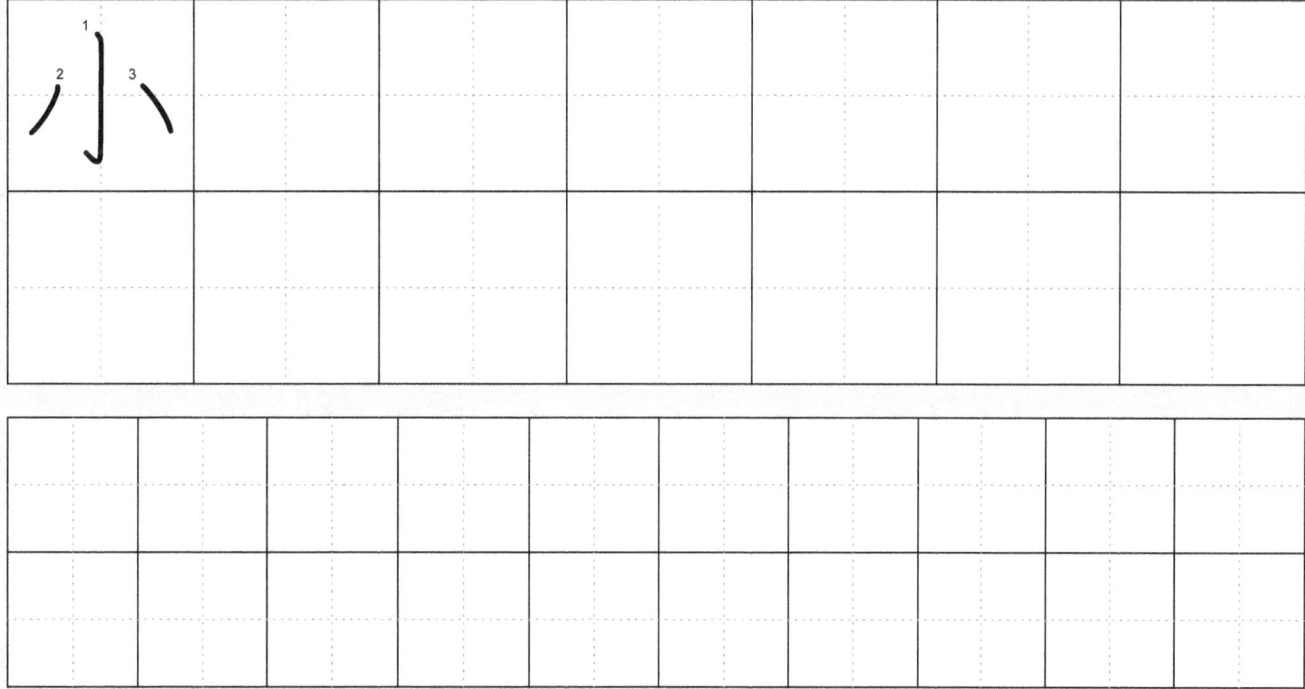

JLPT N5

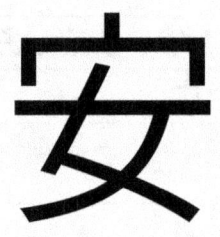

Bedeutung	entspannen, billig	Bestandteile	女 宀
Radikal	宀 (Dach)	Kun'yomi	やす.い、やす.まる
Striche	6	On'yomi	アン

Vokabeln	Bedeutung		Aussprache
安い	günstig, billig		やすい
安全	Sicherheit, Sicherheit		あんぜん
安易	leicht, einfach		あんい
安らか	friedlich, ruhig		やすらか

Reihenfolge der Striche

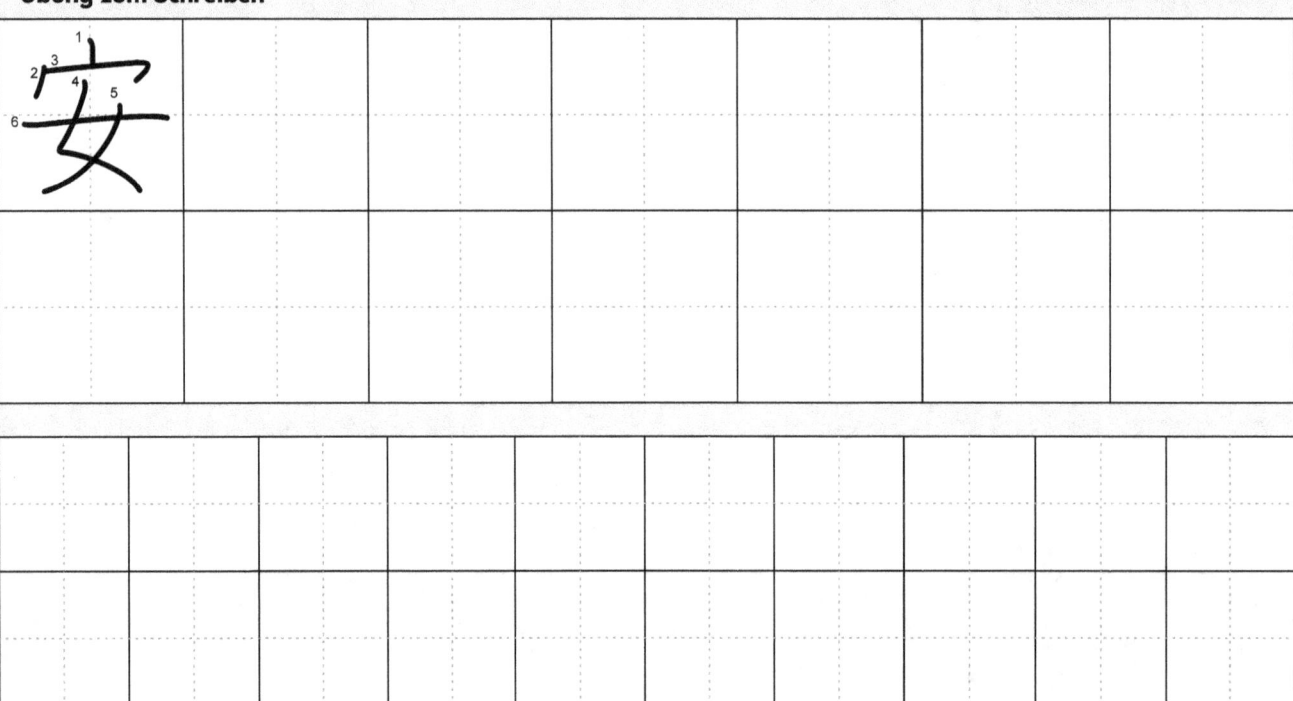

Übung zum Schreiben

Kanji für Adjektive

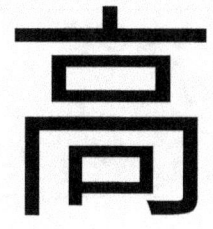

Bedeutung	groß, hoch, teuer	Bestandteile	亠冂口高
Radikal	高 (髙) (hoch)	Kun'yomi	たか.い、たか、-だか
Striche	10	On'yomi	コウ

Vokabeln	Bedeutung	Aussprache
高い	teuer	たかい
高校	Oberstufe, Highschool	こうこう
高める	anheben, hochheben	たかめる
名高い	berühmt, bekannt	なだかい

Reihenfolge der Striche

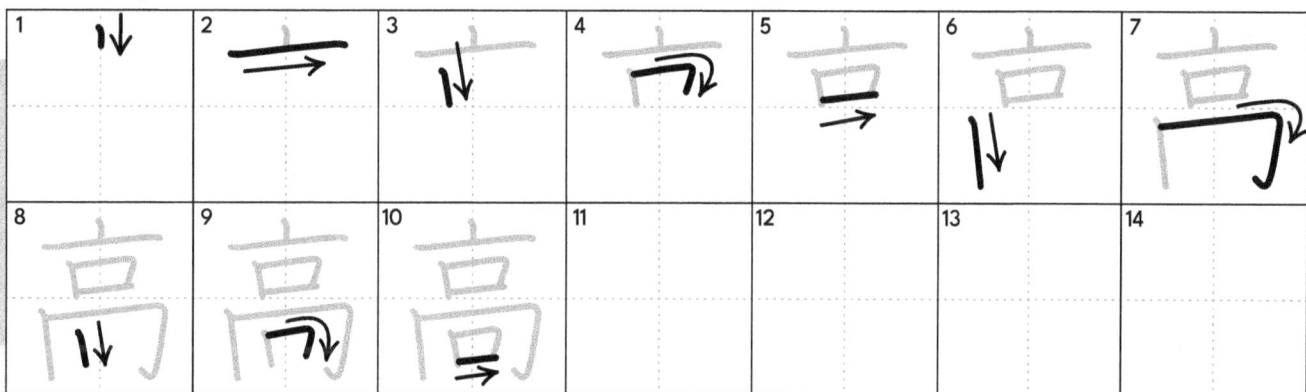

Übung zum Schreiben

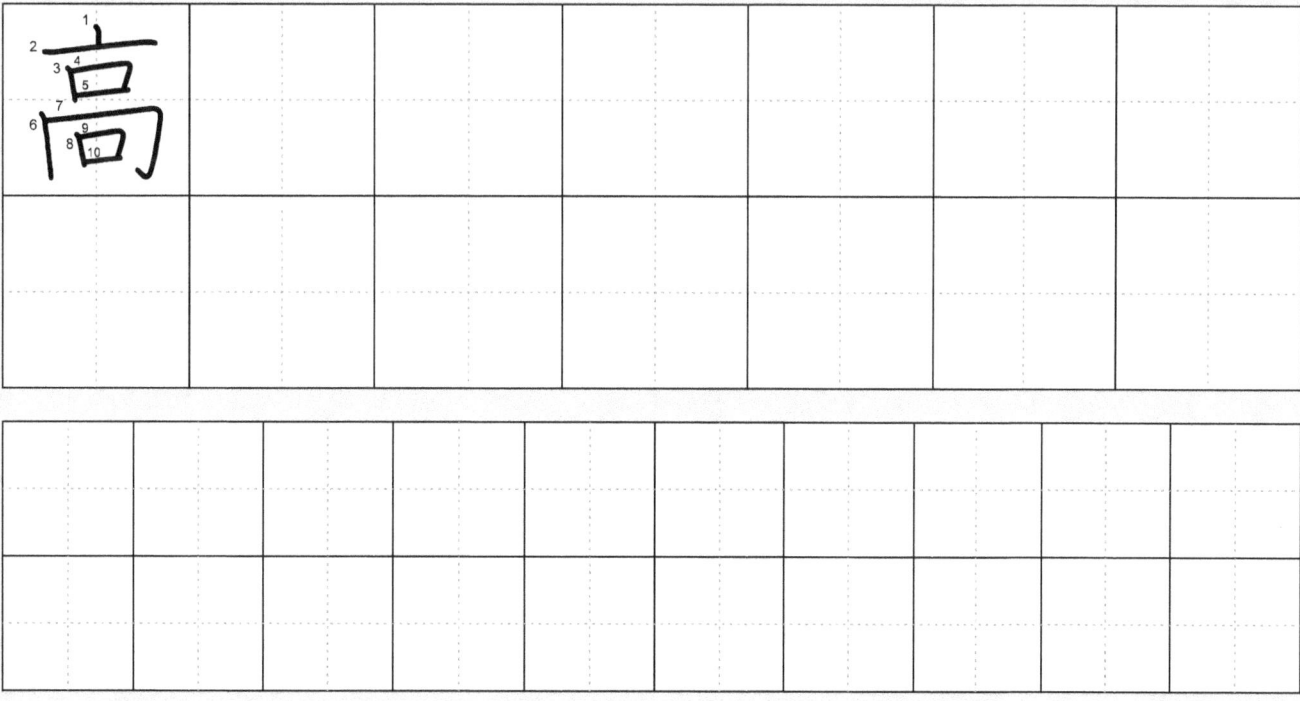

JLPT N5

Bedeutung	lang, führend, überlegen	Bestandteile	長
Radikal	長 (镸) (wachsen, lang)	Kun'yomi	なが.い、おさ
Striche	8	On'yomi	チョウ

Vokabeln	Bedeutung		Aussprache
長い	lang (Entfernung, Länge)		ながい
部長	Manager		ぶちょう
校長	Direktor, Schulleiter		こうちょう
長方形	rechteckig, länglich		ちょうほうけい

Reihenfolge der Striche

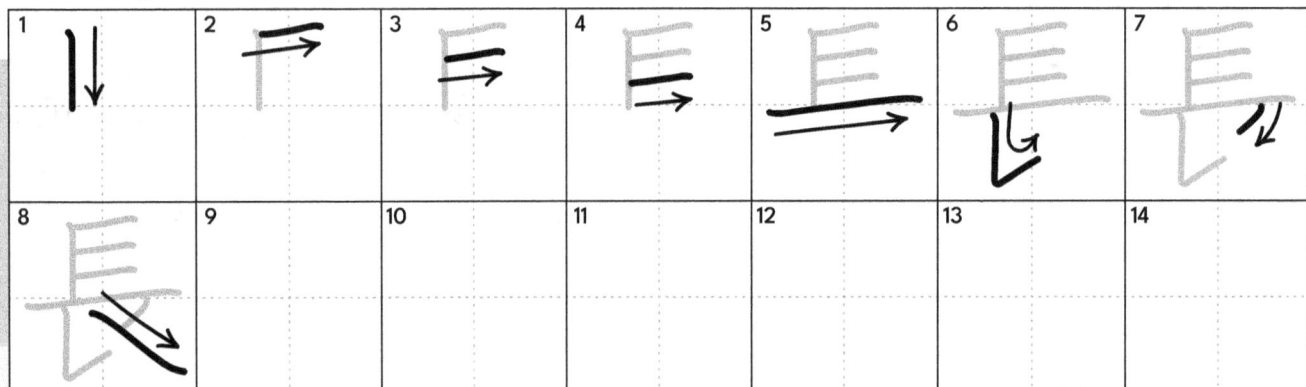

Übung zum Schreiben

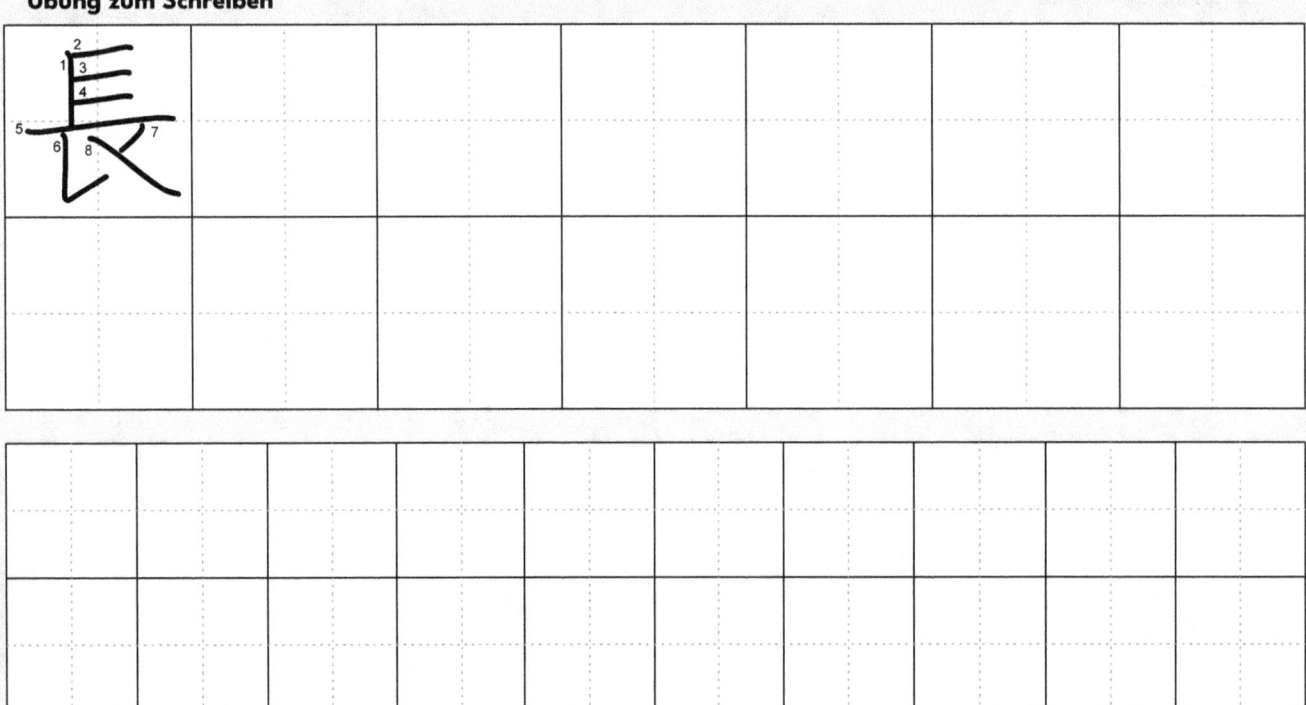

Kanji für Adjektive

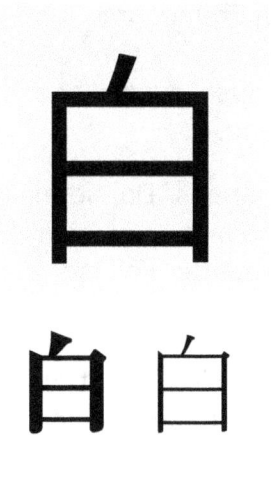

Bedeutung	Weiß, Unschuld	Bestandteile	白
Radikal	白 (Weiß)	Kun'yomi	しろ、しら-、しろ.い
Striche	5	On'yomi	ハク、ビャク

Vokabeln	Bedeutung	Aussprache
白い	weiß	しろい
面白い	interessant	おもしろい
青白い	blass	あおじろい
告白	Eingeständnis, Aussage	こくはく

Reihenfolge der Striche

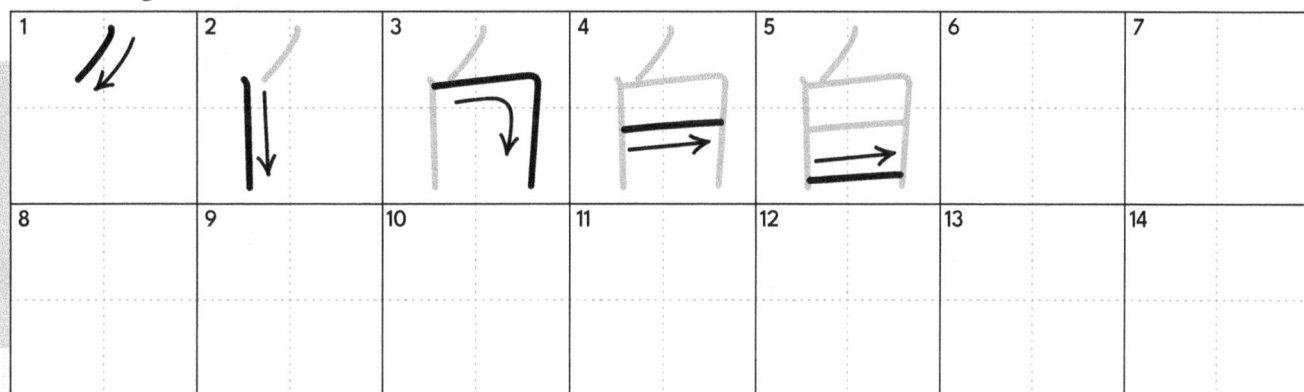

Übung zum Schreiben

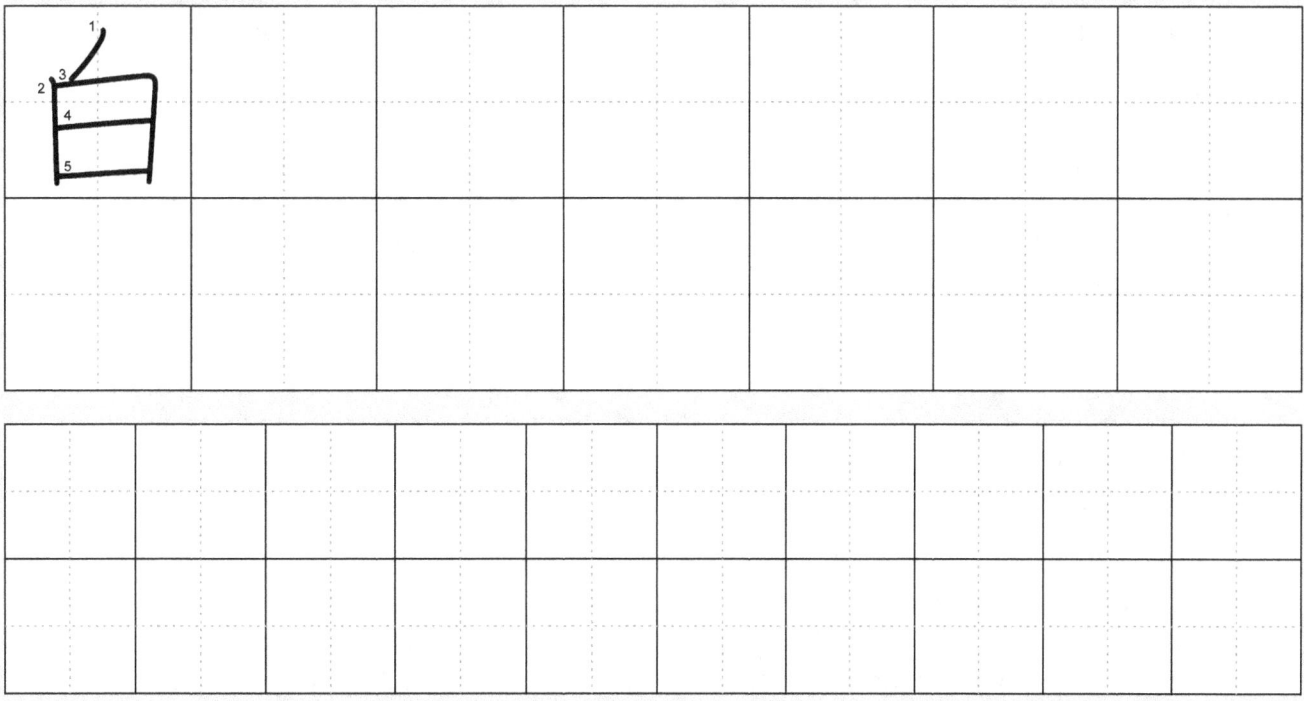

JLPT N5

Farbvokabular

Diese Wörter gehören zum Grundwortschatz, den Anfänger in allen neuen Fremdsprachen lernen. Da sie zwar Substantive sind, aber auch beschreibend sein können, war es sinnvoll, sie in den Abschnitt der Kanji-Adjektive aufzunehmen. Farben haben auch zusätzliche Bedeutungen oder Assoziationen, die in der japanischen Kultur wichtig sind.

Rot, Blau, Schwarz und Weiß gelten als die vier "traditionellen" Farben Japans. Da sie in einigen der frühesten historischen Texte vorkommen, glauben einige, dass ihre Kanji eher allgemeine visuelle Konzepte als spezifische Farben darstellen, wie es heute der Fall ist: 黒 dunkel (schwarz), 白 hell (weiß), 赤 klar (rot), und 青 vage (blau).

Für jede Farbe gibt es ein anderes Kanji-Vokabular zu lernen, aber sie sind leicht zu erkennen. Viele Farbwörter enden auf -色 (いろ, oder 'iro'), was "Farbe, Farbton, Tönung oder Schattierung" bedeutet.

Farbe	Kanji Name	Aussprache		Alternative (Lehnwort)	
Rot	赤	あか	aka	レッド	reddo
Gelb	黄色	きいろ	kīro	イエロー	iero-
Rosa	桃色	ももいろ	momoiro	ピンク	pinku
Grün	緑	みどり	midori	グリーン	guri-n
Orange	橙色	だいだいいろ	daidai iro	オレンジ	orenji
Lila	紫	むらさき	murasaki	パープル	pa-puru
Blau	青	あお	ao	ブルー	buru-
Braun	茶色	ちゃいろ	chairo	ブラウン	buraun
Schwarz	黒	くろ	kuro	ブラック	burakku
Weiß	白	しろ	shiro	ホワイト	howaito

赤 (red) ist eine beliebte Farbe in Japan und wird in der Nationalflagge als Symbol für die Sonne verwendet. Die Farbe wird mit Spiritualität, Religion, Frieden und Wohlstand assoziiert. Die Torii-Tore an Shinto-Schreinen, auf Japanisch 鳥居 (とりい / torii) genannt, sind in einem leuchtenden Rot gestrichen, das 赤丹 (あかに / akani) genannt wird, da Rot auch ein Symbol für Schutz, Macht und Stärke ist.

Samurai trugen traditionell dunkle Gewänder, daher gilt 黒 (black) als männliche Farbe. Sie ist auch ein Symbol für Förmlichkeit, und Männer tragen oft schwarze Smokings, wenn sie heiraten. Es gibt eine Assoziation mit Tod und Trauer, aber diese ist jüngeren Datums und wurde von Kulturen außerhalb Japans beeinflusst.

Ursprünglich war 白 (weiß) die Farbe der Trauer und gilt in der japanischen Gesellschaft als heilige und gesegnete Farbe. Früher wurden weiße Kleidungsstücke nur von denjenigen getragen, die an Beerdigungen teilnahmen oder von Samurai, die rituelles Seppuku vollzogen, aber aufgrund des westlichen Einflusses ist es heute in der Freizeitkleidung recht verbreitet. Weiß ist ein Symbol für Frieden, Wahrheit, Reinheit und Sauberkeit.

青 war früher das Kanji, mit dem sowohl blaue als auch grüne Farben beschrieben wurden. Das separate Kanji 緑 *(grün)* war bis Mitte des 19. Jahrhunderts nicht weit verbreitet, was erklärt, warum viele Wörter des Alltagswortschatzes für grüne Dinge immer noch das blaue Kanji 青 enthalten. Das Wort 青信号 (あおしんごう) bedeutet zum Beispiel "grüne Ampel", wird aber wörtlich mit "blaue Ampel" übersetzt.

Blau symbolisiert in der Regel Ruhe oder Stabilität und gilt als feminin. Die Farbe wird mit dem einfachen Volk und Bescheidenheit assoziiert, da die Materialien, aus denen die Kleidungsfarbe Indigo hergestellt wird, allgegenwärtig waren. Blau gilt auch als Glücksfarbe, ist sehr mystisch und wird seit jeher mit dem Königtum in Verbindung gebracht.

Die Kanji-Farben in der Tabelle *(links)* sind nicht automatisch Adjektive. Sie werden durch Hinzufügen von Zeichen oder Grammatik zu beschreibenden Wörtern - genau wie 白い *auf der vorherigen Seite.*

Für die vier traditionellen Farben gibt es adjektivische Formen, die durch einfaches Hinzufügen des Kana い *(i)* nach dem Kanji gebildet werden:

(赤 + い) + 車 = 赤い車
rotes Auto
(akai kuruma)

Kanji-Farben, die auf -色 (いろ / *iro*) enden, funktionieren ähnlich, nur dass das Kana い *(i)* nach dem 色 (nicht dem Farbwort) verwendet werden muss:

(黄色 + い) + 車 = 黄色い車
gelbes Auto
(kīroi kuruma)

Alle anderen Kanji-Farben können ein Objekt mit dem **Partikel*** の verwendet, wobei die gleiche einfache Formel angewandt wird, um das Farbwort mit dem Objekt zu verbinden, das es beschreibt:

(緑 + の) + 車 = 緑 の 車
grünes Auto
(midori no kuruma)

[Kanji Farbe] + の + **[Ding]**

Die Formel kann auf die ersten beiden Arten von Farbwörtern (siehe oben) angewandt werden und hat den gleichen Gesamteffekt. Bei Verwendung des Partikels の ist es jedoch nicht notwendig, das Kana い *(i)* hinzuzufügen.

(赤 + の) + 車 = 赤の車
rotes Auto
(aka no kuruma)

Diese Beispiele haben die gleiche Bedeutung wie die ersten beiden, verwenden aber stattdessen den Partikel の :

(黄色 + の) + 車 = 黄色の車
gelbes Auto
(kīro no kuruma)

Sie können die Farbe eines Objekts auch mit einem besser strukturierten Satz beschreiben. Um zu sagen *"[das Auto] ist [rot]"*, wäre es この車は赤です。 *("ko no kuruma wa aka desu")*. Es gibt viele Möglichkeiten, die gleiche Bedeutung zu vermitteln, je nach Kontext.

*Partikel werden im Grammatikteil des Buches viel ausführlicher behandelt.

Hier sind einige weitere relativ gebräuchliche Farbwörter, die nützlich sein könnten, um sie zu kennen:

Color	Kanji Name	Aussprache	Alternative (Lehnwort)
Hell-/Himmelblau	水色	みずいろ mizuiro	
Marineblau	紺青	こんじょう konjō	
Indigoblau	藍	あい ai	インディゴブルー indigoburū
Smaragdgrün	碧色	へきしょく hekiiro	
Teal / Türkis	鴨の羽色	かものはいろ kamonohairo	ターコイズ ta-koizu
Pfirsich / Hautfarbe	肌色	はだいろ hadairo	
Grau	灰色	はいいろ haiiro	グレー gure-
Reines Weiß	真白	まっしろ mashiro	
Pechschwarz	真黒	まっくろ makkuro	
Bronze	青銅色	せいどういろ seidou iro	
Silber	銀色	ぎんいろ kiniro	シルバー shiruba-
Gold	金色	きんいろ giniro	ゴールド go-rudo
Regenbogen	虹色	にじいろ nijiiro	

Um diese Gruppe zu vervollständigen, einige weniger häufig verwendete Begriffe im Zusammenhang mit dem Farbvokabular:

Color	Kanji Name	Aussprache	Alternative (Lehnwort)
Buntes	色鮮やか	いろあざやか iro azayaka	カラフル karafuru
Hell	明るい	あかるい akarui	
Blass / Hell	淡い	あわい awai	
Lebhaft / Lebhaft	鮮やか	あざやか azayaka	
Hell/schwach	薄い	うすい usui	
Tiefe/dunkle Farbe	濃い	こい koi	
Transparent	透明	とうめい tōmei	
Farblos	無色	むしょく mushoku	
Milchig Weiß / Opal	乳白色	にゅうはくしょく nyūhakushoku	オパール opa-ru
Schillernd	玉虫色	たまむしいろ tamamushiiro	
Holografisch	-	- horogurafikku	ホログラフィック

Revision: Adjektive

F.71 Welches dieser Kanji bedeutet **"teuer"**?

A. 高   B. 買   C. 食   D. 長   E. 言

F.72 Welches dieser Kanji bedeutet **"billig"**?

A. 安   B. 九   C. 気   D. 万   E. 女

F.73 Welches dieser Kanji bedeutet **"weiß"**?

A. 百   B. 目   C. 耳   D. 日   E. 白

F.74 Welches dieser Kanji bedeutet **"groß"**?

A. 人   B. 小   C. 少   D. 大   E. 八

F.75 Welches dieser Kanji bedeutet **"klein"**?

A. 八   B. 小   C. 六   D. 大   E. 木

F.76 Welches dieser Kanji bedeutet **"viele"**?

A. 右   B. 名   C. 多   D. 外   E. 女

F.77 Welches dieser Kanji bedeutet **"alt"**?

A. 中   B. 古   C. 土   D. 生   E. 中

F.78 Welches dieser Kanji bedeutet **"neu"**?

A. 休   B. 社   C. 新   D. 校   E. 後

F.79 Welches dieser Kanji bedeutet **"wenige"**?

A. 右   B. 小   C. 名   D. 女   E. 少

////////////////////////////////// **TEIL 7**

Verwendung der japanischen Sprache

Nachdem Sie die Kana auswendig gelernt und Ihr Wissen über die Kanji-Zeichen und den Wortschatz aufgebaut haben, geht es nun darum, zu verstehen, wie die japanische Grammatik funktioniert. Der Inhalt dieses Kapitels ist fortgeschrittener als die vorherigen, aber die Konzepte sollten leicht zu verstehen sein, wenn Sie es bis hierher geschafft haben.

Machen Sie sich keine Sorgen, wenn Sie noch dabei sind, Ihren Kanji-Wortschatz zu erweitern - diese Informationen werden jedem helfen, der mit dem Lesen von Japanisch beginnen will, und vieles davon kann sofort angewendet werden. Lernende aller Niveaus werden von einem besseren Verständnis dafür profilieren, wie Kana und Kanji zu tatsächlichen japanischen Sätzen und Texten werden.

Wir sehen uns an, wie die verschiedenen Schriftzeichen zusammengesetzt sind, entdecken Partikel und ihre Rolle bei der Strukturierung von Sätzen, lernen hilfreiche grammatikalische Muster kennen, die leicht anzuwenden sind, wie man verschiedene Verbformen konjugiert und auch, wie man die Sprache an mehr oder weniger formale Situationen anpasst - *und vieles mehr!*

Grammatik ist nie das aufregendste Fach, und in dieser Phase des Lernprozesses können sich Ihre Fortschritte natürlich verlangsamen. Sie werden eine Menge neuer Informationen aufnehmen müssen - wenn Sie etwas davon überwältigend finden, machen Sie eine Pause und kommen Sie wieder. Es kann sinnvoll sein, zwischen den folgenden Themen einige der früheren Kana-Übungen zu wiederholen oder neue Kanji zu lernen.

Die Sprache des Respekts

Die japanische Kultur ist geprägt von Respekt, Achtsamkeit und Höflichkeit, die alle als teinei bezeichnet werden und den Sprachgebrauch beeinflussen. Da Hierarchie und Status für den Alltag im modernen Japan von wesentlicher Bedeutung sind, gibt es einen verbindlichen Verhaltenskodex, der vorschreibt, wie man Menschen unterschiedlichen Ranges anspricht und mit ihnen spricht. "Respektvolles Sprechen" zeichnet sich durch zwei Arten des Ausdrucks aus: man erhebt und spricht hoch über Menschen, die nicht zum eigenen Kreis gehören oder über der eigenen Position stehen, und man drückt Bescheidenheit aus, indem man in einer bescheidenen und demütigen Weise kommuniziert.

Wer Japanisch lesen, schreiben und sprechen lernt, muss auch das umfangreiche System der Höflichkeitssprache 敬語 *(Keigo)* verstehen. Um Respekt und Höflichkeit zu zeigen, muss man Menschen mit der korrekten Höflichkeitsanrede (oder "EhrenTitel") ansprechen und auch eine "Höflichkeitssprache" verwenden, die der Förmlichkeit der Situation angemessen ist.

Während wir im Deutschen verschiedene Ebenen der Anrede haben, wie "Du" und "Sie", ist das japanische System der "Höflichkeitssprache" weitaus umfangreicher und komplexer. Es umfasst eigene Grammatikregeln und einen eigenen Wortschatz, Etikette und Umgangsformen sowie viele verschiedene Anreden. Die folgenden Seiten können Sie vor versehentlichen Unhöflichkeiten oder potenziell unangenehmen Gesprächen bewahren.

Japanischen Anreden

Ehrentitel werden im Japanischen als 敬称 (けいしょう) oder Keisho bezeichnet und sind besonders charakteristisch für die respektvolle Sprache Japans. Wir respektieren die Person, die wir ansprechen, indem wir kleine Wörter wie -san, -chan oder -sama an das Ende des Familiennamens einer Person anhängen (z. B. Suzuki-sama). Japaner können es stattdessen aus Respekt an den Vornamen eines Ausländers anhängen, da sie diesen normalerweise verwenden würden (z. B. Chris-san).

Welches Ehrensuffix richtig ist, hängt von der Umgebung, Ihrem sozialen Rang und der Art Ihrer Beziehung zu dieser Person ab. Der Rang einer Person in der japanischen Hierarchie wird durch verschiedene Kriterien bestimmt, z. B. ihr Alter, ihren Beruf, ihr Arbeitsfeld und ihren allgemeinen sozialen Status. Weitere Faktoren, die sich auf die Wahl des Ehrentitels auswirken, sind die Herkunft, die Bildung und sogar das Geschlecht.

Jemanden ohne Ehrentitel anzusprechen, würde einen sehr informellen Ton erzeugen, der darauf hindeutet, dass Ihre Beziehung intim oder sehr eng ist. Es ist daher wichtig, dass Sie wissen, was die einzelnen Ehrentitel bedeuten. Wenn Sie sich nicht sicher sind, welcher Titel geeignet ist, gibt es ein oder zwei relativ "sichere" Möglichkeiten.

Es gibt eine strikte Regel, die Sie befolgen sollten: **Sie sollten niemals einen Ehrentitel verwenden, wenn Sie sich vorstellen.**

Zu den häufigsten Ehrentiteln gehören:

San さん	Ein neutraler Begriff, gleichwertig mit Herr oder Frau, der normalerweise verwendet wird, um Erwachsene mit gleichem Rang/Status anzusprechen. Er ist vielseitig genug für formelle und informelle Ansprachen und ist eine sichere Option, wenn Sie sich nicht sicher sind, welche andere Anrede die richtige ist. Es gilt auch für Haustiere, Sachen, Firmennamen usw.
Sama 様 さま	Der förmlichste Ehrentitel und eine formale Version von "-san" für die Anrede von Vorgesetzten, höher gestellten Personen oder anderen Personen, die Ihren Respekt verdienen. Entspricht Sir oder Madam und eignet sich für die Anrede von Kunden oder Gästen. Zeigt Respekt vor Älteren und auch vor Göttern.
Kun 君 くん	Eine männliche Anrede, die verwendet wird, um junge Männer, Jungen und männliche Freunde anzusprechen. Wird im Allgemeinen auch verwendet, wenn man mit Personen spricht, die einen relativ niedrigen Status haben, mit jüngeren Menschen und wenn das Niveau der höflichen Sprache niedriger ist. Kann bei der Arbeit verwendet werden, um jemanden anzusprechen, der nach Ihnen angefangen hat.
Chan ちゃん	Ein niedlicher Titel, der sich auf kleine Kinder, insbesondere Mädchen, bezieht. Man kann ihn generell für jemanden oder etwas verwenden, das man "süß" findet. Es wird auch für enge Freunde oder jemanden, mit dem man eng befreundet ist, verwendet - vor allem Männer verwenden es für Frauen.
Senpai 先輩 せんぱい	Verwenden Sie diesen Ehrentitel, wenn Sie einen älteren Kollegen oder Mitarbeiter im Büro oder in der Schule ansprechen. An der Universität würde ein Studienanfänger zum Beispiel Senpai verwenden, um einen Studenten im zweiten Studienjahr auf diese Weise anzusprechen. Im Allgemeinen wird diese Anrede für jemanden verwendet, der einen ähnlichen sozialen Rang hat und auch erfahrener ist als Sie.
Sensei 先生 せんせい	Möglicherweise ist es denjenigen bekannt, die Fernsehen oder Filme mit japanischer Thematik sehen. Dieser Ehrentitel eignet sich für Autoritätspersonen oder Personen, die Experten auf ihrem Gebiet sind. Es kann allein verwendet werden und wird häufig für Lehrer, Ärzte, Anwälte, Wissenschaftler, Schriftsteller, Politiker usw. verwendet.
N/A よびすて	*Yobisute* ist der Begriff für den absichtlichen Verzicht auf die Verwendung von Ehrentiteln und könnte mit der Anrede beim Vornamen im Westen verglichen werden. Es ist normalerweise engen Freunden oder der Familie vorbehalten oder Situationen, in denen die andere Partei ausdrücklich darum bittet. Andernfalls kann es als unhöflich und informell angesehen werden.

Einige andere, weniger gebräuchliche Ehrentitel sind spezielle Titel im geschäftlichen Umfeld, wie *Buchou* (部長 / ぶちょう) für die Anrede des Chefs oder Managers bei der Arbeit, und auch *Shachou* (部長 / ぶちょう) für Firmenpräsidenten oder Geschäftsführer. Noch seltener ist *Shi* (氏, し), das sich in formellen Schreiben, Zeitschriften und Nachrichten an einen Leser richtet.

Respektvolle Sprache

In der "Höflichkeitssprache" 敬語 (Keigo) gibt es mehrere Ebenen der respektvollen Anrede, um bei der Ansprache von Personen außerhalb des eigenen Kreises ein höheres Maß an Respekt zu zeigen. Jede hat ihre eigenen Regeln und grammatikalischen Eigenheiten, wie z. B. alternative Wortformen und Endungen, die das Thema für Anfänger sehr komplex machen. Es ist jedoch nützlich zu verstehen, was die einzelnen Stufen sind und wie sie verwendet werden.

In Keigo gibt es drei Hauptstufen der "Höflichkeitssprache":

- 丁寧語 (ていねいご), oder *Teineigo*, ist die höfliche Form des Japanischen, die die meisten Ausländer zuerst lernen. Sie eignet sich für Gespräche mit Personen, die Sie noch nicht kennen, und für Personen, die einen höheren Rang haben als Sie selbst, und ist daher die sicherste Variante, wenn Sie sich unsicher sind.

Teineigo ist durch Sätze gekennzeichnet, die auf *"-desu"* und *"-masu"* enden *(siehe S. 204)*. Im Gegensatz dazu wird in der Umgangssprache die *"Wörterbuchform"* der Verben verwendet, und die Sätze enden oft auf だよ *(da yo)* oder einfach よ *(yo)*. Eine weitere Besonderheit ist die Verwendung der *"Höflichkeitspräfixe"* お〜 *("o-")* und ご〜 *("go-")*, auf die wir gleich noch näher eingehen werden.

- 尊敬語 (そんけいご), oder *Sonkeigo*, ist die Ebene der respektvollen japanischen Sprache, die üblicherweise in formellen und beruflichen Situationen verwendet wird. Es ist die am besten geeignete Höflichkeitssprache, um Personen höheren Ranges oder Personen in Machtpositionen anzusprechen und auch um Älteren Respekt zu erweisen. Sonkeigo wird auch häufig von Unternehmen und Angestellten im Umgang mit Kunden oder Gästen verwendet. Sie sollten es jedoch nie verwenden, wenn Sie von sich selbst sprechen.

Sonkeigo zeichnet sich durch besonders höfliche Sätze aus, die oft länger und komplizierter sind als üblich. Auch die Konjugation von Verben ist schwieriger, da es viele einzigartige Versionen von gängigen Wörtern gibt. Eine schnelle und einfache Formel, die normalerweise funktioniert, könnte lauten: [お〜 oder ご〜] + [Verbstamm] + になります *(ninarimasu)* aber realistischerweise müssten Sie jede der verschiedenen Versionen, die Ihnen begegnen, lernen und auswendig lernen.

- 謙譲語 (けんじょうご), oder *Kenjōgo*, ist die bescheidene Form der japanischen Sprache, die Sie verwenden können, wenn Sie über sich selbst oder Ihre Handlungen und möglicherweise auch über die der Menschen in Ihrem "inneren Kreis" sprechen. Es wäre am besten, wenn Sie diesen Sprachstil nicht verwenden, wenn Sie über Fremde oder Personen mit höherem sozialen Rang sprechen. Die bescheidene Sprache wird verwendet, um anderen zu helfen, sich zu entschuldigen und sich allgemein höflich auszudrücken.

Kenjōgo bietet auch viele verschiedene Verbformen und alternative Wörter für bestimmte Substantive. Anstatt sich selbst als 人 (ひと), oder *hito*, also Person, zu bezeichnen, sagt man zum Beispiel 者 (もの), oder *mono*.

Die elegante Sprache

Im Japanischen bedeutet 美化語 *(びかご / bikago)*, *"verschönerte Sprache"*. Es beschreibt, wie man bestimmte Wörter eleganter klingen lässt, um der eigenen Sprechweise ein Gefühl der Höflichkeit zu verleihen. Im Rahmen der "Höflichkeitssprache" fügen wir in der Regel die *"Höflichkeitspräfix"* 御 vor Begriffen ein, die für die Verwandten oder den Besitz der Person stehen, die wir ansprechen.

Diese Präfixe werden in der Regel in Kana geschrieben, da die Aussprache von dem Wort abhängt, dem sie vorausgehen. Normalerweise lautet die Vorsilbe お〜 *('o-')* für Kun'yomi-Vokabeln, und für On'yomi ist es ご〜 *('go-')*. Es hat die gleiche Bedeutung wie *"Dein lieber [Bekannter]"* oder *"Ehrenwerter [Gegenstand]"*, aber es gibt keine gute direkte Übersetzung ins Deutsche.

Es gibt bestimmte Objekte, für die immer nur お〜, verwendet wird, wie z. B. お茶 (おちゃ) *"Tee"* oder お金 (おかね) *"Geld"*, aber diese Dinge lernt man mit der Zeit. Kümmern Sie sich nicht zu sehr um die Verwendung von Höflichkeitsvorsilben, bis Sie Japanisch auf einem guten Konversationsniveau sprechen können. Mit der Zeit werden Sie in der Lage sein, solche Verschönerungen zu verwenden, um sich höflich auszudrücken und wahrscheinlich Ihre Gesprächspartner zu beeindrucken.

Hier sind einige Beispiele für die Art von Wörtern, denen Sie mit dem *"Höflichkeitspräfix"* begegnen könnten:

	Casual			Polite		
Mutter	母	はは	*haha*	お母さん	おかあさん	*okaasan*
Vater	父	ちち	*chichi*	お父さん	おとうさん	*otousan*
freier Tag	休み	やすみ	*yasumi*	お休み	おやすみ	*oyasumi*
Name	名前	なまえ	*namae*	お名前	おなまえ	*onamae*
Tee	茶	ちゃ	*cha*	お茶	おちゃ	*ocha*

Wir fügen お〜 zu muttersprachlichen japanischen Wörtern mit Kun-Lesungen hinzu. Viele dieser Wörter sind in der Regel einzelne Kanji-Vokabeln, aber sie können auch von Hiragana begleitet werden. Wir verwenden お〜 oft bei Begriffen für Menschen und Verwandte.

	Casual			Polite		
Leitfaden	案内	あんない	*annai*	ご案内	ごあんない	*goannai*
Stimmung	期限	きげん	*kigen*	ご機嫌	ごきげん	*gokigen*
Ehemann	主人	しゅじん	*shujin*	ご主人	ごしゅじん	*goshujin*
Plan	計画	けいかく	*keikaku*	ご計画	ごけいかく	*gokeikaku*
Frage	質問	しつもん	*shitsumon*	ご質問	ごしつもん	*goshitsumon*

ご〜 wird in der Regel an chinesisch-japanische Wörter angehängt, die eine On-Lesung aufweisen.

Grundlegende Grammatik

Um Ihre neu erworbenen Japanischkenntnisse sinnvoll nutzen zu können, müssen Sie sich zunächst mit einigen Regeln der Grammatik vertraut machen.

Es ist ein umfangreiches Thema, das man ausführlich behandeln muss, und es gibt bereits viele andere, detailliertere Leitfäden, aber ich finde, dass sie für Anfänger langatmig und überwältigend sein können. Die Idee dieses Buches ist es, das Erlernen der japanischen Sprache zu erleichtern, und so finden Sie in diesem Teil des Buches eine schrittweise Anleitung zu den nützlichsten und grundlegenden Themen. Es sind alles sehr praktische Informationen, die leicht zu verstehen und anzuwenden sind!

So wie das Alphabet mit ein wenig Hintergrundwissen leichter zu erlernen ist, werden es auch die Grammatikregeln im Japanischen sein.

Satzstruktur

Zunächst einmal ist es wichtig, darauf hinzuweisen, dass japanische Sätze im Allgemeinen anders aufgebaut sind als deutsche. Wenn wir die beiden Sprachen vergleichen, sehen wir die folgenden Muster:

Deutsche Wortstellung = *S V O* / Subjekt > **Verb** > Objekt   (z.B. "Ich esse Orangen")
Japanische Wortstellung = *S O V* / Subjekt > Objekt > **Verb**   (z.B. "Ich Orangen esse")

Die spezifische Wortstellung in unserer Sprache sagt uns, **wer** *(das Subjekt)* **was tut** *(ein Verb)* und **womit** *(das Objekt)*. Mit anderen Worten: Eine feste Wortfolge ist für die Bedeutung wichtig.

Das Japanische ist weniger starr, und die Reihenfolge, in der wir Wörter schreiben, hat weniger Einfluss auf die Gesamtbedeutung. **Mit Ausnahme der Verben** ist die Reihenfolge der anderen Wörter flexibel, und die Sätze werden stattdessen mit **"Partikeln"** strukturiert. Einfach ausgedrückt, sind Partikel nur Markierungen, die uns sagen, wie ein Wort mit einem anderen zusammenhängt - und insbesondere mit Verben.

In diesem Beispiel ist das "direkte Objekt" *(Orangen)* mit を markiert und hätte unabhängig vom Ort die gleiche Bedeutung. Partikel folgen einem Wort, um uns mitzuteilen, was dieses Wort tut - das Wort kann sich mit seinem Partikel bewegen, während es seine Funktion behält.

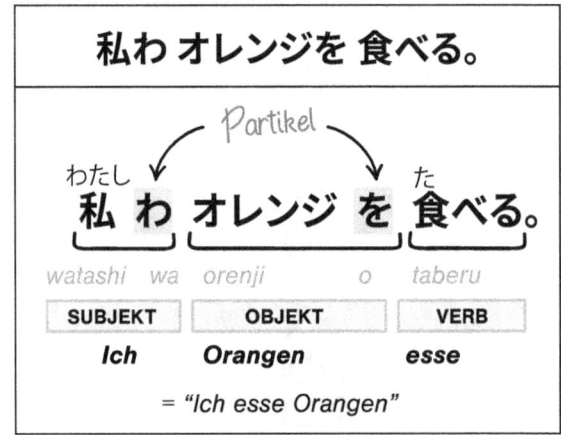

Auch wenn japanische Sätze in der Regel dem SOV-Muster folgen, *ist es wichtig zu verstehen,* **dass die Partikel die Bedeutung bestimmen, nicht die Wortstellung.**

Da *"Regeln"* Anfängern das Leben erleichtern und die japanische Satzstruktur flexibel ist, müssen Sie sich nur merken, **dass Verben immer am Ende eines Satzes stehen.**

Einführung in die Verben

- **Im Japanischen gibt es keine Zukunftsform.** Es gibt jedoch eine grundlegende Vergangenheitsform *(z. B. essen, "ich habe gegessen")* und eine *"nicht vergangene"* Form *(z. B. essen, "ich esse")*. Die "nicht vergangene" Zeitform ist im Grunde die "Gegenwartsform", hat aber diesen alternativen Namen, weil wir diese Version eines Wortes auch verwenden, um ein Äquivalent zur Zukunftsform zu schaffen.

Wir können einen Satz dazu zwingen, das Präsens oder das Futur zu vermitteln, indem wir andere Interpretationen ausschließen. Dies geschieht durch die Angabe eines Zeitrahmens, durch das Hinzufügen von Wörtern, die sich auf die Gegenwart oder Zukunft beziehen *(z. B. jetzt, morgen, nächstes Jahr usw.)*, durch die Verwendung von Kontext oder einfach durch Ausdrücke, die sich auf die Zukunft beziehen.

Hier wurde durch das Hinzufügen eines zeitbezogenen Wortes ein Satz gebildet, den wir nur als etwas interpretieren können, das geschehen wird. Mit anderen Worten, die zukünftige Zeitform wurde impliziert, und keine andere Bedeutung, ob Vergangenheit oder Gegenwart, wird daraus abgeleitet:

Hinweis: Das Verb 食べる (taberu) hat die gleiche "nicht vergangene" Form wie das Beispiel im Präsens auf der vorherigen Seite.

- **Japanische Verben ändern sich nicht für verschiedene Personen, die diese Handlung ausführen.** Diese alternativen Verbformen sind in Sprachen wie Französisch, Spanisch oder Italienisch häufiger anzutreffen, wo die Wörter variieren, je nachdem, wer die Tätigkeit "ausführt" *(z. B. "Parlo", italienisch für "ich spreche", wird zu "Parla" für "er spricht" oder "Parlano" für "sie sprechen" usw.)*. Auf Japanisch einfach: **話す** (はな).

- **Japanische Wörter sind nicht geschlechtsspezifisch unterteilt** wie in anderen Fremdsprachen, was bedeutet, dass man sich weniger merken oder lernen muss. Im Französischen zum Beispiel werden feminine und maskuline Wörter mit unterschiedlichen Wortformen für *"die"* oder *"ein"* bezeichnet - z. B. *"la/une chat"* *("die/eine Katze", feminin)* oder *"le/un chien"* *("der/ein Hund", maskulin)*. Sie müssen sich einprägen, welches Geschlecht jedes Wort hat und welche Regeln/Wörter gelten.

Obwohl es nicht ganz dasselbe ist, können Männer und Frauen hier und da unterschiedliche Versionen desselben Wortes verwenden: Am häufigsten ist das Wort *"cool"*, das Frauen mit **すごいね** *(sugoi ne)* aussprechen, während Männer es oft zu **すげー** *(suge-)* verkürzen. Die kurze Version kann bei der Aussprache männlicher klingen.

- **Wir verwenden dieselben Wörter für Singular und Plural.** Egal, ob wir über 1 *"Orange"* oder 2 *"Orangen"* sprechen, es heißt immer **オレンジ** *(orenji)*. Es gibt also keine Unregelmäßigkeiten, die man sich merken muss, und man muss auch nicht erklären, warum man an *"Orange"* ein *"n"* anhängt, aber *"Maus"* zu *"Mäuse"* wird. Im Japanischen ist es dasselbe Wort, ob es eine, zwei oder 20 Mäuse gibt *(鼠/ねずみ/nezumi)*. Wenn die Anzahl der Substantive wichtig ist, fügen wir eine Zahl oder einen Kontext hinzu.

Masu & Desu, für Höflichkeit

Jede Stufe der Höflichkeitssprache hat ihre eigenen entsprechenden Wortformen. Die **höfliche, förmliche Variante sollte Ihre Standardwahl sein**, wenn Sie mit einem Fremden oder einer Person höheren Ranges sprechen *(siehe Ehrentitel, Seite 330)*.

Teineigo 丁寧語 (ていねいご) kann in Gesprächen mit praktisch jedem verwendet werden, ohne dass die Gefahr besteht, versehentlich respektlos oder unhöflich zu sein. Es ist nicht allzu schwierig, die normale Umgangssprache an die Höflichkeitssprache anzupassen - **Im Wesentlichen müssen Sie Ihre Sätze mit *"-masu" und "desu" enden.***

Wenn Sätze mit einem Verb enden, sollte das Verb die **"masu-Form"** annehmen. Um dies zu erreichen, müssen wir zunächst den Verbstamm finden, indem wir alle vorhandenen grammatikalischen Suffixe entfernen. Das ist nicht so kompliziert, wie es klingt! Schauen wir es uns an:

In Wörterbüchern werden Verben mit einer schlichten Endung im Präsens aufgeführt *(Wörterbuchform)*. Wir extrahieren den Stamm *(oder die Wurzel)* aus diesem Wort, bevor wir das Suffix -masu" -ます hinzufügen.

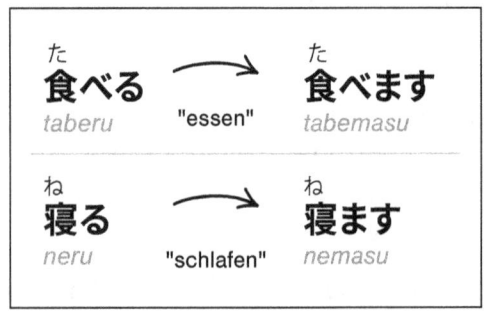

- Bei allen Verben, die auf る ("ru") enden, lässt man einfach das "る" weg und fügt ます ("-masu") hinzu:

* '-ru'-Verben werden als "Ichidan"-Verben bezeichnet

- Bei Verben, die mit anderen "-u"-Lauten enden, d.h. Zeichen aus der Reihe う in den Hiragana-Tabellen *(u, ku, gu, tsu, mu usw.)*, ist es etwas anders.

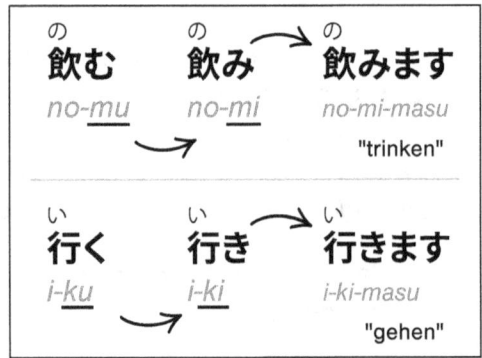

Zunächst wird das Zeichen mit dem "-u"-Laut in den entsprechenden "-i"-Laut umgewandelt *(ku=ki, gu=gi, su=shi usw.)*, und dann kann man ます ("-masu") an das Ende anhängen:

** '-u'-Verben werden als "Godan"-Verben bezeichnet.

- Es gibt zwei *unregelmäßige Verben*, する (suru) und 来る (kuru), die wieder auf eine etwas andere Weise funktionieren.

Beide enden mit einem る ("ru"), das man wie im ersten Beispiel durch die Endung "-masu" ersetzt, aber beide *beginnen* mit einem "-u"-Laut. Der Anfangslaut "-u" wird durch das Gegenstück "-i" ersetzt: す wird zu し, und く wird zu き:

Übrigens haben Sie soeben gelernt, wie man einen Verbstamm findet, der oft als ***"masu-Stamm"*** bezeichnet wird und mit dem man viele andere grammatikalische Formen konjugieren kann!

Verben, ihre Kategorien und Verbkonjugationen werden auf den nächsten Seiten behandelt.

Die informelle Sprache ist einfach, da die einfache *"Wörterbuch"-Form* nicht für das Präsens geändert werden muss. Für die Umgangssprache können Sie die regulären "-ru"- und "-u"-Versionen eines Verbs verwenden: **食べる (たべる)** taberu, "essen", **飲む (のむ)** nomu, "trinken", und so weiter.

Der zweite Aspekt der Höflichkeitssprache ist die Verwendung von **です** oder *"desu"*. Die *schnelle und einfache "Regel"* lautet: **"desu" an das Ende von Sätzen anhängen, die nicht auf "-ru" oder "-u" enden** (da sie sonst auf "-masu" enden würden).

Die wichtigste Funktion der Endung **です** *(desu)* ist es, Höflichkeit zu signalisieren, perfekt für die Höflichkeitssprache.

Um die Dinge einfach zu halten, kann **です** *(desu)* einfach an das Ende Ihres Satzes angehängt werden, ohne die Bedeutung zu verändern, es sei denn, er endet bereits mit einem Verb - dann muss er in *"-masu"* **ます** umgewandelt werden *(siehe linke Seite)*.

Allerdings hat "desu" auch andere Verwendungen. **です** *(desu)* bedeutet normalerweise *"ist"*, *"es ist"* oder *"sein"* und ist ein Verb an und für sich. Es wird oft als das höfliche Präsens von **だ** *(da)* übersetzt, aber technisch gesehen sind beide eine Art "Verbindungswort", genannt Kopula.

Eine Kopula bringt das Subjekt eines Satzes und seine Beschreibung zusammen - "Orangen *sind* Früchte" oder "das Meer *ist* blau". Sie sind fast eine Art Suffix, das ein anderes Wort als Verb fungieren lässt. Wir verwenden *"desu"*, da dies bereits die höfliche Form ist:

です *(desu)* ist ein nützliches Wort, das man kennen sollte, wenn man seine ersten Sätze schreibt. Es zeigt, dass [eine Sache] gleich [eine andere Sache] ist, dass A = B ist, oder dass etwas etwas *"ist"*:

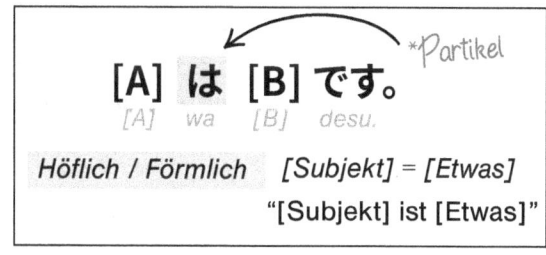

です kann auch die Eigenschaften von etwas oder jemandem hervorheben, Identität zeigen oder einen bestimmten Zustand beschreiben (Seinszustand):

Anmerkung: **は** *(wa)* *ist eine Partikel, die Substantive als Thema des Satzes markiert [A], ohne jedoch diesen Teil als wichtige Information zu betonen. Es bedeutet nicht "=" oder "gleich".*

Die Innen und die Außen

Wenn Sie das einzigartige japanische Konzept von **Uchi und Soto** verstehen, werden Sie lernen, wann und warum Sie höfliche Sprache und Anrede verwenden sollten. Im Japanischen bedeutet 内 (うち), oder *Uchi*, "innen", und 外 (そと), oder *Soto*, bedeutet "außen". Dieses Wortpaar spielt in vielen Bereichen des täglichen Lebens eine grundlegende Rolle. Der Kerngedanke besteht darin, die Dinge zwischen Uchi, das auch als "Zuhause" oder "Haus" übersetzt wird, und Soto, dem "Draußen", zu trennen, insbesondere bei Menschen und sozialen Interaktionen.

Auf einer grundlegenden Ebene ist die Art und Weise, wie wir unsere Schuhe ausziehen, bevor wir das Haus betreten, ein hervorragendes Beispiel für **Uchi und Soto** in der Praxis. Ihre Schuhe im Freien gelten als Soto und werden daher nur im Freien getragen, während Ihre Hausschuhe als Uchi gelten. Das Tragen von Außenschuhen in einem Haus würde als respektlos angesehen werden. Ähnliche Prinzipien gelten für Menschen, und Bekannte werden in zwei verschiedene Gruppen eingeteilt und unterschiedlich behandelt - Ihre *"In-Gruppe"* und die *"Out-Gruppe"*. Verhalten und Sprache unterscheiden sich in der Gesellschaft von Menschen aus beiden Gruppen.

Ihre *"In-Gruppe"* oder Ihr *"innerer Zirkel"* besteht in der Regel aus den Menschen, mit denen Sie sich selbst am wohlsten fühlen - "die eigene Zugehörigkeitsgruppe". Zu dieser Gruppe gehören in der Regel Ihre engsten Freunde und Ihre Familie, aber auch die Kollegen in Ihrem Team bei der Arbeit. Mitarbeiter außerhalb Ihres Teams würden nicht zu Ihrem Uchi gehören. Die Höflichkeitssprache, *Keigo*, sind in der Regel nicht erforderlich, wenn Sie mit Personen aus dem Uchi sprechen, da Sie eine solide und vertraute Beziehung zu diesen Menschen haben. Wenn du dies tust, könnte es sehr unangenehm werden, als ob du absichtlich eine Distanz zwischen euch schaffen würdest.

Die *"Out-Gruppe"* oder *Soto* ist das Gegenteil und umfasst alle Personen, die *"außerhalb"* Ihres unmittelbaren Bekanntenkreises stehen. Du kannst mit den Menschen in dieser Gruppe einigermaßen vertraut sein, aber es sind keine Menschen, mit denen du dein wahres Ich zeigen kannst - so wie du es unter deinen Uchi tun würdest. In diese Gruppe gehören die Ranghöheren - Ihre Ältesten, Ihre Vorgesetzten bei der Arbeit und generell alle, die einen höheren Status oder mehr Autorität als Sie haben. Soto-Leute sollten mit Respekt und Höflichkeit behandelt werden, und Sie sollten mit einem angemessenen Niveau an "Höflichkeitssprache" mit ihnen sprechen.

Sie sollten immer eine respektvolle Sprachebene beibehalten, wenn Sie mit jemandem aus Ihrer *Soto* sprechen, und bescheiden von sich selbst und Ihrer *Uchi* sprechen - Bezeichnen Sie Ihre *Uchi* nicht mit Ehrentiteln *(z.B. -sensei, -san usw.)* wenn Sie mit *Soto*-Leuten sprechen.

Ein interessanter Unterschied zwischen Gesprächen mit Ihrem Uchi oder Soto ist die Praxis von *"Honne"* und *"Tatemae"*. Kurz gesagt, 本音 (ほんね), oder *Honne*, ist der Ausdruck der eigenen wahren Gefühle unter Ihren Uchi, wie eine Meinung sein, die nicht den Erwartungen der Gesellschaft entspricht oder die von jemandem in deiner Position erwartet wird. Im Gegensatz dazu ist Ihr 建前 (たてまえ), oder *Tatemae*, die angenehme Fassade, die Sie präsentieren, um Ihrem Soto zu entsprechen und sich anzupassen.

Verb-Kategorien

Die Konjugation von Verben im Japanischen ist nicht so komplex, wie es manchmal scheint. Ein gewisses Maß an Konsistenz bedeutet, dass wir normalerweise einige allgemeine Regeln anwenden können. Meistens nimmt man den *[Verbstamm]* und fügt die passende Endung für die Bedeutung hinzu, die das Verb haben soll. Wie bereits auf der Seite über *"-masu" und "desu"* kurz erwähnt, können japanische Verben in **drei Kategorien** eingeteilt werden, von denen jede angibt, wie das Verb konjugiert werden sollte:

1. *"-u"*-Verben - **Godan**-Verben, oder 五段動詞 (ごだんどうし) *godan-doushi*
2. *"-ru"*-Verben - **Ichidan**-Verben, oder 一段動詞 (いちだんどうし) *ichidan-doushi*
3. zwei **Unregelmäßige**-Verben, oder 不規則動詞 (ふきそくどうし) *fukisoku-doushi*

● *Godan*-Verben enden mit *"-u"*-Lauten - den Zeichen aus der う-Reihe in Hiragana-Tabellen. Der Name bedeutet übersetzt *"Verben der 5 Stufen"*, wobei 五 *(go)* "fünf" und 段 *(dan)* "Stufe" bedeutet, weil sich das *"-u"* am Ende dieser Verben bei der Konjugation in jeden der anderen Vokallaute verwandeln kann - was fünf Möglichkeiten oder *"Stufen"* bedeutet.

話す	*hanasu*	sprechen	聞く	*kiku*	hören
飲む	*nomu*	trinken	遊ぶ	*asobu*	spielen
死ぬ	*shinu*	sterben	買う	*kau*	kaufen

(Beispiele für Godan-Verben)

● *Ichidan*-Verben enden auf *"-ru"* る, genauer gesagt, auf *"-iru"* oder *"-eru"* (in der Wörterbuchform). Ihr Name bedeutet übersetzt *"Verben der 1 Stufe"*, wobei 一 *(ichi)* "eins" bedeutet. Sie sind viel einfacher zu konjugieren, weil sie sich, wie ihr Name schon sagt, anders verhalten als die *Godan*-Verben. *Ichidan-Verbenstämme* bleiben bei nur einem Vokal, egal welche Endung verwendet wird.

Verben, die entweder auf [a/o/u] + る enden, werden als *Godan*-Verben kategorisiert, einschließlich bestimmter *"-iru"*- und *"eru"*-Verben. Die einzige Möglichkeit, um festzustellen, in welche Kategorie ein Verb fällt, ist, in einem Wörterbuch nachzuschlagen.

食べる	*taberu*	essen
見る	*miru*	sehen
出る	*deru*	verlassen
寝る	*neru*	schlafen
起きる	*okiru*	aufstehen/aufwachen
調べる	*shiraberu*	untersuchen

要る	*iru*	brauchen
切る	*kiru*	schneiden
知る	*shiru*	wissen
入る	*hairu*	eintreten
喋る	*shaberu*	plaudern
走る	*hashiru*	laufen

(Ichidan-Verben mit der Endung '-iru' & 'eru')   *(Godan-Verben mit der Endung '-iru' & 'eru')*

● Zu den **unregelmäßigen Verben** gehören nur die beiden bereits erwähnten Wörter する *(suru)* und 来る *(kuru)*. Diese beiden Wörter sind weit verbreitet und werden daher ganz natürlich auswendig gelernt.

Häufige Konjugationen

Auf den folgenden Seiten finden Sie einen Überblick über die Regeln für die Konjugation der einzelnen Verbenkategorien. Sie müssen sie nicht sofort auswendig lernen und können immer wieder auf diesen Abschnitt zurückgreifen.

Die Konjugation von Verben mit der Höflichkeitsform *"-masu"* ist etwas einfacher, also beginnen wir mit dieser Kategorie. Die ersten Regeln für das Präsens kommen Ihnen vielleicht bekannt vor, da sie bereits auf den letzten Seiten erklärt wurden. Wie Sie sehen werden, gibt es einige Konsistenzgrade zwischen den verschiedenen Verbformen:

● **Höfliches / Formales** Präsens   *'-Masu' Form*

Das höfliche Präsens "-masu" ist leicht zu bilden. Sie finden den Stamm und fügen einfach ~ます *(-masu)* an das Ende an:

Kategorie	*Konjugations-Regel*	*Beispiel*			
る -Verben	る entfernen, ~ます hinzufügen	食べる	*taberu*	食べます	*tabemasu*
う -Verben	う bis い-Reihe, ~ます hinzufügen	飲む	*nomu*	飲みます	*nomimasu*
Unregelmäßig	Stamm wird し	する	*suru*	します	*shimasu*
	Wortstamm ist **k-** *(oder ki, oder ko)*	来る	*kuru*	来ます	*kimasu*

Bei う-Verben, die mit Zeichen in der う-Reihe Ihrer Hiragana-Tabelle enden, ändern Sie alle う-Laute *(z.B. ku, mu, nu, etc.)* in ihr Gegenstück in der い-Reihe oder ihren entsprechenden *"i"*-Laut *(z.B. ki, mi, ni, etc.)*.

● **Höfliche / Formale** Vergangenheitsform   *'-Mashita' Form*

Wir bilden die höfliche Vergangenheitsform auf ganz ähnliche Weise. Diesmal suchen wir den Verbstamm und fügen ~ました *(-mashita)* an das Ende an:

Kategorie	*Konjugations-Regel*	*Beispiel*			
る -Verben	る entfernen, ~ました hinzufügen	食べる	*taberu*	食べました	*tabemashita*
う -Verben	う bis い-Reihe, ~ました hinzufügen	飲む	*nomu*	飲みました	*nomimashita*
Unregelmäßig	Stamm wird し	する	*suru*	しました	*shimashita*
	Wortstamm ist **k-** *(oder ki, oder ko)*	来る	*kuru*	来ました	*kimashita*

● Höfliches / Formales Präsens (Negativ) — '-Masen' Form

Die Höflichkeitsform der negativen Verben im Präsens ist ebenfalls einfach. Man nimmt denselben *"-masu"-Stamm* und fügt stattdessen ~ません *(-masen)* an das Ende an:

Kategorie	Konjugations-Regel	Beispiel			
る -Verben	る entfernen, ~ません hinzufügen	食べる	*taberu*	食べません	*tabemasen*
う -Verben	う bis い-Reihe, ~ません hinzufügen	飲む	*nomu*	飲みません	*nomimasen*
Unregelmäßig	Stamm し, ~ません hinzufügen	する	*suru*	しません	*shimasen*
	Stamm 'k-', ~ません hinzufügen	来る	*kuru*	来ません	*kimasen*

● Höfliche / Formale Vergangenheitsform (Negativ) — '-Masen Deshita' Form

Die Konjugation für die höfliche, negative Vergangenheitsform ist ähnlich wie oben, aber man fügt dieses Mal etwas mehr hinzu. Fügen Sie einfach ~せんでした *(-masen deshita)* an den *"-masu"-Stamm* an:

Kategorie	Konjugations-Regel	Beispiel	
る -Verben	る entfernen, ~ませんでした hinzufügen	食べませんでした	*tabemasen deshita*
う -Verben	う bis い-Reihe, ~ませんでした hinzufügen	飲みませんでした	*nomimasen deshita*
Unregelmäßig	Stamm し, ~ませんでした hinzufügen	しませんでした	*shimasen deshita*
	Stamm 'k-', ~ませんでした hinzufügen	来ませんでした	*kimasen deshita*

Diese Konjugation kombiniert die reguläre Vergangenheitsform des Verbs ("-masen") mit der negativen Konjugation von です *('desu,' was "sein" bedeutet).*

In den meisten Fällen lernen Anfänger automatisch nur die Höflichkeitssprache mit den höflichen "-masu"-Verbkonjugationen. Mit dieser Strategie können Sie vermeiden, dass Sie sich in den ersten Gesprächen unbeholfen oder unhöflich verhalten. Der Ton Ihrer ersten Übungsgespräche wird jedoch wahrscheinlich weniger förmlich sein, so dass das Erlernen der "einfachen" oder "Wörterbuchform" langfristig die bessere Option ist. Wenn Sie nur die Höflichkeitsformen verwenden und üben können, könnte es schwierig werden, echtes Gesprächsjapanisch zu verstehen - die Art, die Sie in der Praxis vielleicht mit Freunden, Familie oder sogar Kollegen führen.

● Einfaches / Informelles Präsens   'Wörterbuchform'

Diese Version ist wirklich einfach. Die schlichte Version der Verben im Präsens entspricht der Version, die Sie in Wörterbüchern finden - eine Konjugation ist nicht notwendig:

Kategorie	Konjugations-Regel	Beispiel		
る-Verben	K.A.	食べる	*taberu*	"essen"
う-Verben	K.A.	飲む	*nomu*	"trinken"
Unregelmäßig	K.A.	する	*suru*	"tun"
	K.A.	来る	*kuru*	"kommen"

● Einfache / Informelle Vergangenheitsformen   '-Ta' Form

Die informellen Konjugationen von う-Verben in der Vergangenheit hängen davon ab, mit welchem "-u"-Laut ihre Wörterbuchform *(auch "Infinitiv" genannt)* endet:

Kategorie	Konjugations-Regel	Beispiel				
る-Verben	る entfernen, ~ました hinzufügen	食べる	*taberu*	→	食べた	*tabeta*
う-Verben	Endet う/つ/る, entfernen, dann ~った hinzufügen	買う	*kau*	→	買った	*katta*
	Endet く, entfernen, dann ~いた hinzufügen	聞く	*kiku*	→	聞いた	*kiita*
	Endet ぐ, entfernen, dann ~いだ hinzufügen	泳ぐ	*oyogu*	→	泳いだ	*oyoida*
	Endet す, entfernen, dann ~した hinzufügen	話す	*hanasu*	→	話した	*hanashita*
	Endet ぬ/ぶ/む, entfernen, dann ~んだ hinzufügen	飲む	*nomu*	→	飲んだ	*nonda*
Unregelmäßig	Stamm wird し	する	*suru*	→	しました	*shita*
	Wortstamm ist **k-** (oder ki, oder ko)	来る	*kuru*	→	来ました	*kita*

Ein Beispiel für eine häufige Ausnahme von diesen Regeln ist 行く *(iku), das "gehen" bedeutet und eine andere Konjugation hat, die es leichter auszusprechen macht. Es wird zu* 行った *oder "itta", nicht "iita".*

● Einfaches / Informelles Präsens *(Negativ)*   '-Nai' Form

Bei Verben, die mit Zeichen in der う-Reihe Ihrer Hiragana-Tabelle enden, ändern sich alle う-Laute *(z. B. ku, mu, gu usw.)* in ihr Gegenstück in der あ-Reihe - ihren entsprechenden '-a'-Laut *(z. B. ka, ma, ga usw.)*. Es gibt nur eine Ausnahme: Bei Lesarten, die auf う / "u" selbst enden, wird das う into わ / "wa" umgewandelt (nicht nur あ / "a"):

Kategorie	*Konjugations-Regel*	*Beispiel*			
る -Verben	る entfernen, ~ない hinzufügen	食べる	taberu	食べない	tabenai
う -Verben	う bis あ-Reihe, ~ない hinzufügen	飲む	nomu	飲まない	nomanai
	Endet う, ändern Sie う in わ, dann ~ない hinzufügen	買う	kau	買わない	kawanai
Unregelmäßig	Stamm **し**, ~ない hinzufügen	する	suru	しない	shinai
	Stamm **ko**, ~ない hinzufügen	来る	kuru	来ない	konai

Die Ausnahmen klingen natürlicher mit わ *("wa")*. Andernfalls würden Wörter wie 買う *(kau)*, was "kaufen" bedeutet, oder 歌う *(utau)*, "singen", schwer auszusprechen sein. *Es ist auch erwähnenswert, dass der Stamm für* 来る *(kuru) hier* こ *(ko) und nicht* き *(ki) ist.*

● Einfache / Informelle Vergangenheitsform *(Negativ)*   '-Nakatta' Form

Diese Konjugation ist ähnlich wie das negative Präsens, mit denselben Änderungen der Vokallaute und denselben Ausnahmen, nur dass sie stattdessen mit ~なかった *(nakatta)* endet:

Kategorie	*Konjugations-Regel*	*Beispiel*			
る -Verben	る entfernen, ~なかった hinzufügen	食べる	taberu	食べなかった	tabenakatta
う -Verben	う bis あ-Reihe, ~なかった hinzufügen	飲む	nomu	飲まなかった	nomanakatta
	Endet う, ändern Sie う in わ, dann ~なかった hinzufügen	買う	kau	買わない	kawanakatta
Unregelmäßig	Stamm **し**, ~なかった hinzufügen	する	suru	しなかった	shinakatta
	Stamm **ko**, ~なかった hinzufügen	来る	kuru	来なかった	konakatta

Da es im Japanischen keine Zukunftsformen von Wörtern gibt, haben Sie nun die wichtigsten Verbkonjugationen kennengelernt! Es gibt nur noch eine weitere wichtige Form, die Sie lernen müssen - die "-te"-Form.

Te- Form て

Es ist eine gängige Konjugation mit vielen praktischen Verwendungen. Wir verwenden es, um laufende Handlungen oder eine Aktivität zu beschreiben, die wir gerade tun. Wenn wir zwei Dinge auf einmal tun, kann es zwei Verben verbinden und wird verwendet, um jemanden zu bitten, etwas zu tun.

• Kontinuierliches   Präsens progressiv   '-Te' Form

Die '-te'-Form ist die Konjugation, die im Japanischen verwendet wird, um Verben zu bilden, die auf "-en" enden, *wie z. B. 'singen', 'putzen' oder 'backen'*. Die Regeln sind ähnlich wie die für die einfache "-ta"-Form, nur wird た durch て *("-te")* ersetzt:

Kategorie	Konjugations-Regel	Beispiel		
る -Verben	る entfernen, ~て hinzufügen	食べる *taberu*	↝	食べて *tabete*
う -Verben	Endet う / つ / る, entfernen, dann ~って hinzufügen	買う *kau*	↝	買って *katte*
	Endet く, entfernen, dann ~いて hinzufügen	聞く *kiku*	↝	聞いて *kiite*
	Endet ぐ, entfernen, dann ~いで hinzufügen	泳ぐ *oyogu*	↝	泳いで *oyoide*
	Endet す, entfernen, dann ~して hinzufügen	話す *hanasu*	↝	話して *hanashite*
	Endet ぬ / ぶ / む, entfernen, dann ~んで hinzufügen	飲む *nomu*	↝	飲んで *nonde*
Unregelmäßig	Stamm し, ~て hinzufügen	する *suru*	↝	して *shite*
	Stamm '*k-*', ~て hinzufügen	来る *kuru*	↝	来て *kite*

Kombinieren Sie die て-Form *("-te")* mit ください *("kudasai")*, was *"bitte (für mich)"* bedeutet, um jemanden zu bitten, etwas für Sie zu tun:

Verwenden Sie die て-Form, um auszudrücken, dass Sie zwei Dinge gleichzeitig tun. Sie wird normalerweise auf das erste Verb angewendet, kann aber auch von der Zeitform abhängen:

Sie können auch die *"-te"*-Form verwenden, um höflich zu fragen, ob es in Ordnung ist, eine Handlung auszuführen, indem Sie die Phrase て + もいいですか *(-te + mo iidesu ka)* hinzufügen:

さら あら
お皿を洗って ください。
o sara o aratte   kudasai
"Bitte waschen Sie das Geschirr ab."

さら あら うた
お皿を 洗って 歌っています。
o sara o aratte   utatte   imasu
"Ich wasche das Geschirr und singe"

うた
歌ってもいいですか？
utatte mo iidesu   ka?
"Darf ich bitte singen?"

Nützliche Grammatik-Muster

Mit einigen Kanji-Kenntnissen und Vokabeln können Sie diese allgemeinen Grammatikmuster verwenden, um Ihre Lesefähigkeit zu erweitern, Ihre Konversationsfähigkeiten zu verbessern und den Gebrauch der Sprache in alltäglichen Situationen zu üben:

Weil...

Der Partikel から (kara) ist gleichbedeutend mit dem Wort "weil", und wir verwenden ihn, um Sätze zu verbinden, in denen wir einen Grund angeben - und erklären, dass "[etwas] weil [etwas]" in einem langen Satz steht. Es lässt den Satz natürlicher klingen, und obwohl das erste Beispiel durchaus Sinn machen würde, steht der Grund in diesen Sätzen normalerweise an erster Stelle:

> のどが渇いた、飲みます。
> nodo ga kawaita, nomimasu.
> "Ich bin durstig. Ich werde trinken."
>
> のどが渇いたから、飲みます。
> nodo ga kawaita kara, nomimasu.
> "Weil ich durstig bin, will ich trinken"

Wunsch und Verlangen

Sie können jedes Verb so ändern, dass es bedeutet, dass Sie *"etwas tun wollen"*, indem Sie einfach die Zeichen ～たい *("-tai")* an den Verbstamm anhängen. So wird 食べる (taberu) zu 食べたい (tabetai), & 飲む (nomu) zu 飲みたい (nomitai) usw.:

Bei Substantiven ist das anders, aber leicht zu lernen - es gilt die Formel *[Substantiv]* + が欲しい *(ga hoshī)*:

> ケーキが食べたいです。
> kēki ga tabetai desu.
> "Ich möchte Kuchen essen."
>
> ケーキが欲しいです。
> kēki ga hoshī desu
> "Ich möchte einen Kuchen."

Es gibt/war... (& nicht)

Es gibt zwei Verben, die ausdrücken, dass *[etwas]* existiert oder existierte. Sätze wie *"es gibt"* und *"es gibt nicht..."* werden mit dem Ichidan-Verb いる (iru) für lebende Dinge oder Menschen *(mit Ausnahme von Pflanzen)* gebildet, *z. B. einen Mann, einen Hund und so weiter*. Die gleichen Sätze bilden wir mit dem godanischen Verb ある (aru) für nicht lebende Gegenstände, *z. B. ein Auto, ein Buch usw.*

Denken Sie daran, dass es dasselbe Wort für eines von etwas oder Plural ist, und um die höflichen Formen zu verneinen, ändern Sie "-masu" in "-masen":

> 猫がいる
> neko ga iru
>
> 猫がいます
> neko ga imasu
>
> "Es gibt eine Katze"

> 車がある
> kuruma ga aru
>
> 車があります
> kuruma ga arimasu
>
> "Es gibt ein Auto"

> 猫がいません
> neko ga imasen
>
> "Es gibt keine Katzen"

> 車がありません
> kuruma ga arimasen
>
> "Es gibt keine Autos"

Absicht und Planung

Die einfache Verbform zeigt an, dass wir "etwas tun werden", vermittelt aber den Zuhörern den Eindruck, dass es sich um einen eher lockeren Plan handelt:

Wenn Ihre Absichten fester sind, können Sie つもり (tsumori) an die "Wörterbuchform" eines Verbs anhängen, um dem Zuhörer zu zeigen, dass Sie fest entschlossen sind, etwas zu tun:

Wenn Sie jedoch feste Pläne haben, können Sie das Wort 予定 (よてい), oder yotei, das "Plan" bedeutet, an Verben anhängen, um die absolute Gewissheit auszudrücken, dass die Aktivität stattfinden wird:

Vorschläge oder Angebote

Sie können Aussagen in Angebote oder Vorschläge umwandeln, indem Sie ましょう ("-mashou") an einen Verbstamm anhängen. Es hat eine ähnliche Bedeutung wie "lass uns [etwas] tun" und kann zu einer Frage werden, wenn man die "Fragepartikel" か (ka) am Ende des Satzes hinzufügt, was "sollen wir [etwas] tun?" bedeutet.

Diese Art von Suggestivfrage hat einen beiläufigen und möglicherweise anmaßenden Ton, der den Zuhörer in die Enge treibt und ihm das Gefühl gibt, nicht ablehnen zu können.

Eine bessere Art zu fragen wäre es, die höfliche, negative Verbform und die Partikel か, zu verwenden, um eine Frage ähnlich wie "Warum tun wir nicht [etwas]?

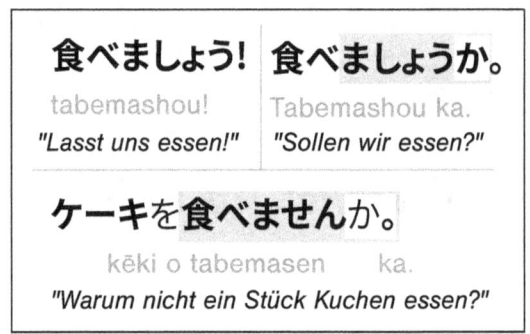

Fragen

Die Satzendung ですか ('-desu' + 'ka') ist eine gute Möglichkeit, fast jeden Satz in eine Frage zu verwandeln. Eine Frage auf Japanisch zu stellen, ist oft so einfach wie das Hinzufügen des Partikels か (ka) am Ende eines Satzes *(siehe Partikel, S. 348), besonders beim Schreiben.* Es ist sogar noch einfacher, Fragen beim Sprechen zu stellen, da ein Anheben der Stimme am Ende eines Satzes ausreicht, um eine Frage zu implizieren, genau wie im Deutschen. *(Stellen Sie sich vor, Sie sagen "Dinner?")*

Das Fragezeichen ' ? ' wird normalerweise nicht verwendet, außer in der Umgangssprache und in digitalen Formaten (Instant Messaging, soziale Medien usw.).

Ungewissheit

Im Japanischen gibt es mehrere Möglichkeiten, *"vielleicht"* oder *"wahrscheinlich"* zu sagen. Das hängt von der Höflichkeitsstufe, der Situation und dem Grad der Gewissheit ab. Der Kontext spielt normalerweise eine Rolle dabei, wie diese Wörter verwendet und verstanden werden.

Wir fügen das höfliche Präsumptiv でしょう *(deshou)* an das Ende von Sätzen, wenn wir spekulieren, und ersetzen damit das Satzende "-desu". Mit diesem Ausdruck wird allgemein ausgedrückt, dass etwas "wahrscheinlich" passieren wird oder dass es so aussieht, als ob es *"wahrscheinlich"* passieren würde. Sie können es auch verwenden, um *"ich nehme an"* oder *"ich denke"* zu sagen, um dem Zuhörer mitzuteilen, dass das, was Sie sagen, ein Urteil ist, das auf Ihrer Interpretation bestimmter Informationen beruht.

Deshou ist häufig in Wetterberichten zu hören und verleiht den Sprechern einen autoritären Ton und ein höheres Maß an Gewissheit - *aber immer noch weniger als 100 %:*

Die einfache Form だろう *(darou)* hat eine ähnliche Bedeutung wie *"ich glaube", "ich nehme an"* oder *"ich schätze"* und wird verwendet, wenn man sich ziemlich sicher ist, was man sagt:

Dieselbe Grammatik kann im Kontext Fragen bilden, um eine Bestätigung oder Zustimmung des Zuhörers zu erhalten. Sie können einfach den Tonfall Ihrer Stimme ändern:

▲ (relativ hohe Gewissheit)

Wenn Sie etwas beschreiben, von dem Sie glauben, dass es passieren *"könnte"*, könnte stattdessen der Ausdruck かもしれません (oder *kamoshiremasen*) verwendet werden. Das grammatikalische Muster ist dasselbe, aber dieser Ausdruck weist eine geringere Gewissheit auf:

▲ (geringere Gewissheit als *deshou*)

Beide Formen von deshou können von dem Wort 多分 (たぶん), *tabun*, begleitet werden, das den Grad der Gewissheit reduziert und ein Gefühl von *"vielleicht", "vielleicht"* oder *"wahrscheinlich"* vermittelt.

Vor allem in der Umgangssprache kann *tabun* helfen, eine Frage zu beantworten, wenn man sich nicht sicher ist, ob etwas passieren wird oder nicht, d. h. wenn das Ergebnis in beide Richtungen gehen könnte oder man sich zu 50 % sicher ist:

▲ (unsicher / informell, so oder so nicht sicher)

Einführung in die Partikel

Im Japanischen wird die Bedeutung eines Satzes nicht wie im Englischen durch die Reihenfolge der Wörter bestimmt. Stattdessen wird die Satzstruktur durch die Verwendung von **Partikeln** bestimmt. Dies sind zusätzliche Zeichen, die unmittelbar nach jedem Teil eines Satzes oder einer Klausel stehen und uns zeigen, welche Funktion die Wörter haben. Einfach ausgedrückt, zeigen sie uns, wie Wörter miteinander verbunden sind.

Partikeln werden oft als *"Postpositionen"* bezeichnet und sind kleine, verbindende Wörter, die den *"Präpositionen"* ähneln. Wie der Name schon sagt, stehen sie im Japanischen einfach nach dem Wort, auf das sie sich beziehen. Anstatt *"nach Japan"* zu sagen, sagt man zum Beispiel *"Nihon ni"* (日本に), wobei に *(ni)* das Partikeläquivalent von *"nach"* ist.

Die am häufigsten verwendeten Partikel sind wahrscheinlich は, が und を, aber es gibt noch viele andere. Auch wenn es schwierig ist, sie zu beherrschen, sind die grundlegenden Mechanismen der meisten Partikel relativ leicht zu verstehen. Dieser Abschnitt gibt einen Überblick über die wichtigsten Teilchen und ihre grundlegende Rolle.

In vielerlei Hinsicht sollten Partikel das Erlernen der japanischen Grammatik erleichtern, da sie fast wie ein Regelwerk für sich selbst sind. Der Trick besteht darin, herauszufinden, welche Äquivalente sie im Deutschen abdecken *(wenn überhaupt)*. Es gibt ganze Lehrbücher, die sich mit der Diskussion von Partikeln beschäftigen, daher sind die folgende Liste und die Erklärungen relativ knapp gehalten. Sie werden einfacher, je mehr Sie mit der Sprache in Berührung kommen, und leider dauert es einfach seine Zeit, bis man sich an bestimmte Aspekte des Japanischen gewöhnt hat.

Subjekt- und Themenmarker

Die Verwendung der Partikel は *(wa)* und が *(ga)* kann eine Grauzone sein, selbst für Japaner, so dass es oft schwierig ist, sie denjenigen, die die Sprache lernen, vollständig zu erklären. Das Haupthindernis, mit dem Anfänger beim Erlernen der Partikel は und が konfrontiert werden, ist, dass Ihre eigene Sprache wahrscheinlich nicht zwischen "Subjekt" und "Thema" eines Satzes trennt - zumindest nicht auf dieselbe Weise wie die japanische Sprache.

Wenn man bedenkt, dass Sätze in der Regel eine Person oder Sache (Subjekt) beschreiben, die eine Handlung (Verb) ausführt, sind Subjekt und Thema der meisten Sätze im Deutschen normalerweise dasselbe. Es gibt eine strenge Wortfolge, bei der die Sätze eine genaue **[Subjekt + Objekt + Verb]** *(SOV)* Struktur haben. Das Japanische hingegen ist flexibler und im Allgemeinen weniger direkt. Viele Informationen werden eher angedeutet oder aus dem Kontext abgeleitet.

Im Wesentlichen ist das *Thema* ein zusätzlicher Kontext und nicht durch die Grammatik mit den anderen Wörtern verbunden. Das *Subjekt* ist in der Regel mit Verben verbunden und hat eine bestimmte grammatikalische Rolle.

Auf den ersten Blick scheinen は *(wa)* und が *(ga)* eine ähnliche Aufgabe zu erfüllen, aber ihre Funktionen sind recht unterschiedlich:

Der Themenmarker は   *(als Partikel, wird 'wa' ausgesprochen, nicht 'ha')*

Im Gegensatz zu den meisten Partikeln, einschließlich が (ga), bezieht sich die so genannte *Themenmarkierung* は (wa) nicht direkt auf das Verb in einem Satz. Stattdessen hebt sie einen Teil eines Satzes oder einer Klausel als Hintergrundinformation oder Kontext für die Diskussion hervor:

Hier ist *"Chris"* das Subjekt der Handlung/des Verbs, da er den Kuchen gegessen hat. Der Satz handelt im Allgemeinen von Chris und dem, was er getan hat, also wäre er auch im Japanischen das Thema des Satzes. Daher könnte entweder は oder が verwendet werden und wäre grammatikalisch korrekt.

Allerdings vermittelt jede Version eine andere Bedeutung und hat eine andere Interpretation...

Die *Themenmarkierung* は (wa) reduziert die Bedeutung des markierten Wortes, so dass sich der Hörer mehr auf die folgenden Informationen konzentrieren kann. Mit anderen Worten: は (wa) würde betonen, was passiert ist, und *"Chris"* wird zur Verdeutlichung hinzugefügt. Das ist in etwa so, als würde man sagen: *"**Apropos Chris**, [er] hat einen Kuchen gegessen"*, oder *"Was Chris betrifft..."*.

Die Partikel は (wa) wird verwendet, um "etwas" mit "anderen Dingen" zu kontrastieren, indem ein bestimmter Teil eines Satzes hervorgehoben wird; und auch zur Ausarbeitung, wenn ein Zuhörer bereits etwas über das Gesprochene weiß.

Das Subjekt Marker が   *(ausgesprochen 'ga')*

Die so genannte *Subjektpartikel* が (ga) hat eine klarere Rolle: Sie kennzeichnet das Subjekt eines Satzes oder einer Klausel durch eine direkte grammatikalische Beziehung. Wenn wir eine Person, ein Tier oder eine Sache mit が *(im obigen Beispiel "Chris")*, geht es darum, *"was Chris getan hat"*. Im Allgemeinen lenkt es die Aufmerksamkeit auf *"wer, was getan hat"*.

In diesem Beispiel kommen beide Partikel vor:

Das Subjekt in diesem Satz ist "Kuchen", markiert durch die Partikel が. Die Betonung liegt auf der Tatsache, dass *"Kuchen gemocht wird"*. Das "ich" erinnert daran, dass der Sprecher über sich selbst spricht:

Andere Verwendungszwecke für diese Partikel sind: eine Option oder Sache von anderen zu unterscheiden; neue Informationen in ein Gespräch einzuführen, die nicht bereits im Kontext vorhanden sind; etwas Bestimmtes mit einem Adjektiv zu beschreiben; und auch Sätze oder Klauseln zu verbinden, wie das Wort "aber" oder die Phrase "obwohl...", zum Beispiel.

Die "Frage" Marker か

(ausgesprochen 'ka')

Genauer gesagt, markiert dieses Partikel das Unbekannte. Er wird als *"Frage Marker"* bezeichnet, weil wir ihn auf ähnliche Weise verwenden. Er ersetzt praktisch das übliche Satzzeichen, mit dem man im Deutschen eine Frage beendet (?). Mit dem Partikel か am Ende können Sie jeden Satz oder jede Aussage in eine Frage verwandeln.

Die Partikel か steht am Ende von Fragen in einer formelleren Sprache, und Sie würden Ihre Stimme am Ende des Satzes anheben, genau wie Sie es tun würden, wenn Sie auf Deutsch eine Frage stellen. Die schriftliche, formale Version einer Frage würde mit か。 enden.

In zwangloseren Gesprächen brauchen Sie dies nicht auszusprechen, da es ausreicht, die Stimme am Ende anzuheben. Heutzutage können Sie Sätze mit einem Fragezeichen (?) beenden, wenn Sie in lockeren Situationen schreiben.

Der Partikel か wird auch bei der Aufzählung von Optionen und Alternativen verwendet und jeweils durch ein か. getrennt. Hier ist die Bedeutung gleichbedeutend mit dem Wort "oder":

Sie haben vielleicht bemerkt, dass die Beispielfrage auch das Subjekt-Marker が *(ga)* enthält. Es folgt immer auf Wörter, die eine Frage bilden, wie *"welche", "was"* und *"wer"*. Eine reguläre か-Partikel kommt am Ende, da es sich um eine Frage handelt.

Der Objektmarker を

('wo', pronounced as 'o')

Der Partikel を markiert einfach das direkte Objekt eines Satzes oder einer Klausel und folgt unmittelbar auf Substantive oder Phrasen, die direkt mit dem Verb verbunden sind. Wenn ein Verb eine Bewegung beschreibt, hebt die Partikel を hervor, wo die Bewegung stattfindet oder was davon betroffen ist.

Dieser Beispielsatz zeigt, dass Frühstück das Objekt ist, markiert durch die Partikel を, und es ist direkt mit dem Verb *(essen)* verbunden:

Man kann davon ausgehen, dass dieser Satz Teil eines Gesprächs ist, bei dem aus dem Kontext hervorgeht, dass sich der Sprecher auf sich selbst bezieht. Der Sprecher und der Zuhörer sind sich wahrscheinlich bekannt, daher wird das höfliche Verb durch die einfache Version ersetzt. Das anfängliche 私は kann auch weggelassen werden.

Besitz und Änderung の

(ausgesprochen 'no')

Der Partikel の hat mehrere Funktionen in Bezug auf Besitz und Kennzeichnung. Um die korrekte besitzanzeigende Form im Japanischen zu bilden, können Sie einfach den Partikel の (no) an Pronomen anhängen. In den meisten anderen Sprachen ist es viel komplizierter, den Besitz zu kennzeichnen. Wir verwenden oft verschiedene Wörter, je nachdem, wem (oder was) etwas "gehört" und wo die Wörter in einem Satz stehen (z. B. mich = mein / meine, sie = ihr / ihrs, usw.). Im Japanischen gibt es nur の + Substantiv.

私のケーキ könnte entweder *"mein Kuchen"* oder *"ein Kuchen, den ich gemacht habe"* sein, je nach Kontext. Wenn der Kontext es zulässt, könnte man auch einfach 私の oder "mein" sagen. Es zeigt den Besitz von etwas an, wenn es nach *Person* oder *Leute* steht:

Sie können diese Partikel auch verwenden, um zwei Substantive zu verbinden und so eine Art *"zusammengesetztes Substantiv"* zu bilden. Hier wird das erste Substantiv 猫 *("cat")* + の (no) zu einer Art "Etikett", das auf das zweite Ding zutrifft und zeigt, dass es sich auf Katzen bezieht. Das 2. Substantiv ist die "wichtigste" Sache oder Bedeutung:

Das neu *"etikettierte"* Substantiv kann selbst zu einer Bezeichnung für ein anderes werden - wir fügen einfach ein weiteres の und ein Substantiv hinzu, um zu zeigen, dass etwas mit "Katzenspielzeug" zu tun hat:

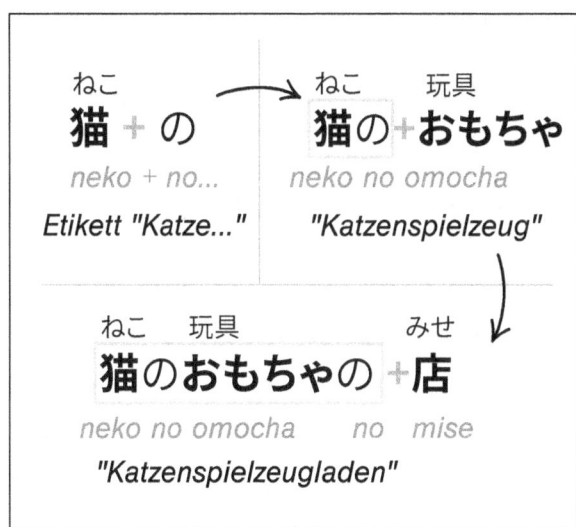

- の wandelt auch Wörter, die keine Substantive sind (Adjektive, Verben und Satzteile), in Substantive um, so dass sie grammatikalisch gesehen das Subjekt eines Satzes werden können. Dieser Vorgang wird *Nominalisierung* genannt, und の fungiert als *Nominalisator*.

Wenn man zum Beispiel sagt: *"Ich möchte essen"*, ist das Wort, das als Verb fungiert, "mögen", und das Wort "essen" ist das, was "gemocht" wird. Die Partikel の verwandelt das Verb *"essen"* in *[den Vorgang des Essens]*, ein Substantiv:

私は 食べるの が 好きです。
"Was mich betrifft, so ist [der Vorgang des Essens] sympathisch".

oder, 食べるのが 好きです。

- Eine weitere alltägliche Verwendung ist das Ersetzen von Substantiven durch ein allgemeineres Wort, das *"ein", "es"* oder *"das"* entspricht. Der Name von etwas, das aus dem Kontext verstanden wird, kann stattdessen mit einem einfachen の bezeichnet werden:

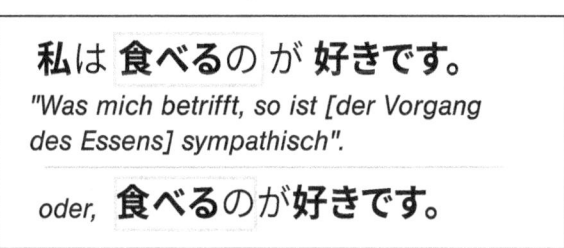

Weitere Verwendungszwecke des Partikels の sind: die Bildung von Adjektivtypen und die Angabe einer Reihenfolge oder einer Aussage *(wenn er am Ende eines Satzes steht)*.

Zeit, Bewegung und Ziel に

(ausgesprochen 'ni')

Die grundlegende Rolle der Partikel に (ni) besteht darin, einen Ort zu markieren, an dem etwas existiert. Diese Partikel hat viele Verwendungszwecke, vor allem die Hervorhebung eines festen Ziels oder einer genauen Position. Einige äquivalente Wörter sind z. B. "an", "zu", "auf", "in" usw.

Durch einfaches Hinzufügen von に (ni) am Ende eines Wortes können Sie es als einen festen Ort definieren, an dem etwas oder jemand entweder gegenwärtig ist, war oder in der Zukunft sein wird:

In Sätzen mit einem Bewegungsverb markiert die Partikel に den Ort, an den sich etwas/jemand bewegt *(d. h., wo er/sie schließlich landet)*:

わたし だいがく い
(私は)大学 に 行く。
watashi wa daigaku ni iku
(Was mich betrifft) Ich gehe aufs College

お
ケーキをテーブルに置く。
kēki o teeberu ni oku
den Kuchen auf den Tisch zu stellen

Wir können auch **spezifische** Zeiten, Daten und sogar Intervalle, in denen sich eine Aktion wiederholt, mit に kennzeichnen *(z. B. "zweimal im Jahr" oder "einmal im Monat" usw.)*:

しちじ お
七時に起きます。
shichi-ji ni okimasu.
Ich stehe um 7 Uhr auf

わたし あ
(私は)クリスにケーキを上げました
(watashi wa) kurisu ni kēki wo agemashita
Ich habe Chris einen Kuchen geschenkt

に wird seltener zur Kennzeichnung *indirekter Objekte* verwendet, um zu zeigen, dass eine Handlung auf eine Person, einen Ort oder eine Sache gerichtet ist:

きのう い
昨日どこに行ったのですか？
kinō doko ni itta no desu ka?
Wo bist du gestern hingegangen?

Sie können diese Partikel auch bei der Formulierung von Fragen verwenden:

Richtung und Zielort へ

(als Partikel, wird 'e' ausgesprochen)

Die Partikel へ kann auch eine Richtung oder ein allgemeines Ziel angeben. Wir verwenden ihn bei Verben, die eine gerichtete Bewegung ausdrücken, da へ den Sätzen einen weniger "definitiven" Sinn verleiht. Es wird als *"e"* ausgesprochen, *nicht als "he"*.

Im ersten Beispiel mit der Partikel へ würde man dies als *"aufbrechen nach Japan"* oder *"in Richtung Japan"* interpretieren, während die zweite Version mit der Partikel に Japan als beabsichtigtes und endgültiges Ziel kennzeichnet:

日本へ 行きます
nihon e ikimasu
"in Richtung Japan"

日本に 行きます
nihon ni ikimasu
"Nach Japan gehen"

Wie und Wo Partikel で (ausgesprochen 'de')

Ein weiteres Partikel mit ortsbezogenen Funktionen, aber zur Beschreibung, *wie und wo etwas geschieht,* statt einer Bewegung. Mit で markierte Wörter zeigen an, **wie** und **wo** eine Tätigkeit ausgeführt wird und **welche Mittel** dazu benötigt werden.

Sie kann alle Werkzeuge, Fahrzeuge oder Materialien kennzeichnen, die für die Durchführung einer Aktion erforderlich sind, und auch jede besondere Methode:

> えんぴつ　しゅくだい　か
> 鉛筆で 宿題を 書きました。
> *enpiitsu de shukudai o kakimashita.*
> "Ich schrieb meine Hausaufgaben mit einem Bleistift"

Der Partikel で kennzeichnet Wörter, die uns den Ort zeigen, an dem eine Tätigkeit stattfindet, während に den Punkt oder die Position der Handlung genauer angibt:

> つくえ　しゅくだい　か
> 机で 宿題を 書いた。
> *tsukue de shukudai o kakimashita.*
> "Ich habe meine Hausaufgaben **an** meinem Schreibtisch geschrieben"

Beide Beispiele sind grammatikalisch korrekt, aber das zweite Beispiel mit der に würde dahingehend interpretiert werden, dass der Sprecher direkt auf die Oberfläche des Schreibtisches geschrieben hat - nicht während er am Schreibtisch positioniert war.

> つくえ　しゅくだい　か
> 机に 宿題を 書いた。
> *tsukue ni shukudai o kakimashita.*
> "Ich habe meine Hausaufgaben **auf** meinen Schreibtisch geschrieben"

で wird verwendet, um zu beschreiben, *warum* ein Ereignis stattfindet, aber normalerweise nicht, wenn der Grund eine Entscheidung ist. Mit anderen Worten, wenn etwas die Handlung *verursacht*:

> びょうき　だいがく　い
> (私は) 病気で大学に行けなかった。
> *byōki de daigaku ni ikenakatta*
> "Wegen Krankheit konnte (ich) nicht zur College gehen"
> "(Ich) war zu krank, um zur College zu gehen"

Wir können auch で verwenden, um Wörter zu markieren, die angeben, wie viel Zeit benötigt wird, um eine Tätigkeit *abzuschließen* oder zu *beenden* - für Zeitlimits und Fristen:

> じかん　お
> 1時間で起きます
> *1-jikan de okimasu*
> "(Ich werde) in 1 Stunde aufstehen"
> "(Ich) stehe in einer Stunde auf"

Andere Verwendungszwecke sind die Kennzeichnung von Menge, Zeit und Geld, um das Ausmaß zu zeigen, die Angabe von Kosten und auch, wenn Sie einen Bereich oder Umfang beschreiben müssen (z. B. "innerhalb" oder "unter").

Verbinder- und Listing-Partikel と (ausgesprochen 'to')

Manchmal auch als "Klebepartikel" bezeichnet, besteht die Hauptfunktion von と *(to)* darin, Verbindungen zwischen Substantiven herzustellen - im Deutschen entspricht es dem *"und"* oder *"oder"*. Wenn es verwendet wird, um eine Reihe von Elementen aufzulisten, zeigt es an, dass die Liste entweder **kurz oder vollständig** ist, und nichts mehr hinzugefügt wird.

- Als Äquivalent zum Wort *"und"* können Sie Dinge miteinander verbinden, indem Sie と an jedes Wort anhängen. Entscheidend ist, dass die Verwendung dieses Partikels impliziert, dass alles, was Sie erwähnen, die vollständige Liste der Dinge ausmachen würde:

ねこ いぬ 猫と犬 "Katzen und Hunde"	きみ ぼく 君と僕 "Du und ich"

かんたん
ひらがなとカタカナは簡単
"Hiragana und Katakana sind einfach"

- と fungiert auch als Äquivalent zum deutschen Wort *"mit"*, verbindet Menschen und zeigt an, ob jemand bei uns ist, wenn wir eine Handlung ausführen:

かれ　　　　　　　た
彼とケーキを食べた。
"Ich habe mit ihm Kuchen gegessen"

- Sie können weitere Personen oder Dinge zu einer Liste hinzufügen, solange と auf jede Person/Nomen folgt - und sie zusammen eine *vollständige* Liste bilden:

かれ　かのじょ　　　　　た
彼と彼女とケーキを食べた。
"Ich aß Kuchen mit ihm und mit ihr"

Dieses Partikel hat einige andere Verwendungszwecke, z. B. das Ende eines Zitats oder eines Gedankens. Es hebt auch Wörter mit Lautmalerei hervor und verbindet Klauseln in Sätzen der Art *"wenn [dies], dann [das]"* - wo eine Bedingung festgelegt wird, gefolgt von einem Ergebnis.

Unvollständige Liste Partikel や (ausgesprochen 'ya')

Grammatikalisch ähnlich wie と *(to)* wird die Partikel や *(ya)* verwendet, um Elemente parallel zueinander aufzulisten, mit einem großen Unterschied - die Elemente, die Sie mit や *(ya)* auflisten, sind Teil einer längeren Liste.

Mit や ist Ihre Liste weder vollständig noch unvollständig, ist und dass Sie weitere Dinge hinzufügen könnten, z. B. *"A und B (und so weiter)"*, *"X, Y,... (und so weiter)"* oder *"dies und das (unter anderem)"*:

みせ　　　　　えんぴつ か
店でペンや鉛筆を買いました。
mise de pen ya enpitsu o kaimashita
"Ich habe Stifte und Bleistifte (und etwas anderes) im Laden gekauft"

Bei Listen mit drei oder mehr Einträgen, die zwei oder mehr や -Partikel enthalten, ist es akzeptabel und selbstverständlich, das zweite や *(und das dritte, vierte usw.)* durch Kommata zu ersetzen:

や
パンやケーキ、クッキーを焼きます。
pan ya kēki　ya kukkī　o yakimasu
"Ich backe Brot, Kuchen, Kekse (und so weiter)"

Die formellere Art zu betonen, dass einige andere Dinge nicht aufgeführt wurden, besteht darin, など *(nado)* an das letzte Substantiv anzuhängen:

や
パンやケーキなどを焼きます。
pan ya kēki　nado o yakimasu
"Ich backe Brot, Kuchen und mehr"

Auch, Zu, & Beides - Partikel も

(ausgesprochen 'mo')

Der Partikel も *(mo)* hat eine ähnliche Bedeutung wie **"auch"** im Deutschen. Sie markiert Wörter, um zu zeigen, dass sie zu einer Gruppe von anderen Dingen gehören. Das bedeutet, dass alles, was für eine Sache gilt *(eine Gruppe von Dingen oder eine imaginäre Liste von Dingen)*, auch für diese andere Sache gilt. Es ersetzt oft die Partikel は *(wa)*, が *(ga)*, und を *(o)*, aber keine anderen Partikel.

In diesem Beispiel markiert も *(mo)* "Hunde", weil der Sprecher sie zusätzlich zu "Katzen" mag. Sie fügen Hunde zu einer "Menge" von "Tieren, die sie mögen" hinzu:

> (私は)猫が好きです、犬も好きです。
> *neko ga suki desu、inu mo suki desu.*
> "Ich mag Katzen, ich mag auch Hunde"

Hier wird も *(mo)* an das Wort "mich/ich" angehängt, so dass der Sprecher sich der imaginären *"Liste"* der *"Menschen, die Katzen lieben"* anschließt - vielleicht nachdem jemand gerade dasselbe gesagt hat:

> 私も 猫が大好き です。
> *watashi mo neko ga daisuki desu.*
> "Ich mag auch Katzen" ("Ich auch")

Es kann auch *"beide"* und *"alle"* bedeuten. Auf die Frage *"Magst du Katzen oder Hunde?"* könnte der Sprecher antworten:

> (私は)猫も犬も大好きだ。
> *neko mo inu mo daisuki da.*
> "Sowohl Katzen als auch Hunde mag ich"

Schließlich wird es auch als Äquivalent zum Wort *"sogar"* verwendet, um zu betonen, dass das, was der imaginären Liste hinzugefügt wird, übertrieben oder *"jenseits des Normalen"* erscheint.

> ...蛇も大好きです！
> *...hebu mo daisuki desu!*
> "...ich liebe sogar Schlangen."

Satzendende Partikel よ & ね

(ausgesprochen 'yo' und 'ne')

Am Ende eines Satzes stellt die Partikel ね *(ne)* eine Frage wie *"ist es nicht so?"*, *"nicht wahr?"* oder *"stimmt es?"*, um die Informationen als etwas zu kennzeichnen, worüber man sich bereits geeinigt hat, oder einfach zur Bestätigung:

> ケーキ は 美味しいですね。
> *kēki wa oishīdesu ne*
> "Der Kuchen ist köstlich, nicht wahr?"

Wenn Sie einen Satz mit dem Partikel よ *(yo)*, beenden, vermittelt dies den Eindruck, dass das Gesagte für den Zuhörer neu oder informativ ist, ähnlich wie *"weißt du"* im Deutschen:

> 彼は美味しいケーキを焼きますよ。
> *kare wa oishī kēki o yakimasu yo*
> "Seine Kuchen sind köstlich, weißt du"

Mehr Partikel

Diese Liste zusätzlicher Partikel und ihrer Verwendungszwecke ist keineswegs erschöpfend - es gibt noch viel mehr zu entdecken, wenn Sie mit Japanisch weiterkommen. Ich habe eine kurze Zusammenfassung mit ein oder zwei praktischen Abbildungen beigefügt, aber fast alle diese Partikel haben weitere Verwendungen - zu viele, um sie hier aufzulisten!

よね (yone) — Wenn よ+ね am Ende eines Satzes stehen, haben sie eine ähnliche Funktion. Man glaubt, dass das Gesagte neu ist, aber es ist nicht sicher oder offensichtlich, ob es das ist.
ケーキを食べますよね？ *(kēki o tabemasu yo ne?)* "Du isst doch den Kuchen, oder?"

だけ (dake) — Ähnlich wie *"nur"* oder *"nicht mehr als"* markiert diese Partikel das Ausmaß oder die Grenze von etwas. Es kann in Sätzen wie *"so [etwas] wie möglich"* verwendet werden.
百円だけあげる *(hyaku-en dake ageru)* "Ich gebe Ihnen nur 100 Yen."

しか (shika) — Markiert auch Ausmaße oder Grenzen, typischerweise wenn sie dem Sprecher Probleme bereiten. Äquivalent zu *"nur [etwas] und nicht mehr"* oder *"nichts als..."*.
ケーキしか焼けない *(kēki shika yakenai)* "Ich kann nur Kuchen backen."

ばかり (bakari) — Folgt auf Zahlen, um Schätzungen zu markieren; für Phrasen wie *"nicht nur ... aber"*; und bedeutet auch *"nur"* oder *"nichts als ..."*. Normalerweise erfordert es einen Kontext.
ケーキばかり焼いています *(kēki bakari yaite imasu)* "(Ich mache) nichts anderes als Kuchen backen."

より (yori) — Wird in Vergleichen verwendet und bedeutet *"als"*. Drückt *"mehr als"* aus (als positiv). Wird auch verwendet, um *"von"* zu sagen, wenn man an jemanden schreibt.
彼は彼女より背が高い *(kare wa kanojo yori segatakai)* "Er ist größer als sie."

でも (demo) — Eine andere Partikel für *"aber"*, je nach Situation kann sie den folgenden Satz betonen. Markiert oft Wörter, die eine Möglichkeit oder eine Andeutung beschreiben.
でもこのケーキは美味しい *(demo kono kēki wa oishī)* "...aber dieser Kuchen ist köstlich!"

ほど (hodo) — *"Etwa"* oder *"ungefähr"* bei Zahlen. Für Grade, die einer Grenze entsprechen, z. B. *"in der Größenordnung von"*, und markiert *"größer"* in Vergleichen: "sie ist nicht so groß wie er"
彼女は彼ほど背が高くない *(Kanojo wa kare hodo se ga takakunai)*

から (kara) — Markiert einen Ort oder eine Zeit *"von"*, wo etwas beginnt, einen Ursprungspunkt oder eine Informationsquelle. Funktioniert mit dem Partikel まで, um *"von X, nach Y"* zu sagen.
大学から戻ります *(daigaku kara modorimasu)* "Ich werde vom College zurückkehren"

まで (made) — Das Gegenteil von から und markiert einen Endpunkt. Wird für Raum, Entfernung, Zeit und Zahlen verwendet. Typischerweise "bis". Gefolgt von に, wird zu *"durch"* oder *"vor"*.
家に着くまで走った *(Ie ni tsuku made hashitta)* "Ich rannte, bis ich nach Hause kam"

////////////////////////////////// **TEIL 8**

Lernmittel

Dieser letzte Abschnitt enthält einige zusätzliche Ressourcen, die Ihnen bei Ihren Studien helfen sollen. Sie können direkt in das Buch schreiben, aber Sie können es auch vorziehen, die Seiten auszuschneiden oder für den persönlichen Gebrauch zu fotokopieren. Ich versuche immer, die Anzahl der leeren Seiten auf ein Minimum zu beschränken, um Platz für mehr nützliche Informationen in den früheren Kapiteln zu schaffen, aber ich hoffe, Sie finden diese kleine Auswahl an zusätzlichen Ressourcen hilfreich.

Die folgenden Blätter enthalten zusätzliche Gittervorlagen zum Üben japanischer Schriftzeichen. Sie enthalten Kombinationen von 1-Zoll- oder 0,7-Zoll-Quadraten, sowohl mit als auch ohne gepunktete Hilfslinien in der Mitte, um verschiedenen Zwecken und Vorlieben gerecht zu werden.

Dieser Abschnitt enthält auch einige kanji-spezifische Vorlagen für die Aufzeichnung anderer Zeichen, die Sie vielleicht üben möchten. Es ist Platz für Notizen zu wichtigem Kanji-Wissen, wie z. B. Lesungen, individuelle Strichfolge usw., vorgesehen.

Auf den Seiten 379 - 416 finden Sie doppelseitige Vorlagen, die Sie ausschneiden oder kopieren können, um Mini-Lernkarten zu erstellen - hilfreich, um die Kana und Kanji in diesem Buch zu wiederholen und Ihr Gedächtnis zu testen. Sie sind nicht so haltbar wie echte Lernkarten, aber ich dachte, es wäre gut, sie beizulegen und Ihnen zusätzliches Geld zu sparen. Die Karten zeigen jedes Zeichen und seine wichtigsten Lernpunkte, wie z. B. Aussprache, Strichfolge und Regeln für Lautveränderungen. Die Kanji-Karten enthalten auch wichtige Lesungen, Informationen zur Identifizierung und nützliche Vokabeln. Einige leere Kartenvorlagen in diesem Abschnitt können zum Erstellen eigener Karten oder zum einfachen Ersetzen fehlender Karten verwendet werden!

Für diejenigen, die es vorziehen, direkt in ein Arbeitsbuch zu schreiben, habe ich auch eine Reihe von zusätzlichen Übungsbüchern veröffentlicht, die sich ideal für die Verwendung in Verbindung mit dieser Publikation eignen. Jedes von ihnen ist mit einer der verschiedenen Arten von Vorlagen in diesem Kapitel gefüllt. Die *Kana- und Kanji-Begleitbücher (oder "Kana and Kanji Companion")* sind ähnlich wie Nachfüllblöcke, aber mit japanischen Schreibrastern. *Das Kanji-Begleitbuch (oder "Kanji Study Companion")* fungiert als spezielles Logbuch zum Aufzeichnen, Organisieren und Sammeln neuer Kanji-Kenntnisse.

Meine Begleitbücher sind auf den globalen Marktplätzen von Amazon erhältlich.

Vorlage für Schreibübungen

(1-Zoll-Raster mit Hilfslinien)   *Japanisch leicht gemacht*

Vorlage für Schreibübungen

Japanisch leicht gemacht *(1-Zoll-Raster mit Hilfslinien)*

Vorlage für Schreibübungen

(1-Zoll-Raster mit Hilfslinien) *Japanisch leicht gemacht*

Vorlage für Schreibübungen

Japanisch leicht gemacht *(1-Zoll-Raster ohne Hilfslinien)*

Vorlage für Schreibübungen

(1-Zoll-Raster ohne Hilfslinien) *Japanisch leicht gemacht*

Vorlage für Schreibübungen

Japanisch leicht gemacht *(1-Zoll-Raster ohne Hilfslinien)*

Vorlage für Schreibübungen

(1-Zoll-Raster ohne Hilfslinien) *Japanisch leicht gemacht*

Vorlage für Schreibübungen

Vorlage für Schreibübungen

(0,7-Zoll-Raster mit Hilfslinien) Japanisch leicht gemacht

Vorlage für Schreibübungen

Japanisch leicht gemacht (0,7-Zoll-Raster mit Hilfslinien)

Vorlage für Schreibübungen

(0,7-Zoll-Raster mit Hilfslinien) *Japanisch leicht gemacht*

Vorlage für Schreibübungen

Japanisch leicht gemacht (0,7-Zoll-Raster ohne Hilfslinien)

Vorlage für Schreibübungen

(0,7-Zoll-Raster ohne Hilfslinien) *Japanisch leicht gemacht*

Vorlage für Schreibübungen

Japanisch leicht gemacht (0,7-Zoll-Raster ohne Hilfslinien)

Vorlage für Schreibübungen

(0,7-Zoll-Raster ohne Hilfslinien) *Japanisch leicht gemacht*

N5 N4 N3 N2 N1

KANJI-DETAILS

ON'YOMI

KUN'YOMI

RADIKAL(E) VOKABELN

VOKABELN

SATZ / MNEMONIK / HINWEISE

KANJI STRICHFOLGE

KANJI SCHREIBÜBUNGEN

N5 N4 N3 N2 N1

Kanji-Studienvorlage

N5　N4　N3　N2　N1

ON'YOMI　　　　　　　KUN'YOMI

RADIKAL(E)　VOKABELN　　　VOKABELN

SATZ / MNEMONIK / HINWEISE

KANJI-DETAILS

KANJI STRICHFOLGE

KANJI SCHREIBÜBUNGEN

Kanji-Studienvorlage

N5　N4　N3　N2　N1

KANJI-DETAILS

ON'YOMI

KUN'YOMI

RADIKAL(E) | VOKABELN | VOKABELN

SATZ / MNEMONIK / HINWEISE

KANJI STRICHFOLGE

KANJI SCHREIBÜBUNGEN

N5　N4　N3　N2　N1

Kanji-Studienvorlage

N5 N4 N3 N2 N1

ON'YOMI   KUN'YOMI

RADIKAL(E)   VOKABELN   VOKABELN

SATZ / MNEMONIK / HINWEISE

KANJI-DETAILS

KANJI STRICHFOLGE

KANJI SCHREIBÜBUNGEN

Kanji-Studienvorlage

N5 N4 N3 N2 N1

KANJI-DETAILS

ON'YOMI

KUN'YOMI

RADIKAL(E) | VOKABELN | VOKABELN

SATZ / MNEMONIK / HINWEISE

KANJI STRICHFOLGE

KANJI SCHREIBÜBUNGEN

N5 N4 N3 N2 N1

Kanji-Studienvorlage

N5 N4 N3 N2 N1

ON'YOMI   KUN'YOMI

RADIKAL(E)   VOKABELN   VOKABELN

SATZ / MNEMONIK / HINWEISE

KANJI-DETAILS

KANJI STRICHFOLGE

KANJI SCHREIBÜBUNGEN

Kanji-Studienvorlage

さ	か	あ
し	き	い
す	く	う
せ	け	え
そ	こ	お

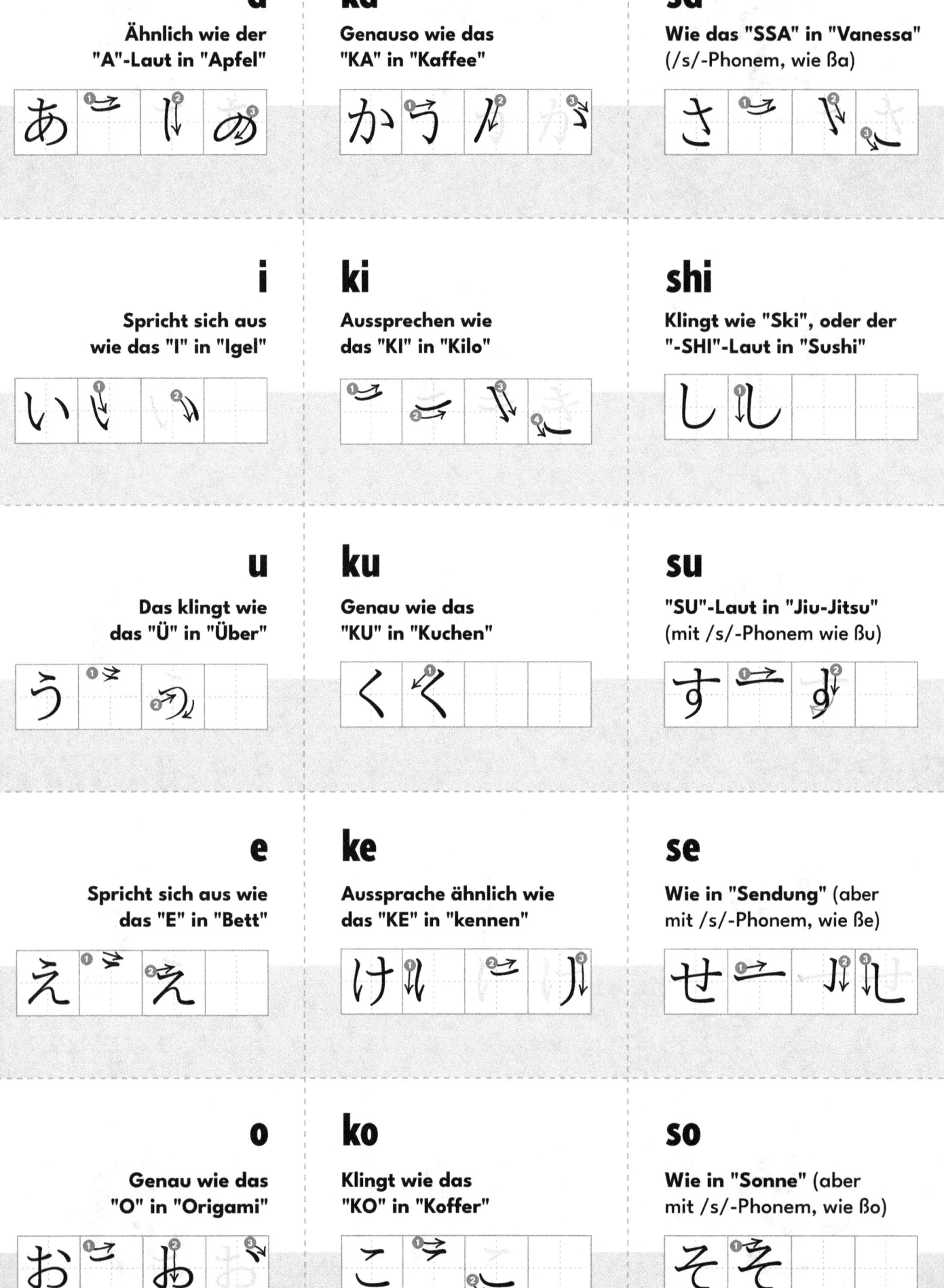

は	な	た
ひ	に	ち
ふ	ぬ	つ
へ	ね	て
ほ	の	と

ta
Sprich es aus wie das "TA" in "Taktik"

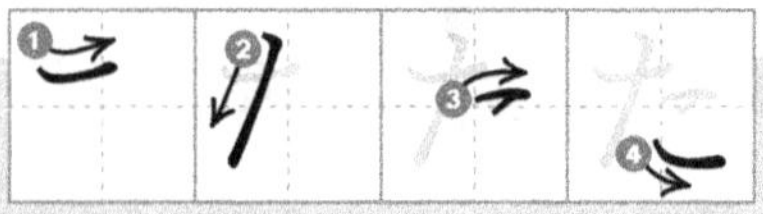

na
Klingt wie der "NA" in "Nagel"

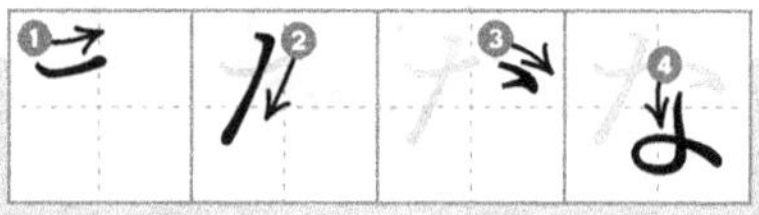

ha
Klingt wie das "HA" in "Hasen"

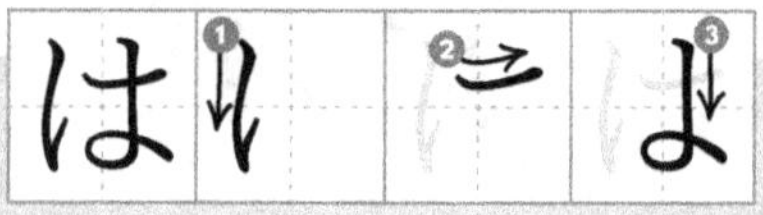

chi
Klingt wie das "CHEE" in "Cheeseburger"

ni
Ähnlich wie der "NI-"-Laut in "niemals"

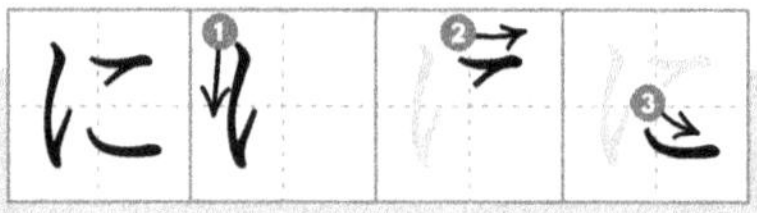

hi
Ausgesprochen wie das "HI" im "Himmel"

tsu
Wie in dem Wort "Tsunami"

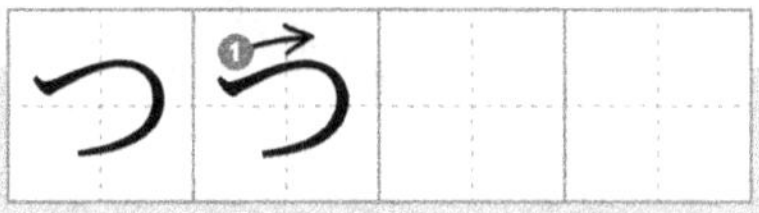

nu
Wie das "NU" in "Nudeln"

fu
Klingt wie das "FU" in "Fuß" und "HU" in "Huf"

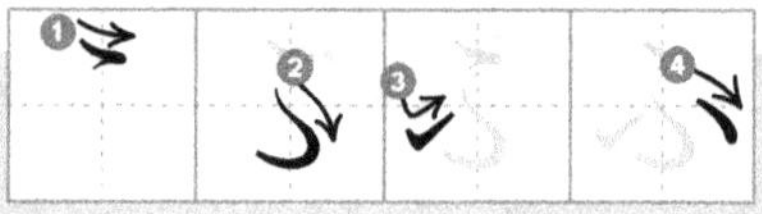

te
Klingt wie das "TE" in dem Wort "Tennis"

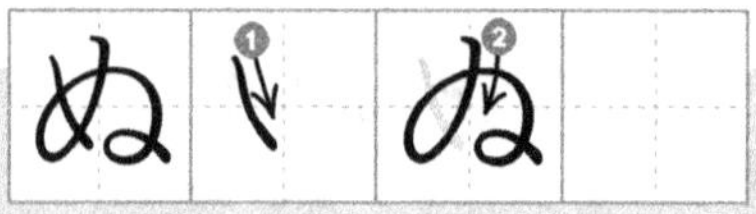

ne
Gesprochen wie der "NE" in "Neffe"

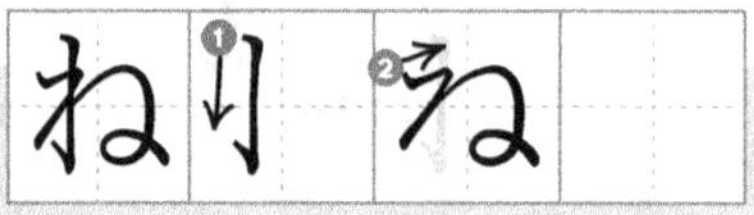

he
Wie bei dem Wort "Hexen"

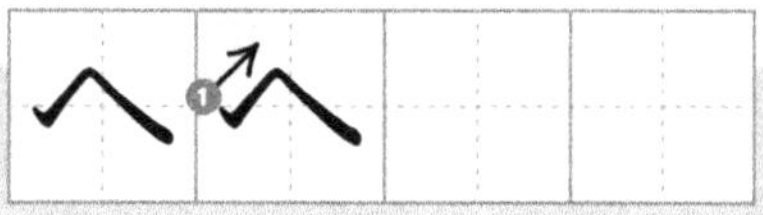

to

Wird ausgesprochen wie das "TO" in "Tomate"

no
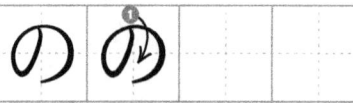
Wie bei dem Wort "Norden"

ho
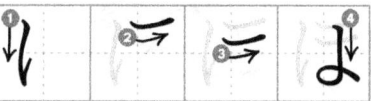
Gesprochen wie das "HO" in "Hoffen"

ma
Genau wie das "MA" in "Mann"

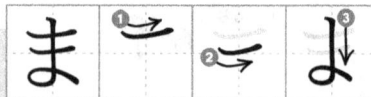

ya
Klingt wie das "YA" in "Yacht"

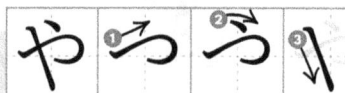

ra
Wie das "RA" in dem Wort "Radfahren"

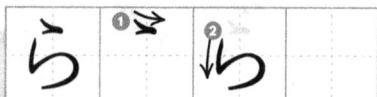

mi
Spricht sich wie "mee" wie das "MI" in "Minus"

yu
Wie der "Ju-"-Laut in "Jung" (/y/-Phonem)

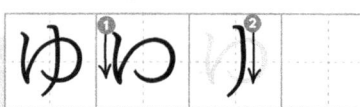

ri
Spricht sich aus wie das "RI" in "Richtung"

mu
Wie das "MU" in dem Wort "Musik"

yo
Wie der "Jo-"-Laut in "Joghurt" (/y/-Phonem)

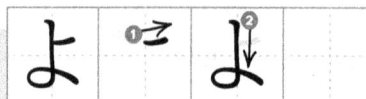

ru
Aussprache ähnlich dem "RU" in "Runde"

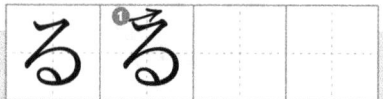

me
Klingt ähnlich wie das "ME" in "Mentor"

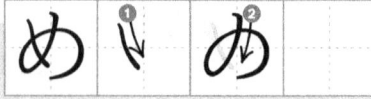

wa
Wie in "Wachs" (aber mit englischem /w/-Phonem)

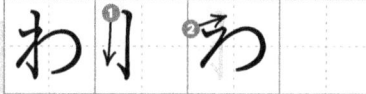

re
Wie das "RE" in dem Wort "Recht"

mo
Wie bei dem Wort "Moden"

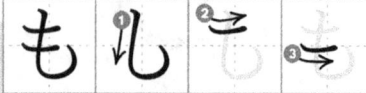

n
Ausgesprochen wie das "N"-Laut in "Essen"

ro
Wie das "RO" in "Rot" oder "Rosig"

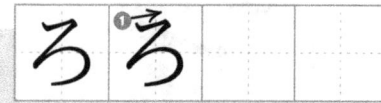

ア	カ	サ
イ	キ	シ
ウ	ク	ス
エ	ケ	セ
オ	コ	ソ

ハ	ナ	タ
ヒ	ニ	チ
フ	ヌ	ツ
ヘ	ネ	テ
ホ	ノ	ト

 katakana	 katakana	 katakana
 katakana	ユ katakana	 katakana
 katakana	ヨ katakana	 katakana
 katakana	 katakana	メ katakana
 katakana	 katakana	 katakana

ma
Genau wie das "MA" in "Mann"

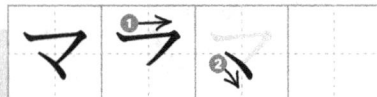

ya
Klingt wie das "YA" in "Yacht"

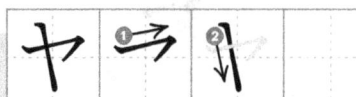

ra
Wie das "RA" in dem Wort "Radfahren"

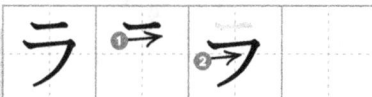

mi
Spricht sich wie "mee" wie das "MI" in "Minus"

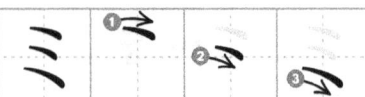

yu
Wie der "Ju-"-Laut in "Jung" (/y/-Phonem)

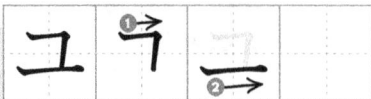

ri
Spricht sich aus wie das "RI" in "Richtung"

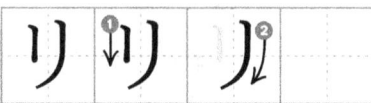

mu
Wie das "MU" in dem Wort "Musik"

yo
Wie der "Jo-"-Laut in "Joghurt" (/y/-Phonem)

ru
Aussprache ähnlich dem "RU" in "Runde"

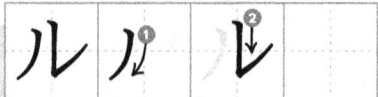

me
Klingt ähnlich wie das "ME" in "Mentor"

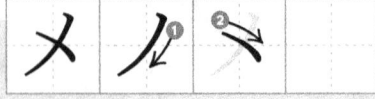

wa
Wie in "Wachs" (aber mit englischem /w/-Phonem)

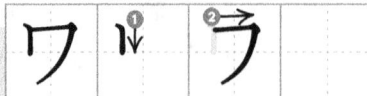

re
Wie das "RE" in dem Wort "Recht"

mo
Wie bei dem Wort "Moden"

n
Ausgesprochen wie das "N"-Laut in "Essen"

ro
Wie das "RO" in "Rot" oder "Rosig"

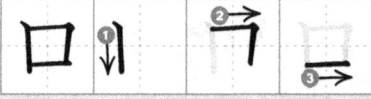

つツ を

Ersatz | Langes Konsonanten | hiragana

ああ ヲ

Ersatz | Lange Vokale | katakana

ぽぽ しゃ

Ersatz | Dakuten / Handakuten | Kombination Kana

w	r	y	m	h	n	t	s	k		(H)
わ wa	ら ra	や ya	ま ma	は ha	な na	た ta	さ sa	か ka	あ a	a
	り ri		み mi	ひ hi	に ni	ち chi	し shi	き ki	い i	i
ん n	る ru	ゆ yu	む mu	ふ fu	ぬ nu	つ tsu	す su	く ku	う u	u
	れ re		め me	へ he	ね ne	て te	せ se	け ke	え e	e
を wo	ろ ro	よ yo	も mo	ほ ho	の no	と to	そ so	こ ko	お o	o

WO
Ausgesprochen als お
(Wie das O in "oben")

を

(を ist ein Partikel)

Kleine tsu っ und ッ = "doppelter Konsonantenlaut"
(fügt eine Mora hinzu)

ロク	ロック
roku	ro +**k** **k**u

WO
Ausgesprochen als オ
(Wie das O in "oben")

ヲ

(ヲ ist ein Partikel)

Katakana + Vokaldehner

ケーキ	キュート
kee ki	kyuu to

Hiragana + zusätzlicher Vokal

[a]-Lauten	+あ (a)
[i]- und [e]-Laute	+い (i)
[u]- und [o]-Laute	+う (u)

Kana, das auf '-i' endet + kleines 'y-' Kana
z.B. し/き/ち + や/ゆ/よ

H	き + よ = きょ
	ki yo kyo
K	キ + ヨ = キョ

Diakritische Markierungen = "Stimmhafte" Konsonanten
dakuten "   handakuten °

	k	t	s	h	ho	ほ	ホ
+"	g	d	z	b	bo	ぼ	ボ
+°				p	po	ぽ	ポ

一

N5 Kanji **Zahlen**

Kun	ひと-、ひと.つ
On	イチ、イツ
Radikal	一
Striche	1
Teile	一

二

N5 Kanji **Zahlen**

Kun	ふた、ふた.つ
On	ニ、ジ
Radikal	二
Striche	2
Teile	二

三

N5 Kanji **Zahlen**

Kun	み、み.つ、みっ.つ
On	サン、ゾウ
Radikal	一
Striche	3
Teile	一 二

四

N5 Kanji **Zahlen**

Kun	よ、よ.つ、よん
On	シ
Radikal	囗
Striche	5
Teile	儿 囗

五

N5 Kanji **Zahlen**

Kun	いつ、いつ.つ
On	ゴ
Radikal	二
Striche	4
Teile	五

六

N5 Kanji **Zahlen**

Kun	む、む.つ、むっ.つ
On	ロク、リク
Radikal	八
Striche	4
Teile	亠 八

七

N5 Kanji **Zahlen**

Kun	なな、なな.つ、なの
On	シチ
Radikal	一
Striche	2
Teile	乙 ノ ヒ

八

N5 Kanji **Zahlen**

Kun	や、や.つ、やっ.つ
On	ハチ、ハツ
Radikal	八
Striche	2
Teile	八

九

N5 Kanji **Zahlen**

Kun	ここの、ここの.つ
On	キュウ、ク
Radikal	乁
Striche	2
Teile	九

Bedeutung(en)   **drei, 3**

三	サン / さん *drei, 3*
三日	みっか *3. Tag des Monats*
三月	さんがつ *März, 3. Monat*
三十日	みそか *letzter Tag (Monats)*

Bedeutung(en)   **zwei, 2**

二	ニ / に *zwei, 2*
二日	ふつか *2. Tag, 2 Tage*
二月	にがつ *Februar, 2. Monat*
二人	ふたり *2 Personen, Paar*

Bedeutung(en)   **eine, 1, erste**

一	ひとつ *eine, (nicht) sogar*
一	イチ *am besten, zuerst*
一寸	ちょっと *ein wenig, bisschen*
一人	ひとり *eine Person*

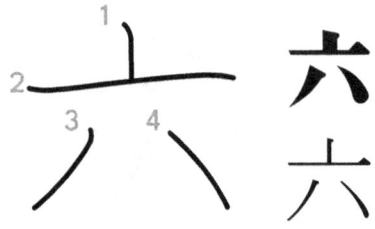

Bedeutung(en)   **sechs, 6**

六	ロク / ろく *sechs, 6*
六日	むいか *6. Tag des Monats*
六月	ロクガツ *Juni, 6. Monat*
六つ	むっつ *sechs Jahre alt*

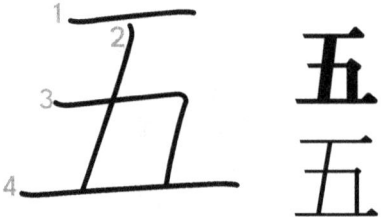

Bedeutung(en)   **fünf, 5**

五	ゴ / ご *fünf, 5*
五日	いつか *5. Tag des Monats*
五月	ゴガツ *Mai, 5. Monat*
五つ	いつつ *fünf, fünf Jahre alt*

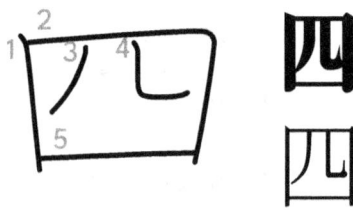

Bedeutung(en)   **vier, 4**

四	シ / し *vier, 4*
四日	よっか *4. Tag des Monats*
四月	シガツ *April, 4. Monat*
四つ	よっつ *vier, vier Jahre alt*

Bedeutung(en)   **neun, 9**

九	キュウ / きゅう *neun, 9*
九日	ここのか *9. Tag des Monats*
九月	クガツ *September, 9. Monat*
九つ	ここのつ *neun Jahre alt*

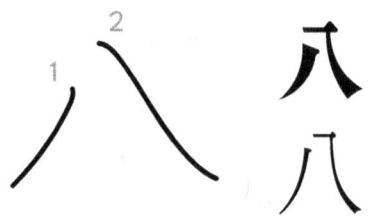

Bedeutung(en)   **acht, 8**

八	ハチ / はち *acht, 8*
八日	ようか *8. Tag des Monats*
八月	だす *August, 8. Monat*
八つ	やっつ *acht Jahre alt*

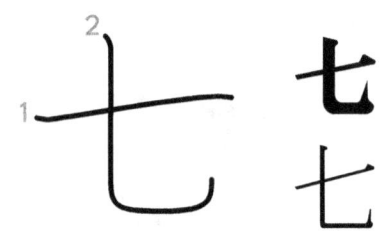

Bedeutung(en)   **sieben, 7**

七	シチ / しち *sieben, 7*
七日	なのか *7. Tag des Monats*
七月	シチガツ *Juli, 7. Monat*
七つ	ななつ *sieben Jahre alt*

十

N5 Kanji **Zahlen**

Kun	とお、と、そ
On	ジュウ、ジッ
Radikal	十
Striche	2
Teile	十

百

N5 Kanji **Zahlen**

Kun	もも
On	ヒャク、ビャク
Radikal	白
Striche	6
Teile	一 白

千

N5 Kanji **Zahlen**

Kun	ち
On	セン
Radikal	十
Striche	3
Teile	ノ 十

万

N5 Kanji **Zahlen**

Kun	よろず
On	マン、バン
Radikal	一
Striche	3
Teile	一 丨 ノ

円

N5 Kanji **Zahlen**

Kun	まる.い、まど
On	エン
Radikal	冂
Striche	4
Teile	一 丨 亠 冂

日

N5 Kanji **Zeit**

Kun	ひ、-び、-か
On	ニチ、ジツ
Radikal	日
Striche	4
Teile	日

週

N5 Kanji **Zeit**

Kun	(none)
On	シュウ
Radikal	辵
Striche	11
Teile	冂 込 口 土

月

N5 Kanji **Zeit**

Kun	つき
On	ゲツ、ガツ
Radikal	月
Striche	4
Teile	月

年

N5 Kanji **Zeit**

Kun	とし
On	ネン
Radikal	干
Striche	6
Teile	一 ノ 干 乞

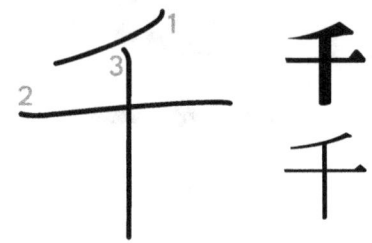

Bedeutung(en): **1.000, Tausend**

千	セン 1000, tausend
千	せん 1000, tausend
百千	ひゃくせん große Anzahl
千万円	いっせん まんえん 10 Millionen Yen

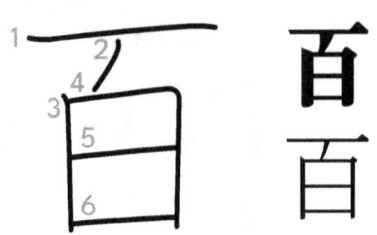

Bedeutung(en): **hundert, 100**

百	ヒャク hundert, 100
百	もも 100, (sehr) viele
百貨店	ひゃっかてん Kaufhaus
百万円	ひゃくまんえん 1 Million Yen

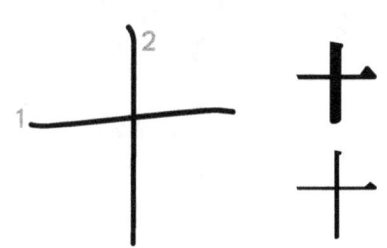

Bedeutung(en): **zehn, 10**

十	じゅう / ジュウ 10, zehn Jahre alt
十日	とおか 10. Tag des Monats
十回	ジッカイ zehnmal
十分	じゅうぶん genug, viel

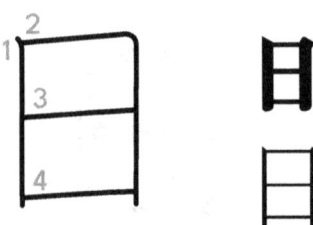

Bedeutung(en): **Tag, Sonne, Japan**

日	ひ Tag/Tage, Sonne
日	いく Sonntag, Japan
あくる日	あくるひ nächster Tag
明日	あした morgen

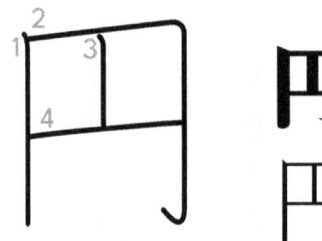

Bedeutung(en): **Yen, Kreis, rund**

円い	まるい rund, kugelförmig
円	エン Yen, Kreis
円滑	エンカツ glatt, ungestört
円か	まどか ruhig, entspannt

Bedeutung(en): **10.000**

万	マン 10.000, verschiedene
万	いく Myriade, alles, alle
万能	ばんのう nützlich, universell
万年筆	まんねんひつ Füllfederhalter

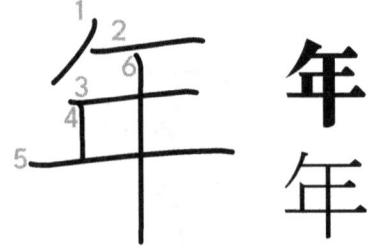

Bedeutung(en): **Jahr (+ Zähler)**

年	とし Jahr, Alter, Jahre
年	ネン Zähler für Jahre
今年	ことし dieses Jahr
去年	きょねん letztes Jahr

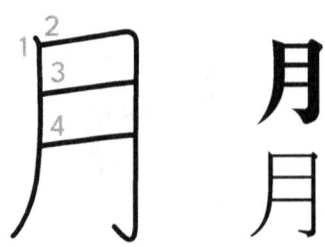

Bedeutung(en): **Monat, Montag**

月	つき Mond, Monat
月	ゲツ Montag
月末	げつまつ Ende des Monats
月曜日	げつようび Montag

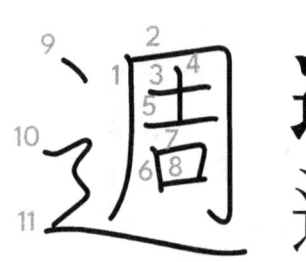

Bedeutung(en): **Woche**

週	シュウ Woche
前週	ゼンシュウ letzte Woche
毎週	マイシュウ jede Woche
隔週	カクシュウ jede zweite Woche

時

Kun	とき、-どき
On	ジ
Radikal	日
Striche	10
Teile	土寸日

N5 Kanji **Zeit**

間

Kun	あいだ、ま、あい
On	カン、ケン
Radikal	門
Striche	12
Teile	日門

N5 Kanji **Zeit**

分

Kun	わ.ける、わ.け
On	ブン、フン、ブ
Radikal	刀
Striche	4
Teile	ハ刀

N5 Kanji **Zeit**

午

Kun	うま
On	ゴ
Radikal	十
Striche	4
Teile	ノ十千乞

N5 Kanji **Zeit**

前

Kun	まえ、-まえ
On	ゼン
Radikal	刀
Striche	9
Teile	一并刈月

N5 Kanji **Zeit**

後

Kun	のち、うし.ろ
On	ゴ、コウ
Radikal	彳
Striche	9
Teile	夂幺彳

N5 Kanji **Zeit**

今

Kun	いま
On	コン、キン
Radikal	人(イ)
Striche	4
Teile	一个

N5 Kanji **Zeit**

先

Kun	さき、ま.ず
On	セン
Radikal	儿
Striche	6
Teile	ノ儿土

N5 Kanji **Zeit**

来

Kun	く.る、きた.る
On	ライ、タイ
Radikal	木
Striche	7
Teile	│二十木米

N5 Kanji **Zeit**

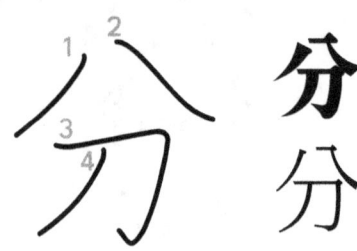 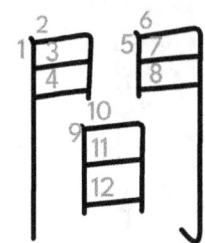 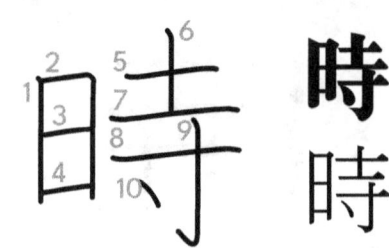

Bedeutung(en):	**Teil, Minute**	Bedeutung(en):	**Intervall, Raum**	Bedeutung(en):	**Zeit, Stunde**		

分	ブン Teil, Portion, Anteil	間	あいだ Lücke, Abstand	時	とき Zeit, Moment
分ける	わける teilen/spalten (in)	間	カン Intervall, zwischen	時	ジ Stunde, Uhr,
分別	フンベツ Diskretion, Vernunft	時間	じかん Zeit, Stunde	時計	とけい Uhr, Zeitmesser
三十分	さんじゅうっぷん 30 Minuten (30分)	間違い	まちがい Fehler, Irrtum, Unfall	時刻表	じこくひょう Fahrplan

 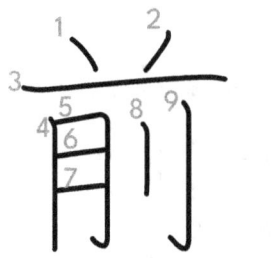 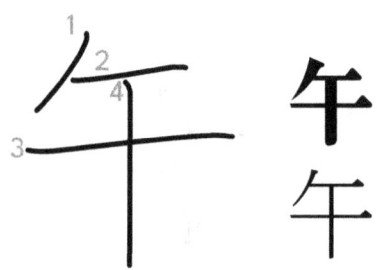

Bedeutung(en):	**hinter, zurück**	Bedeutung(en):	**vorne, vor**	Bedeutung(en):	**Mittag**		

後	のち später, danach	前	まえ vor, früher, vor	午後	ゴゴ Nachmittag, PM
後々	のちのち (ferne) Zukunft	名前	なまえ Name, Vorname	午前	ゴゼン Vormittag, AM
午後	ごご nachmittags	前	ゼン letzter..., früher	亭午	テイゴ Mittag
後日	ゴジツ in der Zukunft	前売り	まえうり Vorverkauf, Buchung	午	うま Zeichen des Pferdes

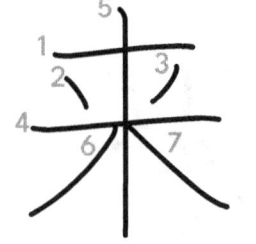  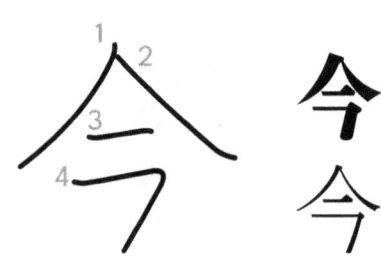

Bedeutung(en):	**nächste, Ursache**	Bedeutung(en):	**vorher, zukünftig**	Bedeutung(en):	**Nun, das**		

来	ライ nächstes Jahr	先	セン früher, vorher, alt	今	コン dieser, der aktuelle..
来月	らいげつ nächsten Monat	先	さき Punkt, Spitze, Ende	今	いま jetzt, bald, sofort
来る	くる kommen, ankommen	先週	せんしゅう letzte Woche	今晩	こんばん heute, heute Abend
出来る	できる tun können	先生	せんせい Lehrer, Ausbilde	今朝	こんちょう heute Morgen

半

N5 Kanji **Zeit**

Kun	なか.ば
On	ハン
Radikal	十
Striche	5
Teile	｜ 二 丷 十

毎

N5 Kanji **Zeit**

Kun	ごと、-ごと.に
On	マイ
Radikal	毋 (母, 母)
Striche	6
Teile	毋 母 乞

何

N5 Kanji **Zeit**

Kun	なに、なん、なに-
On	カ
Radikal	人 (亻)
Striche	7
Teile	一 亅 化 口

人

N5 Kanji **Menschen und Dinge**

Kun	ひと、-り、-と
On	ジン、ニン
Radikal	人 (亻)
Striche	2
Teile	人

男

N5 Kanji **Menschen und Dinge**

Kun	おとこ、お
On	ダン、ナン
Radikal	田
Striche	7
Teile	力 田

女

N5 Kanji **Menschen und Dinge**

Kun	おんな、め
On	ジョ、ニョ、ニョウ
Radikal	女
Striche	3
Teile	女

子

N5 Kanji **Menschen und Dinge**

Kun	こ、-こ、ね
On	シ、ス、ツ
Radikal	子
Striche	3
Teile	子

母

N5 Kanji **Menschen und Dinge**

Kun	はは、も
On	ボ
Radikal	毋 (母)
Striche	5
Teile	毋 母

父

N5 Kanji **Menschen und Dinge**

Kun	ちち
On	フ
Radikal	父
Striche	4
Teile	父

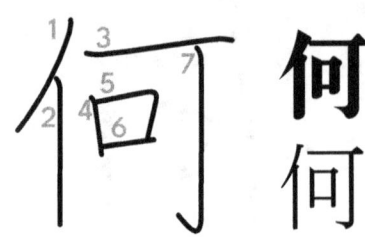

Bedeutung(en): **welche, wie viele**

何	なに *was, das Ding*
何	なん *was, wie viele, viele*
何か	なにか *etwas, irgendetwas*
何曜日	なんようび *Welcher Tag?*

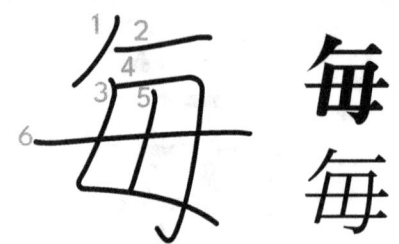

Bedeutung(en): **jede**

毎	ごと *jedes*
毎	マイ *jedes [Ereignisse]*
毎日	まいにち *jeden Tag*
毎朝	マイアサ *jeden Morgen*

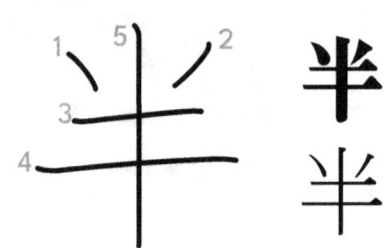

Bedeutung(en): **halb, mittel**

半	ハン *halb, halb-past*
半分	はんぶん *halb*
半ば	なかば *Mitte, eine Hälfte*
大半	たいはん *Mehrheit*

Bedeutung(en): **Frau, weiblich**

女	おんな *weiblich, Frau*
女王	ジョオウ *Königin*
女神	めがみ *Göttin*
女の子	おんなのこ *Mädchen, Tochter*

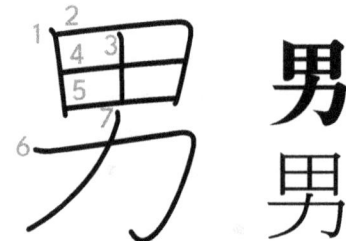

Bedeutung(en): **Mann, männlich**

男	おとこ *Mann, männlich*
男女	ダンジョ *Mann und Frau*
美男	びなん *gutaussehender Mann*
男の子	おとこのこ *Junge, Sohn*

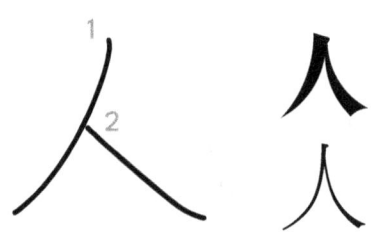

Bedeutung(en): **Person**

人	ひと *Menschen*
人	ジン *-er (z. B. Italiener)*
人々	ひとびと *Männer und Frauen*
人	ニン *Zähler für Menschen*

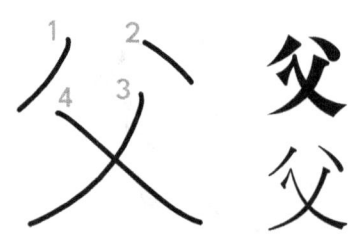

Bedeutung(en): **Vater**

父	ちち *Vater*
父母	フボ *Eltern*
祖父	そふ *Großvater*
祖父母	そふぼ *Großeltern*

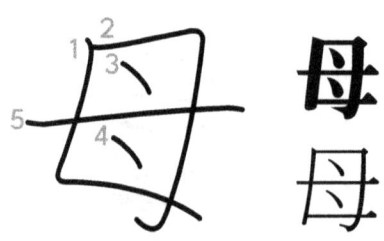

Bedeutung(en): **Mutter**

母	はは *Mutter*
父母	フボ *Eltern*
伯母さん	おばさん *Tante*
お祖母さん	おばあさん *Großmutter*

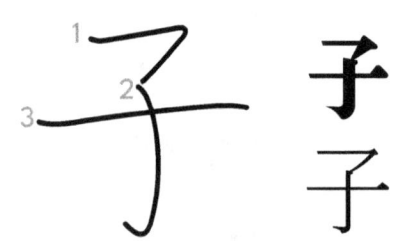

Bedeutung(en): **Kind**

子	こ *Kind, Jugendlicher*
息子	むすこ *Sohn*
子供	こども *Kind*
帽子	ぼうし *Hut, Mütze*

N5 Kanji **Menschen und Dinge**

Kun	とも
On	ユウ
Radikal	又
Striche	4
Teile	一ノ又

N5 Kanji **Menschen und Dinge**

Kun	ひ、-び、ほ-
On	カ
Radikal	火 (灬)
Striche	4
Teile	火

N5 Kanji **Menschen und Dinge**

Kun	みず、みず-
On	スイ
Radikal	水 (氵, 氺)
Striche	4
Teile	水

N5 Kanji **Menschen und Dinge**

Kun	き、こ-
On	ボク、モク
Radikal	木
Striche	4
Teile	木

N5 Kanji **Menschen und Dinge**

Kun	つち
On	ド、ト
Radikal	土
Striche	3
Teile	土

N5 Kanji **Menschen und Dinge**

Kun	かね、かな-、-がね
On	キン、コン、ゴン
Radikal	金 (釒)
Striche	8
Teile	个八并王金

N5 Kanji **Menschen und Dinge**

Kun	もと
On	ホン
Radikal	木
Striche	5
Teile	一木

川

N5 Kanji **Menschen und Dinge**

Kun	かわ
On	セン
Radikal	巛 (川、巜)
Striche	3
Teile	川

N5 Kanji **Menschen und Dinge**

Kun	はな
On	カ、ケ
Radikal	艸 (艹)
Striche	7
Teile	化匕艾

Bedeutung(en): **Wasser**

水	みず Wasser
浄水	ジョウスイ sauberes Wasser
水泳	すいえい Schwimmen
水曜日	すいようび Mittwoch

Bedeutung(en): **Feuer**

火	ひ Feuer, Flamme
小火	ボヤ kleines Feuer
花火	はなび Feuerwerk
火曜日	かようび Dienstag

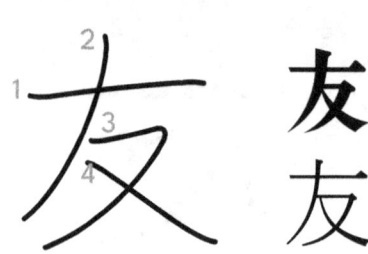

Bedeutung(en): **Freund**

友	とも Freund
友達	ともだち Freund, Kamerad
友情	ゆうじょう Freundschaft
友好的	ゆうこうてき freundlich

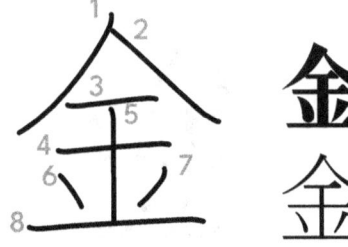

Bedeutung(en): **Gold, Geld, Metall**

金	かね Geld, Metall
金	キン Gold (Metall, Farbe)
納金	ノウキン Bezahlung
金曜日	きんようび Freitag

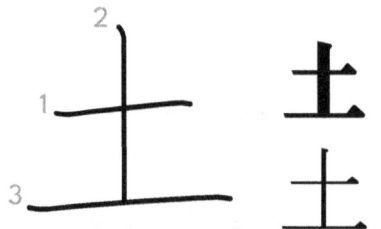

Bedeutung(en): **Boden, Erde**

土	つち Erde, Boden
土	ド Samstag, Schmutz
土地	トチ Grundstück, Partie
土曜日	どようび Samstag

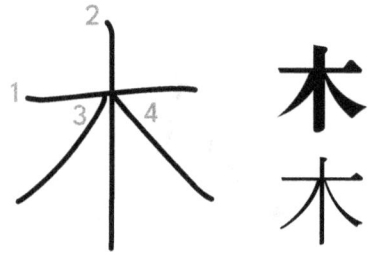

Bedeutung(en): **Baum, Holz**

木	き Baum, Wald, Holz
木々	きぎ fähig sein zu
木材	モクザイ Schnittholz, Bauholz
木曜日	もくようび Donnerstag

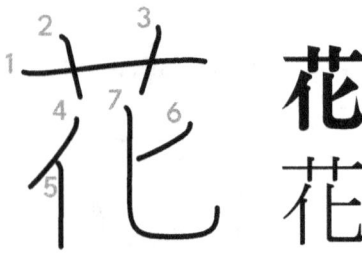

Bedeutung(en): **Blume, Blüte**

花	はな Blume, Blüte
花見	はなみ Kirschblüte betrachten
花形	ハナガタ Blüte, Ornament
花火	はなび Feuerwerk

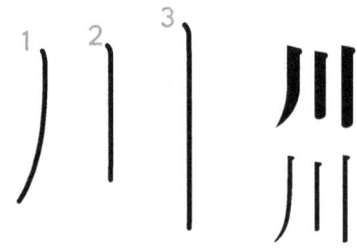

Bedeutung(en): **Strom, Fluss**

川	かわ Fluss, Bach
山川	サンセン Berge und Flüsse
川岸	かわぎし Flussufer, Flussufer
堀川	ほりかわ Kanal

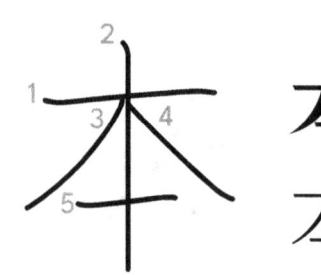

Bedeutung(en): **Buch, wahr, haupt**

本	ホン Buch, Band, Skript
本棚	ほんだな Bücherregal
大本 (元)	おおもと Wurzel, Ursprung
日本語	にほんご Japanisch Sprache

気

Kun	き
On	キ、ケ
Radikal	气
Striche	6
Teile	丶ノ气气

N5 Kanji — **Menschen und Dinge**

生

Kun	い.きる、い.かす
On	セイ、ショウ
Radikal	生
Striche	5
Teile	生

N5 Kanji — **Menschen und Dinge**

魚

Kun	うお、さかな
On	ブン、モン
Radikal	魚
Striche	11
Teile	杰 田 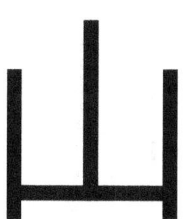

N5 Kanji — **Menschen und Dinge**

天

Kun	あまつ、あめ
On	テン
Radikal	大
Striche	4
Teile	一 二 大

N5 Kanji — **Menschen und Dinge**

空

Kun	そら、あ.く、あ.き
On	クウ
Radikal	穴
Striche	8
Teile	儿 宀 工 穴

N5 Kanji — **Menschen und Dinge**

山

Kun	やま
On	サン、セン
Radikal	山
Striche	3
Teile	山

N5 Kanji — **Menschen und Dinge**

雨

Kun	あめ、あま-、-さめ
On	ウ
Radikal	雨
Striche	8
Teile	

N5 Kanji — **Menschen und Dinge**

電

Kun	(none)
On	デン
Radikal	雨
Striche	13
Teile	乙 田 雨

N5 Kanji — **Menschen und Dinge**

車

Kun	くるま
On	シャ
Radikal	車
Striche	7
Teile	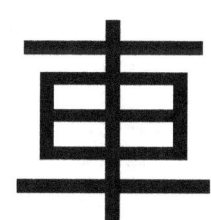

N5 Kanji — **Menschen und Dinge**

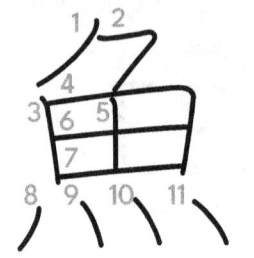
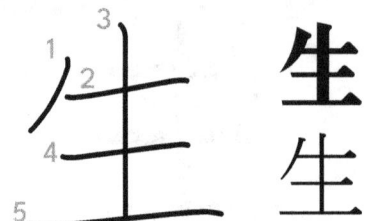

Bedeutung(en): **Fisch** | Bedeutung(en): **Leben, Leben** | Bedeutung(en): **Geist, Luft**

魚	さかな *Fisch*
魚市場	うおいちば *Fischmarkt*
魚類	ギョルイ *Fisch, Fische*
鮮魚	センギョ *frischer Fisch*

生きる	いきる *zu leben/existieren*
生徒	せいと *Schüler, Student*
生	セイ *(m)ich Schüler*
先生	せんせい *Sensei, Lehrer*

気	き / キ *Geist, Herz, Natur*
元気	げんき *lebendig, energisch*
病気	びょうき *Krankheit, Seuche*
気合	きあい / キアイ *Geist, Motivation*

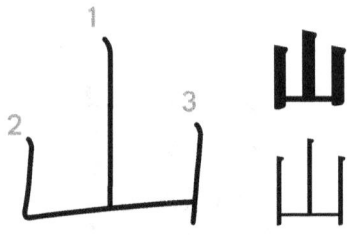
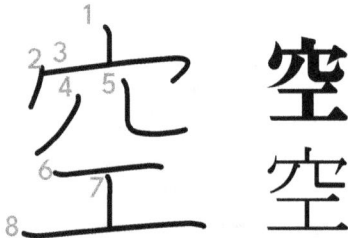
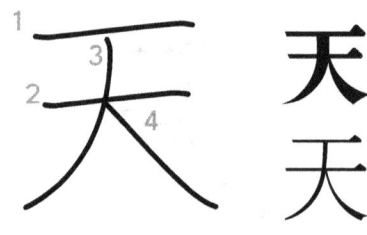

Bedeutung(en): **Berg** | Bedeutung(en): **leer, Himmel, Leere** | Bedeutung(en): **Himmel, kaiserlich**

山	やま *Bergwerk, Hügel*
山	サン *Berg, Berg*
火山	さんみゃく *Vulkan*
雪山	セツザン *Schneeberg*

空	そら *Himmel, das Wetter*
空	クウ *leere Luft, Himmel*
空き	あき *Zimmer, Lücke*
空港	くうこう *Flughafen*

天	てんき *Wetter, Elemente*
天気	テン *Himmel, Gott*
天津	あまつ *himmlisch, kaiserlich*
天	あめ *Himmel*

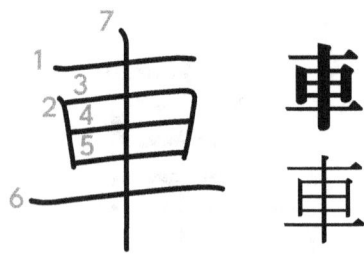

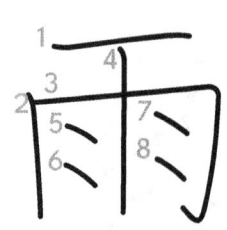

Bedeutung(en): **Auto, Fahrzeug** | Bedeutung(en): **Elektrizität** | Bedeutung(en): **Regen**

車	くるま *Auto, Automobil*
車	シャ *Auto, Fahrzeug*
車椅子	くるまいす *Rollstuhl*
電車	でんしゃ *Elektrischer Zug*

電話	でんわ *Telefonanruf*
電池	でんち *Batterie, Zelle*
電化	デンカ *elctrification*
電気	でんき *Strom*

雨	あめ *regen, regentag*
雨降り	あめふり *Niederschlag, nass*
雨季	ウキ *Regenzeit*
雷雨	らいう *Gewitter*

語

N5 Kanji — **Menschen und Dinge**

Kun	かた.る、かた.らう
On	ゴ
Radikal	言 (訁)
Striche	14
Teile	耳

耳

N5 Kanji — **Menschen und Dinge**

Kun	みみ
On	ジ
Radikal	耳
Striche	6
Teile	耳

手

N5 Kanji — **Menschen und Dinge**

Kun	て、て-、-て、た-
On	シュ、ズ
Radikal	手 (扌、㐅)
Striche	4
Teile	手

足

N5 Kanji — **Menschen und Dinge**

Kun	あし、た.りる
On	ソク
Radikal	足 (𧾷)
Striche	7
Teile	口 止 足

目

N5 Kanji — **Menschen und Dinge**

Kun	め、-め、ま-
On	モク、ボク
Radikal	目
Striche	5
Teile	目

口

N5 Kanji — **Menschen und Dinge**

Kun	くち
On	コウ、ク
Radikal	口
Striche	3
Teile	口 口

名

N5 Kanji — **Menschen und Dinge**

Kun	な、-な
On	メイ、ミョウ
Radikal	口
Striche	6
Teile	口 夕

店

N5 Kanji — **Richtung & Orte**

Kun	みせ、たな
On	テン
Radikal	广
Striche	8
Teile	卜 口 广

駅

N5 Kanji — **Richtung & Orte**

Kun	(none)
On	エキ
Radikal	馬
Striche	14
Teile	丶 尸 杰 馬

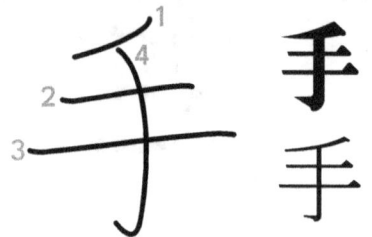

Bedeutung(en): Hand

手	て — Hand, Arm, Griff
手紙	てがみ — Brief, Notiz, Post
手記	シュキ — Memorandum
切手	きって — Briefmarke (Porto)

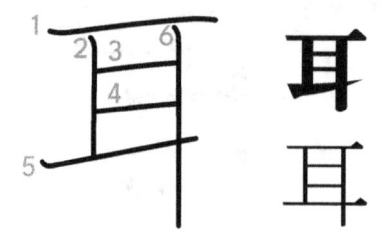

Bedeutung(en): Ohr

耳	みみ — Ohr
左耳	ひだりみみ — linkes Ohr
遠耳	とおみみ — Scharfes Hören
耳障り	みみざわり — Beleidigend

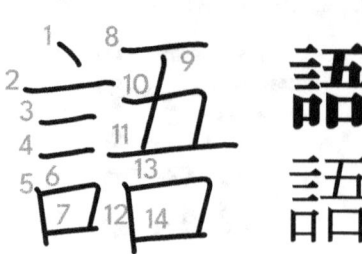

Bedeutung(en): Wort, Sprache

語	ゴ — Wort, Sprache
英語	えいご — Englisch (Sprache)
語る	かたる — darüber reden
語学	ゴガク — Studium der Fremdsprachen

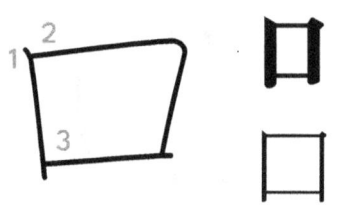

Bedeutung(en): Mund, Sprache

口	くち — Mund, Öffnung
出口	でぐち — Ausweg, Ausgang
人口	じんこう — Bevölkerung
大口	おおぐち — große Klappe

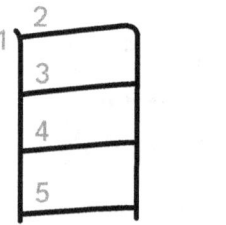

Bedeutung(en): Auge, Klasse, Blick

目	め — Auge, Augenlicht
駄目	だめ — nutzlos, kaputt
目的	もくてき — Zweck, Ziel
細目	サイモク — Einzelheiten

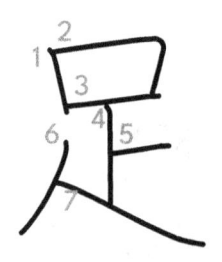

Bedeutung(en): Bein, Fuß

足	あし — Fuß, Pfote, Bein
足す	たす — hinzufügen (Zahlen)
足跡	あしあと — Fußabdrücke
足りる	たりる — ausreichend

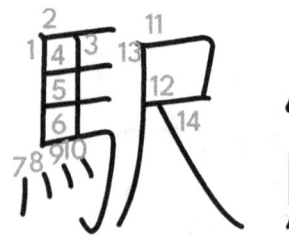

Bedeutung(en): Bahnhof

駅	エキ — Bahnstation
駅員	エキイン — Angestellter
駅前	えきまえ — vor einem Bahnhof
終着駅	シュウチャクエキ — hinausgehen

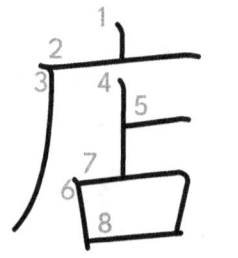

Bedeutung(en): Laden, Geschäft

店	みせ — Geschäft, Betrieb
店	テン — Laden, Restaurant
店先	みせさき — Schaufenster
書店	しょてん — Buchhandlung

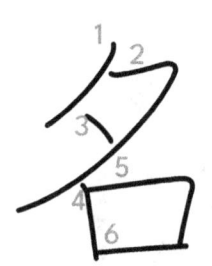

Bedeutung(en): Name, Ruf

名	メイ — berühmt
名前	なまえ — Name, Vorname
名画	メイガ — berühmtes Bild
仮名	かめい — Alias, Künstlername

道

N5 Kanji **Richtung & Orte**

Kun	みち、いう
On	ドウ、トウ
Radikal	辵 (辶, 辶, 辶)
Striche	12
Teile	并込自首

社

N5 Kanji **Richtung & Orte**

Kun	やしろ
On	シャ
Radikal	示 (礻)
Striche	7
Teile	土礼

国

N5 Kanji **Richtung & Orte**

Kun	くに
On	コク
Radikal	囗
Striche	8
Teile	丶口王

外

N5 Kanji **Richtung & Orte**

Kun	そと、ほか、はず.す
On	ガイ、ゲ
Radikal	夕
Striche	5
Teile	ト夕

学

N5 Kanji **Richtung & Orte**

Kun	まな.ぶ
On	ガク
Radikal	子
Striche	8
Teile	冖子尚

校

N5 Kanji **Richtung & Orte**

Kun	(none)
On	コウ、キョウ
Radikal	木
Striche	10
Teile	亠木父

上

N5 Kanji **Richtung & Orte**

Kun	うえ、-うえ、うわ-
On	ジョウ、シャン
Radikal	一
Striche	3
Teile	一ト

下

N5 Kanji **Richtung & Orte**

Kun	した、しも、もと
On	カ、ゲ
Radikal	一
Striche	3
Teile	一｜ト

中

N5 Kanji **Richtung & Orte**

Kun	なか、うち、あた.る
On	チュウ
Radikal	｜
Striche	4
Teile	｜口

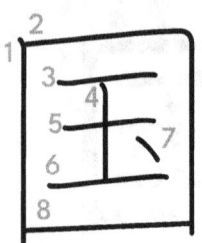

Bedeutung(en): **Land, Staat**

国	くに Land, Staat
国語	こくご Landessprache
国益	コクエキ nationales Interesse
外国人	がいこくじん Ausländer

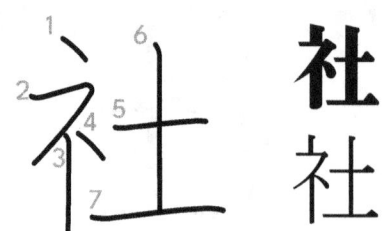

Bedeutung(en): **Firma, Büro**

社	やしろ (Shinto-)Schrein
社	シャ Unternehmen
社長	しゃちょう Firmenpräsident
社会	しゃかい Gesellschaft

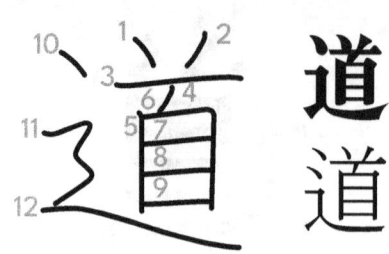

Bedeutung(en): **Straße, Pfad, Weg**

道	みち Weg, Pfad, Straße
道具	どうぐ Werkzeug, Gerät
道筋	みちすじ Route, Wegstrecke
道	ドウ Straße, Route, Weg

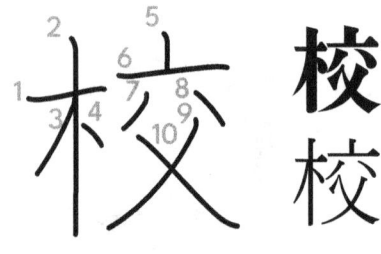

Bedeutung(en): **Prüfung, Schule**

校	コウ Schule
学校	がっこう Schule
高校	こうこう Oberstufe
校長	こうちょう Direktor, Schulleiter

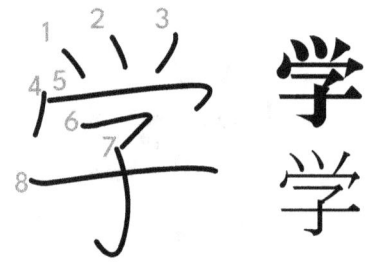

Bedeutung(en): **Studium, Lernen**

学ぶ	まなぶ studieren, lernen
大学	だいがく Universität
学	ガク Lernen, Stipendium
学位	ガクイ Abschluss

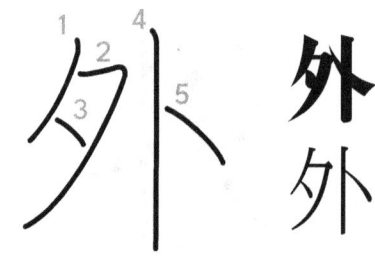

Bedeutung(en): **außerhalb**

外	そと außerhalb
外	ガイ außerhalb von
外国	がいこく ausländisches Land
海外	かいがい in Übersee

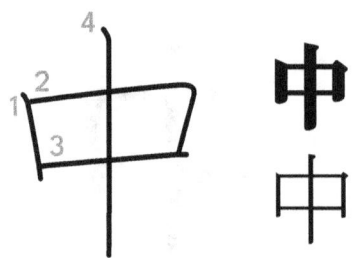

Bedeutung(en): **in, Mitte**

中	なか innen, Zentrum
中	チュウ durchschnittlich
日中	にっちゅう tagsüber
中心	ちゅうしん Mitte, Kern, Fokus

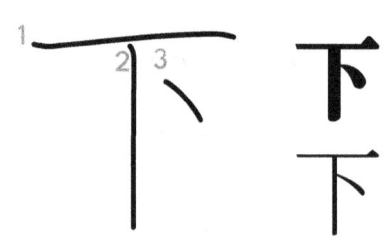

Bedeutung(en): **unten, unter**

下	した unten, unter, jünger
靴下	くつした Socken, Strümpfe
下る	くだる hinuntergehen
地下鉄	ちかてつ U-Bahn

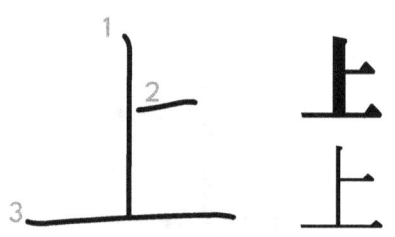

Bedeutung(en): **oberhalb, oben**

上	うえ über, älter, oben
上	ジョウ in der Tat, auf, am
上げる	あげる erheben lassen
上着	うわぎ Jacke, Obergewand

北

N5 Kanji **Richtung & Orte**

Kun	きた
On	ホク
Radikal	匕
Striche	5
Teile	匕 ⺬

西

N5 Kanji **Richtung & Orte**

Kun	にし
On	セイ、サイ、ス
Radikal	西 (襾, 西)
Striche	6
Teile	西

東

N5 Kanji **Richtung & Orte**

Kun	ひがし
On	トウ
Radikal	木
Striche	9
Teile	一 丨 日 木 田

南

N5 Kanji **Richtung & Orte**

Kun	みなみ
On	ナン、ナ
Radikal	十
Striche	9
Teile	丼 冂 十 干

右

N5 Kanji **Richtung & Orte**

Kun	みぎ
On	ウ、ユウ
Radikal	口
Striche	5
Teile	一 ノ 口

左

N5 Kanji **Richtung & Orte**

Kun	ひだり
On	サ、シャ
Radikal	工
Striche	5
Teile	一 ノ 工

見

N5 Kanji **Verben**

Kun	み.る、み.える
On	ケン
Radikal	見
Striche	7
Teile	儿 目 見

聞

N5 Kanji **Verben**

Kun	き.く、き.こえる
On	ブン、モン
Radikal	耳
Striche	14
Teile	耳 門

書

N5 Kanji **Verben**

Kun	か.く、-が.き、-がき
On	ショ
Radikal	日
Striche	10
Teile	日 聿

Bedeutung(en)　**Osten**

東	ひがし Osten
東京	とうきょう Tokio
東方	とうほう östliche Richtung
東欧	トウオウ Ost-Europa

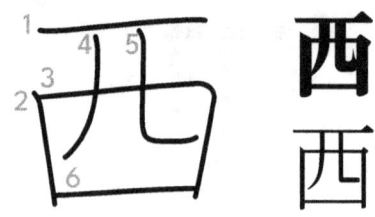

Bedeutung(en)　**Westen, Spanien**

西	にし Westen
西方	せいほう westliche Richtung
西	セイ Spanien, Spanisch
西洋	せいよう westliche Länder

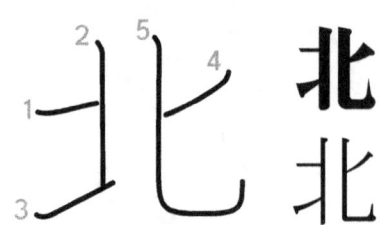

Bedeutung(en)　**Norden**

北	きた (der) Norden
西北	せいほく / セイホク Nordwesten
北欧	ホクオウ Nordische Länder
北海道	ほっかいどう Hokkaidou

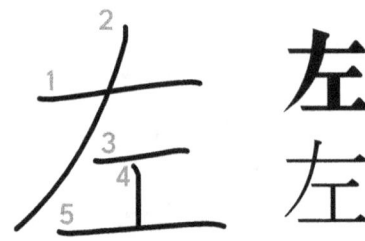

Bedeutung(en)　**links**

左	ひだり links, linke Seite
左利き	ひだりきき Linkshänder
左右	サユウ links und rechts
左手	ひだりて linke Hand

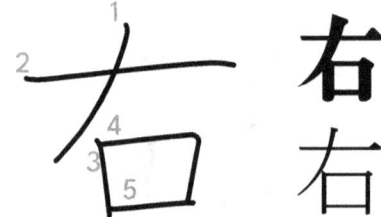

Bedeutung(en)　**rechts**

右	みぎ rechts, rechte Seite
右腕	みぎうで Rechtshänder
最右	サイウ ganz rechts
左右	サユウ links und rechts

Bedeutung(en)　**Süden**

南	みなみ Süden
東南	とうなん / トウナン Süd-Ost
西南	せいなん / セイナン Südwesten
南海	ナンカイ südliches Meer

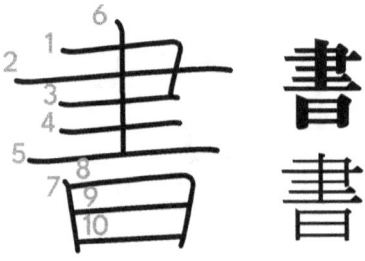

Bedeutung(en)　**zu schreiben**

辞書	じしょ Zeitung
書く	かく Info, Erfahrung
書	ショ zuhören (Musik)
図書館	としょかん gehört werden

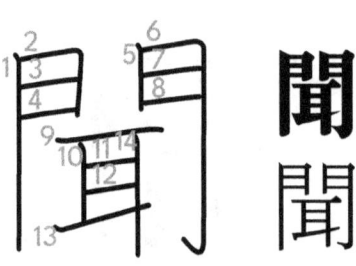

Bedeutung(en)　**zuhören, fragen**

新聞	しんぶん zeigen, ausstellen
見聞	けんぶん sehen
聞く	きく Meinung, Sichtweise
聞こえる	きこえる Kirschblütenbesichtigung

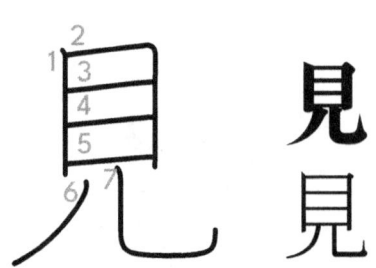

Bedeutung(en)　**sehen, hoffen, Idee**

見せる	みせる Arbeitsplatz
見る	みる treffen, begegnen
見解	ケンカイ leichte Verbeugung
花見	はなみ Versammlung

読

N5 Kanji **Verben**

Kun	よ.む、-よ.み
On	ドク、トク、トウ
Radikal	言 (言)
Striche	14
Teile	儿 亠 士 言

話

N5 Kanji **Verben**

Kun	はな.す、はなし
On	ワ
Radikal	言 (言)
Striche	13
Teile	口 舌 言

買

N5 Kanji **Verben**

Kun	か.う
On	バイ
Radikal	貝
Striche	12
Teile	八 目 買 貝

行

N5 Kanji **Verben**

Kun	い.く、ゆ.く、-ゆ.き
On	コウ、ギョウ、アン
Radikal	行
Striche	6
Teile	彳 行

出

N5 Kanji **Verben**

Kun	で.る、-で、だ.す
On	シュツ、スイ
Radikal	凵
Striche	5
Teile	｜ 山 凵

入

N5 Kanji **Verben**

Kun	い.る、-い.る、-い.り
On	ニュウ、ジュ
Radikal	入
Striche	2
Teile	入

休

N5 Kanji **Verben**

Kun	やす.む、やす.まる
On	キュウ
Radikal	人 (亻)
Striche	6
Teile	化 木

食

N5 Kanji **Verben**

Kun	く.う、た.べる
On	ショク、ジキ
Radikal	食 (飠)
Striche	9
Teile	食

飲

N5 Kanji **Verben**

Kun	の.む、-の.み
On	イン、オン
Radikal	食 (飠)
Striche	12
Teile	欠 食

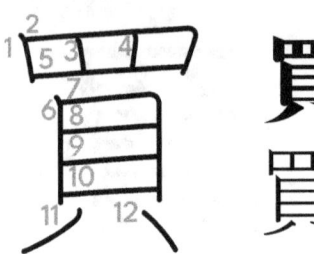

Bedeutung(en): **zu kaufen**

買い物	かいもの reden
買う	かう Konversation, Chat
不買	フバイ Telefon
買収	バイシュウ Telefonat

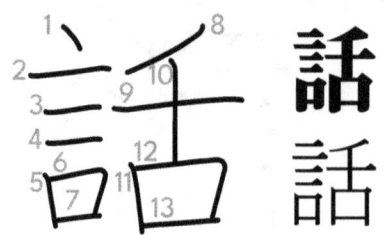

Bedeutung(en): **zum Gespräch**

話す	はなす lesen, erraten
会話	かいわ Leser
電話機	でんわき Lesen (Buches)
電話	でんわ Aussprache, Lesen

Bedeutung(en): **zu lesen**

読む	よむ Wörterbuch
読者	ドクシャ schreiben, zeichnen
読書	ドクショ Buch, Dokument
読み方	よみかた Bibliothek

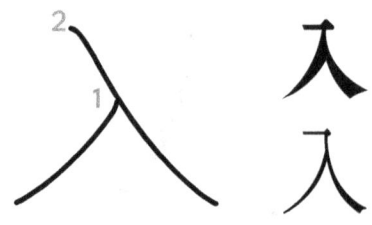

Bedeutung(en): **eintreten**

入口	いりぐち aussteigen
入る	いる bereit zu sein
押入れ	おしいれ hinausgehen
入学	にゅうがく verlassen

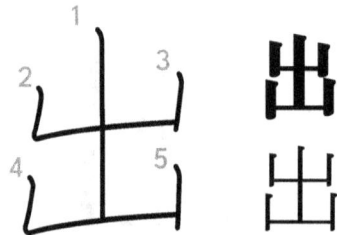

Bedeutung(en): **aussteigen**

出る	でる Bank
出来る	できる sich bewegen
出す	だす Reise
出かける	でかける Flugzeug

Bedeutung(en): **durchführen**

銀行	ぎんこう Einkaufen
行く	いく kaufen, einkaufen
旅行	りょこう nicht kaufen
飛行機	ひこうき Erwerb, Aufkauf

Bedeutung(en): **trinken, nehmen**

飲み物	のみもの zum Essen
飲む	のむ Speisesaal
飲食	インショク Mahlzeit (Abend)
飲み屋	のみや Essen

Bedeutung(en): **Essen**

食べる	たべる Tag frei nehmen
食堂	しょくどう freier Tag, Urlaub
食事	しょくじ ausruhen, Pause
食	ショク ausruhen, aussetzen

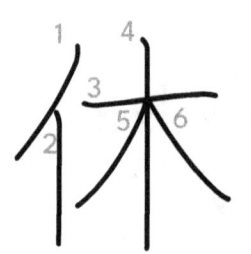

Bedeutung(en): **Ruhe, Schlaf**

休む	やすむ Eingang, Tor
休暇	キュウカ einsteigen
休み	やすみ Wandschrank
休める	やすめる Einschreibung

N5 Kanji **Verben**

Kun	い.う、こと
On	ゲン、ゴン
Radikal	言
Striche	7
Teile	言

N5 Kanji **Verben**

Kun	た.つ、-た.つ、た.ち-
On	リツ、リュウ
Radikal	立
Striche	5
Teile	立

N5 Kanji **Verben**

Kun	あ.う、あ.わせる
On	カイ、エ
Radikal	人 (亻)
Striche	6
Teile	二人ム

N5 Kanji **Adjektive**

Kun	おお.い、まさ.に
On	タ
Radikal	夕
Striche	6
Teile	夕

N5 Kanji **Adjektive**

Kun	すく.ない、/こ.し
On	ショウ
Radikal	小
Striche	4
Teile	ノ小

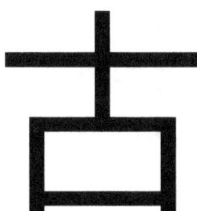

N5 Kanji **Adjektive**

Kun	ふる.い、ふる-
On	コ
Radikal	口
Striche	5
Teile	十口

N5 Kanji **Adjektive**

Kun	あたら.しい、あら.た
On	シン
Radikal	斤
Striche	13
Teile	一井斤木立辛

N5 Kanji **Adjektive**

Kun	おお-、おお.きい
On	ダイ、タイ
Radikal	大
Striche	3
Teile	大

N5 Kanji **Adjektive**

Kun	ちい.さい、こ-、お-
On	ショウ
Radikal	小
Striche	3
Teile	小

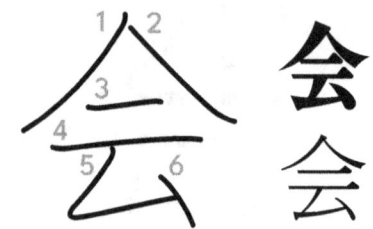

Bedeutung(en): **Treffen, Party**

会社	かいしゃ sich erheben
会う	あう Unabhängigkeit
会釈	エシャク prächtig, schön
会	カイ / エ nützlich sein

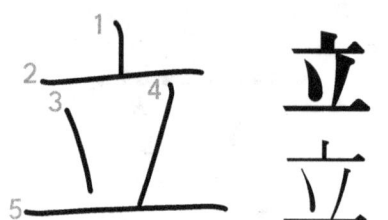

Bedeutung(en): **stehen, aufbauen**

立つ	たつ zu sagen
独立	どくりつ Sprache, Dialekt
立派	りっぱ Übertreibung
役に立つ	やくにたつ Ratschläge

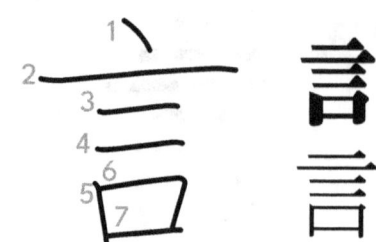

Bedeutung(en): **zu sagen, Wort**

言う	いう Getränk, trinken
言葉	ことば zu trinken
過言	カゴン Essen und Trinken
助言	じょげん Kneipe, Taverne

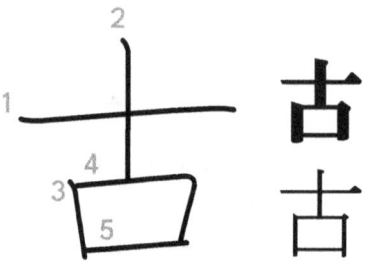

Bedeutung(en): **alt, gealtert, uralt**

古い	ふるい alt
中古	ちゅうこ gebraucht
稽古	けいこ Praxis, Ausbildung
故郷	ふるさと Heimatstadt

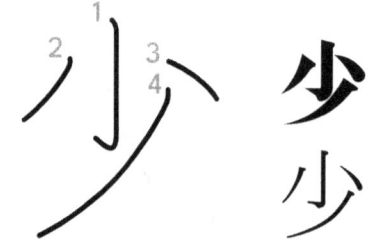

Bedeutung(en): **wenige, wenig**

少ない	すくない wenige, ein wenig
少年	しょうねん Junge, Jugendlicher
少女	しょうじょ Mädchen (7-17 J.)
最小限	さいしょうげん am wenigsten

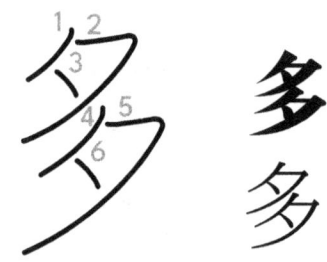

Bedeutung(en): **viele, häufig, viel**

多い	おおい viele
多分	たぶん wahrscheinlich
滅多に	めったに selten, selten
多彩	たさい bunt, vielfarbig

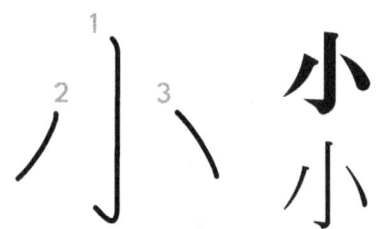

Bedeutung(en): **klein, winzig**

小さい	ちいさい wenig
小屋	こや Hütte, Häuschen
小指	こゆび Kleiner Finger
小学校	しょうがっこう Volksschule

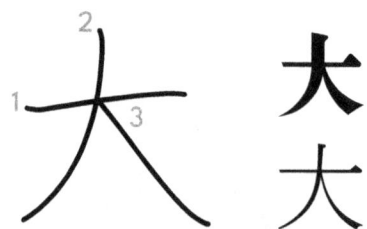

Bedeutung(en): **groß, wichtig**

大きい	おおきい groß, groß, laut
大変	たいへん furchtbar, immens
大学	だいがく Hochschule
大事	だいじ wichtig, ernst

Bedeutung(en): **neu, frisch, aktuell**

新聞	しんぶん Zeitung
新しい	あたらしい neu
新人	しんじん Neuling
新幹線	しんかんせん Hochgeschwindigkeitszug

安

N5 Kanji **Adjektive**

Kun	やす.い、やす.まる
On	アン
Radikal	宀
Striche	6
Teile	女 宀

高

N5 Kanji **Adjektive**

Kun	たか.い、たか
On	コウ
Radikal	高 (髙)
Striche	10
Teile	亠 冂 口 高

長

N5 Kanji **Adjektive**

Kun	なが.い、おさ
On	チョウ
Radikal	長 (镸)
Striche	8
Teile	長

白

N5 Kanji **Adjektive**

Kun	しろ、しら-、しろ.い
On	ハク、ビャク
Radikal	白
Striche	5
Teile	白

JLPT Level

Kun	
On	
Radikal	
Striche	
Teile	

JLPT Level

Kun	
On	
Radikal	
Striche	
Teile	

JLPT Level

Kun	
On	
Radikal	
Striche	
Teile	

JLPT Level

Kun	
On	
Radikal	
Striche	
Teile	

JLPT Level

Kun	
On	
Radikal	
Striche	
Teile	

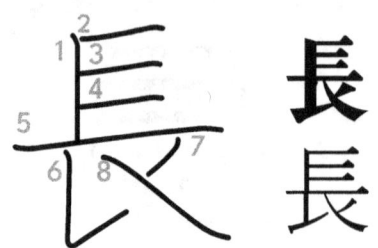 長

Bedeutung(en): **lang, überlegen**

長い	ながい lang (Entfernung)
部長	ぶちょう Manager
校長	こうちょう Direktor, Schulleiter
長方形	ちょうほうけい rechteckig, länglich

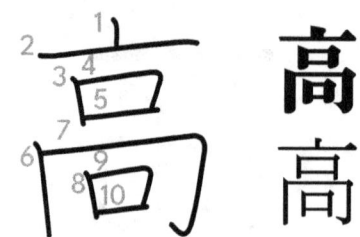 高

Bedeutung(en): **groß, hoch, teuer**

高い	たかい teuer
高校	こうこう Oberstufe
高める	たかめる anheben
名高い	なだかい berühmt, bekannt

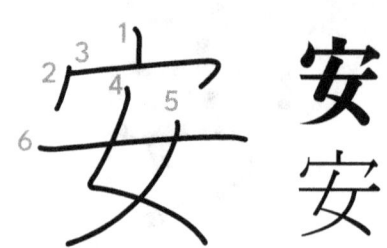 安

Bedeutung(en): **billig, niedrig**

安い	やすい günstig, billig
安全	あんぜん Sicherheit
安易	あんい leicht, einfach
安らか	やすらか friedlich, ruhig

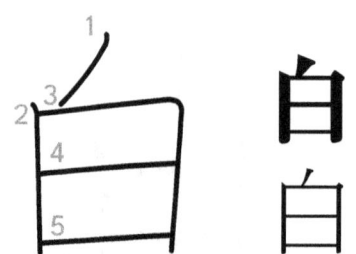 白

Bedeutung(en): **Weiß, Unschuld**

白い	しろい weiß
面白い	おもしろい interessant
青白い	あおじろい blass
告白	こくはく Eingeständnis, Aussage

Bedeutung(en):

Bedeutung(en):

Bedeutung(en):

Ersatz	Ersatz	Ersatz

JLPT Level		JLPT Level		JLPT Level	
Kun		**Kun**		**Kun**	
On		**On**		**On**	
Radikal		**Radikal**		**Radikal**	
Striche		**Striche**		**Striche**	
Teile		**Teile**		**Teile**	

Ersatz	Ersatz	Ersatz

JLPT Level		JLPT Level		JLPT Level	
Kun		**Kun**		**Kun**	
On		**On**		**On**	
Radikal		**Radikal**		**Radikal**	
Striche		**Striche**		**Striche**	
Teile		**Teile**		**Teile**	

Ersatz	Ersatz	Ersatz

JLPT Level		JLPT Level		JLPT Level	
Kun		**Kun**		**Kun**	
On		**On**		**On**	
Radikal		**Radikal**		**Radikal**	
Striche		**Striche**		**Striche**	
Teile		**Teile**		**Teile**	

Bedeutung(en) Bedeutung(en) Bedeutung(en)

Bedeutung(en) Bedeutung(en) Bedeutung(en)

Bedeutung(en) Bedeutung(en) Bedeutung(en)

Antwortschlüssel – Kana

Überprüfen Sie hier Ihre Antworten auf die Kana-Revisionstests:

Seite					Seite				
029	あう	au	あい	ai	037	あい	oi	あう	au
	いえ	ie	あお	ao		うえ	ue	こえ	koe
	おい	oi	ああ	aa		お	o	かく	kaku
	うえ	ue	いい	ii		きく	kiku	おけ	oke
	いう	iu	おう	ou		こけ	koke	かお	kao
						いけ	ike	あき	aki
						かう	kau	いう	iu
						えき	eki	あかい	akai
						いく	iku	あおい	aoi
						ここ	koko	きおく	kioku
Seite	すし	sushi	とち	tochi	Seite	なに	nani	きぬ	kinu
054	つち	tsuchi	うた	uta	068	ほね	hone	ほし	hoshi
	そと	soto	かた	kata		ぬの	nuno	ひと	hito
	さけ	sake	しち	shichi		ひふ	hifu	のき	noki
	こと	koto	さす	sasu		へた	heta	にし	nishi
	くつ	kutsu	あした	ashita		はな	wana	はいく	waiku
	かこ	kako	とおい	tooi		ふね	fune	かたな	katana
	てつ	tetsu	きせつ	kisetsu		かに	kani	せいふ	seifu
	せき	sato	さとい	satoi		ひな	hina	いのしし	inoshishi
	たつ	tatsu	ちかてつ	chikatetsu		はし	washi	へいそつ	heisotsu
Seite	やま	yama	むね	mune	Seite	わん	wan	さくら	sakura
080	ゆめ	yume	きもの	kimono	093	てら	tera	うちわ	uchiwa
	よむ	yomu	さしみ	sashimi		つる	tsuru	まつり	matsuri
	もも	momo	ゆかた	yukata		これ	kore	ほたる	hotaru
	みや	miya	えまき	emaki		ふろ	furo	ふとん	futon
	こめ	kome	みこし	mikoshi		のり	nori	れきし	rekishi
	つゆ	tsuyu	うきよえ	ukiyoe		はる	haru	わふく	wafuku
	むし	mushi	せともの	setomono		れい	rei	りろん	riron
	まつ	matsu	すきやき	sukiyaki		しろ	shiro	ひのまる	hinomaru
	うめ	ume				にほん	nihon	さむらい	samurai
Seite	カツ	katsu	コーチ	kōchi	Seite	ヘリ	heri	タイヤ	taiya
124	アイス	aisu	ソース	sōsu	160	メモ	memo	カメラ	kamera
	ケーキ	kēki	スキー	sukī		ヒレ	hire	ネーム	nēmu
	アウト	auto	タクシー	takushī		ミルク	miruku	ユーモア	yūmoa
	サーチ	sāchi	ステーキ	sutēki		カヌー	kanū	サラリー	sararī
	コート	kōto	セーター	sētā		ワニス	wanisu	ハンマー	hanmā
	ツアー	tsuā	サーカス	sākasu		ローン	rōn	ヨーヨー	yōyō
	テスト	tesuto	オーケー	ōkē		ナイフ	naifu	ハンカチ	hankachi
	シーツ	shītsu	エーカー	ēkā		フレー	furē	ユニーク	yunīku
						ノート	nōto	ネクタイ	nekutai

Antwortschlüssel - Kanji

Vergleichen Sie Ihre Kanji-Lernleistung mit den unten stehenden Antworten:

Zahlen
Seite 224

01	c	10	c
02	b	11	a
03	d	12	b
04	a	13	d
05	b	14	e
06	d	15	d
07	d	16	b
08	e	17	c
09	c	18	d

Zeit
Seite 244

19	e	28	c
20	b	29	c
21	d	30	b
22	c	31	e
23	a	32	d
24	b	33	a
25	a	34	a
26	c	35	b
27	d		

Menschen und Dinge
Seite 278

36	b	45	e
37	d	46	c
38	d	47	d
39	a	48	d
40	b	49	b
41	c	50	a
42	c	51	b
43	e	52	e
44	a	53	b

Orte & Wegbeschreibung
Seite 312

54	e
55	c
56	e
57	b
58	c
59	a
60	b
61	b
62	d

Verben
Seite 313

63	d
64	a
65	b
66	a
67	e
68	b
69	e
70	c

Adjektive
Seite 327

71	a
72	a
73	e
74	d
75	b
76	c
77	b
78	c
79	e

Dankeschön!

Herzlichen Glückwunsch zu Ihren Fortschritten in der japanischen Sprache!

Ich freue mich, dass Sie dieses Buch aus der großen Auswahl an anderen Titeln ausgewählt haben, und hoffe dass Sie dieses *Vier-in-eins-Buch* aus der Serie *"Japanisch leicht gemacht"* sowohl wertvoll als auch unterhaltsam fanden. Ich bin immer bestrebt, meine Bücher mit vielen praktischen Informationen zu füllen, die leicht zu verstehen sind, und den Lesern einen hervorragenden Gegenwert für ihr Geld zu bieten.

Das Schreiben und Veröffentlichen von Büchern im Selbstverlag ist ein harter Prozess, aber diese Reihe ist und bleibt eine Liebesarbeit! Ich genieße jetzt auch den Prozess, meine Werke für deutschsprachige Leser zu übersetzen und zu adaptieren. Bitte verzeih mir, wenn du auf dem Weg dorthin auf problematische Grammatik oder Tippfehler gestoßen bist - *es sind meist die kleinen Details, die übersehen werden!* Lass mich wissen, wenn du Fehler gefunden hast, damit ich sie für zukünftige Leserinnen und Leser umgehend korrigieren kann - und ich danke dir im Voraus für deine Geduld und dein Verständnis.

Zu guter Letzt möchte ich Sie auch um einen Gefallen bitten ...

Es würde mich wirklich glücklich machen, wenn mehr Menschen Japanisch lernen würden, und noch mehr, wenn es mit einem meiner Bücher geschähe. Es wäre wirklich hilfreich, wenn Sie sich einen Moment Zeit nehmen könnten, um eine Rezension und Ihr Feedback auf Amazon zu hinterlassen. Die harte Wahrheit ist, dass wir uns alle auf Rezensionen verlassen, um unsere Kaufentscheidungen zu treffen, und Ihr positives Feedback kann für "die kleinen Leute" und Autoren wie mich einen großen Unterschied machen.

Es ist auch unglaublich befriedigend, von Menschen zu hören, die genauso scharf darauf sind, Fremdsprachen zu lernen wie ich! Lassen Sie mich wissen, ob ich meinen Inhalt verbessern kann und ob es etwas gibt, das Sie sich für künftige Folgebücher wünschen. Ich freue mich darauf, Ihre Meinung zu hören!

Bis zum nächsten Mal, *arigatōgozaimasu!*

ありがとうございます!!
Daniel.

Japanisch leicht gemacht!

*Die Komplette Serie Ausgabe
(4 Bücher in 1)*

Lernen Sie Japanisch lesen, schreiben und sprechen - mit Hiragana, Katakana, Kanji, Grammatik, Vokabeln, und mehr!

Ein Lehrbuch und integriertes Arbeitsbuch für Anfänger

Daniel Akiyama

www.ingramcontent.com/pod-product-compliance
Lightning Source LLC
Chambersburg PA
CBHW081706100526
44590CB00022B/3680